疯狂、惊恐和崩溃

——金融危机史

（第七版）

MANIAS，PANICS，AND CRASHES
A HISTORY OF FINANCIAL CRISES
（Seventh Edition）

查尔斯·P. 金德尔伯格（Charles P. Kindleberger）

罗伯特·Z. 阿利伯（Robert Z. Aliber） 著

罗伯特·M. 索洛（Robert M. Solow） 序

朱 隽 叶 翔 李伟杰 译

中国金融出版社

责任编辑：王慧荣
责任校对：刘　明
责任印制：陈晓川

北京版权合同登记图字 01-2016-2321
《疯狂、惊恐和崩溃——金融危机史》（第七版）中文简体字版专有出版权
属中国金融出版社所有，不得翻印。

图书在版编目（CIP）数据

疯狂、惊恐和崩溃——金融危机史：第七版/［美］查尔斯·P.
金德尔伯格，［美］罗伯特·Z. 阿利伯著；朱隽，叶翔，李伟杰
译. —北京：中国金融出版社，2017.6
　　ISBN 978-7-5049-8920-8

　　Ⅰ.①疯…　Ⅱ.①查…②罗…③朱…④叶…⑤李…　Ⅲ.①金融
危机—经济史—研究—世界　Ⅳ.①F831.9②F831.59

中国版本图书馆 CIP 数据核字（2017）第 044440 号

疯狂、惊恐和崩溃——金融危机史（第七版）
FENGKUANG、JINGKONG HE BENGKUI——JINRONG WEIJISHI（DI-QI BAN）
出版
发行　　中国金融出版社
社址　　北京市丰台区益泽路 2 号
市场开发部　（010）66024766，63805472，63439533（传真）
网上书店　　www.cfph.cn
　　　　　　（010）66024766，63372837（传真）
读者服务部　（010）66070833，62568380
邮编　　100071
经销　　新华书店
印刷　　北京七彩京通数码快印有限公司
尺寸　　160 毫米×230 毫米
印张　　26.5
字数　　390 千
版次　　2017 年 6 月第 1 版
印次　　2025 年 9 月第 8 次印刷
定价　　55.00 元
ISBN 978-7-5049-8920-8
如出现印装错误本社负责调换　联系电话（010）63263947

序

查尔斯·P.金德尔伯格（以下简称金德尔伯格）教授是一位令人尊敬的同事，他思维缜密、反应敏捷，对现实问题有着积极的思考且个性鲜明，尤为重要的是，他的观点生动而鲜明。他的这些特质在《疯狂、惊恐和崩溃》一书中随处可见。在我看来，金德尔伯格教授最初要完成一部"自然历史"。正如达尔文通过搜集、观察和区分各类生物样本后，总结出自然社会普适规律，完成其传世名著《小猎犬航行之旅》一样。不同的是，达尔文研究的是啮齿动物、鸟类、昆虫等，而教授研究的则是更具有现实意义经济社会事件——贯穿疯狂、惊恐和崩溃三阶段的金融危机。本书观点鲜明，论述生动，一如教授一贯的文风。作为一位经济史学家（economic historian），他反对循规蹈矩、墨守成规（systematic agenda），而是时刻关注最新研究领域，不断给予我们新的启示。

如果在世，金德尔伯格教授可以亲眼目睹房地产泡沫、风险累积、2008年金融恐慌以及随之而来的财富蒸发和顶多算刚刚摆脱的经济衰退。对金德尔伯格来说，这一系列事件宏观且国际化，涉及新的影子银行机构、金融衍生品和金融实践，为他提供了丰富的研究材料。而且在这些事件之前、之中、之后还产生了很多空谈。

当然，金德尔伯格也是一位学术功底扎实、经验丰富的经济学家。他对金融危机的模式与规律，以及成因与影响的研究颇有建树，他尤其注重非理性因素的作用，非理性因素如此频繁地让直接或间接卷入危机旋涡中的人们更加混乱。这本身就像一个笑话。对金德尔伯格来说，行为与机构的相互作用才是兴趣所在。疯狂、恐慌和崩溃的产生及其最终的规模也取决于当时的货币市场和资本市场的机构。

金德尔伯格教授起初并未意识到金融危机如此顽固，难以根治。本书第一版推出后的二三十年里，各国银行体系变革之大，汇率价格波动之剧，资产泡沫膨胀之甚，均为前所未见。后续版本中，他不断充实新材料，吸收新成果。一位德国朋友曾提出的所谓"普适法则"（The Law of Deterioration of Everything），一度令他沉迷。但他写这部"历史"，绝不仅仅为揭示非理性行为的恶果，日益增长的财富、迅速便捷的通信以及各国和国际金融体系的变革都为金融危机提供了新素材，本书第十三章对此进行了阐述，这是罗伯特·阿利伯增补的内容。金德尔伯格开创的金融危机历史研究法，将会成为永远的研究课题，其研究理念和方法，必将引领后来者不断探索。

"新金融体制"框架、国内和国际最后贷款人及其监管，都是金德尔伯格教授研究的重要课题。他很可能对美国政府在此次危机期间不仅作为银行体系的最后贷款人，而且作为整个经济的最后贷款人的做法感兴趣，甚至高兴。他也可能对他曾经的学生、欧央行行长马里奥·德拉吉在危机中作出的革新应对感到欣慰。使最后贷款人更好地履行变革（至少改变）现行金融体制的作用，本书所总结的历史经验将十分具有启发意义。

本书总结的一个普遍性的、最具适用性的教训是：非理性可能会胜过精确的计算（sober calculation）。金德尔伯格教授骨子里是一位怀疑论者，他反对迷信权威，不盲从那些看似天经地义的理论体系，无论对方是自由市场拥护者（free marketeer），还是社会计划经济师（social engineer）。事实上，金德尔伯格教授一直认为，置基本事实于不顾，而盲目依附于刻板的信仰，正是非理性的一种更加危险的表现，如果当局这么做，危险尤甚。如果金德尔伯格教授这种富于包容性的批判精神能够被更多权贵所接受，我们对经济也就高枕无忧了。受此启发，本人也曾尝试打破常规，研究诸如"华盛顿共识"（Washington consensus）孰是孰非、自由浮动汇率体制的起因和影响、无管制资本市场的成因及出路等问题，得到了不少启发。

读罢本书，你一定会惊叹逐利资本数量之巨，如汹涌洪流，甚至导致溃坝、决堤，造成人间灾难。囿于研究范围，本书回避了一个重要问题：自由资本流动、巨额国际贸易产生的巨额收益，到底带给人类什么？金德尔伯格教授的研究视角涵盖国际贸易、国际金融和经济增长等领域，相信其一定曾对风险和收益有更具现实意义的思考。希望本书的不断更新、再版能够完善对此问题的探索。

阿利伯深入研究了不同国家同时出现的信贷泡沫（credit bubbles）及其联系传导机制。直观上看，美国、英国、爱尔兰、西班牙的房价下跌，以及由此导致的信贷泡沫事件，绝不是孤立的。在阿利伯看来，资本可取道经常账户轻松穿越国境，使危机传导至其他国家。阿利伯认为，在全球浮动汇率制度下，跨境资本流动波动与银行危机之间存在因果关系，并用大量理论和实证分析证明了这一点，目前已形成了完全成熟的研究模型。作为国际经济领域的专家，金德尔伯格教授如果能够亲眼看到这些更新，定会深感欣慰。

此外，阿利伯提出了一个更复杂的问题——接踵而至的信贷泡沫事件间是否有千丝万缕的联系。如果这种联系真的存在，在研究确定金融监管体制时，应有更缜密的制度设计。从这个意义上，《疯狂、惊恐和崩溃》（第七版）已超越了"自然历史"的范畴，而被赋予了更多的政策指导意义。

综上所述，第七版保持了一贯的文风，但与教授天马行空、不拘一格的思维方式不同，其研究风格似乎有些中规中矩。最后还是那句话，我们的生活中会涌现出更多的疯狂、惊恐和崩溃，希望读者能通过阅读本书对其有所防范。

罗伯特·M. 索洛
（**Robert M. Solow**）

第七版导言

在查尔斯·金德尔伯格教授推出本书前四个版本后，能够传承并更新其经典著作，对我而言是莫大的荣幸。本书第一版于1978年推出，彼时"大萧条"已过去四十多年，而在四年后则爆发了第二次世界大战后的第一场全球规模的银行危机。在麻省理工学院的课堂上，金德尔伯格教授阐述了他对银行危机周期发展规律的思考，经过 3~4 年的积淀，推出了本书的第一版。各大跨国银行争相对墨西哥、巴西、阿根廷等发展中国家的政府和国有企业放贷，使这些国家的外债规模以年均20%的速度增长，几乎是其 GDP 增速的 3 倍。过快的外债增长显然难以为继。金德尔伯格教授最关心的是，当放款人意识到其应该放慢对这些发展中国家的贷款步伐时，会出现怎样的调整。在 20 世纪二三十年代，以及"大萧条"时期，金融市场的不稳定会带来投机狂热。而在 1971 年 8 月的一个历史性的周末，当美国财政部在戴维营宣布放弃"美元黄金挂钩"承诺后，浮动汇率制度开始大行其道，这也引起了金德尔伯格的关注。

金德尔伯格教授对证券、不动产市场的价格波动以及随后出现危机的历史背景及现实原因进行了深刻的研究，并广泛吸收了约翰·斯图尔特·穆勒（John Stuart Mill）、沃尔特·巴杰特（Walter Bagehot）及阿尔弗雷德·马歇尔（Alfred Marshall）等人的研究成果。他将金融危机划分为不同的发展阶段，从不动产和证券价格的过快上涨，到价格到达顶点，再到随后的价格崩盘。与海曼·明斯基（Hyman Minsky）的研究类似，他也重点关注了信贷供给变化的逆周期性、信贷供给对金融繁荣的助推作用，以及信贷收缩对危机的放大作用。明斯基主要从国内经济的角度进行研究，而金德尔伯格教授则将其拓展到国际经济视角。他甚至将美国俄亥俄州的银行破产与德国汉堡、斯堪的纳维亚国家的信贷紧缩联系起来进行研究。

银行危机爆发后,本书相继推出了三个更新版本,着重讨论了本币快速贬值导致的货币危机与银行危机的伴生性,以及外币贷款导致的国内借款人违约。本书第二版于1989年推出,当时墨西哥等十余个发展中国家刚刚爆发债务危机,均面临本币贬值、大量银行破产的局面,很多跨国银行也因此损失惨重,美国有数百家银行及储贷机构破产。20世纪90年代,日本等国又爆发了银行危机,也出现了不动产及证券市场暴跌,构成第二轮全球性金融危机。与此同时,芬兰、瑞典等国也爆发了危机,资产价格暴跌,银行大量破产。本书第四版于2000年推出,彼时正好爆发了亚洲金融危机,很多危机国出现了货币快速贬值、大量银行破产的情景。

与第四版相比,本书第五版提出了一个重要的自我强化约束(self-imposed constraint),并在很多章节增加了现实案例专栏。20世纪90年代的股市上涨催生了安然(Enron)、世通(MCIWorld-Com)等公司,其管理层为获得廉价信贷资金不惜采用欺诈手段蒙蔽投资者。当信贷资金供给高速增长时,伯纳德·麦道夫(Bernie Madoff)之流的江湖骗子也会层出不穷,因为他们很容易通过新获得的信贷资金偿付此前负债的利息。但当信贷资金增速放缓时,他们新获得的信贷资金将不足以支付此前负债的利息,就会面临破产。那些不惮于为其提供信贷资金的人应该问这样一个问题,"如果切断新增贷款,他们从哪儿获得资金偿付此前贷款的本息?"

20世纪五六十年代,米尔顿·弗里德曼(Milton Friedman)、哈伯勒(Gottfied Habeler)等金融巨擘对浮动汇率制赞赏有加,但金德尔伯格教授却是当代少数对浮动汇率制持批判观点的经济学家之一。本书第六版付梓之时,提出了一国跨境资本流入与其证券市场及本币币值泡沫存在系统性关系的观点。第六版中,有一个专栏介绍了冰岛2002—2008年的经验,大规模的跨境资本流入导致冰岛克朗升值,冰岛股票价格也上涨了九倍之多。大规模跨境资本流入增加了冰岛国内的信贷供给,冰岛居民大量购买股票。冰岛经济空前繁荣，进口额和贸易赤字飙升。随着 2008 年 9 月雷曼兄弟公司的倒闭，跨国银行信贷突然抽紧，冰岛股市应声而落，下跌超过 90%，冰岛克朗也贬值了 50% 以上。

在过去三十年间发生的每一场银行危机几乎都与跨境资本流入骤减及其导致的本币快速贬值有关。每个危机国都曾经历快速的经济繁荣。随着跨境资本流入骤减，经济繁荣的盛况也成为昨日黄花。

本书第七版的一个重要论点是 20 世纪 70 年代以来，币值、股价和房价的剧烈波动正是跨境资本流动剧烈变动的结果。跨境资本流入快速增长将导致股价上涨、本币升值，以及经济繁荣。19 世纪，各国普遍实行金本位制，货币与黄金挂钩导致银行危机。而如今，当货币不再有固定锚时，由于跨境资本流动对证券市场价格和经济的影响，银行危机发生的频率和程度更甚。2002 年之后，美元资产受到追捧，美国房地产市场的空前繁荣就是明证。

银行危机源于跨境资本大规模流动的观点，对传统主流观点是一种挑战。传统观点认为，2008 年银行危机是由全美金融公司、雷曼兄弟公司、北岩银行等"害群之马"的个体风险事件导致。事实上，中央银行和监管者误断了危机的成因。当信贷不断扩张时，问题机构只是通过购买优先及次级债券加速了信贷扩张，而跨境资本流入和本国货币基础的扩张才是信贷扩张的真正根源。

当第七版在 2015 年推出时，国际金融领域的核心关注是希腊何时会脱离欧洲货币联盟。2008—2009 年开始的金融危机席卷了美国、英国、西班牙、爱尔兰、冰岛、葡萄牙和希腊。冰岛很快走出了危机。到 2015 年初，除希腊外的其他危机影响国经济增速都恢复至 1% ~2%。只有希腊失业率仍超过 25%。持续五年的财政紧缩政策并未使希腊经济获得比较优势，走出衰退泥沼。

本币贬值，会刺激对国内商品和服务的需求，减少对国外商品的进口，从而使一国商品重新获得比较优势，逐渐走出危机，这正是浮动汇率体制的优势。正如冰岛在银行危机后，国内价格及成本均出现明显下降，但在希腊，这一作用机制并不明显。

灵活汇率制度的一个重要特点是，当存在固定锚时，不同货币计价的同类债券,会根据利率差异进行调整。一国利率的调整很大程度上是由于其中央银行对物价水平及失业率的调节行为导致。而一国与其贸易伙伴国货币之间的利差可能导致跨境资本的大规模流动。跨境资本的流动又会影响一国债务率水平,及其偿还外债的意愿和能力。在爱尔兰和西班牙,很多人通过信贷资金投资房地产,而其政府又为希腊政府提供了大量信贷资金。当流入爱尔兰和西班牙的跨境资本减少时,房价下跌会导致大量投资者及放款人破产。而当流入希腊的跨境资本减少时,希腊政府难以扩大对本国商品及服务的购买,也难以按时偿还外债。而很多北欧国家为了避免希腊退出欧盟带来一系列政治影响,仍继续为希腊政府提供信贷资金,导致希腊危机过程被人为拉长。

在 19 世纪,由于货币与黄金维持固定比价,会出现银行危机。而在当今的浮动汇率制下,银行危机较之货币有固定锚时期更为频繁、更为严重。当中央银行不必维持其货币某一固定比价时,由于利差和汇差的存在,跨境资本流动会更加剧烈。跨境资本持续快速流入会带来经济繁荣,最终,当部分放款人意识到债务规模增长已不可为继时,跨境资本流动放缓及随之而来的金融危机也就不可避免了。

罗伯特·Z. 阿利伯
(Robert Z. Aliber)

目　　录

表　目

第一章 ｜ 金融危机：痼疾难医

　　20 世纪 70 年代初至今，大宗商品价格、货币汇率、资产价格的波动超过以往任何时期，金融危机发生频率之高、影响程度之大、涉及范围之广，为以往所未见。短短四十多年时间，已出现四轮银行危机，每轮危机都席卷至少 3 个国家的金融市场，导致大量银行破产。危机过后，经济萧条都尾随而至。最近一轮房价下跌引发的金融危机中，经济增长自 2008 年初便开始失速，影响范围及严重程度更甚以往，堪比 20 世纪 30 年代的"大萧条"（Great Depression）。

　　第一轮银行危机出现于 20 世纪 80 年代初，墨西哥、巴西、阿根廷等 10 余个发展中国家外债余额超过 8000 亿美元。第二轮危机出现于 20 世纪 90 年代初，日本及北欧三国中的芬兰和瑞典都出现了资产价格泡沫破灭，挪威也于几年前就出现了类似危机。1997年中爆发的东南亚金融危机，从泰国、马来西亚和印度尼西亚，迅速波及周边国家，韩国、俄罗斯、巴西、阿根廷等国均未幸免。事后看，1994 年墨西哥大选期间的经济动荡，正是危机的前兆。第四轮金融危机始于 2008 年 9 月，有美国政府背景的两大抵押贷款企业——房利美（Fannie Mae）和房地美（Freddie Mac）——以及随后的雷曼兄弟公司破产，使很多放款人随即收紧信贷。而早在2007 年初，英国、西班牙、爱尔兰和冰岛等国就出现房价暴跌，一年后，希腊、葡萄牙等国国债大跌，危机随之引爆。

　　每一轮金融危机前都有大规模跨境资本流入，导致资本流入国股价、房价持续增长，其外债规模也在危机发生前的 2～3 年增长明显。与此同时，国内出现信贷泡沫，借款人未偿还债务连续几年以上以超出利率 2～3 倍的速度增长。这些借款人使用借来的资金购买房产——居住房屋和商业房产。在第一轮危机中，墨西哥等国政府部门和国有企业经历近十年高速增长,跨国银行争相对其授信,累积了巨大的信贷泡沫。第二轮危机爆发前,日本经历了持续的经济繁荣,在 20 世纪 80 年代中后期,其股价、房价增长了 5~6 倍。同期,北欧三国也出现信贷泡沫累积。第三轮危机中,墨西哥和拉丁美洲的其他国家、泰国及其周边东南亚新兴经济体成为信贷泡沫累积的重灾区。第四轮危机中,信贷泡沫集中在美国、英国、西班牙、爱尔兰和冰岛等国房地产市场,自 2003 年至 2006 年底,这些国家房价上涨明显。

总部设在冰岛首都雷克雅未克的商业银行运用自有资本以及吸收到的大规模跨境资本流入,不断扩大对冰岛居民及企业的信贷规模。总部设在斯德哥尔摩和曼谷的银行也通过其在海外市场筹措的资金,增加对本国居民企业的信贷,因为这比其在国内市场筹资成本低很多。大规模跨境资本流入使这些国家外债规模及其国内借款人负债总额激增。即便如此,很多银行仍不断通过海外市场筹措资金增加对本国的信贷投入,甚至直接对本国借款人发放外币贷款,使其承担汇兑风险。

国内借款人债务增长的速度难以为继,该国整体外债规模增速也过快。当债务增速与借款人收入不匹配时,放款人开始变得谨慎。如果债务以年均 20%~30% 的速度累积,按时还本付息将会显著加剧借款人的资金链压力,最终,借款人不得不放缓举债步伐。一旦新贷的资金不足以偿还本息,"审判日"就到了。随后出现的,必然是资产价格崩盘,房价股价暴跌,热钱加速外流,本币迅速贬值。

随着资产价格去泡沫,借款人将是首当其冲的损失群体,其可能因资金链断裂而违约,并将损失传导至银行及其他放款人。如果其他放款人遭受了损失,损失将会传导至其存款人和其他债权人,除非政府进行干预,去保护它们免受损失。20 世纪 90 年代初,日本资产价格泡沫破灭导致大量银行破产,经济增速长期低于潜在水平,陷入旷日持久的衰退。1997 年中,泰国资产泡沫破灭,泰铢贬值,恐慌迅速传导至周边国家,经济萧条随后而至。唯一的例外是美国,2001—2003 年,其股市下跌了 40%,但并没有出现企业大规模破产，经济萧条也只持续了很短时间。

20 世纪 70 年代初开始，浮动汇率制使各国货币不再有固定锚，货币汇率波动异常剧烈，超过以往任何时期。这并不值得称奇，真正奇怪的是，与货币有固定锚时相比，浮动汇率制下货币汇率偏离长期均衡汇率的程度更甚。1934 年，美国政府作出 35 美元兑换 1 盎司黄金的 "美元黄金挂钩承诺"，1971 年 8 月，宣布放弃这一承诺。为维持布雷顿森林体系（Bretton Woods），1972 年，各国达成史密森协定（Smithsonian Agreement），提出以盯住汇率制（pegged exchange rates）取代固定汇率制，最终仍以失败告终。1973 年初开始，浮动汇率制（floating exchange rates）大行其道。20 世纪 70 年代初，由于美国通胀水平高于德国、日本，多数人认为，美元应贬值 10% ~ 12%。

20 世纪 70 年代，德国马克和日元升值的速度大大出乎人们的预料。但到了 80 年代前期，德国马克和日元却转而贬值，虽未跌破此前低点，但也着实让投资者大跌眼镜。与此同时，墨西哥比索、巴西克鲁塞罗、阿根廷比索等发展中国家货币经历了严重的汇率危机，贬值幅度高达 30% ~ 40%。1992 年下半年，芬兰马克、瑞典克朗、英镑、意大利里拉和西班牙比塞塔也出现大幅贬值，幅度多在 30% 以上。1994 年末，墨西哥总统大选期间，比索对美元贬值超过 50%。1997 年夏秋之交，东南亚金融危机爆发，泰铢、马来西亚林吉特、印度尼西亚卢比、韩圆等货币均出现大幅贬值。1999 年初，欧元区 11 国启用欧元，此后不久，欧元便贬值 30%，2002 年初，欧元升值 50%。2001 年上半年，阿根廷比索贬值超过 2/3。2008 年后期，冰岛克朗贬值超过 50%。货币汇率波动之剧烈可见一斑。

一种货币汇率的变化往往大于该国与其主要贸易伙伴间通胀率之间的差异。20 世纪 70 年代至今，货币汇率时常出现 "超调"（overshooting）或 "调整不足"（undershooting），程度之大，范围之广，超过了以往任何时期。

大宗商品价格、证券资产价格、股票价格以及不动产价格相对其长期均衡水平的波动幅度，也远远超过了以往任何时期。20 世纪70年代，大宗商品价格暴涨尤为引人注目。70年代初，金价为40美元/盎司，10年后就飙升到1000美元/盎司，80年代末回落到450美元/盎司，90年代末下跌至283美元/盎司，2012年秋一度涨至2000美元/盎司。原油价格同样波动剧烈，70年代初，油价为2.5美元/桶，70年代末飙升至40美元/桶，80年代中期回落到12美元/桶，80年代末，随着伊拉克入侵科威特及海湾战争全面爆发，又反弹至40美元/桶。到2008年中，油价一度涨至150美元/桶，随即跌至50美元以下，后来又涨至80~110美元/桶的水平。

20世纪80年代和90年代，破产的银行数量也超过以往任何时期。有的银行破产是孤立的个体事件，影响仅限于一国范围内，如纽约富兰克林国民银行和科隆赫斯塔特银行，均因20世纪70年代汇率波动导致的巨额汇兑损失破产。曾是法国最大国有银行的里昂信贷银行，为跻身一流国际银行，快速增加其信贷规模，导致300亿美元坏账损失，最终由法国纳税人埋单。然而，有的银行和金融机构破产则会导致系统性影响，反映了金融市场环境的剧烈变化。20世纪80年代，美国有超过3000家储贷协会和储蓄机构破产，损失超过1000亿美元，最终由美国纳税人埋单。当美国持续通胀的预期落空后，美国的石油产区和农业产区也有数百家银行破产。

20世纪90年代初，日本资产泡沫破灭，银行业遭受数倍于其资产规模的巨额损失。最终，日本所有银行都不得不寻求政府接管。无独有偶，20世纪80年代初墨西哥和部分发展中国家爆发债务危机时，其国内也有大量银行因坏账和汇兑损失而破产。90年代初，芬兰、挪威、瑞典等国资产泡沫破灭，其国内也有大量银行面临破产境地。1994年末，墨西哥比索大幅贬值50%，其国内大多数银行也无法逃脱破产命运。1997年中后期，席卷亚洲的东南亚金融危机导致泰国、马来西亚、韩国大量银行破产，只有中国香港和新加坡的银行幸免于难。2006年末开始，美国、英国、爱尔兰等多国房价暴跌，其金融机构损失惨重，政府投资严重缩水。2008年，美国多家"大佬级"金融机构因巨额损失而被并购。英国政府也被迫推出一系列维稳措施，先是 2007 年 9 月对其最大的抵押贷款银行——北岩银行（Northern Rock Bank）实施"国有化"改革，随后又控股了苏格兰皇家银行。饱受次贷危机影响的爱尔兰政府，不得不对其六大银行追加投资，以避免其倒闭。冰岛政府为挽救其金融体系，不得不将其前三大商业银行收归国有。美国受次贷危机影响最为深重，其国内最大的抵押贷款金融机构——全美金融公司（Countrywide Financial）由于巨额亏损而被美洲银行收购，其国内最大的投资银行——美林银行也被美洲银行收购。为促成美洲银行的并购交易，美国财政部对其注入巨额资本。出于同样原因，花旗银行也接受了巨额资本注入。荷兰政府也难独善其身，为维护金融稳定，不得不对其金融控股平台 ING 集团施以援手。

房地产价格骤降、资产价格泡沫破灭、本币快速贬值是导致金融危机和银行破产的主要原因。银行危机的损失可通过以下三类指标进行分析：银行损失总额占 GDP 的比例、银行损失总额占政府支出总额的比例、银行损失额对经济增速、失业率、产出缺口的影响。

大量银行破产、汇率巨幅波动和资产价格泡沫三者之间是系统性关联的，皆与全球经济环境的变化息息相关。20 世纪 70 年代，通货膨胀率持续高位运行，美国物价上涨幅度之高、持续时间之长为和平时期所罕见。由于当时很多人都秉持"黄金是最好的保值工具"的信条，导致黄金价格持续上涨，其涨幅比物价水平高数倍。到 70 年代末，价格上涨成了很多投资者买入黄金的理由，而金价也在投资者追捧中屡创新高。

20 世纪 70 年代末，人们普遍认为美国和世界性的通货膨胀趋势仍将维持。有分析师预言，金价将涨至 2500 美元/盎司的水平。

同期，债券、股票等资产价格的波动幅度也超过了以往任何时期。在整个 70 年代，随着商品价格的不断升高，债券、股票资产不断下跌，美国债券及股票的真实收益率都是负的。

墨西哥、巴西、阿根廷及其他发展中国家未偿还外债激增，从 1972 年的 1250 亿美元飙升到 1982 年的 8000 亿美元。当时，很多银行坚守"政府永远不破产"的信念，认为政府担保贷款是绝对安全的。事实上，虽然很多借款人的偿债记录良好，但其一直在"拆东墙补西墙"。1979 年 10 月底，美联储突然收紧货币政策，美元债券利率走高。1980 年 1 月，通胀预期转为通缩预期，金价也见顶回落。随着美元利率的不断走高，墨西哥等发展中国家的借款人无法按时偿还本息，出现了大量违约。随着通胀预期回落，美国股票、债券等资产价格重新走高，20 世纪 80 年代和 90 年代，平均年真实回报率超过 15%。

20 世纪 80 年代，日本经济持续繁荣，资产价格大幅上涨。《日本第一：美国的教训》（*Japan as Number One：Lessons for America*）[1] 成为当时东京的畅销读物。日本各家商业银行存款总额、贷款总额和总资产等指标增速远远超过美国及欧洲的商业银行。随着资产价格的上涨，日本银行持有的房地产和股票价格上涨，银行资本上涨。世界前十大商业银行中，有七八家来自日本。90 年代初，日本的房价泡沫和股价泡沫先后破灭，短短几年间，日本大量金融机构破产、重整，有的虽在勉强经营，但也只为等待政府救助。这是一个关于疯狂（mania）和崩溃（crash）的故事，其中没有恐慌（panic），因为日本储户相信，政府会最终兜底。

北欧三国情形与之类似。20 世纪 80 年代中后期，大规模跨境资本流入推动其国内资产价格大幅上涨，后来，芬兰、瑞典都经历了银行破产危机，与日本经验如出一辙。

20 世纪 90 年代初，积极申请加入北美自由贸易协定的墨西哥，曾被视为经济增长"奇迹"。推行紧缩货币政策后，其通胀得到根本扼制，短短四年间，通胀率从 140% 回落至 10%。墨西哥控制通胀的成效显著，比十年前美国控制通胀的经历要成功得多。在此期间，墨西哥上千家国有企业推行了私有化改革，商业管制大大放松。债券的高回报率和较好的投资盈利前景，使大量跨境资本蜂拥进入墨西哥市场。投资者普遍认为，墨西哥低工资，低成本优势对汽车、家电等制造产业很有吸引力，墨西哥将成为美国、加拿大等市场的生产基地。外资涌入使墨西哥比索不断升值，墨西哥贸易赤字占 GDP 的比例高达 7%，外债总额占 GDP 的比例高达 60%。

1994 年，墨西哥举行总统大选，政府换届及相关的政治影响导致外资流入锐减，在苦苦支撑几个月后，墨西哥政府无力维持比索汇率水平，比索暴跌。比索贬值使前期吸收美元贷款的借款人遭受了沉重损失，导致很多几年前刚完成私有化的银行也不得不宣告破产。

20世纪90年代前期，泰国、马来西亚、印度尼西亚等国资产价格迅速上涨，被视为可媲美"亚洲四小龙"（中国台湾、韩国、中国香港和新加坡）的"亚洲奇迹"（dragon economies）。低工资、低成本优势吸引了大量来自日本、欧洲和美国的投资及国际贷款，与墨西哥此前情形毫无二致。1996年末，泰国的商业银行发现其借款人无法按时足额偿还贷款本息，出现大量坏账损失，外国投资者抛售泰国债券。很快，泰国中央银行发现其无法稳定汇率，这一情形与30个月前的墨西哥几乎完全一样，随后泰铢崩盘，资本逃离，周边国家货币也下挫30%，印度尼西亚卢比更贬值80%，只有港元、人民币保持了相对稳定。如果按照市值标准衡量，除中国香港和新加坡外，东南亚大量银行实际上已破产。

危机由亚洲蔓延至俄罗斯，卢布大幅贬值，1998年夏，俄罗斯的银行体系也面临崩溃境地。投资者开始变得谨慎，他们抛出风险证券，买入相对安全的美元国债，这种避险行为使风险证券和美元国债的收益率出现倒挂，这也直接导致了当时美国最大的对冲基金公司——长期资本管理公司的破产。

20世纪90年代纳斯达克市场泡沫

美国的证券交易有柜台市场（over – the – counter）和交易所市场两大体系。交易所市场主要由纽约证券交易所（NYSE）、美国证券交易所（AMEX）以及设在波士顿、芝加哥、洛杉矶等地的区域性交易所构成。一般而言，只有新公司的股票才会选择在柜台市场交易，大多数成熟公司更愿意在交易所挂牌，因为它们相信通过交易所交易可获得更大的交易空间和更高的估值。但90年代信息技术革命催生的微软、思科、戴尔、英特尔等高科技新贵们却并不认同这种观点，它们更认同柜台市场的电子化交易，因为其远比交易所公开竞价方式先进、便捷、高效，因此，很多公司成长壮大后，仍坚守 NASDAQ 市场。

1990 年，NASDAQ 上市股票总市值只及纽约证券交易所的 11%，而 1995 年，这一比例增至 19%，2000 年更攀升至 42%。NASDAQ 股票总市值年均增长率，1990—1995 年为 30%，1995—1999 年达 46%。部分 NASDAQ 上市公司最终也成为如微软、英特尔一样的大公司，股价涨势惊人。但与此同时，NASDAQ 市场公司利润/GDP 这一指标的上涨幅度只有从前水平的 2~3 倍，因此，指望所有在 NASDAQ 市场上市的公司都成为微软一样的公司，这种可能性是微乎其微的。

20 世纪 90 年代中后期，美国经济一派繁荣，失业率不断下降，通胀持续走低，劳动生产率稳步提高，经济增长前景可期。1990 年，美国财政赤字创出新高，而到 2000 年，却实现创纪录的财政盈余。实体经济的优异表现推动股市不断上涨，更激发了投资和消费，并推动了经济增长。

2000 年春，美国股市开始下跌，之后三年共下跌了 40%，NASDAQ 市场跌幅更大，达到 80%。

2002 年，美国房价开始出现快速上涨。长期来看，随着整体物价水平提高，以及名义财富额（名义 GDP）增长，房价应保持一定涨幅（很大程度上，房价上涨是土地价格上涨的反映）。为应对经济放缓，美联储开始推行低利率宽松货币政策，进一步刺激经济增长，房价开始加速上涨，房价上涨幅度为整体物价涨幅的 3 倍。房价上涨主要集中在美国 16 个州，它们的经济总量占美国 GDP 的比重超过 50%。房价上涨推动了建筑行业的繁荣，每年新屋开工量超过 200 万套，而人口自然增长和房屋灾损灭失需求仅为 150 万套。需求的上升部分来自希望从房价的持续上涨中获得超额利润的投资者。

2007 年开始，美国房价急跌直下，抵押贷款支持证券（MBS）暴跌，专家们仍是以美国市场为中心，试图从监管失灵、人性贪婪及金融产品过度开发等角度解释危机，却忽视了其根本原因。

过去三十年各国发生的金融危机次数之多、数据资料之丰富远远超过以上述及的内容。我们无法对不同时期发生的危机进行精确比较，但有一条结论是确定无疑的，即在过去三十年间，金融危机发生的规模和程度超过以往任何时期。

本书的一个重要观点是，同一时期发生在不同国家的信贷泡沫事件有着相同的起因。20 世纪 70 年代，各跨国银行想当然地认为随着大宗商品价格不断上涨，发展中国家的经济将持续增长，不断增加对其的信贷投放，导致发展中国家债务负担越发沉重。2002 年，美国、英国、爱尔兰、冰岛、西班牙、南非等国的房价泡沫，也是在一片看涨声中走到尽头。房价泡沫与信贷扩张（credit expansion）如影随形，绝少是孤立事件。不同国家的市场有着其自认独特的方面，美国的特殊之处在于其次级抵押贷款市场。信贷供给扩张刺激了抵押贷款需求，导致信贷市场供不应求，抵押贷款经纪人转而取道次级抵押贷款（subprime mortgage），以满足日益增长的贷款需求。

本书的另一个重要观点是，过去三十年间发生的四轮银行危机相互间毫无关联的可能性极低。每轮危机都伴随着信贷供给的快速上涨。某些危机的发生似乎为下一轮的不同国家的信贷供给快速上涨奠定了基础。20 世纪 80 年代早期，许多发展中国家的债务危机将泡沫推向日本，推升了 80 年代中后期日本房地产市场和股票市场的价格。90 年代初，日本资产价格泡沫破灭，大量游资撤离日本后，转而涌向泰国、马来西亚、印度尼西亚等东南亚国家，导致其货币升值、房地产和证券价格上涨。东南亚国家的泡沫破灭后，资金又涌入美国，导致美元不断升值，美国贸易赤字规模年均增长 1500 亿美元。

跨境资金的涌入几乎一定会推高该国资产价格，这是由于其国内投资者可以很高的价格从原持有人手中收购资产，又以更高价格出售给外国投资者。资产像"烫手的山芋"（hot potato）在投资者间传递，在此过程中，资金不断涌入，资产价格不断上涨，泡沫逐渐累积，直至危机爆发。

本书的第三个重要观点是关于信贷资金来源，以及一国货币当局(各国的中央银行)与商业银行及其他私人部门放款人间的关联。每轮银行危机后,政策当局都会对金融机构(如雷曼兄弟公司、全美金融公司、北岩银行等)施加更为严格的金融监管,好像这些机构是危机的始作俑者,而非危机的受害者。事实上,雷曼兄弟公司等问题机构只是信贷资金投放的渠道,它们通过购买信贷资产创造出更多的信贷资金,而这一切,只有在宽松的货币环境下才能实现。

投机狂热、信贷扩张及相关研究著述

金融危机爆发越频繁,相关研究著述越丰富。20 世纪 20 年代,美国股市崩盘,随后又出现经济"大萧条"(Great Depression)到了 30 年代,金融危机相关著述如汗牛充栋。而在第二次世界大战后的几十年,经济增长较为平稳,金融危机研究著述也几乎销声匿迹。

1973—1974 年,美国股市腰斩,其后迎来一轮长达 15 年的大牛市,本书第一版正在此背景下推出。股市暴跌和经济衰退导致宾州中央铁路公司、多家大型钢铁企业及证券经纪公司破产。纽约市政府差点因债台高筑而破产,幸得州政府资助才渡过难关。并不是所有人都对经济崩溃感同身受,只有破产企业的高管、股东和财政危机城市市长,才会感觉崩溃距离自己如此之近。

20 世纪 90 年代末,互联网及高科技公司泡沫破灭,随后出现的美国房价下跌导致超过 400 家商业银行及投资银行破产,同时期的英国、爱尔兰、西班牙、冰岛等国也出现了银行破产危机,本书第六版正在此背景下推出。随着世界经济逐渐走出 2008 年次贷危机的阴霾,而欧洲货币联盟仍由于深陷经济衰退及银行危机泥沼而苦苦挣扎,中国在经历了三十年快速经济增长后也暴露出一定的金融风险,在此背景下,本书又推出了第七版。

我们所论及的泡沫都是波及四五个以上国家的系统性危机,而不是一国国内事件,均对居民财富产生了深远影响。

2008 年金融危机相关研究综述

2007—2009 年，美国大量投资银行、商业银行倒闭，各类金融危机研究著述遍布各大书商展柜，其作者约略可分如下三类。第一类是著名记者和专栏作家，如《金融时报》副主编 Gillian Tett 的《愚人之金：骄纵放任的贪婪如何毁掉梦想、动摇市场并带来灾难》（*Fool's Gold*：*How Unrestrained Greed Corrupted a Dream*，*Shattered Global Markets*，*and Unleashed a Catastrophe*），《纽约时报》专栏作家 Andrew Ross Sorkin 所著的《大而不倒：政商内幕及自我救赎》（*Too Big to Fail*：*The Inside Story of How Wall Street and Washington Fought to Save the Financial System – and Themselves*），Roger Lowenstein 编著的《华尔街末日》（*The End of Wall Street*），《时代周刊》专栏作家 Justin Fox 所著的《理性市场谬论：华尔街风险、收益和幻觉简史》（*The Myth of the Rational Market*：*A History of Risk*，*Reward*，*and Delusion on Wall Street*），Scott Patterson 所著的《宽客：顶级数量金融大师的另类人生》（*The Quants*：*How a New Breed of Math Whizzes Conquered Wall Street and Nearly Destroyed It*）。John Cassidy 对市场非理性进行了专题研究，并著有《市场失灵探因》（*How Markets Fail*：*The Logic of Economic Calamities*）。Michael Lewis 所著的《大空头》（*The Big Short*）着重描写了部分先知先觉的投资者，察觉到房价泡沫即将破灭，通过做空抵押贷款支持证券而大赚特赚的故事。此外，Suzanne McGee 所著的《追逐高盛：华尔街因何崩塌……为何在此到了崩溃边缘》（*Chasing Goldman Sachs*：*How the Masters of the Universe Melted Wall Street Down…and Why They'll Take Us to the Brink Again*）、Wolfgang Munchau 所著的《消融年代：展开全球经济危机》（*The Meltdown Years*：*The Unfolding of the Global Economic Crisis*）、Charles R. Morris 出版的《万亿美元大黑洞（*The Trillion Dollar Meltdown*：*Easy Money*，*High Rollers*，*and the Great Credit Crash*）、James Grant 出版的《市场失误：泡

沫年代》（*Mr Market Miscalculates：The Bubble Years and Beyond*）、
Charles Gasparinus 出版的《大出卖：30 年华尔街金融阴谋》
（*The Sellout：How Three Decades of Wall Street Greed and Government
Mismanagement Destroyed the Global Financial System*）、Barry Rith-
holtz 出版的《拯救民族：贪婪和暴利如何搞垮华尔街和世界经
济》（*Bailout Nation：How GREED and EASY MONEY Corrupted
Wall Street and Shook the World Economy*）以及 Katrina Vanden
Heuvel 出版的《危机：贪腐击碎金融体系及恢复机制》（*Melt-
down：How Greed and Corruption Shattered Our Financial System and
How We Can Recover*）等著作，都应归为此类。

第二类作者来自学界，如 Richard Posner 推出《资本主义的失
败》（*The Failure of Capitalism*），Robert J. Shiller 推出《次贷危机
正解》（*The Subprime Solution*），George A. Akerlof 与 Shiller 合著的
《动物精神》（*Animal Spirits*）中有部分章节专门论述金融危机，
Simon Johnson 与 James Kwak 编著的《13 个银行家：华尔街并购与
金融帝国之崩塌》（13 *Bankers：The Wall Street Takeover and the Next
Financial Meltdown*），Raghuram G. Rajan 写就的《骗局：威胁世
界经济的秘密》（*Fault Lines：How Hidden Fractures Still Threaten the
World Economy*），Joseph Stiglitz 所著的《自由落体：美国、自由市
场以及全球经济的沉没》（*Freefall：America，Free Markets，and the
Sinking of the World Economy*）。Nassim Nicholas Taleb 推出的《黑
天鹅理论》（*The Theory of Black Swan Events*）批判了学界对市场
有效性的一些成见。Thomas Sowell 推出的《房市繁荣与萧条》
（*The Housing Boom and Bust*）。15 位优秀的经济学家推出研究合
集——《门朝哪开——重塑全球金融系统》（*The Squam Lake Re-
port：Fixing the Financial System*），提出超过 30 条金融监管体制改
革建议。Amar Bhide 著有《比较》（*A Call for Judgment*），详细比
较了现代金融学与传统经济学，Nouriel Roubini 与 Stephen Mihm 合
作推出了《末日博士鲁比尼的金融预言》（*Crisis Economics：A
Crash Course in the Future of Finance*）。

第三类作者多是在金融机构或政府机构工作的"内部人"。一种是曾在银行机构工作的，如雷曼兄弟公司 Lawrence McDonald 所著的《常识的惨败：雷曼兄弟背后的金权角逐》(*A Colossal Failure of Common Sense：The Inside Story of the Collapse of Lehman Brothers*)。由银行家转作记者的 William D. Cohan 著有《纸牌屋：华尔街的荣耀、贪婪与毁灭》(*House of Cards：A Tale of Hubris and Wretched Excess on Wall Street*)。另一位前银行家 Alex Pollock 也出版了《金融与财富轮回》(*Boom and Bust：Financial Cycles and Human Prosperity*)。金融分析师 George Cooper 写就《金融危机探源》(*The Origin of Financial Crises*)。

以上著述多专注于美国市场，对其他国家描述甚少。另有三部著作专门研究冰岛危机——英国专栏作家 Roger Boyes 所作的《融化的冰岛：世界金融危机的教训》(*Meltdown Iceland：Lessons on the World Financial Crisis from a Small Bankrupt Island*)，冰岛银行家 Asgeir Jonsson 所作《为何是冰岛？》(*Why Iceland？*)，Eftir Armann Thorvaldsson 所作的《资产消融：亲历冰岛繁荣与危机》(*Frozen Assets：How I Lived Iceland's Boom and Bust*)。危机过后，新一届冰岛政府成立了特别调查委员会，Pali Hreinsson，Tryggvie Gunnarsson 及 Sigridur Benediktsdottir 合作出版了《冰岛银行崩塌探因——责任、失误与疏忽》(*Causes of the Collapse of the Icelandic Banks – Responsibilty，Mistakes，and Negligence*)。

美国国会专门设立了一个 10 人组成的、超党派的金融危机质询委员会，通过组织听证、质询，收集有关情况，前美联储主席艾伦·格林斯潘、前财长罗伯特·鲁宾都曾为其提供有关证词。其调查报告最终于 2010 年 12 月结集出版，可从 www.fcic.gov/report 下载。

本书标题清晰地传达了研究主题：贪婪，市场滥用，华尔街的崩塌，管制失灵，愈发贪婪。

多数研究未解释金融危机爆发的原因，及在这些国家爆发危机的原因。冰岛遇到的问题，是否与美国完全相同，或者说，不同国家遇到的问题,背后是否有类似的影响因素?引发金融危机的深层次原因是什么?是进入新千年后,银行家们变得更贪婪,还是某些事件激发了其原本被压抑的贪念?

此外,这些研究都过于宏观,专注于讨论理性缺失、信贷不稳定性等,却忽视了资产价格泡沫本质上是信贷扩张的必然结果。过量的货币供给会推高物价水平,也会带来金融危机。"无论何时,通胀都是一种货币现象"的结论,推而广之即为"无论何时,资产泡沫都是一种信贷扩张现象"。

本书第一版问世四十年后,第七版才面世。而这期间有三十年时间,恰好是国际金融市场最为动荡的三十年,寻遍经济金融史,都无法找到可供借鉴的现成经验。

十大资产泡沫事件

1. 荷兰郁金香花球茎泡沫,1636 年。
2. 南海公司股票泡沫,1720 年。
3. 密西西比公司股票泡沫,1720 年。
4. 美国股市泡沫,1927—1929 年。
5. 墨西哥等发展中国家银团贷款泡沫,20 世纪 70 年代。
6. 日本资产泡沫,1985—1989 年。
7. 北欧三国资产泡沫,1985—1989 年。
8. 泰国、马来西亚、印度尼西亚等东南亚国家资产泡沫,1992—1997 年;墨西哥投资泡沫,1990—1994 年。
9. 美国柜台市场股价泡沫,1995—2000 年。
10. 美国、英国、西班牙、爱尔兰和冰岛等国房价泡沫,2002—2007 年。

我们所关注的泡沫事件,最早可追溯到 17 世纪的荷兰。拿破仑战争结束后,英国和法国也分别出现泡沫事件。19 世纪的投机狂热和银行危机,多伴随过度基础设施(运河、铁路等)投资。1920—1940 年,银行危机频繁出现,世界经济无宁日。此后三十年间，股价涨幅超过以往任何时期，前述十大金融泡沫事件中有六次出现在此段时期。房价泡沫与股价泡沫一般同时出现，但也有国家只出现房价泡沫，未出现股市泡沫。

投机狂热通常来势凶猛，但并不频繁。过去两百年间，美国股市只出现两次投机狂热。投机狂热往往发生在经济扩张阶段，可能由亢奋情绪刺激导致。当经济过热时，资产价格泡沫有多种表现形式，如房价上涨、股价飙升、大宗商品价格飞涨等。任何形式的投机狂热都会刺激消费和投资，推动经济增长。有观点称经济增长应为常态，甚至认为传统的经济周期理论已过时，经济衰退完全可以避免，经济增长将激发投资者和放款人的乐观情绪，推动资产价格上涨。

好莱坞与全球金融危机

2008 年的全球金融危机为纪录片和好莱坞编剧提供了很好的素材。查尔斯·弗格森（Charles Ferguson）的《监守自盗》（*Inside Job*）获得了 2011 年奥斯卡最佳纪录片奖。弗格森的采访对象包括交易员、学院派经济学家，甚至包括一位纽约城市小姐，以了解其客户及交易员的消费习惯。弗格森还造访了冰岛，采访了很多人。在弗格森的纪录片中，交易员贪腐成性，金融危机是由于对次级贷款借款人的信贷投放过度而爆发的。

安德鲁·罗斯·索尔金（Andrew Ross Sorkin）在《大而不倒》（*Too Big to Fail*）中阐述了监管机构与大银行的关系。全依赖美国政府适时的干预，花旗银行、美洲银行等大银行才得以运营至今。

投机狂热，尤其是整个宏观经济的投机狂热将激发经济亢奋情绪，引致信贷投放过度，企业产能迅速扩张，投资规模水涨船高。20 世纪 80 年代中后期，日本商业银行银根极松，为其关系企业提供无限信贷支持，无限的资金（当陷入投机狂热时，资金几乎总是"无限的"）使整个日本进入消费狂欢和投资盛宴。日本人买走了数万件法国艺术品，来自大阪的商人以 9000 万美元的价格买下

印象派大师梵高的"加歇医生画像"（Portrait of Dr Guichet），创当时单幅画作最高拍卖纪录。三井物产株式会社以 6.25 亿美元的价格买下纽约埃克森大厦。事实上，其最初报价仅为 5.1 亿美元，为创单幢建筑物交易价格吉尼斯世界纪录，三井物产刻意提高了报价。20 世纪 90 年代中后期，美国很多信息技术、生物技术企业也可以获得大量风险投资，只要其股票上市，风险投资商就能获得巨额回报。

经济亢奋时期，越来越多的投资者希望通过房地产、股票等资产价格的上涨获取短期资本利得。地产项目尚未开工，便被抢购一空，因为投资者希望房子完工后能以更高价格出售，赚取其间差价。

这时，一些意外事件的出现（如政策变化或某热门公司意外破产等）可能中止资产价格上涨势头。很快，一些借款过度的投资人面临财务困境，为偿付此前贷款利息，不得不变卖资产。随着资产价格跌破买入价，很多投资者已"资不抵债"（under water），其持有资产的市价远低于未偿还贷款余额，破产清算不断出现，资产价格继续走跌，惊恐、崩溃随之而来。

刚学骑自行车的新手遇到情况时，必须保持前行节奏，否则，就会摔得人仰车翻。政策当局处理泡沫时的境况与之类似。投机狂热出现时，资产价格上涨停滞，随之就是价格快速下跌，中间不可能有平滑过渡。资产价格下跌将使投资者更为悲观，整个金融体系都会陷入"不安"中。人们争相在价格进一步下跌前出售资产，导致资产价格进一步下跌，出现预期自致型危机。经济恐慌也随预期而至，包括房产、土地、股票、债券在内的广谱资产价格跌至最高价 30% ~ 40% 的水平，大量银行破产，经济增长放缓，失业率攀升。

投资狂热的表现各有不同，但其演进过程却非常类似。首先是资产价格上涨，居民财富增加，消费支出增长，社会笼罩在亢奋情绪中，认为处于"千载难逢的历史机遇"中。紧接着，资产价格涨至峰值后下跌，大宗商品、房价和股价均大幅下跌，甚至出现崩盘。有时，危机并不表现为资产或证券价格的急跌，却表现为借款人债务的急增。

本书的论点之一就是投机狂热与信贷供给间存在正反馈效应。经济境况转好时，信贷供给快速增加；经济境况变差时，信贷供给显著萎缩。由于投机狂热，资产可能出现短期价格与长期价值相悖的走势。20世纪70年代初，油价为2.5美元/桶，70年代末涨至36美元/桶，上涨引发的投机狂热使很多人预期油价将突破80美元/桶。经济繁荣时，投资者会更为乐观，更愿意抓住盈利机会；放款人也更愿意承担风险，主动投放更多贷款。理性繁荣变为非理性繁荣，盲目的乐观情绪会进一步刺激投资和消费。大家一致认为，"要在开车前挤上车"，资产价格继续上涨，投资者不断融资购入资产以获得资本利得，贷款余额不断上升，与此同时，更多的交易是通过信贷支持完成的。

本书所分析的银行危机为国际性危机，范围较广、程度较深，影响同时或陆续波及多个国家。

"泡沫"一词特指投机狂热时期的证券或货币价格上涨，这种上涨无法通过经济基本面的变化来解释。20世纪80年代中后期至90年代中期，在日本等亚洲国家同时出现房价泡沫和股价泡沫，由于房地产和股票价格不断上涨，引致投资者争相买入，而投资者争相买入的行为又刺激价格进一步上涨。20世纪70年代末，黄金、白银价格上涨也是一种投机泡沫，但同期油价上涨就不然。其主要区别在于，黄金、白银的投资者预期价格会不断上涨，投资就是为了获得资本利得。而原油的投资者发现，原油供给卡特尔的形成影响深远，海湾战争也会导致原油供应短缺，两者都将导致价格上涨，其投资基于经济要素变动之上，而不是单纯的追涨。

庞氏融资、连环信、传销骗局、投机狂热和投机泡沫

庞氏融资、连环信（chain letter）、投机泡沫、传销骗局（pyramid schemes）和投机狂热的含义有相同之处，都是指资产价格难以维持，融资行为不可持续。庞齐曾对其存款人承诺30%、40%、50%的月回报率，其他"庞氏骗局"通常声称具

有特殊的盈利模式，可获得高额回报，以吸引更多人入局。因此，他们在前几个月能够兑现其承诺的高收益。但到了第四个月或第五个月，庞氏骗子们收到的资金不足以支付其应该偿付给以前存款人的利息，他们只能选择携款潜逃或者锒铛入狱。伯纳德·麦道夫运行的巨大庞氏骗局声称的回报率仅为10%~12%，但其却是非常稳定的，他将这一骗局维持了15年以上——这或许是史上最长的庞氏骗局了。

连环信是传销骗局的一种形式，其程序一般是某人收到一封信，信中要求他将1美元（或10美元或100美元）存入某一账户（这一账户通常为传销骗局上层的账户），并在五日内将这封信转发给五个亲朋好友。收信人每存1美元，他就会在三十日后收到64美元的"投资收益"。

传销骗局一般以某种债券、化妆品或滋补品为交易标的，根据销售业绩提取报酬。与普通销售不同在于，其只将商品卖给参与传销的下家，再由下家卖给下下家，从而在体系内实现销售。

投机泡沫是指进行房地产或证券投资时，通过买卖价差获得资本利得，而非通过孳息实现投资收益，是一种"搏傻"行为。参与者都知道其在进行"击鼓传花"游戏，每个人都认为自己不是最傻的人，都指望能找到愿意以更高的价格购买其股票或房产或棒球票的傻子。"泡沫"一词隐喻了该种商品价格涨势停止时，可能（甚至一定）迎来急跌。

"投机狂热"是一种病态的投资行为，当投资品的价格上涨、交易量急剧扩大时，人们会不顾一切地买入。

连环信和传销不会对一国经济带来系统性影响，但会影响社会经济的某一方面或对进入这一骗局的投资者的收入分配产生影响。资产价格泡沫常常会影响整个经济环境，提升经济增长预期，从而增加企业和家庭的消费支出，最终迎来泡沫的破灭。

事实上，投机狂热几乎总在经济繁荣时出现，但经济繁荣并不必然导致投机狂热。投机狂热与经济繁荣之间的相关性并不稳定，对此，我们需要进行更多的研究。

另有经济学家认为，"泡沫"隐含这种不理智的投资行为是偶发事件，不具有普遍性，该表述并不贴切，应用其他词汇描述资产价格背离基本面上涨的情形。20 世纪 90 年代，NASDAQ 市场创新高，就是由于投资者认为所有公司都能复制微软、英特尔、思科、戴尔和安进（Amgen）等公司的成功路径，故不断追捧其股票。或许一两家公司能够重复这种成功路径，但不可能每家公司都这么成功，因为这将意味着利润占 GDP 的份额将上升至前所未有的水平。

政策启示

投机狂热或投机泡沫的出现也引发了我们对政策的思考。政府应该推出相应的政策措施以平抑资产价格上涨，减少危机发生的概率或破坏性；还是在资产价格开始下跌时采取措施对冲其对实体经济的冲击？事实上，大国都会指定其中央银行承担"最后贷款人"（lender of last resort）的职能，避免由流动性短缺转化为偿付危机（insolvency crisis）。流动性短缺会造成企业大面积破产，这时谁来充当国际"最后贷款人"为处于危机中的国家提供流动性支持以帮助其本币止住连续下跌的势头？

在金融危机到来时，很多原本被认为运行状况很好的企业也会出现严重的危机，甚至面临破产的境地，这是由于资产价格下跌和经济增速放缓给这些企业带来了巨大损失。当资产价格快速下跌时，人们希望政府通过其干预行为提供稳定的公共产品。在金融危机到来时，资产价格的下跌可能幅度很大、过程很快，甚至这种下跌是自我实现的（self-justifying）。当资产价格崩盘时，对巨额流动性的迫切需要会使很多企业和投资者面临破产的境地。当这种情形发生时，最后贷款人可以提供稳定的融资支持，或者调控不稳定的融资行为。但如果投资者提前知道政府会在资产价格暴跌时出手相救，他们的投资行为可能会更加激进，危机的出现就会更加频繁，这是一个两难选择。

在处理崩溃、恐慌时，最后贷款人作用机制并不明确，充满了模棱两可（ambiguity）与两难选择（dilemma）。托马斯·乔普林

(Thomas Joplin)如此评论英格兰银行在1825年金融危机的表现:"有时无法打破现有规则,有时却又无法照搬现有规则。"显然,打破旧规则建立新制度,应根据当时的情况进行,政策干预不仅是一门科学,更是一门艺术。政府一直干预经济,或永远不干预经济的观点,都有失偏颇。美国政府在1979年救助克莱斯勒公司,1975年救助纽约市政府,以及1984年救助大陆伊利诺伊银行(The Continental Illinois Bank)时,都曾面临这样的困境(虽然大陆伊利诺伊银行最终破产,但存款人资产由于受存款保险保护最终得到了保全)。英格兰银行处理巴林银行(Baring Brothers)危机时,也出现过类似的情况。巴林银行新加坡代表处交易员尼克·里森(Nick Leeson)利用隐藏账户进行违规期权交易,造成的巨大损失超过了当时巴林银行资本总额,这家历史悠久的银行也因此而破产。问题是无论何时,总有一些借款人、银行或金融机构会因巨额损失而破产,当面临这些情况时,当局真的应该出手吗?1994年末,墨西哥债务危机爆发,美国政府充当了最后贷款人。而1998年俄罗斯金融危机时,美国、德国仅为其提供大量资金支持,却不愿充当最后贷款人,最后由国际货币基金组织(IMF)出面。2001年初,阿根廷爆发了金融危机,但这时的美国、IMF都不愿出面做最后贷款人了。

在查尔斯·金德尔伯格撰写的《衰退中的世界:1929—1939年》(*The World in Depression*, 1929 – 1939)中,已得出这样的结论:20世纪30年代的经济大衰退之所以影响面这么大、影响程度这么深、延续时间这么长,是因为当时的国际金融体系缺乏一个国际最后贷款人。[2]20世纪20年代,英国深受第一次世界大战拖累,其经济复苏半途而废,经济增长步履蹒跚,无法履行其1914年作出的英镑金本位承诺。美国虽有能力,却不愿承担此责任,况且当时还很少有美国人意识到其能够在危机时承担责任。本书第十三章将对国际最后贷款人职能进行深入分析。

在经济过热与市场恐慌中,货币因素扮演了重要作用,在后面章节中,我们将对此详加探讨。我们并不认同货币主义者关于"将货币供应量稳定在固定水平上(或保持固定增速),就可以避免经济过热与市场恐慌"的观点。经济过热可能与信贷过度相关，但并不尽然。稳定的货币增长可降低危机频率，但并不能完全避免危机的出现。事实上，20世纪20年代中后期，美股涨幅远超同期货币增速。20世纪90年代中后期，NASDAQ市场股价涨幅也比同期货币增长快得多。有货币主义者认为，应区分"真实"危机与"伪"（pseudo）危机，在其看来，真实危机伴随着基础货币（又称高能货币）的显著下降，而伪危机并不具备这一特征。基础货币变化时出现的金融危机应与基础货币不变时发生的危机相区别。自20世纪70年代以来出现的很多轮资产价格上涨都与大规模跨境资本流入相关，当跨境资本流入放缓时，银行危机就出现了。

本书第一版对金融危机的分析，始于1719—1720年南海公司股票泡沫和密西西比股价泡沫。而本版则将研究起点提前到"30年战争"爆发之际的1619—1622年普鲁士铸币危机背景下，从1636—1637年发生于荷兰的"郁金香泡沫"。当时，荷兰人笃信稀有品种的郁金香很难培育，于是爆发了郁金香花球茎投资狂热。但事实证明，即便是稀有品种的郁金香，一经培育也很容易推广，因此，其价格大幅下跌也就不足为奇了。[3]

早期的危机历史研究多集中于欧洲。本书所关注的最近一次危机则是2008年始于美国、英国、爱尔兰、西班牙和冰岛的次贷危机。人们更关注19世纪英国的金融危机，可能出于以下两个原因。第一，伦敦在当时全球金融市场占据举足轻重地位；第二，以英国金融危机为主题的研究论著较多。事实上，18世纪的阿姆斯特丹是与伦敦齐名的金融中心，在某些方面甚至超过了伦敦，但囿于对荷兰文化的了解，有关荷兰金融危机的研究并不多见。

20世纪70年代中期以来，信贷泡沫与金融危机次第出现，国际金融市场系统性风险陡增。很多经历信贷泡沫的国家，都会受到热钱困扰。汹涌的流动性总要找到出口，由于多数国家推行浮动汇率制，热钱流入必然会给其汇率水平和资产价格带来显著压力。很多危机国都出现了一段经济繁荣，并误断其处于"千载难逢的历史机遇"中。可能是由于本币升值，商品价格上涨压力较盯住汇率制度下要略小些。为应对可能的危机风险，很多货币管理当局都选择提高利率，而这又会吸引更多资金流入。

随着通信手段和计算机技术的不断创新，跨境资本流动的成本不断降低，预期收益率的微小差异就会使投资者重新配置资金。此外，离岸市场还有巨额的美元资产，只要某国（市场）经济增长前景乐观，一定会吸引跨境资金蜂拥而入。

银行危机与货币危机

过去 40 年的实践可总结出如下特点：90% 以上的银行危机均与货币危机有关，而几乎所有的货币危机都伴随着银行危机。20 世纪 50 年代和 60 年代，对一国货币当局维持其本币汇率的能力与意愿的不确定性，并不会导致银行危机和货币危机。因为所有的市场参与者都认为，一国货币当局会不断促使其本币贬值，以提高其商品的国际竞争力，维持其比较价格优势，以避免贸易赤字占 GDP 比率提高。

自 20 世纪 80 年代初期开始，货币危机多与一国无法偿还其以美元或其他外币计价的欠款有关。欠款的主体可能是政府，也可能是该国的商业银行，它们通常在国际金融中心筹措资金以用于国内信贷投放。在统计数据上，体现为该国有大规模跨境资本流入，且该国货币不断升值，贸易赤字不断扩大。直到该国货币当局进行干预，这一趋势才会反转。

"汇率超调"（overshooting）是指货币汇率的市场价格高于长期均衡汇率水平，货币币值高估往往源于大规模跨境资本流入的增加。大规模跨境资本流入也会显著提高该国证券资产价格，形成资产价格泡沫。

起初，债务国的借款人对偿还贷款本息毫无负担，因为新增贷款提供的资金流入足以抵偿其还本付息的资金流出。突发事件可能导致放款人审慎评估是否对其继续发放新增贷款。跨境资本流入的减少会导致债务国资产价格下跌，即使其货币当局入市干预也无济于事。这时，很多借款人才会感觉到还本付息的压力。

货币危机实质上是跨境资本流入规模减少的放大效应及系列

影响。随着跨境资本流入规模的减少，本币不断贬值，借款人偿
还外币贷款本息的压力越重。银行危机也是跨境资本流入规模减
少的放大效应和系列影响。随着跨境资本流入规模的减少，借款
人无法通过新增贷款获得资金，其偿还原有债务本息的能力势必
受到影响。

　　危机总是影响深远也说明跨境资本流动通常极为迅猛，使相
关各方难以招架。由于放款人突然希望减少其风险资产敞口，导
致的跨境资本流动规模的锐减经常会同时席卷多个债务国。

本书结构安排

　　第二章介绍了研究背景，构建了一个涵盖投机狂热、信用扩
张、融资困难、危机爆发，直至恐慌崩溃的模型。古典经济学派为
该模型提供了理论基础，亚当·斯密、约翰·斯图尔特·穆勒、奈
特·维克塞尔、艾夫因·费雪等认为，过度贸易往往伴随着贸易突
然紧缩与信用剧减。海曼·明斯基则进一步发展了该模型，在其看
来，金融系统本身具有不稳定性、脆弱性，极易爆发危机。明斯基
的模型对于解释美国、西欧早期发生的一系列危机，日本 20 世纪
80 年代中后期的资产价格泡沫，美国、英国、爱尔兰、西班牙和
冰岛 2002—2007 年的房地产泡沫都有很强的说服力。每次危机之
前的情况基本都是相同的——信贷扩张，房地产价格上涨。

　　第三章重点对投机狂热进行了分析。这里的核心问题是市场是
否永远理性，投机究竟是有利于市场稳定的因素还是不利于市场稳
定的因素——房地产市场和股票市场的投资者对价格的预期是基于
这些资产的即期价格上涨，还是基于其盈利能力的增长。本章还对
不同历史背景下引发投机狂热的外部冲击事件进行了研究，这些外
部冲击事件包括战争的开始和结束、农业丰收、农业歉收、新市场
的开发及科技的发展（铁路、电力、电子邮件的出现并被广泛应
用）等。最近出现的对金融体系的一种特殊冲击就是金融管制的放
松，或称金融自由化，日本、北欧、部分亚洲国家、墨西哥、俄罗

斯和冰岛都出现了金融自由化的趋势。放松金融管制已成为国内货币扩张、对外举债及投机性投资的助推器。[4]

投资者的投机标的涵盖大宗商品、农用土地、住宅、铁路、新银行、票据贴现所、股票、（国内外发行的）债券、热门股票（glamour stocks）、财团、摩天大楼、购物中心及写字楼等。适度的投机对经济并没有太大危害，但投资者可能因此承担损失。但问题是当经济繁荣时，是否同时对两类以上资产投机才会危及金融稳定？如农业歉收时，对铁路或土地投资过热，或房市、股市同时出现资产泡沫。是否只有同时波及多个市场，才会危及金融稳定？

第四章探讨了经济过热、市场恐慌在货币方面的表现。经济繁荣或市场恐慌往往由货币事件引发，如货币重铸（recoinage）、新探得贵金属矿藏、复本位体制下金银比价变化、某证券发行成功、大规模债务转换导致利率急跌，以及货币基础急剧扩张等。与生产创新一样，金融创新会对金融体系构成冲击，并导致投资过度。[5] 在其房地产市场繁荣时期，在证券化创新下，由于对抵押贷款和抵押贷款相关证券需求的飙升，美国、英国、爱尔兰和冰岛的金融部门迅速扩张。另外，利率的大幅上升驱使存款者将资金不断从银行与储蓄机构取出，银行持有的长期资产的价格相对于其票面价值也不断下跌。

本版尤其强调，不能单纯依赖货币机制（money mechanism）解决投机过热和投机泡沫问题。20 世纪 70 年代以来的大多数资产价格泡沫，都是由于信用加速扩张（尤其是对房地产信贷的超量发放）引起的。中央银行的货币控制限制了货币和信贷的增长，但投资资金流入也使一国居民可以购买房产和证券。货币是一种公共产品，但货币调控却存在党派之见。为规避监管，不断涌现出创新的机构，这使对银行业的监管更加困难。现代货币学派认为，过去发生的大多数危机都是货币调控失灵的结果。但本书第四章也提出，即使货币供应完全贴合实体经济的需要，不犯任何错误，货币机制也难以长久保持正确的状态。每当政府制造出一定数量的公共产品——货币之时，公众就将采取一系列措施以获得更多的货币，正如律师热衷于发现税法中的漏洞，税法也因此而不断修订一样。货币从硬币向银行钞票、票据、存款、融资券的演进本身就说明了这一点。货币学派关于"货币供应量须保持恒定"的观点可能是正确的，但其"货币供应量固定不变"的观点显然是错误的。

第五章描述了危机的国内表现。其中提出一个重要问题：经济过热是否会因官方预警（包括道义劝说、行政管制等手段）而中止。大量事实表明，行政手段很难终结经济过热，有时，遏制危机的行政手段甚至还来不及推出，危机就爆发了。1996 年 12 月 6日，时任美联储主席艾伦·格林斯潘的关于美股"非理性繁荣"（irrationally exuberant）的一番言论，引起了广泛关注。当时的道琼斯工业平均指数为 6400 点，纳斯达克综合指数仅为 1300 点，在其提出警告后，分别攀升至 11000 点和 5000 点。1929 年 2 月，著名私人银行家、美联储奠基人——保罗·沃伯格（Paul M. Warburg）也发出类似警告，但也未能减缓股价上涨势头。本章还讨论了导致经济过热的转折性冲击事件的实质，如机构倒闭、挪用公款、市场传言、提高再贴现率等。事件发生后，各类资产交替下跌并相互影响，耗尽金融体系流动性，最终爆发危机。

第六章讨论了投机、货币幻觉及泡沫对国内消费的影响。居民及社会财富的增长会助长奢靡消费行为。为展示其经济实力和综合国力，马来西亚、迪拜等地不断刷新摩天大楼高度纪录（但都须依赖外国公司的技术，才能完成摩天大楼建设）。20 世纪 80 年代，日本人热衷于投资法国艺术品，原因是其他日本人都在进口法国艺术品。泡沫出现后，基本的经济规律不再起作用，货币仿佛是"无穷"的，但最终，难免会引起资产价格泡沫及市场崩溃。

投机狂热初期，经常伴随着谎言和欺诈（swindles），在泡沫破灭的同时，欺诈行为也会大白于天下，第七章进行了专门分析。欺诈和贪腐源于信息不对称，内部人可能弄虚作假、歪曲事实，也会故意误导、夸大其词，甚至不当披露、牟取暴利。欺诈有个体行为，也有群体行为。麦道夫的"庞氏骗局"导致超过 200 亿美元的损失。在冰岛，很多公司先收购银行，再通过关联贷款掏空银行，以满足其自身消费、投资需要。20 世纪 80 年代，美国大量储贷机构破产，垃圾债泡沫为美国纳税人带来了 1500 亿美元的损失。90 年代，安然（Enron）、世通（MCIWorldCom）、泰科（Tyco）、达力智能源（Dynegy）、卡的尔菲亚传播（Adelphia Cable）等公司的破产如肥皂剧般上演。事后调查发现，许多声名显赫的基金管理机构都曾为其投机提供资金支持。经济过热时期，政策失误、决策偏差、渎职及贪污等一经揭露，往往会加剧经济崩溃与市场恐慌。历史经验一再揭示，欺诈是贪婪追求财富的必然结果，经济繁荣时期尤为突出。史密斯发现琼斯靠欺诈而发家，他也会如法炮制，越来越多的人又会步史密斯后尘，争相效仿其欺诈行为。随着货币体系的日趋紧张，金融机构流动性日趋收紧，未能得逞的欺诈行为终会暴露，很多骗子拿到钱就逃之夭夭。

第八章我们转而讨论 17 世纪至 20 世纪上半叶经济过热与危机的国际传播；两个、三个、四个或更多的国家在同一时期经历了相似的泡沫症状。这主要存在两种竞争性的解释。一种解释将其类比太阳对月亮的影响，认为一国出现投资狂热，往往"辐射"到周边国家或贸易伙伴国，因此信贷扩张会同时影响多国。另一种解释假设这些国家受到同样的冲击或创新的影响。国际市场通过多重渠道相互联结，这些渠道包括贸易渠道、资本市场、热钱流动、中央银行外汇与黄金储备水平变动、商品价格波动、股价、货币汇率、利率以及投资者狂热或失望情绪的传染等。有的危机是区域性的，有的则是国际性的。是什么导致了其中的区别？举例而言，1907年纽约市场恐慌是否影响到巴黎市场，导致都灵（Turin）市场出现挤兑，并加速意大利社会银行的破产？部分基本假设也模棱两可。某金融中心收紧银根，既可能吸引资金流入，也可能导致资金流出，这取决于市场对利率上升所发生影响的预期。如果预期紧缩货币政策缺乏弹性，不担心爆发危机或货币贬值，则贴现率上升会吸引更多热钱流入。相反，如果预期紧缩货币政策行为具有弹性，预期该政策将导致价格下跌、机构倒闭或货币贬值，那么提高贴现率会导致外资出逃、热钱外流。这一困境在经济学中十分常见。某商品涨价，可能产生两种不同的预期。对未来价格下跌的预期，会使消费者推迟消费；而价格继续上涨的预期，会鼓励消费者消费。回到正题，即使人们预期货币政策缺乏弹性，能够实时作出正确反应，但由于政策推出与市场反应间存在时滞，危机仍可能在这期间爆发。

经济繁荣时，银行可能突然停止海外信贷，转而布局国内市场，这可能是导致他国出现危机的重要原因。1873 年，德国和奥地利都曾出现此种情形，由于其国内经济重归繁荣，资金流出锐减，导致美国杰·库克公司（Jay Cooke）资金链断裂。1890 年巴林银行危机（Baring Crisis）与之类似，当时英国在阿根廷遇到一系列麻烦，不得不收回其在南非、澳大利亚、美国和其他拉丁美洲国家的信贷投放，最终导致一系列危机出现。20 世纪 20 年代末，美国股市走出低谷，投资者购买德国、拉丁美洲国家债券的热情锐减，导致多国经济滑向深渊。本国信贷与别国危机间的影响机制十分复杂，海外信贷投放骤停可能加速别国经济衰退，也会拖累本国经济增长。[6]

20 世纪 80 年代初以来，已出现四轮资产泡沫，第九章分析了其间的联系机制。四轮资产泡沫完全独立的可能性微乎其微。第一轮资产泡沫出现在 70 年代，墨西哥、巴西、阿根廷等国政府和国有企业经历了高速信贷扩张，跨国银行争相授信，累积了巨大的信贷泡沫。第二轮资产泡沫为 80 年代中后期日本的资产价格泡沫。发展中国家债务危机与日本资产泡沫之间是否存在某种关联？第三轮资产泡沫出现于 90 年代中期，泰国、马来西亚、印度尼西亚、俄罗斯等发展中国家成为信贷泡沫累积重灾区。第四轮资产价格泡沫出现于最近 10 年，爆发于美国、英国、西班牙、爱尔兰和冰岛等国的房地产市场，以及希腊、葡萄牙、西班牙等国政府部门债务中。每一轮房地产价格暴涨都源于过度信贷投放，这种投放可能是全局性的，也可能针对特定群体。本章揭示了资产价格泡沫之间的内在联系，尤其是第一轮与第二轮、第二轮与第三轮间存在的系统性关联。我们认为，墨西哥等国的泡沫破灭是一系列事件的源头（sui generis）。1982 年，发展中国家信贷泡沫破灭后，其货币迅速贬值，而 80 年代末，日本银行为了阻止日元升值，不断增加货币供给。90 年代初，随着日本资产泡沫的破灭，日元迅速升值，日本企业不断增加对周边国家（尤其是东南亚国家）的投资。随着资金不断流入，东南亚各国货币不断升值，资产价格不断上涨。1997 年，当曼谷等亚洲金融中心的股价泡沫和房价泡沫相继破灭时，亚洲借款人开始偿还其外国贷款，资金涌入美国市场，导致美元升值，美元资产上涨，亚洲货币急剧贬值。

牢狱之灾、天价罚金与破产清算

安然公司是 20 世纪 90 年代美国经济繁荣的典型代表，其从一家天然气配送分销商，发展成为跨天然气、能源、电力、水务等多领域的综合性金融企业。为保持利润增速、维持股价，从 90 年代末起，安然公司管理层借助表外融资工具充实资本金，实现公司业绩增长。安然公司持有大量多头合约，不断通过推高期货价格维持经营利润水平，最终，造假丑闻败露，安然神话一朝终结。安然事件也引发了对独立审计机构的质疑，曾位列全球五大的安达信会计师事务所也因此而破产。

美国世通公司曾是全美成长前景最好的通信公司，为维持高利润增速，其将扩建电信系统费用进行资本化处理，凭借这一会计"伎俩"，世通增加了 38 亿美元账面"利润"，也制造出轰动一时的欺诈丑闻。所罗门美邦（花旗集团旗下投资银行）的明星分析师杰克·格鲁布曼在推高世通公司股价中发挥了重要作用。格鲁布曼在获知世通财务欺诈后，仍不断向投资者推荐买入，导致投资者巨额损失，事后，美林证券因此被罚 1 亿美元，10 家投资银行合计被罚 14 亿美元。纽约证券交易所主席被曝获得 1.5 亿美元的高额补偿后，也黯然辞职。事实上，纽约证券交易所既提供股票交易服务，也承担市场监管责任，但受其监管的公司老板本身又是交易所的理事，决定交易所高管薪酬水平，存在明显的利益输送嫌疑。此外，很多共同基金也因对上市公司造假无动于衷，而饱受谴责。

一系列事件发生后，被追究刑事责任的人数远超以往，很多人至今仍未结案。安然公司 6 位高管因罪入狱，负责安然审计项目的安达信高级合伙人也因欺诈而身陷囹圄。世通公司 2 位金融财务高管被判入狱，电视和时尚名人玛萨·斯图亚特也因妨碍司法公正而被判入狱 5 个月。

第十章是第七版新增的章节，主要阐述欧元区的一系列危机，更确切地说，是爱尔兰和西班牙的房价下跌与银行危机，以及希腊和葡萄牙的主权债务危机。更大的议题是，一个或几个成员能否决定将某个成员继续留在欧元区的成本是否太高了。希腊是个反面典型，其失业率超过20%，经济已连续5年负增长。在危机爆发时，希腊财政赤字占 GDP 的比率超过10%，贸易赤字占 GDP 的比率超过10%，政府债务占 GDP 的比率高达140%。欧盟方面不愿意希腊脱离欧盟，因此，其应对政策只能是国内紧缩及一系列的政府债务减记。但很多国家的经济增长也因此受到拖累，它们的债务占 GDP 的比重也居高不下，已经没有进一步扩张财政、刺激支出的政策空间。由于加入欧元区，它们已将货币政策主权让渡给欧洲央行，放弃了通过汇率调控经济的政策自主权。

在更广阔的视角，我们可以看到欧元区国家的经济增长速度已经远远落后于美国和英国，虽然美英两国受银行危机影响更大。欧元区各国差异甚大，存在着若干的不均衡，消除这些不均衡的唯一路径就是降低高成本国家的物价和成本。欧洲央行已采取一系列扩张政策，但经济增长仍停滞不前，希腊的失业率仍维持高位。或许政策结果与其初衷并不契合。现在很多监管者又提出提高银行资本充足要求。

接下来的两章分析了国内危机处理策略。第十一章研究危机对国内经济的影响，以及政府应对危机的两种截然不同的策略——袖手旁观，听任经济自我调整；或者主动干预，推出积极措施熨平波动。坚持市场理性、相信市场自我调整的人更倾向于政府应该无为而治。在他们看来，只有经受过通货紧缩（deflation）和企业倒闭的经济体才是健康的，因为只有这样才能彻底避免重蹈繁荣时期可能犯的错误。相反，另有观点强调推出一系列措施强力干预经济，应对方法包括增加休假、缩短银行营业时间、发放消费券、提供债务担保、发行政府债券、提供存款保险和设立特定机构（如美国1932年建立的复兴金融公司，意大利1933年设立的复兴机构）等。意大利学者将此称为对银行和企业的"救援"（salvage）行动。1974—1975 年，英国政府救援了一批濒临倒闭的银行，这次行为被称为"救生艇"（lifeboat）计划。

第十三章着重探讨了国内最后贷款人的相关问题——是否应该设立最后贷款人？谁应成为最后贷款人？最后贷款人应如何运作？其中，道德风险（moral hazard）是一个重要考虑，如果市场确信政府最终将出手，其自我调整（self-reliance）能力将大大削弱。但是，虽然可能对投资者带来负面激励，但最后贷款人的存在的确能够阻止市场恐慌蔓延，拯救即将崩溃的金融体系。如果存在最后贷款人，那么它应该拯救谁？仅仅是内部人，还是内部人、外部人一起救？仅在偿付危机时出手，还是流动性不足时就未雨绸缪？在此，清偿能力一定程度上取决于市场陷入恐慌的程度与延续时间长短。如果出现了巨大的金融危机，联邦存款保险公司（FDIC）或联邦储蓄与贷款保险公司（FSLIC）等机构都会出手援救问题银行。如果最后贷款人出现资金不足，能否立法增加其资本，就是一个政治问题了。这一问题在 20 世纪 90 年代的日本尤为尖锐。当时，日本股市泡沫破灭，银行、储贷协会和其他金融机构发放的大量房地产贷款转为不良资产，日本政府面临如何确定纳税人承担的危机成本的问题。如果纳税人不承担相应责任，证券价格的进一步下跌可能为其持有者带来更大的损失。更令人头痛的是，20 世纪 90 年代的日本政府在推出应对措施时，决策过程异常拖沓，政策时滞、反应时滞极长，错过了一系列时间窗口。

是否为可能破产的银行提供流动性支持，是国内最后贷款人面临的一个关键问题。按照"巴杰特规则"（Bagehot doctrine），最后贷款人应该向那些有偿付能力但出现流动性问题的机构提供信贷支持，而不是那些已无清偿能力的机构。一家银行是否具有清偿能力，与其持有的证券及贷款类资产的价格密切相关。当危机爆发时，现金为王，潜在的"接盘侠"也纷纷隐身，只有出现价格超跌才能为资产找到买家。但即使成交价格极低，即使与资产挛息极不契合，银行也必须用市场价格评估其资产组合的价值。

第十四章从国内转向国际，探讨了国际最后贷款人的存在对全球金融稳定的必要性。尽管在国际上，没有任何一国（或机构）有义务维护世界货币稳定，但提供这一公共产品还是很有意义的。成立于 20 世纪 40 年代的国际货币基金组织通过一系列协议安排，避免各国为保持贸易商品比较优势采取竞争性贬值的政策行为。但国际货币基金组织显然已经违背了其成立的初衷，演变成了个别大国堂而皇之地进行汇率操控的代理机构。

第十五章是第六版增加的章节，系统研究了 2008 年 9 月开始的信贷危机。美国政府拒绝拯救雷曼兄弟公司，导致一系列连锁反应。2009 年 2 月，美国财政部和美联储作出决定，接受摩根大通 290 亿美元的"问题资产"（toxic securities）。摩根大通随即将收购贝尔斯登公司股票的报价提高至每股 10 美元。事实上，贝尔斯登公司的股份多由其员工持有，提高收购价相当于对贝尔斯登公司员工派发红包。当年 9 月的第一周，美国最大的两家抵押贷款担保机构——房利美和房地美（两家公司合计份额占美国房地产抵押贷款市场 50% 以上）宣布因资不抵债而接受美国财政部托管，其股价一落千丈，投资者几乎血本无归。而在危机爆发之初，由于政府放任雷曼兄弟公司破产，市场一时风声鹤唳，金融机构人人自危。那么，注意力转移到雷曼兄弟公司是否应被"救助"——否则它将由于数十亿美元的损失而倒闭。美国政府声称它并没有权利救助雷曼兄弟公司——但想象一下，它可以延缓关闭雷曼兄弟公司，直至获得授权。至少可以说，直至 2009 年 2 月贝尔斯登公司濒临倒闭之后，当局才制定出一些应对房地产和股票价格进一步下跌的应急方案。事实上，就在雷曼兄弟公司关闭翌日，政府宣布救助美国国际集团（AIG），以避免全球最大的保险业务公司倒闭，"大而不倒"铁律重焕生机。但无论怎样，由于风险资产利差骤升，投资者依然恐慌。

最后一章试图解答以下两个问题。第一个问题是过去三十年世界经济金融领域如此动荡的原因。第二个问题是国际最后贷款人能否带来改善。20 世纪 40 年代成立的国际货币基金组织，填补了国际最后贷款人空白。20 世纪二三十年代的"大萧条"使人们相信，国际最后贷款人能够对冲危机影响。而在过去三十年，频繁爆发的金融危机提出另一个问题：国际货币基金组织能否为危机国提供足够政策资源，以在危机爆发时配合各国货币政策的实施？在财政金融体制中，需要有最后贷款人的制度安排，避免资产价格下跌演化成全面恐慌。但必须避免陷入另一误区，即认为在投资者过度扩张并遭受巨额损失时，最后贷款人一定会出手相救。举例来说，市场对于纽约市政府是否会得到救助，以及应由谁来救助的争论一直没有停息。其实这犹如一局轮盘赌：最后贷款人总是会救助困难机构，防止出现通货紧缩；但市场对援助能否及时到来或是否有援助存在怀疑。这种不确定性使投机者、银行、地方政府及中央政府接受审慎理念。回到雷曼兄弟公司破产事件，政府可以要求某家企业并购雷曼兄弟公司（就像并购贝尔斯登公司一样），也可以直接将其接管，从而避免其倒闭带来系统性恐慌。在沃尔特的《候选人》（*Candide*）中有这样的情节，一位将军的脑袋被砍掉，仅仅是为了"杀鸡儆猴"。在此，我们也主张采用一些手段"鼓励"其他人（当然不会真的砍掉谁的脑袋），以约束最后贷款人，降低整体经济运行成本。

第四轮银行危机是否是 20 世纪 70 年代中期以来连续爆发资产泡沫的谢幕大戏，抑或当局在房价下跌后推出的一系列应对银行危机的措施只是第五轮危机的铺垫？在后记中，我们总结了美国经济金融体制的改革措施，并提出了这样的问题：如果 2010 年推出的一系列改革措施提前至 2000 年实施，2002 年后美国房价飙涨的剧情是否会避免？

本版在后记中对中国正在经历的房价暴涨给予了特别关注。自 20 世纪 80 年代初至今，中国取得了举世瞩目的经济发展成就，三四亿中国人过上了有清洁饮用水和污水排放的中产阶级生活。中国房价持续高涨且维持高位，与此同时，空置房屋达到了 1000 万 ~ 1500 万套。高房价、高空置率的现实让我们不禁想起约吉·贝拉（Yogi Berra）的话"太贵了，根本没人住得起"。中国的高房价并非由跨境资本流入引起，这一点与其他任何国家都不相同。

高官们的回忆录

　　两位刚刚卸任的美国联邦储备委员会主席提供了他们对于美国 2008 年银行危机的反思。1987—2006 年担任美国联邦储备委员会主席的艾伦·格林斯潘（Alan Greenspan）著有《动荡的年代：在新世界冒险》（*The Age of Turbulence：Adventures in a New World*）（企鹅出版社）。本·伯南克（Ben Bernanke）2006 年接任美国联邦储备委员会主席，一直到 2014 年。2012 年 3 月，他在乔治城大学做了四场演讲，最后结集为《美联储与金融危机》（*The Federal Reserve and the Financial Crisis*）（普林斯顿大学出版社）一书。2007—2009 年出任美国财政部部长的亨利·保尔森（Henry Paulson）著有《峭壁边缘：拯救世界金融》（*On the Brink：Inside the Race to the Stop the Collapse of the Global Financial System*）（商业出版社）一书。曾担任纽约储备银行主席，接替保尔森于 2009—2013 年出任美国财政部部长的蒂莫西·盖特纳（Timothy Geithner）著有《压力测试：危机的反应》（*Stress Test：Reflections of Financial Crises*）（皇冠出版社）一书。2007—2011 年出任英国财政大臣的阿利斯泰尔·达林（Alistair Darling）写了名为《回到边缘》（*Back from the Brink：1000 Days at Number 11*）（亚特兰蒂斯出版社）的回忆录。2006—2011 年担任美国联邦存款保险公司主席的希拉·巴尔（Sheila Barr）出版了名为《直面危机：拯救华尔街从这里开始》（*Bull by the Horns：Fighting to Save Main Street from Wall Street and Wall Street from Itself*）（自由出版社）的著作。

　　这些高官们都通过讲故事，或从其自身角度讲故事的方式，塑造自己的光辉形象。在危机发生发展时，他们都掌管着关键机构，在危机爆发前，他们都曾在政府机构担任高官。保尔森曾担任高盛主席，盖特纳和贝尔曾在白宫工作。学者可以将政策制定者讲述的故事与证券市场及货币价格变化进行对比，或是将政策变化与房价涨跌进行对比。人们肯定想问：政策制定者何时开始意识到系统性危机正在酝酿？何时对 2008 年银行危机进行了系统思考，将其与数年前英美两国房价暴涨相联系？人们肯定还想问：这些高官是否已安排其下属准备了应对房价下跌和证券价格暴跌的政策处置预案？人们肯定还想问：这些高官是否听说过沃尔特·巴杰特（Walter Bagehot）著作《伦巴第街》（*Lombard Street*）中关于流动性危机与偿付危机区别的论述。我也想问，他们是否读过本书的第一版、第三版或第五版？

第二章 | 标准危机模型剖析

历史学与经济学

在历史学家看来，任何事件都是独一无二的，有其发生发展的特殊性。但在经济学家看来，所有纷杂数据和貌似独立的事件间都存在普遍联系，有规律可循。换言之，历史研究重视事件的独特性，经济研究则注重规律的一般性。周期性是市场经济的显著特征，投资扩张会带来居民收入提高和 GDP 增速的加快。宏观经济学正是解释 GDP 增速与增长率长期趋势的周期变化，以及为什么有些国家增长率高于其他国家。

本章我们将构建银行危机的标准分析模型，贯穿从投资泡沫到最终崩溃的危机全过程，并以此作为后续章节危机研究的基础。我们构建的标准危机模型，既涵盖经济扩张时期，也包括经济衰退时期，重点研究经济周期、投资过热及金融危机间的内在联系。标准危机模型不同于通常意义的经济周期模型。经济周期模型重在讨论经济扩张和萎缩的机制，及其出现频率。如基钦周期（Kitchin Cycle）关注存货变化，总结出 39 个月的存货调整周期。朱格拉周期（Juglar Cycle）通过研究企业投资周期性变化，得到 7~8 年的固定资产投资周期。库兹涅兹周期（Kuznets Cycle）着重分析人口代际传承引致住房投资的周期性变化，得到约 20 年[1]的住宅投资周期。我们注意到，1800—1870 年，金融危机分别爆发于 1816 年、1826 年、1837 年、1847 年、1857 年和 1866 年，几乎每隔十年爆发一次，规律性极强。但此后分别于 1873 年、1907 年、1921 年和 1929 年爆发了危机，规律性相对较弱。

危机模型

海曼·明斯基的银行危机分析模型，着重研究银行信贷扩张的顺周期性，可解释美国、英国等市场经济国家的金融危机。明斯基重点研究了信贷的顺周期性：经济复苏，银行会增加信贷投放；经济衰退，银行则收缩信贷供应。经济繁荣会导致投资者预期更加乐观，不断调高盈利预期，融资需求强烈。资金提供方同时会提高风险容忍度，更愿提供贷款，一些原本被认为高风险的投资项目也可获得融资支持。

当经济衰退时，投资人的乐观预期会受到影响。放款人的投资行为将更加谨慎，随着坏账增加，其资本充足水平下降，信贷投放将更加谨慎。

明斯基认为，在经济景气时扩大银行信贷投放、在经济衰退时收缩信贷规模的顺周期行为会加剧金融体系的脆弱性，加大发生银行危机的风险，即银行信贷行为的顺周期性是金融体系脆弱的主因。明斯基的危机分析模型沿袭了古典经济理论，如约翰·斯图尔特·穆勒（John Stuart Mill）、阿尔弗雷德·马歇尔（Alfred Marshall）、奈特·维克塞尔（Knut Wicksell）和艾夫因·费雪（Irving Fisher）等，他们都曾对信贷不稳定性进行过深入研究。与费雪一样，明斯基着重研究高财务杠杆比率借款人的行为，尤其是在经济复苏时贷款购入不动产（或股票、商品）以博取短期资本利得的投机者。他们预期资产价格上涨，使其能够覆盖贷款本息，才从事此类交易。当经济增速放缓时，其将面临资金链压力，甚至不得不割肉清仓，承担投资损失。

明斯基认为，危机往往始于错配（displacement）、创新和某种外部冲击[2]。如果外部冲击规模足够大、影响足够广，它将影响经济中至少某一个重要部门的盈利预期，从而改变社会整体经济前景。在高盈利预期投资机会出现后，投机者会借款投资，投资扩张带来经济增速加快，而快速的经济增长反过来会激发更加乐观的投资情绪。"日本第一"、"东亚奇迹"、"美国新经济"等都反映了投资者的乐观情绪。在不同国家或在不同时期，其表述方式或有不同，但实质是一致的。

导致投机狂热（speculative boom）的外部冲击背景各不相同。如 20 世纪 20 年代，美国汽车产业的高速发展、高速路网建设、电气化革命和家庭电话的普及等，都是引发投机狂热的外部冲击。20世纪 80 年代中后期日本的投资狂热，则是受金融自由化和日元的持续升值的影响，大量投资者将其美元资产转为日元资产，造成日本市场货币和信贷供给急剧增加。20 世纪 80 年代的金融自由化浪潮和本国银行获准从离岸市场拆借资金等，导致了北欧国家投机狂热。20 世纪 90 年代，亚洲国家也遭遇了外部冲击，新兴市场资产受到广泛追捧，来自美英等发达国家的共同基金损失惨重。20 世纪 90 年代，美国市场遭受了信息技术革命和低成本通信工具普及等多重冲击。2002 年，美国房地产市场遭到证券化的外部冲击，同等质地的不动产抵押贷款被打包形成资产池，在此基础上发行抵押贷款担保证券（CMOs）和债务担保凭证（CDOs），筹集了大量资金，满足了快速增长的房地产融资需求。2000 年以来，冰岛经历的外部冲击事件则是银行私有化，商业银行加大向国外银行的借款规模，以增加对国内家庭和企业的贷款。外部冲击可能是战争的爆发或结束，也可能是农业的丰收或歉收，也可能是一项新技术（如运河、铁路等）的广泛采用。此外，货币政策变动也是一种重要的外部冲击，例如 1979 年保罗·沃尔克主政美联储后奉行紧缩的货币政策，就曾对美国经济构成严重冲击。

如果外部冲击的规模足够大、影响足够广泛，盈利预期的实现至少会使利润对 GDP 增长的贡献增加。以美国为例，20 世纪 80 年代初，美国企业利润总额占 GDP 的比重为 3%，而到了 90 年代末，这一指标提高到 10%。20 世纪 90 年代末，企业利润总额增速远远快于 GDP 增速，互联网繁荣导致美国股票价格大幅上涨。

在明斯基危机模型中，投机狂热主要由银行信贷推动。而在17 世纪、18 世纪，银行业尚未占据主导地位，投机狂热多由个人信贷扩张和卖方融资（vendor financing）导致。随着银行业竞争的加剧，它们会通过信贷扩张不断扩大自身资产规模。19 世纪前几十年，仍有银行通过疯狂发行银行券获利，这必然带来信贷扩张。

新设立银行往往借助信贷扩张赢取市场份额，老银行不愿失去市场份额，也会采取类似手段加以应对。20 世纪 70 年代，各国银行竞相向墨西哥、巴西和其他拉丁美洲国家贷款，欧洲银行的放贷总额甚至超过美国银行。

对银行和其他信贷提供方的信贷管制也是一个重要的政策问题。一般而言，一国政府为控制信贷投放的不稳定，会对银行从事某些领域的贷款业务进行严格管制。但银行可以借助其设立的全资子公司从事原本禁止的业务，或将这些被管制的业务放到银行控股机构，以规避政府的管制。事实上，即使政府能够解决金融机构信贷投放不稳定的问题，来自私人机构的信贷供应同样会催生投机狂热。

假设社会对某种商品有效需求突然增加，市场会作出调节，增加该商品的供给。其结果是商品价格上涨，新的盈利机会出现，更多的厂商与投资者被吸引进入该市场，形成"价格—产能"的正反馈循环，投资扩张将提升经济增速，从而刺激更多的投资。

明斯基认为，在这一阶段，市场会变得"亢奋"。投资者预期商品和证券价格继续上涨，不断买入证券资产以期赚取资本利得。当局可能觉察到经济异常，并开始关注投资狂热，但很快又放松警惕，认为"这次与以往不同"并不断解释为什么不同。1997 年，美联储主席格林斯潘发现美国劳动生产率大幅增长，1998 年，他开始担心美国股票价格由于"非理性繁荣"而过高。劳动生产率提高意味着公司利润增加更快，与公司收入相对应的更高股价并不是不合理的。

明斯基融资分类研究

根据借款人预期现金流收入和债务关系的稳定性，明斯基将融资分为对冲型（hedge finance）、投机型（speculative finance）和庞氏型（Ponzi finance）三类。对冲型融资中，企业的预期现金流能覆盖贷款本息。投机型融资中，企业的预期现金流只能覆盖利息，偿还本金只能依靠新贷款。庞氏型融资中，企业的预期现金连利息都无法覆盖，必须出售资产或举借新债来偿还贷款本息。

　　明斯基认为，经济增速趋缓时，对冲型融资可能转化为投机型融资，投机型融资也可能转化成庞氏融资。

　　"庞氏融资"得名于卡洛·庞齐（后称查理·庞齐），20 世纪 20 年代，其在波士顿近郊开了一家小型贷款公司，并许诺其储户，存满三个月后可以获得 30% 的月息。而到了第四个月，新流入资金无法偿付其许诺支付的利息，庞齐也因此锒铛入狱。

　　庞氏型融资是债务关系无法持续的代名词。债务人只能通过出售资产或举借新债偿还贷款。很多庞氏骗局承诺极高的利率水平，甚至达到 30% ~ 40%，但债务关系维系须依赖新资金进入，且保持级数增长。卷入"庞氏骗局"的存款人开始可能满足于高额利息，甚至选择"息生息，利滚利"（earning interest on the interest）的方式，但随着有存款人将其利息收入变现，新流入资金的减少，这种债务关系很快便难以为继了。

　　如果这一过程可以持续，那么就可以避免后来的金融动荡，但很容易产生亚当·斯密及其同时代人所称的"过度贸易"（overtrading）。过度贸易包括价格上升的纯粹投机（即对未来收益的过高估计），以及"过高的债务杠杆"（excessive leverage）[3] 的双重影响。纯粹的投机是指购买商品就是为了以更高的价格卖出，而非获得正常投资收益。在金融交易中，投机指购买该类资产是为了以更高价格出售，而非获得孳息。在经济繁荣阶段，亢奋情绪会使投机者夸大经济增长，高估企业利润增速。

　　20 世纪 90 年代末，有预测认为，未来五年，美国企业整体盈利增速都将保持在 15% 左右。贷款损失下降使放款人预期更加乐观，并因此降低贷款首付要求和保证金限制（margin requirements）。虽然银行仍在不断投放信贷，但由于资产上涨更快，借款人的债务杠杆（负债与自有资本的比率）水平仍在不断降低。

　　看到别人投机获利，更多人会试图模仿。"没有什么事比眼睁睁看着一个朋友变富更困扰人们的头脑与判断力了。"[4] 银行为维持其市场份额会不断向各类借款人提供贷款。随着陷入此种局面的厂商与居民人数的日益庞大，那些原本对高风险业务不屑一顾的人也被卷入市场，对资本利得的投机就从正常的理性行为偏离为所谓的"投机狂热"或"投机泡沫"。

"狂热"强调投资行为的非理性，"泡沫"则隐喻泡沫终会破灭，价格必定崩盘。经济学家用"泡沫"统称价格上升远远偏离"经济基本面"可解释的情形，无论其标的物是真实商品还是虚拟资产。价格小幅偏离其基本价值往往被称做"扰动"（noise）。在本书中，泡沫是指一段时间内不可持续的债务的上升（以 20% ~ 30% 的速度）。任何有先见之明的人都知道，这种价格的持续上涨是难以为继的，崩盘不可避免。

20 世纪的投机狂热和投资泡沫多出现在房地产投资和证券投资领域。20 年代中期，佛罗里达西南部的土地投资就曾出现过投机狂热。20 年代的最后三年，美国的股票市场也出现了前所未有的投机泡沫；尽管上涨幅度没有股票价格快，20 年代末房地产价格也经历了快速上涨。80 年代的日本，由于在东京证券交易市场上市的许多企业持有大量房地产资产，对不动产的投机导致了证券价格的飞速上涨；这些企业就像持有许多房地产资产的共同基金一样。90 年代，亚洲国家的投机泡沫同时出现在不动产和证券市场，不动产价格的飞涨迅速拉升了股价。

美国 20 世纪 90 年代末的投机泡沫主要出现在股票市场，硅谷等地的不动产价格上涨也带来了不动产资产泡沫。70 年代的石油冲击使得克萨斯、俄克拉荷马和路易斯安那以及其他石油产地的房地产价格出现泡沫，同时代的粮食价格飞涨也使爱荷华、内布拉斯加和堪萨斯等美国中西部农业地区的土地价格出现泡沫。

国际传导机制

明斯基模型侧重于对国内信贷扩张不稳定性的分析，但从金融发展史来看，投机狂热多会通过某种渠道蔓延至其他国家。20 世纪 80 年代，日本投机泡沫就对韩国、中国台湾和夏威夷等地造成影响，但影响渠道各有不同。韩国和中国台湾就是日本工业链上的重要一环，日本经济表现好，其经济发展受益，反之则相反。夏威夷则是日本人钟爱的度假地，日本人钟情去夏威夷度假，就像美国人喜欢去迈阿密。20世纪80年代，很多日本人去夏威夷购买第二套房产，当地也兴建了大量高尔夫球场和度假酒店，夏威夷房地产市场经历空前繁荣。随着日本经济陷入疲软，夏威夷旅游业也深受影响。

套利（arbitrage）是危机国际传导的重要渠道之一。当一国某种商品价格发生变化时，由于套利投资者的存在，其他国家类似商品也会出现相应的变化，正如苏黎世、贝鲁特、中国香港和伦敦四大黄金交易中心的金价变化基本趋同一样。一国某种证券资产的价格出现变化，其他国家与之相似的证券资产的价格也会发生相应的变化。两种互为遥远替代品的证券价格也互相影响，"水涨船高"。

跨境资本流动也是危机国际传导的重要渠道之一。某种证券资产的外国购买量的增加会导致其价格上涨。除非货币采用固定汇率制，否则资本流出国货币将面临贬值风险。

此外，还有纯粹心理因素的作用。投资者对本国经济的预期将影响到别国投资者。1987年10月19日，除东京市场外，几乎所有市场同时出现崩盘，其时点之契合，已很难用套利、收入变化或资本流动等单一原因来解释。

在金本位时代，人们通常认为，黄金的大量输入会增加贸易盈余国货币供给，使其出现信贷扩张，同时减少贸易赤字国货币供给，使其出现信贷收缩。但在信用货币时代，一国的信贷扩张并不必然对应另一国的信贷收缩。尽管一国储备货币降低，但其他国家储备货币增加会导致通货膨胀，吸引投资者来该国投资，资金流入仍可能带来信贷扩张和经济繁荣。换句话说，货币基础减少导致紧缩效应，可能被投资需求增加带来的扩张效应所抵消。

随着投机狂热的持续，利率、货币流通速度和通胀率都将上升。市场新进入者不断买入资产，为原参与者带来通过出售资产牟利的机会。这时，很多原参与者会选择兑现利润，落袋为安。事实上，只要有新进入者购买资产，就一定会有原参与者出售资产。市场出清会在不断购买与不断出售中实现。1928年，纽约股票交易所总市值增长了36%，而1929年1—8月，该指标增长了53%。

同样,1998 年,纳斯达克市场总市值增长了 41%,其后 15 个月,其总市值翻了一番。投资者蜂拥进入市场,就像争取在火车离开站台飞驰前挤上车一样。只要市场新进入者买入资产的意愿强于市场原参与者出售资产的意愿,资产价格的上涨就会持续。

随着新进入者购买资产意愿的降低,投机者可能陷入令人不安的"财务困境"。财务困境一词来源于公司财务,描述企业面临无法偿债的情形,但在宏观经济金融领域同样适用。由企业和个体投资者构成的投机群体会意识到,他们只有通过出售不动产或证券资产回笼现金才能获得流动性支持,而这必将导致投机性资产快速下跌。价格急跌导致其持有资产市值远远低于借款余额,一些为投机而借入资金的借款人不得不破产,因为价格下跌如此剧烈,他们持有的资产市值已远远低于其当初购买这些资产时的借款额——出现了"倒挂按揭"。但也有一部分投资者不理会价格下跌,断定价格下跌是暂时的,选择继续持有资产。

价格可能会企稳回升,至少暂时回升。如 20 世纪 90 年代,日本股市出现大崩盘,但仍有 6 只股票逆市上涨,幅度超过 20%。当时,有投资者认为资产价格见底了,正是逢低买入的时机。

但随着资产价格的不断下跌,越来越多投资者意识到,价格止跌反弹的希望十分渺茫,必须在继续下跌前撤离市场。如此,很多投资者争相出售资产,最终演变为资本溃逃。

危机爆发的导火索,可能是某银行(或企业)因资金链断裂破产、某骗局败露、某投机资产崩盘等。以上任何情况都可能引发市场崩溃,资产价格进一步下跌,导致更多企业和个人破产。有时,市场整体流动性尚有序,但参与者意识到资金有限,不可能所有人都在最高点售出,市场恐慌也会出现。

人们常用"风云突变"(revulsion)形容 20 世纪资产泡沫破灭的情形。商品与证券市场的风云突变,导致银行停止放贷。19 世纪早期,这一现象被称为信用骤停(discredit)。

"过度贸易"、"风云突变"、"信用骤停"——也许这些词汇有些陈旧过时,或不够精准契合,却生动描绘了危机爆发前后投资者情绪由乐观到失落的变化过程。风云突变与信用骤停会导致市场恐慌（德国人称为"关门的恐慌"），投资者都在价格下跌前争相变卖资产。与投机一样，市场恐慌也会自我强化，直至以下三种情况中的一种或几种发生：（1）价格跌至底点，低流动性资产重新具有吸引力；（2）当局通过闭市、限制跌幅等手段抑制价格进一步下跌；（3）最后贷款人通过"喊话"操作，使市场相信其将满足任何变现需求，投资者的恐慌情绪也会得以缓解，投资信心逐渐恢复。

　　最后贷款人是否该出面，通过提供流动性缓解市场恐慌，以扭转资产价格的过快下跌？这一问题已被争论了超过200年。反对者认为，最后贷款人的流动性支持会变相鼓励投机。支持者则认为，最后贷款人应更多考虑解决危机的短期手段，而非预防危机的制度安排。投放流动性至少可避免陷入破产、萧条的旋涡（就像2008年初的情景）。国内危机时，尚可指望最后贷款人履行职能，但在国际危机中，既不存在独立政府，也没有任何世界性金融机构有实力履行该职能。国际货币基金组织设立的初衷是充当国际最后贷款人，但在实践中，其作用相当有限，远远不及预期。

信贷资金来源与资产价格上涨

　　货币经济学的一个基本假设是当其他条件不变时，货币总量的增长会对应商品价格的上涨。这一假设引出了两个问题。一是为何货币总量的增长不与股票价格、不动产价格的增长相对应；二是当货币总量保持不变时，股票价格、不动产价格是否会出现大幅上涨。多数股票价格、不动产价格的上涨都在信贷投放增加后出现，而多数的信贷投放增加都是银行放松银根导致的。银行在增加信贷类资产的同时，其存款类负债（包括定期存款与活期存款）也会出现相应增加。但也有例外，17世纪30年代，荷兰的郁金香花球茎价格泡沫中，信贷扩张主要由于卖方向买方提供票据融资支持或赊销服务。

　　20世纪90年代中后期，美国市场股票价格的上涨并不是由信贷投放增加导致的。但1927—1929年美国市场股票价格的上涨则由证券经纪公司通过向银行申请贷款,再向其客户提供杠杆配资,由此造成的信贷扩张导致。

事实上,几乎所有的资产价格飞涨都与信贷扩张有关,尤其是当经济景气伴随着大量新开工地产项目及新注册商业机构时。

每次银行危机过后,当局总会出台针对单个机构的政策措施,如针对购买了过多风险资产雷曼兄弟公司和全美金融公司。这些机构本身就是金融中介或中间人,它们会在货币扩张时购买更多的信贷资产,而在货币紧缩时提前收回信贷资产。

模型的有效性

明斯基模型的有效性饱受质疑,主要有以下三类批评观点。一是强调危机的独特性,认为无法用单一模型概括全部情形。二是强调模型的时效性,认为随着商业环境变化,该模型已无法解释当下的金融危机。三是否认资产泡沫的存在性,笃信有效市场理论,认为市场价格已反映所有信息。

第一类观点认为,每次危机都有其特定背景,都有其独特性,或者说,各次经济危机之间存在着很大的差异,应将它们区分为不同的类型,每一类型都有其特点。我们看到,在 19 世纪的前 60 年和 20 世纪的后 30 年,银行危机的爆发更为规律和频繁。如果将每一次危机都看成独立的、一系列偶然的历史事件的产物的话,不仅 1848 年和 1929 年的危机如此,[5] 本书列举的任何危机都有其特定背景,每轮危机都有其特点,外部冲击性质、投机标的、信用扩张形式、欺诈手法、导火索等均不相同。但正如一句法国谚语所说,"某一事物变幻越多,其本质就越难改变"。现象变幻无穷,本质却始终如一。绝大多数危机爆发前都伴随信贷泡沫,这正是危机的共性。

更有意思的是,有建议将危机按某种标准加以区分,如按市场类型划分为商业危机、工业危机、货币危机、银行危机、财政危机、金融危机等;或按影响规模分为局部危机、地区危机、国内危机、国际危机等。尽管这种分类有其合理的因素，但本书并不打算对危机这样划分。因为我们主要关心国际性金融危机，其涉及一系列关键因素——投机、货币扩张、价格上涨和随后的暴跌及争相变现等。我们的目的在于验证明斯基模型的有效性，证明这一模型可以帮助我们了解危机更多的特点。

第二类观点认为，明斯基模型的核心是信贷扩张不稳定，重在分析历史。但现今情形已大相径庭，经济体制出现一系列结构性变化，公司数量增加、工会力量增强、政府管制、银行经营模式转变和通信手段革新等。阿尔文·汉森（Alvin Hansen）激烈抨击明斯基金融危机模型，声称其只适用于 1850 年之前的经济史研究，随着经济条件变化，已不再适用于之后的时代。建立在市场不确定、投机、过度贸易、信贷投放过度及心理因素基础上的理论，只适用于"重商主义"或早期资本主义。但随着进入 19 世纪，工业资本已成为储蓄和投资资金寻求利润回报的主要出路。[6]

汉森对凯恩斯学派关于经济周期和长期失业率的研究作了最重要的注解——他强调高储蓄水平的重要性，淡化其他因素。汉森强调储蓄和投资间的相关性，但这种相关性并不足以推翻信贷扩张导致资产价格泡沫进而影响整体经济的观点。

20 世纪 80 年代初，墨西哥、巴西、阿根廷等十余个发展中国家的债务危机，印证了明斯基模型的有效性。这些国家借了大量外债，以致无法按期偿还，随着未偿还利息计入本金，其外债负担不断加重，最后终于不堪重负，爆发危机。1985—1990 年，日本经历了资产泡沫膨胀和破灭，在当时，投资回报率比贷款利率高 3～4 倍。泰国、中国香港、印度尼西亚和俄罗斯等新兴市场也经历过泡沫膨胀和破灭，在其历程中，资金流动遵循了明斯基模型揭示的规律，借款人债务增长明显快于其还本付息的速度。此外，冰岛、西班牙、爱尔兰在 21 世纪第一个十年中期，也出现了外债增速过快的情形。

第三类批评观点否认存在资产价格泡沫，认为价格反映了所有信息，价格暴跌只是对"政策变动"的合理反映。诚然，如果经济基本要素未发生重大变化，泡沫似乎只是"羊群效应"（herd behavior)或连锁反应的结果。对坚持市场有效的学者而言,明斯基模型有些"论据不足",很多关键变量未纳入其理论体系,还需进行更深入研究[7]。本书也研究了这些被忽视的因素。坚持市场有效观点的学者应该注意到,资产和货币价格的大幅下跌经常出乎多数投资者预期,并导致大量破产事件。

明斯基模型在 21 世纪的现实相关性

明斯基模型可用于对外汇市场的分析,能够解释德国马克、瑞士法郎、日元、欧元等货币曾出现的"调整过度"或"调整不足"。20 世纪 70 年代初至今,各国货币汇率较其长期均衡水平或中央银行试图维持的固定锚水平,均出现剧烈波动。即使各国中央银行纷纷入市干预,波动率仍较高。外汇投机会给一部分工商企业及跨国银行带来巨额亏损,也会给其他机构提供暴富机会。[8]

回顾一下 20 世纪 70 年代墨西哥、巴西、阿根廷等发展中国家的债务危机。外国银行贷款以年均 30% 的速度递增,外债总规模以年均 20% 的速度递增。外国银行贷款期限一般为八年,利率在伦敦银行间同业拆借利率(LIBOR)的基础上,进行一定上浮。如果不考虑最近长期利率水平变化,LIBOR 均值约为 8%。也就是说,这些发展中国家每年新获得的贷款远远大于其应偿还的利息总额。因此,它们应该能够维持良好的外债偿还记录。

外资流入会推动本币升值。随着热钱不断流入,资本项目出现顺差,经常项目出现逆差,这种情形显然不可持续。新增贷款的资金流入终将无法抵补偿还贷款的资金流出,资本项目逆差必然要求经常项目抵补。当无法获得新贷款时,借款人将陷入财务困境,推迟偿还贷款本息。在墨西哥等国的债务危机中,约 2500 亿美元债务因无力偿还而注销。表面看,注销的是债务本金,实质是借款人无力偿还而"资本化"的利息。时至今日,放款人仍未认真考虑过这一问题,如果它们不再提供新贷款,借款人如何偿还旧贷款。

20 世纪 80 年代,日本经济空前繁荣,资产价格也随之飙涨,房地产投资的年回报率高达 30%,远高于钢铁、汽车、家电等实业投资的平均回报率，投机者大举贷款进入房地产领域。当时，日本房价涨幅远高于租金，购入房产并出租获利根本就无法实施，以房养房是亏本买卖，只能指望银行的追加贷款偿还此前贷款本息。20 世纪 90 年代初，新任日本央行行长严格限制房地产信贷投放，一旦房地产贷款的年均增幅迅速回落，很多企业和投资者无法获得新增贷款的资金支持，也就无法归还以前贷款的利息，很多项目因无法获得信贷支持而违约，越来越多的房产作为抵押物交付银行，泡沫很快便破灭了。

冰岛资产泡沫

　　冰岛是最小的主权货币国家，30 万冰岛人使用冰岛克朗。2002—2007 年，冰岛房价翻了一番，这并不稀奇，股价却上涨了 9 倍，令人难以置信。2002 年，其三大银行资产总额占 GDP 的比例为 150%，2007 年，这一比例飙升至 800%，冰岛银行业盈利增长居全球之冠。2008 年 9 月，冰岛资产价格泡沫破灭，冰岛克朗贬值超过 50%，股价指数下跌 90%，经济陷入全面衰退。

　　冰岛经济体量小，更容易从其资产价格泡沫积聚与破灭中，归纳金融危机酝酿、爆发的一般进程。冰岛资产泡沫始于 1998 年，当时政府积极推动市场化改革，2002 年完成了国内银行私有化，很多贸易商、企业家通过收购银行股份进入金融行业。

　　2002 年，由于对克朗计价的证券的收益的预期提高，对冰岛证券的外国需求的增长，冰岛克朗不断升值。流入冰岛的资金中，很大一部分是从美国、英国、爱尔兰、西班牙、南非、澳大利亚等国房地产市场撤出的投机资金。新私有化的冰岛银行开始大肆向伦敦、苏黎世等外国银行中心举债，将大量资金投向国内居民和企业，以欧元、瑞士法郎和日元计价的存款转换为冰岛克朗，冰岛克朗迅速升值。随着投机升温，冰岛国际收支形势每况愈下，对外贸易差额从微幅盈余转至巨额赤字，赤字占 GDP 的比重一度超过 20%。政府财政状况不断恶化，很多退休金管理机构持有大量克朗资产，克朗资产供给受限，投机需求不断推高资产价格。

冰岛商业银行可保留一定的股票头寸，一般占其资产总额20%左右。随着股价上涨，银行利润总额不断增加，资产规模不断扩大。按照资本充足率监管要求，银行资本金规模应与信贷总规模相匹配。随着各银行净资产额的增加，信贷规模不断扩张。冰岛股票投资近乎疯狂，有人甚至贷款购买股票，冰岛股价指数涨了70%，银行资本金明显增加。赚钱效应使银行不断加大股票投资头寸，持有越来越多的股票资产。冰岛外债水平以年均30%的速度增长，越来越多钱涌入冰岛，热钱流入规模比其居民通过支付利息、红利等资本项下流出的规模高3~4倍。随着资产价格泡沫不断膨胀，非金融企业也实现了资产增值，居民财富水涨船高，很容易用新贷的资金偿还之前贷款的本息。

在投资不断涌入的初期，很多冰岛商人通过其关系银行为自己发放贷款，再去英国和北欧各国购买银行与工商企业。

冰岛商业银行在伦敦和欧洲各地的分支机构迅速增长，通过不断出售存单吸收更多的存款，也为冰岛企业在欧洲各地的分支机构发放了大量贷款。吸收存款获得的一部分资金被抽回冰岛总部，用于偿还此前贷款本息。

随着资金不断积聚，冰岛首都雷克雅未克一跃成为比肩瑞士、中国香港、卢森堡的国际金融中心。

冰岛银行业的利润主要来源于投资收益，乐观的盈利前景推动股价不断上涨，居民财富不断增加，大大刺激了消费支出。

2008年9月中旬，雷曼兄弟公司倒闭，全球流动性极度紧张，贸易活动停滞，来自冰岛的商业银行无法获得新贷款，不得不推迟偿还旧贷款本息，贷款违约使其陷入财务困境，只能等待政府出手接管。

美国2000年以后的国际金融状况与墨西哥、巴西和阿根廷等国在20世纪70年代的情形非常类似，在很长一段时间里，美国经常账户赤字占GDP的比重超过6%。而墨西哥等发展中国家当时巨额的经常项目收支逆差也使它们无法获得足够的资金偿还外债利息，只能依赖不断举借新的外债。从这一角度看，美国的巨额外债也是难以持续的。但与其他国家不同，美国的经常账户赤字是由于其他国家中央银行增加美元资产头寸导致的。如果它们对美元资产的需求减弱，美元汇率及美国经常账户赤字额都会出现明显下降。

本书的研究对象是金融史，而不是对未来经济作出预测。但一轮轮的跨境资金流动和资产价格泡沫表明，投资者似乎并没有从过去的经历中吸取足够的教训。他们并未意识到借款人按时还本付息的资金来源才是根本性的问题，尤其是在其无法举借新债时。

第三章 | 投机狂热

市场理性

本章标题中的"狂热"一词用于描述失去理性，甚至是某种近似于集体的歇斯底里或发狂的状态。失去理性反映了投资者、放款人、借款人、银行和金融监管当局都没有意识到，狂热最终一定会迎来崩溃。在经济史中，"狂热"十分常见，如运河投资狂热、铁路投资狂热、股份公司狂热、房地产狂热、股票狂热等。但按照理性经济人假设，社会应该整体理性，投机狂热不应该出现。但现实与理性假设之间总是会出现偏离，因此，投机狂热也就出现了。本章论述投资者对某种特定资产的需求，接下来的一章则着重分析信贷供给及变化规律。

"理性预期"只是一个技术假定，指当市场变量发生变化时，投资者能够充分意识到这些变化的长期影响并作出反应。至于投资者作出这种反应的原因，我们并不关注，或许是因为他们都长着"千里眼"，或许是他们都有超人的非凡视野。"价格包含一切信息"是指任何市场的任何商品的价格都会迅速、有效、充分地反映全部市场信息，没有天上掉馅饼的事。

与理性预期之对应的是适应性预期（adaptive expectation）。适应性预期认为，某些经济变量的变化取决于其现时的变化——这一观点的隐含假设是，资产价格的过去变化是存在"趋势"的。"趋势是你的朋友"（the trend is your friend），这句话也反映了这样一种观点：如果价格正在上涨，其未来很可能继续保持上涨趋势。适应性预期与理性预期的区别很明显。理性预期是从未来追溯到现在，即认为未来一周后（或一个月后）的价格水平决定了该商品现在的价格水平。根据理性预期假定，黄金现货市场价格是由黄金远期市场的价格决定的（两年或三年之后），现货价格由远期预期价格按照一定利率（通常是无风险政府债券利率）折现得出的。美国与加拿大的利率水平不同，这一差异会导致外汇市场上美元兑加拿大元汇率水平的变化，美元兑加拿大元现在的汇率水平是由美元兑加拿大元未来预期的利率水平根据两种货币的利差贴现而来的。

按照理性预期学派的观点，如果美国政府为刺激消费和投资推行减税政策，这一政策将没有任何效果。其原因在于，投资者会意识到今天减税政策带来的巨额财政赤字会迫使政府未来提高税率，因此，他们会增加储蓄，以应对未来税收增加的预期。这样一来，政府通过减税刺激投资和消费的初衷也就无法实现。

作为一般性假定，投资者是理性的到底意味着什么？[1] 围绕投资者理性，有四种不同的假设。第一种假设认为大多数投资者在绝大多数时间的投资行为是理性的；第二种假设认为所有投资者在大多数时间的投资行为是理性的；第三种假设认为每一个市场参与者都具有同样的智商，共享相同的信息，有着同样的投资目标，并且头脑中应用的经济模型也是相同的；第四种假设认为所有投资者的所有市场行为永远是理性的。

以上四种假设各不相同，在不同假设前提下，投资者在金融市场上采取的投资行为也各不相同。显然，相对于第四种假设（所有投资者的所有市场行为永远是理性的），第一种假设（大多数投资者在绝大多数时间的投资行为是理性的）更容易被多数人所接受。在讨论理性预期问题时，有以下两种完全对立的极端观点：一种观点认为投资者从来都不是理性的，另一种观点认为所有投资者永远都是理性的。哈利·约翰逊（Harry Johnson）按照对理性的不同理解，将经济学家区分为"保守派"和对改革国际货币体系饶有兴趣的"新锐派"经济学家，并将两派观点的分歧描述如下：

两大派别之间的区别可以概括为："保守派"经济学家常常这样说，"浮动汇率制度并未以我们所预料的方式运行，因此，选择浮动汇率制度是错误的，目前的世界金融体系并不是理性的，我们只能通过各国政府间的合作恢复固定汇率制，才能重新走上理性的道路"。"新锐派"经济学家却认为，"正如大多数市场体系一样，我们认为浮动汇率制是可以理性运行的。如果该制度并未以我们预想的方式运行,那么,一定是我们对该制度实现良性运行的理解还存在缺陷。我们应该更加努力地理解有关最佳理性行为的理论以及该理论的经验结果,以充分了解这一制度"。第二派观点目前正广泛传播,并通过"新锐派"经济学家的行为付诸实践。[2]

当然,理性只是一个假定,它更多地描述世界应该怎么样,而并非现实世界怎么样。长期来看,投资者是理性的这一假定是一个很有用的假定。用卡尔·波普尔(Karl Popper)的话说,这一假定是"富有创造性的",它描述了不同市场价格变化的规律。从长期看,投资者的投资行为是理性的,因此,我们对经济行为的分析也在这一假设框架下进行。对于理性假定的一种解释是某一商品的现货价格要与其未来一两个月(或未来一两年)的远期价格一致,并反映其仓储成本。否则,就会存在无风险套利机会。

罗格纳·纳克斯(Ragnar Nurkse)对19世纪20年代法国法郎兑德国马克的汇率变动进行深入研究后,得出外汇市场投机不稳定的结论。但米尔顿·弗里德曼并不认同这一观点,他认为外汇市场不可能存在导致汇率不稳定的投机行为,原因在于所有投机者都会"追涨杀跌",在价格上涨时买进、在价格下跌时卖出。持续亏损会使投资者离开市场或改变投资策略,此类投资很难维持,因此,不可能存在不稳定投机行为。[3]采取此种策略的投资者,只会被市场淘汰。

尽管有时描述并不准确,有时描述过于夸张,但在历史的记载中常常可见对不稳定投机的描述。以下是从上述文献中摘录的片段:投机狂热……土地投机……盲目热情……金融狂潮……发疯……梦想暴富……憧憬……抓狂……盲目……人们充耳不闻、熟视无睹……生活在愚蠢乐园中的投资者……轻信……自负……过度投机……过度贸易……贪得无厌……疯狂……疯狂扩张。

在谈到15~18世纪欧洲的日常生活时,费尔南德·布劳迪尔(Fernand Braudel)用了"疯狂"(crazy)与"激情"(passion)两个词,这也表现了其对当时人们对香料、时装、知识以及购置土地的兴趣。[4]

1866 年 5 月的"黑色星期五"，由于被"自以为是的蠢人"把持，欧文伦德·吉尼（Overend Gurney）公司轰然破产。[5] 巴杰特（Bagehot）写道："损失完全由于粗心和愚蠢导致，伦敦城随便找个小孩来放贷，都会比他们做得好。"[6]

克莱范姆（Clapham）以典型的英式幽默讽刺 1890 年危机中的巴林银行："投资者原以为一定获利，自认为冷静、理智的他们，其实早已违背了审慎准则，但其本人仍浑然不觉。"[7]

回忆亚当·斯密对南海股票泡沫的描述，他写道："大量房地产业主享受着高额的资本利得。因此，很自然地，在其日常管理中出现了愚蠢、疏忽和挥霍浪费等现象，并盛行开来。在股票操作中的欺诈和铺张浪费表现为（也正是）工作人员的疏忽大意、挥霍浪费与营私舞弊。"[8]

以治学严谨著称的马歇尔（Alfred Marshall）曾写道：

鲁莽贸易的冲动很容易扩散到与其相关的人群……当市场上流传某家银行信用危机的谣言时，人们会疯狂地出售其持有的该银行的票据；他们会盲目地相信谣言，其原来不相信谣言也是盲目和无根据的。处于谣言旋涡中的银行原本可以逐步偿还贷款，但人们的争相挤兑往往会导致该银行的倒闭。一家银行的倒闭将引起市场对其他所有银行的信任危机，甚至那些原本十分健康的银行也随之倒闭。这一过程就如一座木屋着火后迅速蔓延至另一座，甚至将防火建筑也卷入火海一样。[9]

个体理性与市场非理性

我认为，市场狂热与群体非理性和从众心理（mob psycology）有关。个体理性与群体非理性间的关系十分复杂，主要有以下几种模式：（1）与心理学有关的模式，当所有市场参与主体预期同时变化，即出现心理学所谓"集体思考"（group thinking）时，投资很容易陷入"领头羊"盲从模式。（2）在一个连续过程的不同阶段，人们对市场的看法可能发生变化，大多数投资者一开始是理性的，然后逐步不顾及现实情况。从理性到非理性的过渡过程开始可能较慢,后来会越来越快。(3) 不同群体间的理性差异,不同的贸易商、投资者或投机者的理性就有很大区别。随着资产价格的不断上涨,每个群体中都会有越来越多的人开始变得疯狂。(4) "合成谬误"(fallacy of composition)的存在。随着时间的推移,投资者的集体行为并不是所有投资者个体行为的加总。(5) 市场理性有时也会失灵,因为在面对突发事件时,对数量的估计将影响市场反应的性质,尤其是在突发事件与市场反应两者之间存在时滞时,这一影响尤为明显。(6) 投资者和其他市场参与主体可能由于未考虑到特定或关键信息,或者刻意隐瞒了实际情况而采用非一致的信息,都会导致投资者选择错误的模型,而错误的模型也会导致非理性的出现。此外,欺骗和贪婪也会导致非理性,我们将在第七章进行讨论。[10]

群体恐慌心理或者集体的歇斯底里是对理性的偶然偏离。一些经济学模型重点分析了示范效应(demonstration effect),就像史密斯为了超过琼斯,会通过透支满足其消费水平,至少暂时会选择透支消费。另一种是杜森伯利效应(Duesenberry effect),即史密斯和琼斯在收入增加时均会提高消费支出,而收入降低时均不愿削减消费支出。在政治上,表现为人们支持胜利者的从众效应,或在人们抛弃失败者时的"老鼠逃离下沉的轮船"(rats desert the sinking ship)现象——尽管如果轮船真的在下沉,老鼠的逃离是理性的。法国历史学家古斯塔夫·勒庞(Gustave Lebon)在《乌合之众》(*The Crowd*)中对这一问题进行了广泛讨论。[11]查理斯·麦凯(Charles MacKay)在《过度幻觉与群体疯狂》(*Memoirs of Extraordinary Delusions and the Madness of Crowds*)中对南海泡沫[12]进行了研究,其提到一位名为马丁的银行家,1720 年 8 月在南海公司第三轮增发时认购了 500 英镑股票,他在认购时说:"当世界上的其他人都发疯时,我们只能以某种方式效仿他们。"[13]2008 年,时任花旗集团主席的查克·普林斯说:"只要音乐不停,我们就得继续跳舞。"

支持非理性理论的现代经济学家是海曼·明斯基(Hyman Minsky),他在讨论市场"发热"(euphoria)时指出,在"发热"

早期，会出现一种过分乐观的情绪（也许是在经历了过度的悲观之后产生的，也许与太阳黑子[14]、金星、火星异常现象等完全不相干的外部事件有关）。根据明斯基的模型阐述，过分乐观情绪的产生始于"外部冲击"，始于系统的某些结构性特征以及人类的错误。某些事件的发生增强了市场信心，导致市场盲目乐观，确信未来经济会繁荣，利润会增加，因此人们认为有必要进一步加大证券投资。结果，金融机构接受了在理性环境下一般不会接受的流动性较低的负债结构，经济开始扩张，并不断繁荣，直到出现经济过热。

20 世纪 70 年代的金价飙涨

　　1970 年 1 月 1 日，每盎司黄金的市场价格不到 40 美元，到 1979 年 12 月 31 日，黄金价格飙升至 970 美元。1934—1970 年，黄金价格与美元挂钩，固定在每盎司 35 美元的水平。20 世纪 70 年代初，美元黄金比价被打破，黄金成了与原油、猪肉、鸡蛋一样的大宗交易商品，在大宗商品市场上自由交易（显然，黄金与其他大宗商品有着显著的区别，很多著作对货币史进行研究，但专门研究猪肉和鸡蛋的论述还是少之又少）。在 20 世纪 70 年代，通货膨胀不断加剧，黄金价格在 1973 年创下 200 美元/盎司的新高后回落至 110 美元/盎司，但很快又重拾升势。

　　有一句谚语这样说："黄金是最好的保值工具。"在过去四百年里，如果用一系列商品作为评价标准，黄金的价格（购买力）在长期内是固定的（尽管短期内可能不稳定）。与之相对应，在 20 世纪 70 年代，黄金价格的上涨幅度比同期消费物价的上涨幅度高得多。在整个 70 年代，原油、铜、小麦和其他大宗商品的交易价格都有明显上涨，但与黄金价格的飙升相比，还是小巫见大巫。

　　在 20 世纪 70 年代末期，黄金价格不断上涨本身就是支持其继续上涨的重要原因。在当时，投资者根据黄金价格在周一至周四的涨幅预测周五的黄金价格。他们在周三买入黄金，并希望在周五就能以更高的价格卖出。"博傻理论"（greater fool theory）大行其道，有的黄金买家意识到黄金价格上涨带有大量泡沫，但还是期望在泡沫破灭前能够以更高的价格将黄金出手。

到 20 世纪 90 年代末，黄金的市场价格跌到不足 300 美元/盎司的水平，"黄金是最好的通货膨胀保值工具"的信念仿佛又成为真理。从 20 世纪初至 20 世纪 90 年代末，黄金价格的年均增长率为 15%，与美国商品物价的平均增长率相当。

2008 年后，黄金的市场价格再度飙升。究其原因，有人认为是银行破产，一国货币会很快一文不值，人们不得不寻找其他财富储藏手段。也有人认为，随着银行不断倒闭，各国央行推行的量化宽松政策导致通货膨胀、黄金价格飙涨。

艾夫因·费雪和奈特·维克塞尔分别对非理性理论作了新的注解：他们强调实际利率过低。[15] 他们认为，在经济增长时期，消费价格指数会随之上升，但经济增长不及物价变动快，这将导致实际利率的下降。放款人可能忽视实际利率的下降，而产生"货币幻觉"（money illusion）（难题是如何解释一部分人产生了货币幻觉，而另一部分人不会——直觉告诉我们，放款人应该比借款人更容易保持理性，当银行和其他金融机构倒闭时，放款人会承担损失，甚至破产）。在实际利率下降、利润前景可观且保持稳定的情况下，理性的投资者会不断增加投资，购买更多的股票和地产（费雪和维克塞尔的注解能够很好地解释 20 世纪 70 年代名义利率和实际利率的变化，当物价上涨时实际利率水平的提高，反映了投资者对黄金价格上涨判断的滞后）。

这一模型的有效性依赖于这样一个假设：两类市场参与者对货币幻觉的敏感性是截然不同的。

低利率往往只是普遍现象的特殊个例，如金融创新产品的定价。金融创新产品常常因"亏本出售"而定价过低，以使自身获得市场认可，但过低的价格同样会导致过度的追捧。市场新进入者将承担更大的风险，因为他们会通过降价来打击竞争对手，提高市场份额。最典型的例子是杰·库克（Jay Cooke），19 世纪 70 年代早期北太平洋地区最后一位热衷于铁路建设的著名银行家。[16]其他的例子包括罗杰斯·卡尔德维尔（Rogers Caldwell），他在 20 世纪 20 年代末支持发展市政债券（municiple bonds）市场；[17]伯纳德·马库斯（Bernard K·Marcus），他在 20 世纪 20 年代促进了美国银行抵押贷款业务的发展；[18]以及 20 世纪 70 年代早期富兰克林国民银行的米歇尔·辛多纳（Michele Sindona）。[19]

安吉罗·莫兹罗（Angelo Mozilo），曾是一位纽约屠户，后来创办了全美金融公司，并千方百计增加市场份额，企图成为全美国最大的抵押贷款放款人。为了达到增加市场份额目的，全美金融公司不得不提供比竞争对手更低的贷款利率，并批准那些无法从其他放款人处获得贷款的贷款申请。

投机通常包括两个阶段。第一阶段是理性投资，居民、企业、投资者或其他主体对外部冲击的反应是有限且理性的；第二阶段是非理性投资，资本收益在其投资交易中占据越来越重要的地位。"最初的要求只是获得高利息，但这很快就退位为第二位的要求。而原本排第二位的要求（通过出售本金来获得高收益）则升级成为首要目标。"[20]在 19 世纪 30 年代的美国，人们购买土地最初只是为了增加耕地以种植棉花，然后，再通过高价出售棉花获利；而后来，人们购买土地只是为了日后售出以获取高额资本利得。到 19 世纪 50 年代，农场主和种植园主都开始"消费"土地并从事土地投机。他们购进的土地远远多于其耕种的需要，多余部分作为对其种植土地价值下跌时的保值。在经济繁荣时期，原本稳健的做法被抛弃了，农场主贷款购买更多的土地，又通过循环抵押，获得更多的贷款，不断从土地增值中获利。[21]18 世纪 30 年代，英国的铁路投机热潮也分为两个阶段：第一阶段是 1835 年以前，铁路投资并未产生泡沫；第二阶段是 1835 年以后，铁路投资实际已成为泡沫投资。在第一阶段，创办人将其股票出售给地方商务部、贵格教派的资本家（Quaker capitalist）、精明的兰卡郡商人（Lancashire businessmen）。这些投资者既是商人又是产业家，或者说，在这一阶段，铁路股票卖给了富人，他们都期待着从铁路投资中获益。此时的股票不仅能实现 5% ~ 10% 的红利支付，而且可以满足工程进展的资金需求。在第二阶段，职业化的铁路企业（许多只对迅速骗取利润感兴趣）吸引了不同阶层的投资者，甚至包括妇女与传教士。[22]19 世纪 70 年代早期，奥地利首都维也纳的土地投资也出现了同样的情形。人们购买土地的最初目的是为了进行建设，但后来，购买土地纯粹成了投机行为，人们仅仅为了未来能将土地高价出售。[23]伊尔斯·敏兹（Ilse Mintz）记述了 20 世纪 20 年代美国纽约外国债券投资的两个不同阶段，1924 年以前，外国债券的安全性很高，但随后，资产质量逐步下降。[24]在 20 世纪 70 年代早期，对巴西和墨西哥的贷款建立在对贷款人信贷安全的详细评估基础上的，而在这以后，银行越来越急于将款贷出，这些贷款项目的质量也越来越低。2004 年以后，美国次级抵押贷款发放量飙升，原因在于次级抵押贷款的申请量远远多于优先抵押贷款，放款人只好顺应市场需要，为这些新增的贷款申请提供信贷支持。

2003—2006 年，美国佛罗里达房地产市场泡沫严重，很多建筑尚未完工，便成为人们热衷的投资标的，甚至有人专门注册了名为"Condo – Flip"的网站，专门从事房地产投资炒作。

就本质而言，投机颠倒了结果和过程，人们从关注结果转为关注过程。对发放贷款满怀热情的放款人，忽视了放贷的结果，也未考虑所有放款人停止放贷后，借款人如何偿还贷款。美国的次级抵押债券市场也是如此。初期，其发展尚算理性，但随着越来越多低资质借款人的涌入，信用状况每况愈下，最终导致了 2007 年的次贷危机。2004 年，次级贷款只占抵押贷款总额的 8%，而 2005—2006 年，该比例便迅速跃升至 20%。规模膨胀如此之快的原因在于相对于急剧增长的贷款需求，大多数贷款申请人的资质都有问题，只能退而求其次，申请次级贷款。

美国南加利福尼亚州的在建住房市场也曾出现投机热潮。投机商通过抵押贷款购买刚竣工或正在建的住房，并将其高价出售给另一个投机商，后者又继续出售，随着这一过程的延续，房价不断攀升，并于 1981 年达到了顶峰。最终，终于出现崩盘，价格暴跌近40%。[25]1985—1986 年，波士顿出现了公寓"抢购热"，抢购公寓的人中有近 60% 是为了通过出售公寓获利而认购的。1988 年，"抢购热"逐渐降温,[26]这不禁让我们想起1881年发生于芝加哥的"公寓抢购潮"(flat craze)[27]。无独有偶,2003年芝加哥的房产市场又经历了一轮暴涨暴跌,情形与1881年几乎一模一样。

对投机行为的分阶段分析也区分了两类投机者——内部投机者和外部投机者。内部投机者靠投机推涨价格,在价格达到(或接近)最高点时,再出售给外部投机者。而外部投机者通常在价格最高时接盘,又在价格见底时抛售。外部投机者的损失即为内部投机者的收益,市场总财富没有变化,是零和博弈。约翰逊指出每个不稳定的投机者必然对应着一个稳定的投机者,反之则相反。[28]但职业内部投机者通过造成价格的上升及下跌来扰乱市场,并进行高抛低吸,他们确信自己能够把握市场趋势。在投机的第一阶段,他们被认为是"旁观者"(tape watchers),后来,他们又被称为"短线客"(momentum investors)。而外部投机者总是在最高点买入,在最低点卖出,成了投机游戏的输家,就像那些在1999—2000年买入阿根廷债券赚取利息收入的"比利时牙医"(Belgian dentists)。在输光筹码之后,他们又会回到其原来的生活,继续埋头储蓄,并会在五年或十年后的另一轮投机热潮中重蹈覆辙。

拉利·维默尔(Larry Wimmer)对1869年美国黄金动荡进行研究后,得到了不存在不稳定的投机(destabilizing speculation)的结论。其研究认为认为,古尔德(Gould)和费斯克(Fisk)的投机行为扰乱了市场,导致市场不稳定[29]。他们首先推动价格上涨,然后,在将外部投机者由稳定者转变为不稳定者之后,在高点时将投机商品卖出。他们的这种做法与不稳定的投机行为如出一辙。但两类投机者所掌握的信息是不对称的。早期,古尔德曾试图说服政府驱使黄金贴水(升水)上升,以此来促使美元贬值,以提高粮食价格,而外部投机者却仍然根据预期行事,其预期是根据过去的经验得出的,他们认为政府的政策将驱使黄金贴水下降,保持美元对黄金的可兑换性,并使美元黄金比价恢复到美国内战前的水平。9月16日,外部投机者抛弃了这一预期转而盲从古尔德的说法,大量买进黄金,黄金价格不断上升。另外,9月22日,古尔德从其合伙人格兰特总统的妹夫那里获知，外部投机者先前的预期是正确的，他设计的计划不会被政府采纳。因此，他开始大量卖出黄金。后来，外部投机者才发现他们原本对了，现在却错了，结果导致了1869年9月24日"黑色星期五"，股票价格也在那一天崩盘。

另一个关于内部投机者和外部投机者的是"投机商号"（bucket shop）事件。1933年，美国证券与交易所委员会（SEC）宣布此业务为非法以后，这个词似乎已经消失了，但事实上，很多早先经营投机商号人的继承人改头换面，以另外的形式——电话投机公司（boiler room）继续经营投机商号。要了解投机商号，人们必须熟读小说，如克里斯蒂娜·斯塔德（Christina Stead）在《万国之家》（*House of All Nations*）中对投机商号进行了经典的描述。[30] 在一家投机商号里，内部投机者从社会公众那里获得公开买卖证券的订单，但却并不执行，因为他们认定外部投机者的赌注一般都是错误的。同时，投机商号还有套期保值的优势：如果最终表明外部投机者是稳定的且是正确的，他们可以通过低买高卖而获利，万一失手，投机商号的操盘手还可以一走了之，如逃亡到巴西。在《万国之家》中，朱利斯·伯蒂伦（Jules Bertillon）于1934年逃到了拉脱维亚。

莱昂纳多·迪卡普里奥与华尔街之狼

好莱坞最近上映的一部投机商号题材的电影是《华尔街之狼》。莱昂纳多·迪卡普里奥在片中饰演狼（诈骗者）的角色，通过向纽瓦克（Newark）、泽西城（Jersey City）和皮奥里亚（Peoria）的牙医兜售股票，赚得了大笔财富，过上了纸醉金迷的奢华生活，甚至拥有了私人飞机和游艇。在影片中，莱昂纳多及其同伙设立或购买一家名称很有欺骗性的空壳公司，如融合生物（Fusion Biometrics）等。起初，他们拥有公司的全部股份，然后他们通过内部交易抬高股价，等到公司股价交易记录走出完美的上升曲线时，他们就会向牙医、送葬者，以及那些有私人洗车房的高收入人群兜售公司股票，直至全部出手。他们的伎俩或技巧就是通过操纵股价上涨，将股票卖给其他投资者。等到股票全部出手，他们就不再通过购买股票维持股价，当某位牙医意识到自己投资该公司股票的利润已经够买一辆法拉利汽车、企图兑现利润时，股价就会一跌到底。

投机商号转型为电话投机公司，依然利用天真的投资者（untutored investors）追求暴富的心理。电话投机公司的老板先设立一个企业，并拥有这个企业全部股权。如罗伯特·布伦南（Robert Brennan）的第一泽西证券公司（First Jersey Securities）事实上就是设立了一系列电话投机公司，不断改变公司名称，但实质没有任何变化。然后，他们不断抬高其企业股价，再通过电话将股票兜售给普通民众，如小城镇的牙医等。在这一过程中，他们会不断抬高股票价格，直至大多数股票脱手。很多贪婪的投资者可能暂时为其账面上的投资收益而兴奋不已，但当其试图变现利润时才发现，根本没人愿意接手，一切全是纸面富贵。

大科学家艾萨克·牛顿也是一位典型的外部投资者，是追涨杀跌的典型。作为科学家的他，睿智而理性，但作为投资者的他，同样愚蠢而盲目。1720 年春，他写道："我可以测算天体运行，却无法估计人性疯狂。"1720 年 4 月 20 日，牛顿将其所持有的南海公司股票变现，回报率高达 100%，获得 7000 英镑投资收益。但他在市场最高点又买入了更多股票，损失了 20000 英镑。许多经历过类似灾难的人都很难挣脱"非理性"的束缚，牛顿也将这段经历抛诸脑后，在其余生，甚至不能再听得南海公司的名字。[31]

但是，即使每一个参与者都是理性的，投机活动仍可能导致疯狂和恐慌，这就是所谓的合成谬误，即总体并不等同于所有个体的简单加总。每个人的行动都是理性的，并不意味着所有人会以同样步骤采取行动。如果某人行动迅速，先行买进又先行卖出，他将成为内部投机者。在南海泡沫中，卡斯维尔（Carswell）描述了这样的观点：

不切实际的高速增长只是异想天开；无论数学如何发展，1 加

1 永远都不会等于 3.5。任何虚拟价值泡沫都对应某些人的损失，这种损失可能发生在虚拟价值泡沫产生之前，也可能发生在泡沫产生后。对此，唯一的阻止办法就是及早抽身。要鬼捉不到，抢在人前逃（Devil take the hindmost）。[32]

"要鬼捉不到，抢在人前逃"，"狗咬笨汉"（dogs bite the laggards）等谚语都指明了投机狂热的应对方法。在人头攒动的剧院中，有人大喊失火的情形与之类似。连环信也一样，其不可能无限扩张下去，不是所有人都能及时抽身，只有少数人能在价格暴跌前退出。连环信骗局的早期参加者都认为自己是理性的，但事实并非如此。

与合成谬误类似的是经济学中的"蛛网"（cobweb）模型，其通过比较静态分析，研究需求与供给的滞后反应，如在拍卖中逐轮实现市场出清一样。"外部冲击"包括周期延长、预期变化的事件，这些情况下，理性预期并未考虑其他人反应的强度。比如，由于缺少物理学家、数学家和教师，很多年轻人会争相报考相关专业，但当他们毕业时，却发现这些行业已经人满为患了。也就是说，只有一段时间后，才能发现就业环境的变化，此前无法预期。再如咖啡、糖、棉花等大宗商品的价格也会出现类似的过度反应，先是一路上涨，转而一路下跌，原因就是人们意识到某商品供不应求、有利可图后，纷纷增加产能后，却发现该商品已供过于求，价格转而一路下跌。

翻阅经济过热和经济恐慌的历史，大量事例表明"蛛网"模型对外部冲击的反应具有不稳定性。1808 年，巴西市场向英国开放，短短几周，来自曼彻斯特的商品便摆满了货架，进口数量比过去 20 年消费总量之和还多，商品种类也五花八门，甚至还有溜冰鞋、平底锅这样的商品。正如克莱泛姆（Clapham）所述，19 世纪的经济学家在解释商品疯潮（commercial madness）时也曾提到这一案例。[33] 19 世纪 20 年代，各西班牙殖民地纷纷独立，投机者争相向拉丁美洲新政府发放贷款，抢购其采掘、贸易企业股票，拉丁美洲多国一度出现过度繁荣。"投资需求突然而至，又戛然而止。但许多人都想当然地认为投资需求将持续，危机爆发不可避免。"[34]

19 世纪 30 年代，蛛网波动曾持续两年之久。"每一个商人，当他们自己的商品在市场上出售时，都会忽略其他商人投入市场的商品数量。"[35]19 世纪 50 年代，美国也出现同样情形，当时刚刚在加利福尼亚州发现了金矿：

自 1849 年在加利福尼亚州发现金矿之后，美英两国投资者都对加利福尼亚的黄金储量抱有过高、不切实际的期望。毫无疑问，这种期望会大大加剧危机的破坏力，延长其破坏时间。当时，伦敦和波士顿等地反复声明，每月有 6 条或最多 8 条中型轮船或滚装船的货物即可满足当地需求；但事实上，每月都有 12～15 条大型轮船从东方满载各式各样货物驶入旧金山港。[36]

另一个有些牵强的例子与葡蚜（phylloxera）有关，葡蚜毁灭了许多葡萄园，导致法国的葡萄酒生产倒退。与之相对照的是，19 世纪 80 年代，在公司上市浪潮中，随着一家又一家私人酿酒厂的上市，英国酿酒厂的股票日益抢手，原本纯私营的酿酒厂在第一次公司上市泡沫中通过变现股份赚得盆满钵满。其中，亚瑟·吉尼斯（Arthur Guinness and Co.）酿酒厂以 170 万英镑的价格被收购，随后又以 320 万英镑的价格被出售。[37]"该公司股票发行成功的消息就像发令枪，到 1890 年 11 月，又有 86 家酿酒企业发行股票。"[38]

第一次世界大战结束后，英国商人认为战争彻底摧毁了德国在煤炭、钢铁、运输和纺织等产业的竞争优势。工业品、船只、股票，甚至房价都出现了快速上涨，大量并购通过贷款完成，但随着 1920 年夏天至 1921 年夏天的煤矿工人大罢工，残酷的现实终于来了。[39]

还有三种游离于理性边缘的情况。第一种情况与目标工人（target workers）有关，所谓目标工人是指那些习惯于某一既定收入水平，当市场理性要求下调工资时，他们不愿接受。消费理论提到的杜森伯利效应就是指此类情况。在劳动力供给理论中，它构成了"向后弯曲（backward‐bending）的劳动力供给曲线"，这表明提高工资并不会增加劳动力的供给，而降低工资却会导致劳动力供给减少。因此，提高劳动供给的有效方法是降低单位时间的劳动报酬。在经济史著作中,这一原则被描述为"约翰·布尔可以忍受许多事情,但不能忍受工资水平下降2%"。约翰·斯图尔特·穆勒对此这样写道:

> 这种变化,始于非理性投机,终于经济危机。随着资本增长和行业扩张,其发生的频率并未下降,强度也未见减弱,甚至有所增强。人们常常将其原因归结为竞争加剧。但我宁愿说是利润率和利率降低,使资本家不满足于普通但安全的产品收益。[40]

在复辟终结、七月君主政体伊始的法国(1826—1832年),尽管"法国人并不信任非法资金",但投机依然大行其道。土地所有者的资产收益率达到2.25%~3.75%;工业资本家则希望其利润率比其固定资产投资的长期利率高2%~4%,也就是说要求其毛利率达到7%~9%。原材料市场的交易商和投机者希望可以获得20%~25%的收益率。[41]更早以前,查里斯·维尔森写道,荷兰人已从商人转变为银行家(银行家常因懒惰和贪婪而饱受诟病);由于阿姆斯特丹的利率下降至2.5%,他们逐渐养成了投机的习惯。[42]1822年、1824年和1888年,公共债务的大规模转换(conversion)导致了利率的下降,这也使英国投资者对外国证券的胃口大开。[43]正如安德雷斯(Andréadès)对英格兰的描述一样,"当利率下降时,英国的商业界并不愿放弃现代生活模式,为了追逐更高的利润它抛弃了正常业务,但也正因为如此,其承担了更高的风险……投机导致了灾难爆发,最终必然由中央银行埋单"。[44]

20世纪70年代,对第三世界银行辛迪加贷款的繁荣被1970年春季利率的大幅度下跌所打破。当时为了应对1970年股票市场的崩溃,美联储向纽约市场注入了大量资金,却发现其中的大部分资金被转移到欧洲美元市场,而后者的利率又进一步下降到更低的水平。因此,流动性好的银行开始四处寻找出路,最终发现了第三世界国家政府和国有企业,尤其是拉丁美洲各国政府急需资金,于是便一拍即合。20世纪60年代,美国各大银行国际化的步伐明显加快,跨国分支机构的数量飞速增长。但由于当时墨西哥、巴西及其他发展中国家国内商品价格、名义收入水平和实际收入水平增长迅速,因此,其贷款利率水平也很高。而到了80年代早期,美元利率迅速攀升，商品价格快速增长，债务国的名义收入水平和实际收入水平却显著下降。银行是否本该预见到商品市场价格的崩溃是不可避免的？

第二种游离于理性边缘的情况是当经济情况变化时，人们寄希望于形势会有所改善，或政府能采取某些特别措施。首先，让我们关注纽约商品与证券公司、肯杨（Kenyon）、考克斯（Cox）、杰库克（Jay Cooke）公司于 1873 年 9 月 8 日、13 日和 18 日相继倒闭的事件，这三家公司均为铁路建设垫支了资金（分别是位于密苏里、堪萨斯、得克萨斯、加拿大南太平洋和北太平洋地区的铁路）。由于当时柏林和维也纳不再向美国提供贷款，债券市场银根较紧，这些在建铁路项目难以通过发行债券募集资金，为确保完工，值得寻求短期资金。[45]同时，由于面向德国的长期信贷于 1928 年中止，纽约的银行和投资公司通过短期信贷的形式继续为德国提供资金，而美国投资者的投资偏好也已从债券转向了股票。当人们骑虎难下时，往往寄希望于形势的改善——也许不会改善——但在当时看似乎是明智的。

为避免遗漏，再注意一下在克里米亚战争时的情形，汉堡很多银行向瑞典建筑企业发放了大量贷款，以支持其向俄罗斯走私。当战争结束时，汉堡的银行却未能及时收回或核销这类贷款。瑞典则利用这些资金大举投资造船、工厂和矿山，这也直接导致汉堡陷入 1857 年的世界经济危机。[46]

第三种情况是头脑中有一个自认为理性的模型，但这个模型却是错误的。最著名的例子就是法国的"马其诺心理防线"。可能有人认为与无分布时滞（undistributed lag）相比，这不太像非理性预期的情况。"'当一个人对某一事物的观点固化时'，庞齐认为，'他可能就与瞎子差不多了'"。[47]巴杰特对马休斯也作过类似的评论："一旦对某一事物的第一印象很深，就很难突破这一印象。"[48]18 世纪 60 年代，在七年战争结束前，汉堡的商人并未受到商品价格下跌的冲击。因此，1799 年，当拿破仑战争继续进行时，他们对 1798 年拿破仑大陆体系封锁渗透所致的价格下跌毫无防备。[49]另一个例子是 1888 年建成铜业联盟的法国资本家，其联盟是在 80 年代早期的钢铁、钢轨铁路、煤炭和糖业卡特尔形成后出现的，它们深受南非钻石辛迪加集团和西班牙罗斯柴尔德（Rothschild）集团垄断水银业成功事件的影响（请注意，经济学家根据 20 世纪 70 年代石油输出国组织的胜利，往往推断出在其他原材料和食品业中，价格也能被操控在较高水平上）。1890 年，法国辛迪加拥有了 6 万吨高价铜，同时还有许多高价铜的订货合同，许多老矿井重新开张，到处都在进行废铜的回收加工，就在这时，铜的价格却开始暴跌。从每吨 80 英镑的最高点下降到 38 英镑，危机一触即发。幸得 1889 年法兰西银行发放的14 亿法郎贷款，企业才获得喘息之机。但事实上，当时巴黎的商业银行并不情愿为这笔资金担保。[50]

放松管制与金融自由化带来的金融创新也会成为一种外部冲击。20 世纪 70 年代初，罗纳德·麦金农（Ronald McKinnon）对"金融压制"理论提出质疑。所谓"金融压制"指发展中国家的金融市场相互割裂，以便于向政府发放贷款，对外贸易，以及促进大企业的发展，代价则是抑制其他企业的发展。[51]这个理论对本来已经受到芝加哥自由主义理论影响的拉丁美洲国家特别具有吸引力，它们纷纷实行了放松管制政策，但后果是新设了众多银行，信贷急剧扩张，通货膨胀加剧和更多的新银行倒闭。[52]麦金农认为，从这次崩溃中吸取的教训是应认真设计放松管制的路径和次序。[53]

在 20 世纪 90 年代初的波兰和俄罗斯，这个问题再次出现。人们就社会主义经济向市场经济的转变，应一步到位迅速实现，还是应渐进式进行，以使市场适应消除管制的步伐的问题进行了激烈的争论。但一个社会主义经济向市场经济的成功转型，似乎取决于社会主义经济在转变为社会主义制度以前，在多大程度上继承了其早期资本主义的制度背景。这一点波兰要远比俄罗斯强，后者由于长期实行社会主义，腐败严重，资本主义的制度记忆已所剩无几。这种制度传承对转轨成功而言，远比放松管制的速度和国有垄断资产私有化的速度重要。

> ### 地拉那（阿尔巴尼亚首都）
> ### 仍有很多查理·庞齐式的人物逍遥法外
>
> 　　东欧国家在20世纪90年代初期经历了由指令性经济（command economies）向市场经济的转轨。在转轨过程中，国家对金融体系的管制大大放松。很多退伍军人通过高利率承诺（一般的月利率水平为30%）迅速发迹成为企业家。当时阿尔巴尼亚人将大量现金存在其国有银行的账户上，存款利率非常低。新成立的金融机构通过较高的利率可以迅速聚敛大量的存款。不同"银行"之间的竞争使利率不断水涨船高。
>
> 　　有的阿尔巴尼亚人将自己的房子卖掉，获得现金后迅速存入银行，然后再从自己房子的买家处将该房子租回。银行存款的利息收入远远高于房屋租金。一般而言，他们房子的买家也就是那些许诺高利率的银行家们。后来，声势越来越大，侨居海外的阿尔巴尼亚人纷纷将钱从纽约、芝加哥、法兰克福汇回国内，委托他们在国内的亲朋将钱存入那些新开设的银行。通过银行存款获得的利息收入如此可观，甚至远远超过了普通人的薪金水平，很多阿尔巴尼亚人不再工作，靠获取利息度日。
>
> 　　一切看上去那么美好，但都会成为泡影。

　　关于纯粹的非理性，有两种典型的表现：一是社会将全部希望寄托于与当前情况无关的悬而未决的事件上；二是社会完全忽略它不愿考虑的事情。就第一种情况而言，1873年5月1日在维也纳召开世界博览会时，奥地利企业对它的盲目信任就是很好的例子。当时的奥地利企业过高估计了世界博览会带来的商机，对此进行了大量投入，很多企业的流动资产大大超过了流动负债，出现了严重的财务危机。世界博览会召开的初衷是创造更多的商业机会，于是对会务工作投入巨额资金，以满足与会者的需求。银行信贷发放受到限制，融资方式向商品、土地、股票以及偿付债务取得资金转移，汇票背书的名单越来越长。不管怎样，整个体系都等待着博览会的开幕，人们认为（或至少是希望）将出现销售额的增长，以挽救整个经济形势。当博览会的开幕对销售额的促进并不明显时,市场就在 5 月初崩溃了。[54]

至于对相互矛盾信息的压制——认识不一致的情况——可参考贝恩(J. W. Beyen)对德国 20 世纪 20 年代末未能有效限制短期外债扩张的分析。他指出,相关各方并未正视危险,甚至当时德国的财政大臣斯沙赫特(Schacht)也并未正视危险,"这种情况不是第一次,也不会是最后一次……良知受到了'压制'(repressed)"。[55]以上事例都说明,摒弃理性假设的普遍适用性,即便市场的每一位参与者的行为都是理性的,市场仍可能(偶尔)出现不理性的情形。

外部冲击

外部冲击是指一些改变了时间段、改变了预期、改变了预测的利润机会和投资者行为的外部事件——"一些大多数时间里没有被预料到的突发事件"。[56]例如,原油价格的上涨就是典型的外部冲击事件。未被预料到的货币汇率贬值也是一种外部冲击事件(虽然多数货币汇率贬值是会被预料到的)。金融监管的变化,尤其是对某一特定群体借款人的借款限制的放松,也是一种外部冲击。外部冲击事件的影响规模很大,能够影响社会对经济前景的看法。现实社会每天所发生的事情都会给社会和经济前景带来一些变化,但只有很少的事件影响力够大,可以被称为外部冲击。

最重要的外部冲击就是战争。有的危机爆发于战争刚刚开始或刚刚结束之后,或者是战争结束后不久一些预期被证明是错误的之后。在战争之初爆发危机的最著名的范例就是 1914 年 8 月危机。至于战争刚刚结束时爆发的危机,如 1713 年危机、1763 年危机、1783 年危机、1816 年危机、1857 年危机、1864 年危机、1873 年危机和 1920 年危机等都是典型的例子。此外,还有一系列危机给人们留下了深刻的印象,它们爆发于战争结束之后 7 ~ 10 年的时间,这段时间足以证明上次危机结束时的预期是错误的,这类危机包括美国的 1720 年危机、1772 年危机、1792 年危机、1825 年危机和 1873 年危机，当然还有 1929 年的危机。

具有重大影响的政治变革也会影响预期。例如，1688 年英国的光荣革命（Glorious Revolution）促进了公司的发展。到 1695 年，已有 140 家股份合作公司成立，总资本达 450 万英镑，其中 80% 的公司成立于 1688 年之后。到 1717 年，股份公司资本总额已达 2100 万英镑。[57] 为限制泡沫经济的进一步发展，1720 年 7 月，英国政府制定了《泡沫法案》，禁止在未获国会明确批准的情况下设立股份合作公司，这一限制直到 1856 年才废止。人们一般都将该法案视做对南海公司过度投机的反应。但卡斯维尔（Carswell）却认为，正是南海公司的努力才促成了该法案的通过，由于国王和国会都试图压制南海公司的竞争对手，他们担心随着投机泡沫的进一步滋长，竞争对手可能吸引走南海公司急需的资金。[58]

类似的事件有很多，包括法国大革命、恐怖统治、执政政府和法兰西帝国时期，以及拿破仑战争本身，都发挥着外部冲击的作用，它们导致了 1792—1793 年和 1797 年市场的大规模变动，也导致了欧洲及其他地区的英国和殖民地商品市场的建立与关闭。在法国，类似于这样的政治事件是复辟时期（1815 年）、1830 年 7 月的君主立宪、1848 年的二月革命和 1852 年第二帝国的建立。在英国，外部冲击事件则包括 1857 年 5 月的印度籍英兵叛乱，以及随后发生的印度武装革命，这些事件都曾导致伦敦金融市场陷入困境。[59] 当一小批英国裁缝试图就新国民政府颁布的降低工资的法规进行罢工时，当局开创了让步的先例，其代价是 1931 年 9 月的英维格登（Invergordon）骚乱。这被欧洲大陆视做是对不可一世的英国海军的反抗，这一行动也导致英国决定放弃英镑盯住黄金的制度。[60]

战争、革命、复辟、体制变革以及武装起义大多产生于经济制度之外，因此，人们在设计模型时大多排除了这些因素。货币与金融冲击就很难被看做外生变量。但受复本位制度（bimetallism）下金银比率的限制，重铸硬币十分困难，为了实现政府收益的最大化，有关当局对其进行了转换，而这种转换也出人意料地将投资者的注意力转移到其他投资标的上。结果证明，新的贷款方式获得的成功远超预期——这也应被视做外部冲击。

如前所述,1619—1623 年的普鲁士铸币危机得名于货币兑换商的行为,他们拿着来自不断增加的铸币厂生产的劣币,摇晃着秤杆,试图从淳朴的农民、杂货商和工匠那里换取良币。这样一来,铸币的成色迅速下降,波及一个又一个省份,这个过程最终持续到日常交易中所用的铸币全部成为无价值的劣币,必须重新铸造才得以终止。[61]

德国后来的两次大型的重铸币事件为我们提供了反方向研究的契机。第一次重铸币发生在 1763 年,当时,普鲁士政府的弗雷德里克二世通过信贷从阿姆斯特丹购入白银,以铸造新币代替七年战争(Seven Years, War)期间成色已严重不足的旧币。在新币发行之前,他将成色不足的老铸币从流通领域回收,这引发了通货紧缩危机,导致贴现票据链条断裂。[62]一百多年以后,也就是法兰西—普鲁士战争赔款以后,德国当局发行了新的货币,但为保护各方利益,这次发行在旧货币退出流通领域前就开始了。在三年的时间里,发行流通的货币总量从 254 亿第拉尔(相当于 762 亿马克)的水平增长了 3 倍,结果导致了严重的通货膨胀。[63]

前文曾提到 1893 年美国危机,此危机爆发于 1890 年《谢尔曼白银法案》颁布后,市场怀疑美元兑换黄金的能力,导致危机爆发。英国 1822 年、1824 年、1888 年的债务转换也引起市场担忧,并导致危机。唯有 1932 年英国政府的债务转换与住房建设市场的扩张有关,却没有导致危机。在法国,随着货币供应的扩张,1823 年以后也开始讨论将 5% 的统一公债进行转换,同时,由于投资者不愿溢价购买统一公债,公债利率下降了。当时的三大银行家对转债各抱有不同的目的:罗斯柴尔德希望借此卖出更多的统一公债;格里法尔(Greffuhle)和欧弗拉尔(Ouvrard)希望将投资者吸引到运河投资上来;拉斐特(Laffitte)则想借此保证工业的发展。当时,由于政治上的障碍,该立法未能获得通过,市场也最终放弃了使统一公债保持溢价的目标。利率的这种大幅度下降带来了投机机会。[64]法国政府利用私人资金修建运河[65],铁路建设热潮沿罗尔、里昂和塞纳河蔓延,形成了四通八达的铁路网络。但这次投机主要标的是重点城市及其周边的建设——这些城市包括图卢兹、里昂、马赛和勒阿弗尔。[66]巴尔扎克在其小说《赛查·皮罗多盛衰记》（César Birotteau）中描述了这段历史。该书写于 1830 年，描述了一位香料商受人怂恿，用借来的钱购买了梅德林（Madeleine）附近建筑股票的悲惨故事，结果"三年后他只能收回四分之一的初始投资"。[67]

前文曾提到拿破仑战争、法兰西—普鲁士战争和第一次世界大战后通过贷款治疗战争创伤、支付战争赔款的成功案例。历史表明，每一次成功的证券发行，认购数量的成倍增长以及认购者迅速实现的价值增值都将吸引借款人、贷款人，特别是投资银行家的参与。1819 年的巴林银行贷款——"由英国证券公司签订的第一笔重要的外国贷款"[68]——导致法国、普鲁士、奥地利，还有稍后脱离西班牙独立的美洲殖民地政府迅速发放了一系列贷款。梯也尔公债（Thiers rente）使法国的银行机构对得到外国贷款的渴望非常强烈，这种渴望又受到了 1888 年沙皇俄国贷款转换的进一步刺激，后者拯救了德国投资者。但在 1917 年革命后，它却将法国投资者送上了绝路，送给他们的是悲哀而不是成功。1924 年的道斯贷款（Dawes loan）让美国投资者高兴地接受了外国贷款，而之前，他们对外国贷款还是采取回避态度。梯也尔公债的认购数量是发行额的 14 倍，而道斯贷款则是 11 倍。比倍数规模更为重要的是它对预期的影响。罗森伯格（Rosenberg）称 1854 年和 1855 年发生的三次法国贷款事件是具有重大意义的，因为这三次贷款的超认购倍数分别达到 2 倍（468 亿法郎对原计划的 250 亿法郎）、4 倍（2175 亿法郎对 500 亿法郎）和 5 倍（3653 亿法郎对 750 亿法郎）。但在奥地利和德国，当 19 世纪 50 年代的投机风潮盛行时，信用银行（Kredit Anstalt）新股发行的认购额达到原计划的 43 倍，很多人通宵达旦排队认购股份。而当 1853 年 5 月布鲁斯维克（Brunswick）银行试图发行 200 万第拉尔股票时，在 3 小时内就获得了相当于该数量 112 倍的超额认购资金。[69]

正如前面所说的，近期主要的外部冲击事件包括对银行和金融机构管制的放松，管制的放松会催生更多的衍生产品（衍生产品很早就出现了，不过放松管制前规模很小）。共同基金和对冲基金借此可获得新的摄取财富的机会（当然也面临更大的风险敞口）。通过房地产投资信托基金（REITs），银行将贷款和抵押贷款通过证券化出售，私营企业首次公开募股也更加简便。

对金融机构管制的放松是导致 20 世纪 80 年代（尤其是 80 年代后半期）日本资产价格泡沫的重要诱因。每一家日本银行都关注其资产规模和存款规模的增长，每一家银行都希望将资产蛋糕做大，这意味着每家银行都努力使其贷款规模增长得比其他银行快。

20 世纪 20 年代的科技革命带来了一系列的外部冲击，汽车产量的爆破式增长、美国大部分地区实现电气化、电话网络的快速延伸、影院数量的急速增加、收音机的出现等都是重要的外部冲击事件，也催生了大量的投机资本。90 年代的情形与此相似，尤其是 90 年代后半段，科技革命和信息技术革命再次带来重要的变革。风险投资公司，尤其是那些总部坐落于旧金山湾区的风险投资公司拼命为那些有创意的工程师们发放贷款，帮助他们创业。到了后期，很多企业通过夹层融资（mezzanine finance）就能轻易地获得资金。融资到手后，美林证券、摩根士丹利或者瑞士信贷第一波士顿等大型投资银行就会安排该企业首次公开募股（IPO）。由于计划上市，投资银行会为这些公司安排一系列"路演"（road show）活动，企业家将拜访养老基金、共同基金及其他现金组合基金经理。明确了市场需求后，该企业就会以某一价格发行，可能是 19 美元，也可能是 23 美元或 31 美元，发行股份总额可能为该企业总股本的20%。一般来讲，股票第一天上市时的交易价格会达到首次公开募股时股价的 3~4 倍。

股票上市公开交易首日的暴涨传达了这样一条信息：股票价格只会上涨。在 20 世纪 90 年代后期，绝大多数股票上市公开交易首日的价格都远远超过招股价格。新股开盘价格的暴涨也促使更多的新股发行。

《道指 36000 点》、《道指 40000 点》、《道指 100000 点》

以上三本书标题十分相似，且都出版于 1999 年。这三本书的主题也是一致的，即认为如果利率保持低水平，公司盈利保持增长，道琼斯平均股价指数将上涨到超过以往任何时候的水平。

该逻辑看上去似乎无懈可击，多多少少有点像阿基米德曾经宣称的"给我一个支点，我可以撬起地球"。长期来看，股价水平反映三方面因素：GDP 增长率，公司盈利对 GDP 的贡献比例，股价与公司盈利水平的关系（即市盈率）。在美国，公司盈利对 GDP 的贡献比例非常稳定，一直保持在 8% 左右的水平，市场平均市盈率水平也稳定在 18 倍左右。

投资者在债券投资和股票投资中进行抉择。债券的平均利率水平为 5%，债券收益对应的利息率水平为 20%。

那些预言道琼斯指数将达到 36000 点的人相信，市盈率水平会比现在大大提高，因为股票的风险远远大于债券。

*美国金融作家詹姆斯·K. 格拉斯曼（James K. Glassman）和凯文·A. 哈塞特（Kevin A. Hassett）联合出版了《道指 36000 点：在即将到来的股市上升中获利的新战略》（*Dow 36000: The New Strategy for Profiting from the Coming Rise in the Stock Market*），该书由兰德姆出版社于 1999 年出版，出版后即成为当年的畅销书。戴维·埃利阿斯（David Elias）随后出版了《道指 40000 点：在历史大牛市中获利的战略》（*Dow 40000: Strategies for Profiting from the Greatest Bull Market in History*），该书由麦格劳·希尔出版社于 1999 年出版。查尔斯·W. 卡德莱茨（Charles W. Kadlec）出版了《道指 100000 点：现实还是幻想》（*Dow 100000: Fact or Fiction*），该书由普伦蒂斯霍尔出版社于 1999 年出版。

投机对象

在 20 世纪的最后几十年，投资者投机对象主要集中在不动产和股票上，在此之前，投机对象的范围更加广泛。投机对象从期初的一小部分受欢迎商品转变为期末的大部分商品、其他资产和证券的趋势。这份清单只列举了一部分投机对象，但具有很强的启示性。

但是资产错配如何演变成外部冲击事件，并使投资者为获得资本利得或未来不确定的资本利得而进行投资？在此有这样一个假定：我们已经证明世界上的确存在不稳定的投机，且认为每个人都是理性的。那么，如果受到某一种来自系统外的"冲击"干扰，个人就有可能误判冲击事件的影响。有很多外部冲击事件发生，但只有一小部分外部冲击事件会导致投机狂热。

现在，有必要将注意力转向一个关键性问题，即在"过度贸易"累积到足够的程度并导致危机之前，是否必须（或可能）与两个或两个以上的投机对象（如不动产或股票）的投机有关。在此，让我们考察一下一些涉及两个或更多投机对象的情况。

1720 年的南海公司泡沫与密西西比泡沫是联系在一起的，此外，英国和法国这两个支持狂热投机的国家实行了扩张的货币政策，这也导致了两次投机泡沫事件。投机始于南海公司股票和英格兰索沃德银行（Sword Blade Bank）股票，同时也始于密西西比公司股票和法国约翰·劳银行（John Law's Banques）的股票，然后迅速蔓延至其他企业、商品和土地投资，且大多数投资是欺诈性的。由于试图压制竞争性投机，英国的南海公司被拖下马来，并根据 1720 年 6 月的《泡沫法案》起诉了约克建筑公司、丝绸公司和威尔士铜业公司。结果是自食其果。[70]该阶段投机从一个对象扩散至另一个对象，导致价格普遍上涨，因为具有前瞻眼光的投机者将从南海股票中赚取的利润迅速变换为现金，转而购买银行和保险公司股票，或是购买乡间别墅。[71]因此，土地价格开始随南海公司股票价格的变动而变动。[72]同样，在法国，随着先知先觉的投机者于 1719 年秋开始将利润从密西西比公司股票中抽出，土地价格也开始上涨。[73]

1763 年的经济繁荣仅仅建立在政府战争开支以及通过票据贴现机构进行融资的基础上。德纽夫维尔兄弟公司（DeNeufville Brothers）出售"商品、船舶和证券，正如许多荷兰企业所做的一样"，[74]它发行了几十万荷兰盾的承兑债券，但现金储备很少超过几千盾，该公司的倒闭引发了经济恐慌。

这一轮英国经济的不景气在一定程度上也是由 1762 年史无前例的大旱触发的，此次大旱导致了草料、肉类、黄油和奶酪的匮乏。[75]1772 年爆发的危机是由阿姆斯特丹和伦敦市场上对东印度公司股票的投机，以及艾尔银行（Ayr Bank）的倒闭而引发的。危机涉及大量烦琐的细节，包括政界对东印度公司态度的大转弯，其信贷受到英格兰银行的限制；接收了老银行的不良贷款而成立的新艾尔银行，在其承兑负债到期时，自作主张地从伦敦借入资金；1772年7月，亚历山大·福迪斯（Alexander Fordyce）逃亡，他将未到期的东印度公司股票抛出，使其所在企业遭受了巨大损失。同年秋天，当东印度公司的股票价格真的出现下跌时，克利福德公司（Clifford & Co.）这家牵头组织了一笔辛迪加贷款以试图推动价格上升的荷兰银行破产了。但这些仅仅是表面现象。由于英国对房屋、高速公路、运河以及其他公共工程的大量投资，资源非常紧张。[76]与此同时，人们将 1770 年初咖啡价格的下跌与 1772—1773 年的金融危机联系了起来，[77]但威尔逊（Wilson）并未提到这一点，而阿希顿（Ashton）、克莱泛姆（Clapham）和布伊斯特（Buist）也都对这一点视而不见。[78]

1793 年，乡村银行的开设、运河的修建、法国的恐怖统治以及农业糟糕的收成等几大因素，刺激资金流向英国。而 1799 年对法国封锁的收紧与放松，更是促使资本流入英国的重要原因。相反，1809—1810 年危机的爆发相传有"两大相互独立的原因：对南美投机的反应和对欧洲大陆封锁的放松与收紧"。[79]1815—1816 年属于战后的出口繁荣时期，大量出口产品涌入欧洲和美国，超过了理性的销售数量，与此同时，小麦价格也出现下跌。1825 年，运河投资热、南美国家政府债券投资热以及矿山投资热同时出现；同期，英国出口商品、纺织业投资、美国的土地出售热潮以及铁路建设投资热潮引发了 19 世纪 30 年代中期的危机。1847 年危机的爆发则起因于铁路建设热、马铃薯病以及欧洲大陆革命后的小麦先歉收、后丰收等因素。

在大多数重大危机中，至少存在两个投机对象、两个市场。正如各国市场相互联系一样，投机也很可能是相互联系的，前提是只要具备相应的信贷条件。但如果一次危机产生于互不相干的投机对象，正如 1847 年危机产生于铁路和小麦两种毫不相干的投机对象一样,我们就有理由认为危机在本质上是偶然事件,除非货币体系存在弱点,它们才会演变为系统性危机。

在日本以及其他亚洲国家,房地产泡沫与股市泡沫基本是同时出现的。在某些国家,尤其是某些小国,房地产行业上市公司股票市值占其股市总市值相当大的比例。当房地产价格上涨时,房地产企业持有的房产价值出现大幅增值,这些房地产行业上市公司的市值自然水涨船高。那些卖出房地产企业股票的投资者持有大量货币,并很可能将资金投入到那些与房地产不相关的企业股票上,这也会提高非房地产行业公司的股票价格。随着房地产价格的上涨,建筑业的景气指数也不断提高,建筑业上市公司的市值也会不断增长。此外,随着房地产价格的不断上涨,银行坏账也会降到比较低的水平。当然,这种系统性关联是对称的,当房地产价格下跌时,股票价格也会随之下跌。

投机本性的国别差异

在结束对投机热潮的讨论之前,我们也许会赞同一个国家比另一个国家可能更具投机性的观点。尽管鲁斯·贝尼狄克特(Ruth Benedict)曾对太阳神阿波罗的性格(平和)和酒神狄俄尼索斯的性格(狂热)进行了区分[80],这一观点仍令人怀疑。除了这一点令人难以置信外,历史学家们似乎一致认为 16 世纪时的布拉班特斯人(Brabanters)赌博本性更强,而那些于 1576 年 11 月在安特卫普劫掠和 1585 年的劫掠围攻后,成千上万地转移到联合省(United Provinces)的人们也将这一本性带到了那里。[81]在荷兰共和国,银行家、投资者甚至一般的乡村匹夫都具有赌博天性,这与加尔文(Calvin)和路德教派(Lutheran)勤俭节约的教旨相悖。[82]与此同时,可能还有一种观念,认为一个国家的银行机构在另一个国家可能会更具投机性;例如,2008 年的危机中,加拿大并未经历房地产价格的暴涨。例如,朱格拉(Juglar)曾声称,18 世纪法国爆发的危机与英国相比,没有那么尖锐和猛烈,因为在约翰·劳事件后,法国人对信贷的利用程度较低,更没有滥用信贷工具。[83]另一个

不同观点将法国的这段经历归咎于更加严格的《破产法》:

　　既是出于对法律和现有制度的充分了解，也是出于传统原因，法国社会保持着较高的商业诚信标准。子辈们用数年的辛勤工作来偿还父辈留下的债务，公证人会拿出自己的钱偿还他们中的一员曾经盗用过的公款。他们所做的这一切都是为了维护其职业操守，不存在任何个人契约，这充分体现了其较高的商业诚信标准，而这种标准不可能不对一个民族的繁荣昌盛产生影响。也许令人吃惊的是，养育了战争中勇猛顽强战士的国家应赋予其金融家和商人相应的行为准则，以体现这一民族的保守主义，而事实也是如此。

　　这位作者继续写道：在英国这个国家里，崇尚冒险和投机构成的民族文化是造成经济危机和经济衰退的最大推动力。[84]

　　有历史学家认为，采矿业和羊毛业助长了人们对赌博的偏好，澳大利亚人从1851—1852年发现金矿开始，养成了赌博这种特殊的偏好，这种偏好表现在其热衷于赛马与土地投机上。[85]

　　大家一致认为，美国是"商业与金融恐慌的乐园"，也许主要是由于美国银行业的冒险性。[86]这是米切尔·查瓦莱尔（Michel Chevalier）于19世纪30年代对比了法国人的审慎与美国人的投机（但他也认为后者是运河投资、铁路投资、公路投资、工厂投资和乡村建设的主要推动者）后得出的结论。[87]他从美国发往法国的第25封信通篇都在讨论投机，"全世界都在投机，对任何对象进行投机。从缅因州到红河河畔（位于阿肯色州），美国的华尔街充斥着密西西比泡沫"。[88]但从需求方面分析，其他国家也存在类似情况。"法国是审慎而集约的，英国则是企业家和投机者的国度。"[89]"法国并没有显示出具有与苏格兰同样的审慎体系；其神经尤为多疑，对信贷之类的事件十分敏感。"[90]"这个国家（英国）的特点就是对每一件事情都过分地……讲究道德与否。"[91]1866年以后，据说德国人滋长了傲慢情绪，但他们只是在"股票欺诈与投机行为"方面超过了法国人。[92]摩根斯坦（Morgenstern）发现法国曾发生过十次经济恐慌，甚至比美国还多出两次，但"考虑到法国政治的不稳定性，这并不足为奇"[93]（为了肯定起见，这说明了外部冲击的发生，而并不表示法国人对投机的热衷）。相反，一位法国金融家说道："法国人热爱金钱,并不是因为它给人们带来了行动的机会,而是因为它可以保证收入。"[94]让我们看看虚构的法国人与英国人的不同观点,它们产生于1931年哈佛与耶鲁的一场争论:

威廉·伯蒂尼恩(William Bertillion):英格兰是股票热衷者的圣诞树。贵族只要花几英镑就可以买到一个席位,进入任何一家公司的董事会。而公众不是疯子就是傻子。上帝啊,我从未听说过这种人,除非是比萨拉比亚(Bessarabia)的农民,或是喀麦隆的下层人,他们才真正相信他们的信仰。只要有任何一种听起来完全不可能的业务,他们都会为之尝试。[95]

斯图尔特(Stewart):英格兰是银行家的世界。还从来没有失败过,从来没有失败过。她遵守了她的诺言,这就是为什么……这些投机——这些投机你在美国股票市场上是找不到的。每一个汤姆、狄克和哈利都试图大赚一笔——就像在法国一样。[96]

确实,这是不同的。不同国家的人,投机本性可能迥然相异。对某一个国家而言,投机本性在不同的时间里也会有所不同,即在该国情绪高昂时期与压抑时期,投机的程度均不相同。

第四章 ｜ 火上浇油：信贷扩张

公理一：货币供应量增长导致通货膨胀。

公理二：信贷快速扩张导致房地产价格泡沫。

投机狂热一般是在信贷扩张的助推下加速发展。在多数情况下，信贷扩张只会在少数情况下导致投机狂热——但反过来，几乎所有的投机狂热都与信贷扩张有关。我们可以回顾一下过去一百年，信贷供应量的增长是由银行、新的金融工具和跨境资本流动提供的。17 世纪荷兰的郁金香热是由私人信贷扩张引发的。[1] 南海公司股票泡沫是由约翰·劳（John Law）的通用银行（Banque Générale），也就是后来的皇家银行（Banque Royale）与索沃德银行（Sword Blade Bank）共同为南海公司发放私人信贷而导致的。1763年，荷兰保持经济增长势头，其资金和信贷来源是融通汇票和长长的票据背书。而 1793 年英国出现的运河投资狂热，则是由于英国新设立的乡村银行数量猛增，为企业家发放贷款增加而导致的。

很多时候，新资金投放机构的设立会导致信贷扩张。19 世纪早期，美国的信贷扩张是由于白银汇票结算方式的出现，取代了美、中、英三国间传统的白银实物结算。当时，美国对中国存在贸易逆差，中国对英国存在贸易逆差。起初，美国商人从墨西哥购进白银，先运至中国，再由中国商人运至英国，通过两次跨洋运输，美国对中国以及中国对英国的贸易赤字都得到支付。后来，美国商人创新了结算方式，他们向中国出口商寄去白银汇票，中国商人再将这些汇票寄给英国商人，票据结算方式比实物结算方式所需白银少得多，释放出大量白银，增大了美国的货币供给（money supply），导致美国出现通货膨胀。[2]

19 世纪 50 年代，全球经济空前繁荣，主要受以下多重因素的影响。一是新金矿的发现；二是英国、法国、德国和美国等新开设大量银行；三是多家银行在纽约和费城设立清算所，伦敦票据清算所也开始大规模扩张。清算所的出现极大地便利了票据清算，扩大了票据的应用范围，并创新了货币形式。1866 年，英国成立了股份合作制的票据贴现所（discount house），发放了大量贴现贷款，导致信贷扩张。为支付普法战争赔款，德国新设立大量掮客银行（broker's bank），奥地利也新设立大量建设银行（construction bank），两者共同导致了 19 世纪 70 年代中欧的信贷扩张。

很多金融机构的革新促成了 1882 年法国的信贷扩张，这是因为当时法国股票交易所推行股票交易双周清算制度，延迟支付相当于为投机者的投机行为提供融资。购买股票的人可以有最长十四天的支付宽限期，这也相当于他在结算日前获得了一笔无息贷款（贷款的数额由其购买股票的数额而定）[3]。20 世纪 20 年代末的美国危机也是由于纽约短期拆借市场信贷扩张引致。而 1893 年美国信贷扩张的催化剂是大量银币的铸造；1907 年美国信贷扩张则是由于信托公司贷款业务的扩张。在第一次世界大战前后的几年间，由于实行了金汇兑本位制（gold exchange standard），国际信贷的范围不断扩大，货币黄金可以兑换更多的外汇，这大大便利了国际贸易融资，也导致了世界性的信贷扩张。20 世纪 20 年代，美国分期付款消费信贷发展迅速，这为汽车等耐用消费品的消费融资提供了便利（虽然汽车及其他耐用消费品消费数量的大幅增长也带来对错配支付安排需求的大幅增长）。

第二次世界大战之后，可转让大额定期存单（negotiable certificates of deposit, CDs）的出现也大大促进了信贷扩张。19 世纪 70 年代，奥地利银行开发了一种新的金融工具——现金存单。这种金融工具与可转让大额定期存单类似，发行银行可对本金计息，也造成了信贷扩张。在 20 世纪 50 年代和 60 年代，美国各家银行都奉行"负债管理"战略，在该战略下，各家银行不再依赖吸收企业和居民的存款，而是在同业货币市场拆借资金以为其贷款进行融资。而在此之前，各银行普遍奉行"资产管理"战略，由吸收存款额的增长决定银行发放贷款额的增长。

科威特在 1977—1982 年出现了一种特殊类型的"银行信贷"

扩张形式。当时，股票和房地产在科威特索克艾尔马拉克（Soukal－Manakh）股票交易所被人们买了又卖，均采用注明日期的支票进行支付。最终，这些进入流通领域的支票总额高达数10亿第拉尔，约合1000亿美元，超过了科威特当年的GDP总额。股票和房地产的购买者所签发的支票总额远远超过了他们在银行的存款余额总和。出售股票和房地产的人积累了大量财富，其消费水平也不断提高，但他们这些收益的兑现必须要求在支票到期时出票人账户上有足额的资金。到1982年7月，部分股票和房地产卖方在支票到期时试图取款时才发现对方的银行账户上根本无钱可取。[4]

通过以上事例可见，信贷扩张不仅仅是一系列随机发生的意外事件，更是一种系统性的必然趋势。由于金融市场的每一位参与者都寻求降低交易成本、持有更多的流动性以保持其货币账户均衡。因此，信贷扩张这种情形在几百年间不断出现。当然，每一次信贷危机事件的表面形式可能各不相同——如以商业承兑汇票取代白银向中国支付货款，或是美国商业银行受到利率上限限制后，它们不断将纽约等地的存款转移至欧洲货币市场。作为对现有信贷体制的反应，市场不断开发出新的产品，这一过程会永远持续下去。信贷扩张是系统性的和内生性的（endogenous），而非随机的和外生的（exogenous）。

事实上，一段时期以来，在日常生活中充当支付手段的货币总量持续扩张，现有货币在经济繁荣时得到了更有效的使用，其目的是为了经济扩张，包括投机融资。尽管当局努力控制并限制货币供应，这一切仍然发生了。在这一过程中，当局控制并限制货币供应量增长的努力不断地被冲蚀，这在一定程度上是由于不断出现新的替代品替代货币的职能。中央银行控制并限制货币供应增长已有很长的历史，包括在战后恢复贵金属支付方式和贵金属的可兑换性。原有的金属币被更贵重的金属币取代——铜被白银取代，而白银又被黄金取代。在这一过程中，中央银行试图垄断纸币的发行，限制并最终取消私人银行、乡村银行和股份制银行发行货币的权利。历史上，各国都曾颁布了一系列法令限制在一级储备基础上发行存款货币的数量。1844年，在美国《银行法》颁布后很短的一段时间内，美联储就推行了最低存款准备金制度，监管对象不仅包括活期存款和定期存款（正如 1913 年的《联邦储备法案》所体现的那样），而且也适用于大额存单和美国银行通过其设在伦敦等离岸金融中心的分支机构借入的款项。这一执法过程是艰苦而漫长的，且极易受到税收的影响。新的支付工具不断涌现，现有货币流通效率大大提高，新的支付工具代替了传统货币以符合各种限制性条件，这本身就是货币发展史。

20 世纪 60 年代，随着美联储和联邦存款保险公司对银行存款管制的加强，欧洲货币市场也应运而生。由设在伦敦等离岸金融中心的分支机构吸收存款可以规避利率上限、发行储备要求和存款保险升水的管制。美国银行在离岸金融中心的分支机构吸收存款的成本低于其总部，因此其可支付的利率也高于其总部。20 世纪 70 年代，美国的证券公司创新出了银行存款的近似替代品——货币市场基金，并对货币市场基金计提利息（事实上，这种类型的存款并未得到美国政府任何形式的存款保险——至少是在 2008 年秋爆发的全球金融危机之前）。

山姆·格温的短期资金生意

1977 年，山姆·格温加入了克利夫兰信托公司（后来又加入了美国信托公司），当时只有 24 岁的他成为一位巡回审贷员。在银行工作不到 2 年，他已经游历了 25 个国家，并成为公司四位管理 15 亿美元国际贷款资产组合经理中的一员。

克利夫兰曾是美国充满活力的工业城市，大量加工企业聚集在此，专门从事自动工具及其他资本品的外贸生意。为了与那些总部设在纽约、芝加哥、洛杉矶的大银行抗衡，克利夫兰信托对于维护与俄亥俄及中西部州企业间的关系格外用心。花旗银行、大通银行和美洲银行等都想通过为美国企业的海外客户提供融资服务，以争取更大的市场份额。

为实现资产总额的快速成长，贷款业务长期局限在克利夫兰地区（虽然其部分审贷人员也曾前往美国东西海岸地区，以及匹兹堡、底特律、圣路易斯等地寻找潜在客户）的克利夫兰信托公司，大大增加了海外信贷投放。为应对其他银行对当地业务的侵蚀，克利夫兰信托公司也需要维护其与俄亥俄本地企业之间的良好关系。

山姆·格温的工作正是开拓俄亥俄州之外的新市场。这些借款人已经被 30~40 家银行的审贷人员考核过，甚至被来自加拿大、日本、英国等外资银行的审贷人员考核过，因此，对其提供贷款是相对安全的。克利夫兰信托公司提供信贷的客户，多在此前被其他银行或外资银行拒绝过。

当克利夫兰信托公司找到好的贷款客户后，就会通过银行同业市场或离岸存款市场筹集资金。

在整个信贷快速扩张时期，放款人都在追着贷款人跑，新进入市场的放款人急于扩大市场规模，而已进入市场的放款人则希望维持自身的市场份额。

货币学派与银行学派

在货币理论的发展史中，货币学派（Currency School）和银行学派（Banking School）之间一直有一场旷日持久、针锋相对的争论。争论的中心是控制货币供应量增加的最优策略。货币学派希望通过对货币供应量的增长实施严格的管制，避免通货膨胀。而银行学派坚信，只要货币供应量的增加符合商业交易的需要，就不会导致通货膨胀。19 世纪 90 年代，美国在意识形态和经济分析方面多多少少也存在着同样的分歧。前者关注通货膨胀，而后者认为经济活动的增长不会推动物价的上涨。关于货币供应量增长问题的观点相互对立，长达 300 年之久。

货币学派希望将货币供应量的增长率固定在某一水平上（如2%、4%或5%），这一主张与现代货币主义者（monetarists）的观点十分类似。[5] 维纳曾一针见血地指出两个学派 19 世纪的这场争论的实质：

货币学派尽量试图淡化或否认银行信贷的重要性,他们忽略了银行信贷是除纸币外影响价格的最重要的因素。正如托伦斯(Torrens)宣称的,存款的波动与货币发行量的波动密切相关。他们同样渴望建立一种简单的自动法则,但却未能找到这样一种适用于银行一般信贷操作的法则。同时,他们与自由主义者一样,反对在并非绝对必要的情况下对银行体系实行立法管制。[6]

货币学派和银行学派都忽视了非银行体系的信贷扩张机制。成立于 1609 年的阿姆斯特丹银行根据其所吸收的金属货币存款来发行纸币。因此,阿姆斯特丹银行发行的纸币相当于其持有的金属货币的收据,所发行的纸币数量也相当于其所持有的金属货币的总量,即其货币基础与货币创造保持一对一的关系。在初始阶段,阿姆斯特丹银行一直没有从事信贷业务,直到 18 世纪第四次英荷战争爆发,为救助荷兰东印度公司,才开始经营信贷业务。阿姆斯特丹银行不仅是一家存款银行,也是一家从事汇票业务的银行,可以在其设置的票据交换所兑付汇票。商人必须在该银行存款才能满足汇票的提现要求。由于持有大量的金属货币存款,且存款利率很低,阿姆斯特丹银行通过发行货币赚取了高额的铸币税(金属货币或存款的购买力与生产这种货币的成本之间的利润或差额)。1614年,阿姆斯特丹市政府又开设了阿姆斯特丹贷款银行(Huysvan Leening),但这家银行相对不太活跃,规模也不大,但该银行可以为商人提供贷款,并帮助他们建立自己的贷款机制。[7] 正是这种商人贷款在汇票业务方面过度扩张,当某一位商人无法兑付到期汇票时,就会发生汇票链的断裂,这也导致了 1763 年德纽夫维尔银行的倒闭。

成立于 1668 年的瑞典瑞克斯银行(Riksbank)有两个部门,分别是效仿阿姆斯特丹银行模式成立的存款银行,以及效仿阿姆斯特丹贷款银行成立的贷款银行。[8] 瑞克斯银行的两个部门为英国1844 年《银行法》蒙上了阴影。英格兰银行于 1844 年成立了发行部和银行部。发行部根据硬币或金块来发行纸币,超过信用发行量的特定部分则代表政府债务。银行部主要发放贷款,并对发放贷款的数量进行审核,审核的依据是发行部发行的纸币数量。这一体系是对货币学派和银行学派的折中。发行部的成立是货币学派的胜利，该学派曾经批评英格兰银行在 1797 年停止实行金本位制度期间的贷款审批制度并垄断了纸币发行（而英格兰银行认为发放贷款为贸易融资并未导致通货膨胀加剧，并以此为自己辩护，李嘉图和货币学派对此进行了严厉的抨击）。银行部的成立则意味着那些要求在经济复苏初期发放信贷刺激经济增长的人们的胜利。

如果货币学派关于对信贷扩张会最终导致通货膨胀的观点是正确的，银行学派关于有必要进行信贷扩张以启动经济扩张的观点也是正确的。那么，货币学派所指出的：在此之后，以现行商业机会为基础进行的信贷创造，即"实际需求"主张将导致灾难的论断无疑也是正确的。贴现应以满足实际商业交易需求的承兑汇票为限，以防止期票泛滥。商业机会越多，贴现范围越大，增发的货币越多，通货膨胀也就越严重。关键问题是，一旦启动了信贷扩张，是不是有可能规定一个时点命令信贷扩张停止？如果能，那么它是不是可以自动完成？

核心问题在于"货币"可以很容易地被定义，但实际中却很难衡量发行在外的有效货币数量。沃尔特·巴杰特（Walter Bagehot）评论道："英格兰的商人们并不喜欢……有关货币的问题。他们对货币的准确定义茫然不解；他们知道怎样计数，但不知道应对什么东西计数。"[9]

按照一般逻辑，可以这样说，只要当局稳定或控制一定数量的货币 M，不管是控制货币的绝对量，还是根据既定趋势控制增长率，货币供应量或其替代品供应的增加都会导致经济过热。或者说，如果货币的定义以特定流动资产的形式被固定下来，并且经济过热将会以该定义之外新的方式将信贷"货币化"，那么，以旧方式定义下的货币就不会增长，但其流通速度会加快（流通速度指以总支出或国民收入除以货币供应量）。现代货币主义者很难确定各层次的货币供应量，他们的争论围绕着货币的定义，即是否应将货币定义为 M_1（流通中的货币 + 活期存款）；或将货币定义为 M_2（M_1 + 定期存款）；还是将货币定义为 M_3（M_2 + 流动性较高的政府证券）或其他形式。

这一过程是无止境的。固定任一个层次的货币供应量 M_i，市场都将在经济繁荣时期创造新形式的货币以规避管制，获取利润。英国的拉德克利夫（Radcliffe）委员会于 1959 年声称，在发达经济体中，存在着"大量的各类金融机构"，"有着许多流动性较强的资产，它们近似于货币，便于持有，只是在实际支付的时候才会略显不便"。该委员会没有使用货币流通速度的概念，因为它"没有找到任何理由认为应对货币的流通速度有所限制，货币史上也没有出现过类似的先例"。[10]该委员会建议以对各类金融机构进行复杂的控制来取代对货币供应量的传统控制方法："这样的做法不会受到欢迎，除非是作为最后迫不得已的手段，主要不是因为它所带来的行政负担，而是由于新金融机构的进一步发展将使得情况在当局的控制之下继续恶化。"[11]

经济学家关于"货币"中应包含什么项目的争论已持续了两个世纪。最恰当的一种观点是：货币是指在经济活动变化时最方便流通的资产。但对经济活动变化的衡量和界定也是模糊的。在不同的经济发展阶段，在不同国家，通过方便流通来界定货币也存在很多困难和挑战。"在一般情况下，银行通货（bank currency）指流通中的银行钞票——'纸币'。但有时，有的作者在未包括贷款和存款的情况下，也将支票与本票包括在内。"[12]

约翰·斯图尔特·穆勒对有关货币的争论作了如下总结：

一个人在任何时候的购买力都不是以其口袋里实际有多少钱来衡量的，实际上，我们是指他所持有的金属货币数量，包括银行通货。首先，这包括他所拥有的金钱；其次，包括他在银行的存款，以及所有其他人欠他的款项；最后，还包括他持有的信贷数量。[13]

一种方法是将所有资产包括在货币供应量的测量中。但是穆勒提出了一个理论上的问题——在某一时间点上，居民、企业和政府可以掌握多少信贷？由于信贷的获得取决于是否符合若干条件（显然在过热时期更容易获得），其数量一定会有所不同。[14]理论上，人们希望从穆勒那里知道在某一个时点上，居民、企业和政府可以掌握什么样的信贷，不过信贷的数量将随情况的不同发生很大的变化。银行及其他放款人经常将信贷范围扩大至公司和家庭客户，但当这些借款人申请信贷时，通常需要通过其他的苛刻标准。

20 世纪 60 年代初至 80 年代末的三十年中，伦敦和其他离岸金融中心的美元存款保持了惊人的增长。当时美国国内立法规定了存款利率上限，而市场存款利率却在不断升高，很多美国国内的美元存款流入欧洲，以寻求更高的利率收益。美国的银行出售离岸存款，再将获得的款项贷放给美国企业以及非美国企业。从伦敦等离岸金融中心获得了美元贷款的借款人，可以任意运用其美元资金，就像通过纽约等美国城市的银行获得的贷款一样。那么，通过伦敦和其他离岸金融中心创造的美元存款，是否应计入美国的货币供应总量呢？（当然应该）

房屋净值信贷额度（home-equity credit line）是近年来涌现出来的金融创新工具。银行或其他放款人可以对房屋业主提供相当于其房屋价值的 80% ~ 90% 的贷款，有时还可以提供更高额度的贷款。在该信贷产品发展前期，银行将房屋作为抵押品对房屋业主提供次级抵押贷款（second mortgage），房屋净值信贷额度反映了房屋业主的潜在信贷能力，而次级抵押贷款则是其实际贷得的款项。房屋净值贷款额度的获得意味着房屋业主可以重新规划其持有货币及准货币的数量，以实现个人效用最大化；居民可以像三四十年前的银行那样进行负债管理，房屋净值贷款额度的增长也会使得房屋业主在货币供应量未发生任何变化的情况下增加其消费支出。

比 特 币 与 货 币 供 给

比特币，一种电子货币，是最近的重要金融创新之一。一位极富想象力的企业家（我们索性称之为亚当·史密斯）决定创设 100 万单位的新型电子货币。比特币的魅力在于其交易行为并不会被以纸质或电子形式记录下来。假如约翰设立了一个比特币账户，只有用本人密码才能进入账户完成交易支付。

约翰的比特币账户只能与同样拥有比特币账户的人进行交易，且必须知道对方账户名称。亚当·史密斯承诺只会创设100万单位的比特币。约翰通过向亚当·史密斯支付一定数额的美元、瑞士法郎或日元购得一定数额的比特币。起初，亚当·史密斯可能按固定价格售出10万单位比特币，随着比特币不断被购买、应用，其按美元或其他货币计价的单位比特币价格也会出现波动。

虽然亚当·史密斯承诺只会创设100万单位的比特币，但当比特币为人们接受后，威力·萨顿、查理·庞齐、伯纳德·麦道夫等人都会效仿，创设出其他版本的比特币。

比特币的创设过程就像棒球卡。最初只有霍努斯·瓦格纳(Horus Wagner)棒球卡，但无法阻止企业推出其他棒球卡、足球卡、板球卡、曲棍球卡或是电影卡。

核心问题是，比特币账户的拥有无法确知需要用多少比特币，才能支付10万美元或100万瑞士法郎的账单。从这个意义上讲，比特币不是一种货币，而是一个骗局。

如果将购买力从个人延伸到国家，就会产生一些问题，因为向某个人发放的信贷也许是从向其他人发放的信贷中扣减出来的，也许不是，这一方面取决于银行机构，另一方面取决于经济是否过热。对于信贷，小说家们作过这样的描述：

美丽的信贷! 现代社会的基石。谁说这不是一个可以相互信赖的年代，可以无限依赖人类诺言的年代? 这将是现代社会赖以生存的前提条件：整个国家都能迅速熟悉报纸所披露的、描述土地与矿山投机者轶闻的含义："两年前，我一文不名，而现在我欠了两百万美元。"[15]

继续回顾使信贷货币化的货币替代物的发展历程来证明历史的一般性，无疑是令人厌烦的。在一长串名单中，我们只研究汇票、短期拆借资金和金汇兑本位制。但分析同样也适用于银行本票、银行存款、清算所票据、专业银行(如法国商人银行、西班牙对外银行）债券、信托公司债券、可转让大额定期存单、欧洲货币存款、分期付款信贷、信用卡以及可转让支付命令（NOW）账户等。

债务质量[16]

为了对包括公司、政府及居民在内的借款人的信贷质量进行评级，专业的评级机构便应运而生了。明斯基对借款人的预期现金流入和偿还债务发生的现金流出之间的关系进行比较，将公司债务分为以下三种。（1）对冲型融资，指债务人未来预期的现金流能够覆盖由于贷款流出的利息和本金。（2）投机型融资，指债务人的现金流只能覆盖利息，若贷款到期需要偿还本金，债务人就不得不争取新的贷款来借新还旧。（3）庞氏型融资，指债务人未来预期的现金流连贷款利息都无法覆盖，需要依靠出售现有资产或举借新的贷款来偿还现有贷款的利息[17]（投机型融资与庞氏型融资的区别，就如公共财政学中的"基本财政收支平衡"所描述的政府收入与政府负债之间的关系一样，仅仅实现基本财政收支平衡的政府要偿还其所拖欠的利息，必须获得更多的借款）。

明斯基在判断信贷结构脆弱性时强调债务的"质量"，投机型融资和庞氏型融资都反映了这种信贷结构的脆弱性。除非出现奇迹，否则从事庞氏型融资的企业不可能按时偿还贷款本息。[18]从事高风险活动而构筑的债务大厦往往是很不稳固的。加利福尼亚、内华达、亚利桑那等地使用次级抵押贷款的房屋购买者期待着房屋价格的增长，他们便可以依靠房屋净值信贷额度的增长申请更多贷款，以支付房屋贷款本息。贷款人的情况也是如此。但很多房屋购买者及其贷款人最终输掉了赌注。

前几章建立的模型强调，在经济过热阶段，债务数量会快速增长，这是因为借款人和贷款人的风险厌恶心理会减弱，或者更加愿意为先前认为高风险的项目提供融资。而在经济衰退阶段，企业收入低于预期，原本的对冲型融资恶化为投机型融资，投机型融资演变为庞氏型融资。

德崇证券、迈克尔·米尔肯和"垃圾债券"

20 世纪 80 年代最伟大的金融创新就是"垃圾债券"(junk bonds)市场,在这个市场上交易的公司多是正规评级机构不愿意作出评价的公司。垃圾债券的利率水平比被评级机构订为"投资级别"的债券利率高 3% ~4%。很多发行垃圾债券的公司并不是垃圾公司,当经济形势转好时,它们能获得很高的评级水平。因此,很多垃圾债券都是"落难天使"(fallen angels)。公司债券的评级受一系列指标的影响,很可能由于一系列的不匹配因素导致公司信誉级别受损,使评级机构将该公司债券列入非投资级或投机级。

很多金融机构持有非投资级债券的数量受到监管当局的严格限制。一旦超过限制门槛,这些银行或保险公司必须将其出售,这会使债券利率大大升高。

打包购买垃圾债券(或者进行垃圾债券组合投资)的投资者可以获得"免费午餐",因为他们获得的利率升水已完全能抵偿其投资组合中某一只债券违约带来的风险。

这场始于 20 世纪 70 年代和 80 年代的金融创新是由德崇证券公司(Drexel Burnham Lambert)首创的,该证券公司当时只是一家三流的投资银行,它们首先发行了垃圾债券,并为其取了一个冠冕堂皇的名字——高收益债券,这场金融创新的核心推动者就是迈克尔·米尔肯(Michael Milken)。发行垃圾债券的公司一般通过支付高利率来吸引投资者购买债券。很多公司通过发行垃圾债券为其杠杆收购融资,管理层通过这些资金将公司全部发行在外的股本购回。或者是这样一种情况,B 公司计划收购 A 公司,而 A 公司通过发行垃圾债券获得资金,在 B 公司对其进行收购之前,反过来收购 B 公司。

到目前为止并没有什么可争议的。真正引起争议的是迈克尔·米尔肯及其德崇证券的某些承销交易是否是合法的或道德的。很多垃圾债券都卖给了储贷协会、存款机构和保险公司。这些机构的老板雇用德崇证券为其筹集资金，以便获得控制权。存款机构以其持有的国库券为抵押出售存单，并承诺向其支付高额的利率，然后用获得的资金购买迈克尔·米尔肯和德崇证券发行的垃圾债券。

其后果是，德崇证券所发行的垃圾债券中，有大约一半的公司最终破产了，金融机构蒙受了巨额损失。[19] 原本被冠以高收益债券光环的投资产品，最终让美国纳税人承受了数百亿美元的损失。而这一切都披着合法的外衣。

在一本卡桑德拉风格的书中，亨利·考夫曼（Henry Kaufman）指出各类债务——包括消费贷款、政府债务、抵押贷款和企业贷款以及垃圾债券的增长，都将带来债务质量的下降。[20] 费利克斯·罗哈金（Felix Rohatyn），美国著名投资银行家，拉扎德公司（Lazard Freres）美国分公司主管，将美国称做"垃圾债券的赌场"。

但至少在一定时期内，垃圾债的投资回报率比传统债券高得多。

20 世纪 80 年代末至 90 年代初的经济衰退导致很多发行垃圾债券的公司破产。一系列研究显示：垃圾债券持有人平均本金损失超过三分之一。可见，每年多获得 3%～4% 的利率远远不能抵偿这些债券的实际风险。

按照明斯基的分类方法，垃圾债券的发行使得很多持有人在经济景气时持有投机性融资，而当美国经济陷入衰退时，垃圾债券带来的现金流入减少，很多债务变成了庞氏型融资。要避免垃圾债券的违约，只能指望经济增长奇迹的出现。

这是一顿昂贵的"免费午餐"。米尔肯锒铛入狱，并支付了大额罚金。但在他出狱后，仍拥有大量财富。

汇票是由商品出售者向购买者开具的、表明其享有获得将来支付的货款的权利凭证。[21] 为促成交易的实现，商品出售者对商品购买者提供 90 天或 120 天的融资支持。持有汇票的人可以将汇票交给银行贴现，以提前获得款项（19 世纪后，汇票贴现一般只能获得银行存款),但需要承担一定的贴现利息费用。汇票在支付中的用途十分广泛。商品销售者在将货物售出,从商品购买者处得到汇票后,可以将其支付给其他人。每一位经手的持票人都会在汇票上签章,就像在支票上背书一样。背书是一种担保方式;一张汇票,通常有 5 ~ 10 个背书人。如果最初开具汇票的企业无法支付款项,在汇票上背书的任何人都负有向汇票持有人支付款项的法律义务。"现在汇票就是金钱",阿希顿曾说道,即使有的汇票开具者的信贷较为可疑,它们仍得以流通。[22]19 世纪上半期,有的汇票面额仅为 10 英镑,但经手人却达到 50 人或 60 人。

交易者的支付习惯千差万别。在兰开夏郡,人们不喜欢银行纸币,因此,那里在 19 世纪前后的货币供应由硬币和汇票组成。[23]1852—1857 年,尽管货币需求增加,英格兰银行发行的流通纸币数量下降了 900 万英镑,而这时却正值经济扩张时期。伦敦 5 家银行的存款总额从 1800 万英镑上升至 4000 万英镑。根据纽马奇(Ne-warch)当时的估计,同一时期流通中汇票的平均数量却从 6600 万英镑上升到了 2 亿英镑。[24]

最初的汇票仅仅与特定交易相关,其票面金额也与销售交易额一致。后来,票面金额与交易额这种关系逐渐放松。1763 年在瑞典,卡洛斯和克莱斯·格尼尔(Claes Grill)公司向伦敦林德格伦公司(Lindegren)开具的汇票没有写明货物由哪只船舶运输,但汇票交易却在极短的时间里循环使用,在企业需要资金时,该汇票会被提现,往往用于向债权人支付。[25]在此,每次到货时,汇票并不一定会被提取来支付交易数量,这应被视做"融通票据"(accommodation paper)的一种演变,企业信贷逐步从特定交易中分离出来。

一些经济学家认为以贸易为基础的商业票据都应自行清偿,因此,他们坚决反对"融通票据"的做法,因为他们无法确定当汇票到期时债务人能否足额清偿债务。[26]另外,人们夸大了在价格下跌时期,卖方用买方开具的"有效"票据提款的功绩。买方也许很难从再次出售该商品中获利,因而难以履行其支付义务。[27]在此,人们最感兴趣的是债务占债务人总资产的比率,这才是衡量债务质量的有意义的指标。

富兰克林对商业汇票融资有以下评价：

信用票据在商业交易中十分方便，因为对于大额支付来说，它们计价更为方便、运费更低、所需仓储空间更小，因此在旅行或储存时更安全。并且，出于许多其他原因，它们也更为宝贵。银行是所有绅士、商人和伟大的贸易商的现金柜台……这就赋予了票据以信用；以至于在英格兰，它们从来就比货币宝贵，而在威尼斯和阿姆斯特丹，情况也是如此。[28]

关于在英格兰，票据"从来就比货币宝贵"的说法在一定程度上似乎过于乐观。但在票据清算时，票据的确具有与货币同样的效率。19世纪上半期，理论界对汇票究竟是不是"货币"、是不是"支付手段"、是不是"购买力"进行了持久的争论。货币学派的观点认为只需对银行纸币进行控制，而对汇票和银行存款均不必进行控制。[29]

当以汇票占债务人总资产的比例来表示的债务率失控时，将产生一系列问题，尤其是在经济过热时期。开具票据的连锁性显然是传染的。正如亚当·斯密所说，作为正常的商业惯例，这一做法很容易过度。[30]A对B开具汇票，B对C开具汇票，C又对D开具汇票，这样不断延续；所有票据都增加了可用信贷的数量。霍特里（Hawtrey）认为，通融票据的缺点是"当人们不能从投资市场上获取真正的长期储蓄的必要供给时，它们被用于固定资本建设"。他指出，在1866年的伦敦危机和1907年的纽约危机期间，这一体制被严重扭曲了。[31]我们已经提到过1763年德纽夫维尔银行的投机失败，该投机的失败导致汉堡、柏林以及伦敦和阿姆斯特丹的恐慌，这就是票据贴现链断裂的结果。如果票据贴现链条上的一家银行倒闭，该链条就会断裂，并连累链条上的好银行和坏银行，这里好银行是指具有合理的债务资本比率的银行。有了融通票据，自有资本有限的贸易商就能够利用大量的借入资金进行经营，且可以通过循环融资的形式将这种短期融资无限展期变成长期融资。当19世纪初金本位制面临崩溃时，人们无须担心信贷扩张对英镑价值的影响。弗朗西斯·巴林（Francis Baring）爵士意识到一些资产不足100英镑的人却可以贴现出5000～10000英镑。在这一时期，严重的"投机狂潮"深深影响了货币学派的观点。[32]1857 年，约翰·贝罗（John Ball），伦敦的一位会计师宣称他知道一些资本不足 1 万英镑的企业，却承担了高达 90 万英镑的贷款，并声称这是一个相当普遍的事实。[33]同一时期，在汉堡，夏斐尔（Schaffle）也提到有人仅有 100 英镑的资本，但其签发的承兑汇票却高达 40 万英镑。[34]

现代的范例是长期资本管理对冲基金，该公司的总股本规模大约有 50 亿美元，却借入了 1250 亿美元。其 25:1 的杠杆比例远远高于其他对冲基金（有的对冲基金根本不举债经营，大多数基金的杠杆比例在 10:1 以下）。但在 18 世纪，根据沃思（Worth）的计算，许多企业在 1763 年经济繁荣时期的投机额为其实际资本的 10 ~ 20 倍。[35]雷曼兄弟公司倒闭前的数年，其资本比率只有 3%，且通过在每月月末向其子公司转移资产等方式降低财务杠杆比率。

当金融票据或通融票据泛滥时，信贷将过度扩张。在各个阶段，为提高自己的信誉，票据使用者不断使用各类假名进入票据链。同样，这些票据也不时地被填写上令人奇怪的金额，以表明相应的商业交易。而当票据使用者完成了这一切时，他们有时又声称境外的银行知道这是以商业票据形式伪装的金融票据（即当美国停止向他们发放信贷后，他们到德国银行那里开具从荷兰银行和美国银行提取资金的票据）。[36]

证券化

2002—2006 年，资产证券化对美国房地产泡沫膨胀起到推波助澜的作用。投资银行以抵押贷款为基础，按照信用风险及到期时间进行打包，将其进行信用增进后，以资产包的本息现金流，创设出抵押贷款支持证券（MBSs）。更进一步地，投资银行运用不同的抵押贷款支持证券，设计出资产支持证券（ABSs）等一系列衍生产品。

抵押贷款支持证券比单一的信托产品具有更好的流动性。声称购买这些产品与购买信托产品一样，可获得本息支付。通过证券化等金融创新手段，银行可分散单一信贷项目风险，并推动了抵押贷款需求的增长。由于具有以上优势，抵押贷款的信贷扩张进一步加速，抵押贷款的利率水平也不断降低。

抵押贷款、信用卡透支额和助学贷款等都可被证券化。与抵押贷款支持证券类似，通过资产证券化，可分散单一信贷项目风险，并获得更好的流动性。

短期拆借资金

利用短期拆借资金购买股票在导致 1882 年法国大崩溃中发挥了重要作用。这是一次典型的投机狂潮和经济恐慌，资金来源是短期拆借资金或银行家拆借给经纪商的资金，这种资金的期限一般为一天（法语中将其称为拆借货币）。[37]证券经纪商利用短期拆借资金的融资方式买入证券，并通过循环融资的方式长期占用资金。

通用联盟银行（The Union Générale）由尤金·邦托克斯（Eugène Bontoux）创办，邦托克斯本是一个工程师，先为罗斯柴尔德工作，后来离开了该公司，在奥地利、塞尔维亚和欧洲东南部建立了与其相竞争的公司。早期的通用联盟银行于 1875 年开始运作，经营得很差。邦托克斯于 1878 年在巴黎开设了他的通用联盟银行，当时法国正处于由铁路、银行和苏伊士运河投资所带来的经济繁荣时期。这场经济繁荣于 1881 年 12 月达到了顶峰，1882 年 1 月便开始了经济的大崩溃。作家波伏瓦（Bouvier）的著作主要讨论了作为天主教徒的邦托克斯，究竟是由于其领导无方失败的，还是遭到犹太人和笃信新教的银行家的联合抵制垮掉的。这是我们讨论范围之外的问题，不过波伏瓦最终得出了一个苏格兰式的结论："无从稽考。"

起初，通用联盟银行总股本仅有 2500 万法郎，1879 年春，增资到 5000 万法郎，1881 年 1 月，又增至 1 亿法郎，并计划于 1882 年 1 月实施第三轮增资扩股，将总股本提高至 15 亿法郎。但每次增资，仅有约 25% 的资本实际到位，其他 75% 都是通过赊购实现。[38]其股票面值为 500 法郎，每次增资都要求一定的溢价，并将溢价资金计入储备，三次增资中每股发行溢价分别为 20 法郎、175

法郎和250法郎。由于75%的面值都是赊购,该股票只能实名登记,无法过户,但实际上,至少有一半原始股在市场上流通。

在巴黎和里昂,证券交易的清算每两周进行一次。购买者需支付10%的保证金,其余90%可向中介机构或经纪人拆借,而这些中介机构或经纪人的资金来源就是短期拆借资金。这部分资金来自银行、专业机构(由银行和其他投资者专门为此成立的基金)和个人投资者。更进一步地,银行和专业机构可以为专门交易某一特定股票的经纪人提供优惠。因此,像通用联盟银行和里昂银行这样的银行机构——更不用提在繁荣时期成立的另外3~4家更不成功的银行,尽管其投机性没有那么强,仍热衷于间接炒作自己的股票。当市场稳定时,投机者有得有失,经纪人支出或收入的净值一般都很小。但在呈上升势头的市场上,需要支出更多的资金满足人们实现的盈利。而这些资金(利润)通常被用于再投资,如果没有将这笔利润进行再投资,市场就需要更多的资本。例如,假定某一个投资者以100法郎的价格购买股票,实际支付10法郎,借入90法郎。如果他以110法郎的价格出售,并抽回自己的20法郎,其中的11法郎是来自一个新的投机者,9法郎是新的拆借资金。因此,当股票价格上升时,拆借资金的利率也必须随之上升,以吸引新的资金。在巴黎股票市场上,市场繁荣期间拆借资金的利率由1880年末的4%~5%上升至1881年春的8%~10%,并于1881年秋达到了12%的顶峰。[39]

当市场呈下降趋势时,仍然需要新的资金,这仍然是投机者的需要。如果他以100法郎的价格买入某一只股票,其中10法郎由他自己支付,另外90法郎是借入的拆借资金,然后,股票价格下跌至90法郎,他不得不再筹集9法郎以满足10%的保证金要求。如果他以前的杠杆率已经满负荷并借不到这额外的9法郎,他就不得不被强制平仓。如果股票价格下跌至90法郎以下,向他发放贷款的经纪人、银行和个人就要承担损失。1881年3月,通用联盟银行的股票价格达到1250法郎,随着这年秋天经济过热的加速发展,到12月14日,每股价格达到了3040法郎的顶峰。但自那以后该股票就开始一蹶不振,1882年1月10日,该股票价格下跌到2950法郎，1月16日又下降至2800法郎。到1月19日，该股票价格跌至1300法郎。同一天，由于投机者不能筹集足够的现金满足最低保证金要求，经纪人共有1800万法郎的资金缺口，到1月31日月底清算时，该缺口达到了3300万法郎。[40]

里昂银行股价的崩溃更富投机性。其股票价格由1881年12月17日1765法郎/股的高峰跌至12月28日的1550法郎/股，而当它试图自己拯救股价时，股价却连创新低，1月4日下跌至1040法郎，1月10日进一步跌至650法郎，最后，在其关门停业之后的第一天，即1月19日，股价跌至400法郎。[41]里昂银行崩溃的信号是1882年1月4日邦托克斯宣布战胜萨维利（Savary），获得了在特里斯特（Trieste）建立一家战时信用银行的权利。陷入里昂银行危机的人们卖掉了通用联盟银行的股票以挽回损失。[42]高度投机与建立在通过拆借收回资金的银行和个人信贷基础上的信贷机制紧密结合在一起，导致崩溃在随后的几天里迅速波及所有的银行、专业机构、经纪人、个人和商业机构。应该注意的是，商业行为往往在股票市场崩溃前就受到不利影响，例如1929年的危机，这次不是由于货币供应量的变化，而是由于在经济最炙热的阶段，里昂的投机资本转向于通用联盟银行，这些资本包括："丝绸商、制衣商、工业家、贸易商、干货商、零售商、屠夫、固定收入者、看门人、鞋匠。""大量资本从日常业务中抽出，投资于股票市场，包括证券和短期拆借资金。"[43]

熟悉1929年美国股市大崩溃的读者可能会发现它与上述情况相似的地方：随着股票市场接近顶点，市场参与者因全神贯注于投机而减少了经济活动；更高的股票价格水平需要更多的货币来支撑，可用于经济活动的货币越来越少。还有一个令人感兴趣的相似之处，就是随着股票市场达到顶点，"所有其他机构"的拆借资金，即纽约银行和纽约之外的银行的拆借资金，由1926年底不到20亿美元的水平上升至两年后的接近40亿美元，到1929年10月4日，更是高达66亿美元。同时，保证金交易方式被滥用，很多经济公司都为客户提供10%的最低保证金比率，使90%的交易资金可通过拆借得到。在同一时期，纽约银行向经纪人发放的贷款由1928

年底 16 亿美元的最高峰下降到 1929 年 10 月 4 日的 11 亿美元。[44]

在这次大崩溃中，"所有其他机构"和纽约以外的银行都将拆借资金从市场上抽了回来。它们担心股票交易所会像 1873 年那样被关闭，它们的隔夜拆借流动贷款会因此而被冻结。[45]在此期间，纽约的银行面对下滑的市场，维持甚至小幅增加了经纪人贷款规模，这也许是为了帮助股市扭转下滑的势头。类似地，在 1882 年，巴黎银行界在巴黎银行（Parisbas）的牵头下，分 5 次直接向通用联盟提供了总额为 1800 万法郎的信贷支持，而另一组银行在罗斯柴尔德的率领下，向经纪人公司发放了总额为 8000 万法郎的贷款，以帮助它们顺利完成 1 月底的清算，并使它们及其客户有时间作出相应的安排。两次危机中都有大量经纪人、客户、银行（1882 年危机中）及专门机构破产。各金融中心货币市场的银行放松了银根，但在 1882 年的法国危机中它们停止了挽救通用联盟的行动。

20 世纪 30 年代，美联储颁布了一项法令，终止了以保证金购买股票的交易方式，并将最低保证金水平永久性地固定在 50% 以上。这个法令也宣判了很多金融机构"死刑"。该法令适用于所有有组织的股票交易所，如纽约股票交易所等，但并不适用于芝加哥商品期货交易所，该交易所从事标准普尔 500 种工业股票指数的期货交易仍沿用 10% 的最低保证金要求。套利行为很快在两个市场间出现，并充斥整个市场。投资者以 10% 的保证金要求在芝加哥购买一个标准普尔 500 的期货合同，实际就是以 10% 的保证金要求购买了纽约的股票现货；当芝加哥的期货价格上升时，套利者将出售芝加哥的期货，购买纽约的现货。期货购买通过套利传导到现货市场。

1987 年 10 月 19 日的股市大崩溃后，曾经有过利用一家单一机构——美联储或证券交易委员会——来管理芝加哥和纽约市场的想法，有人建议对期货市场的保证金进行严格管理，另一些人则建议禁止期货与股票同时交易。

金汇兑本位制

在基础货币不变的情况下，对信贷扩张的第三种解释是金汇兑本位制（the gold – exchange standard）。在世界黄金存量一定的情况下，金汇兑本位制意味着如果要增加各国中央银行的国际储备，增加的方式不仅包括各国中央银行直接增持黄金，还包括持有实行金本位制度国家的外汇资产（如英镑、美元等）。长期以来，人们一直以为该制度是在第一次世界大战之后发展起来的，以 1922 年热那亚（Genoa）峰会的提议和国际联盟黄金代表团（Gold Delegation of the League of Nations）的建议为基础，并在时任英格兰银行行长蒙太古·诺曼（Montagu Norman）的大力推动下发展起来的。诺曼一直致力于扩大全世界的英镑持有量，以求缓解英国的国际收支（尤其是其不多的黄金持有量）压力。[46]但实际上，金汇兑本位制早在战前就很普遍了。1913—1914 年世界经济的繁荣就是由全世界英镑、法郎和马克供应量的增加而导致的。

正如银行钞票和汇票比硬币更有效一样，在金融条件稳定的情况下，持有由强大资本市场支撑的以本国货币计价的证券比持有货币黄金更加具有吸引力。这些证券更容易在交易中使用，不需运输且安全。一国可以在诸如伦敦或纽约的外国市场上出售债券，然后将得来的英镑或美元作为中央银行储备的一部分。如果伦敦（或纽约，因为情况可能会这样）并不认为它对外国长期借款人欠下的以其本国货币核算的流动性债权的增加会导致它收缩信贷，这一交易过程同样会导致信贷扩张。

金本位制度下的国际信贷可能与金汇兑本位制度下一样具有不稳定性。各国在借入外汇作为国内货币扩张储备前，主要借入的是黄金。19 世纪的美国在当时的经济上升阶段借入英镑，其目的不仅仅是以进口的形式获得实际资本，而且是为了增强美国银行体系的黄金基础。黄金不仅在实际商品与劳务的转移中起到了工具的作用，在更大程度上，它也是借款的对象，使借款人不用与贷款人签署合同就可以实现信贷扩张。[47]

信贷不稳定和 "大萧条"

学术界早有这样一种论调：将经济引向过热与崩溃的投机，其存在的基础是信贷所固有的不稳定性。爱尔文·汉森（Alvin Hansen），这位专门研究经济周期的专家，在对一般的 "早期概念" 调查中深入讨论了这一问题，并在其专著《信心与信贷》中以一章的篇幅综述了 19 世纪中期经济学家（包括约翰·斯图尔特·穆勒和爱尔弗雷德·马歇尔等在内）对这一问题的看法。[48] 根据他的说法，这些观点都已经过时了，因为它们没有考虑到企业投资和储蓄的决策。也许他是对的。但有关信贷不稳定性重要影响的相关理论直至 20 世纪仍然存在。霍特里是这个领域的专家，庇古也是，他在《产业波动》（1927 年）一书中专门用 5 章的篇幅讨论了经济恐慌。[49] 但矛盾出现在对 20 世纪 30 年代 "大萧条" 的研究时，经济学家开始忽略信贷不稳定性的影响。

货币主义者对 "大萧条" 的观点是由米尔顿·弗里德曼（Milton Friedman）和安娜·施瓦茨（Anna Schwartz）在他们不朽的著作中提出的，他们认为 20 世纪 30 年代前期的 "大萧条" 是美联储政策失误的结果。在书中的大部分篇幅中，他们集中研究了 1929 年 8 月至 1933 年 3 月货币供应量下降的现象。在该书中，很多处探讨 "大萧条" 开始的原因时，得出的结论要么是 1928—1929 年货币供应量的下降，要么是在 1929 年 8 月至 1930 年 10 月货币供应量下降了 2.6%。他们认为，在这段时期，应该增加货币供应量以应对经济衰退。此外，他们还指出，1929 年 10 月股市的崩溃与产出下降并没有什么关系，经济衰退是美国国内政策失误的结果，与国际资本流动、汇率变动或欧洲和其他国家的通货紧缩的联系很小。[50] 在该书出版后很长的一段时间里，货币主义者对 "大萧条" 的解释在美国一直占据着主导地位。[51]

彼得·特敏（Peter Termin）应用凯恩斯主义的观点同弗里德曼和施瓦茨展开了争论。他提出了这样一个问题：支出的下降是货币供应量下降的结果，还是货币供应量下降是支出下降的结果？同时他试图以复杂的经济计量技术来对该问题作出解答。在此，争论主要集中于有多少消费超出人们预计的水平，从而导致了一场技术性争论，即在 20 世纪 20 年代的美国，经济发展主要依赖什么样的消费，在消费、收入、财富以及其他人在预测消费的"正常"趋势时所采用的变量间的关系是怎样的。更进一步的争论涉及了货币供应量变化和利率变化的时间选择，即如果货币供应量的变化先于支出的变化，那么，人们认为利率将上升；反之，如果支出先于货币供应量下降，那么，利率将会下降。而事情的发展也正是如此。1929 年"大萧条"之后，由于利率大幅下降（高风险债券的利率有所升高是个特例，因为违约风险也随之升高），特敏认为支出的下降导致了货币供应的下降。此外，特敏还提出了一个关于货币实际余额和名义余额的观点，即货币存量减去价格水平，代表着实际购买力。许多货币分析都对货币供应量进行了价格调整，而没有运用名义货币供应量，也就是说，它们采用的是实际货币余额，而非名义总量。特敏在此的结论是实际余额并没有下降。在他的分析中，货币的实际余额在 1929—1931 年呈上升趋势，上升幅度从 1%到 18%不等，取决于采用的分析指标是哪一个货币供应量（M_1 或 M_2），以及采用的是批发价格平减指数还是消费价格平减指数进行调整。从年平均水平来看，差异很有限；根据月度数据和以占基期年度货币供应量百分比，及以占两大价格指数百分比来表示的 M_1、M_2 数据来进行分析，货币供应量不仅没有下降，而且在 1929 年 8 月至 1931 年 8 月上升了 5%，这里他采用了同样的月份以使季节影响最小化。特敏最后指出，没有证据表明从股市崩盘到 1931 年 9 月英国放弃金本位制期间，货币供应量的变化导致了经济大萧条。[52]

特敏的分析或许可用来反驳货币主义学派的观点，却并不能解释"大萧条"的原因。曾有一位分析家声称，股市的崩盘使银行向其他借款人实行了信贷配额制度，因而启动了经济衰退，但货币供应量并未下降。[53]另一位分析家则从不同方面谴责了"大萧条"：股市的大幅下跌减少了名义财富，后者与收入一起决定了消费行为。[54]

所有这些解释都难以令人信服，原因在于工业生产崩溃到来如此之快以及这种崩溃的确比股市崩盘早四五个月的事实。美国1929 年 6 月的工业生产指数为 127，到同年 9 月下降到了 122，10

月进一步下降到117,11 月又下降到106,12 月下降到了99。汽车产量从1929 年3 月的66 万辆下降到8 月的44 万辆,9 月的41.6万辆,10 月的31.9 万辆和12 月的9.25 万辆。下跌幅度如此之大,任何货币供应理论都无法对此加以解释。

相反,信贷供应本身的不稳定性似乎更能解释这种经济崩溃,由于更多的信贷资金流向股票市场,可用于购买汽车和其他生活耐用品的信贷供应量减少。1929 年1—10 月,股票价格不断攀升,资金从消费和生产领域中退出,转而进入短期拆借市场。短期拆借资金从1928 年12 月底的64 亿美元上升到1929 年10 月初的85 亿美元。此外,首先是纽约第一银行,其后是纽约之外的其他城市的主要银行,它们都对股票市场和其他市场发放贷款的行为变得更加谨慎。当市场崩溃时,信贷体系突然冻结。进口信贷骤降,这在一定程度上是由于进口商品价格的大幅下降导致的。

货币主义学派与凯恩斯学派的争论基本没有涉及信贷的不稳定性和银行体系的脆弱性,也忽视了价格下跌、违约贷款增多、信用体系瘫痪对生产和价格的影响。以我的判断,所有这些因素都可以解释1929 年"大萧条"初期的现象。只有明斯基和亨利·西蒙斯(Henry Simons)意识到了这一点。西蒙斯是芝加哥学派经济学家,他认为"大萧条"是由市场信心的变化导致的,这种变化通过不稳定的信贷体系改变了流动性,从而影响了银行增加信贷投放的意愿。[55]

亨利·西蒙斯的观点在其《自由社会的经济政策》(*Economic Policy for a Free Society*)一书中得到了充分阐述,[56]该书写于第二次世界大战后,受到20 世纪30 年代经济"大萧条"的强烈影响。他建议将银行存款准备金率提至100%,这样一来,既可以防止公众持有货币的意愿变化影响存款变动,也可以排除金融体系中其他因素对信贷供应的冲击。这就要求限制活期信贷和分期付款消费信贷,并限制政府债务。以避免出现一方面是无利息的资金,另一方面是长期债务(最理想的是永久性负债)的情况。西蒙斯主张建立一个全新的金融体系,在这个体系中,所有的金融财富都以股票的形式持有,不存在固定货币金额合同,这样,只有银行能够创造有效的货币替代物。他对金融界的投机本性十分关注，也对短期非银行信贷的可获得性十分关注，因为这两者使经济在面对市场信心的变化时十分脆弱。

弗里德曼的自由主义倾向与西蒙斯的建议完全对立，前者认为市场力量自发决定各种金融资产的供给与需求，而后者则呼吁要限制货币与金融资产的本性。[57]弗里德曼坚信控制货币供应量将抵消经济周期的影响，也会使信贷机制的不稳定性毫不可惧。人们会想当然地认为西蒙斯的积极主张是不可行的，因为政府要禁止企业和个人以固定的条款进行借贷简直是乌托邦式的臆想。但事实上，西蒙斯对金融体系趋于不稳定的短期借贷和支付的论断却一语中的。

20 世纪最后几十年，新奥地利学派（Neo-Austrilian）关于货币和银行业与经济稳定之间关系的另一种论点在学术界逐渐占据了主导地位。该学派主张完全放开对货币和银行业的管制。其领袖人物是英国的弗雷德里克·哈耶克（Friederich Hayek），德国的罗兰德·法布尔（Roland Vaubel）和美国的一些经济学家，包括理查德·廷伯莱克（Richard Timberlake）、理兰德·叶格尔（Leland Yeager）、劳伦斯·怀特（Lawrence White）以及乔治·塞尔金（George Selgin），他们甚至比货币主义者走得更远，主张彻底废除积极的货币政策。他们宣称他们主张允许所有的银行、企业和个人发行"货币"。他们相信，市场将决定谁发行的是良币，发行货币的不同机构会通过相互竞争确保其发行的货币为公众所接受，最终的结果一定是良币驱逐劣币。怀特还用 1772 年艾尔银行（Ayr Bank）倒闭事件和 1845 年《银行法》颁布期间苏格兰放松银行管制的经验来论证这一观点。[58]

但在这段时期中，主要商业银行发行了大量小面额钞票，并随时准备在它们认为纸币发行量增长过快时将之转换为硬币。从这个意义上来说，它们起着货币供应量非正式控制者的作用。在其他时候，历史证据与理论分析也有不一致的地方，例如 1745—1835 年英格兰乡村银行的发展，19 世纪 30 年代密歇根疯狂的银行业以及近期拉丁美洲及东亚国家银行管制放松的经验，所有这些历史事件都表明"良币驱逐劣币"的规律可能并不适用。

20 世纪 70 年代,美国、欧洲、日本等国奉行扩张性的货币政策,随着美国对外收支逆差的扩大,各国持有的国际储备资产不断增加,货币供应量也不断增长,其结果是导致了全球性的通货膨胀。20 世纪 90 年代中后期,各国中央银行持有的国际储备性资产又经历了一轮快速增长。[59]三年后,另一位法国经济学家,帕斯科·布拉斯克(Pascal Blasquè),曾写到了美国的信用泡沫。[60]类似地,格雷西拉·卡明斯基(Graciela Kaminsky)和卡门·莱因哈特(Carmen Reinhard)则抱怨外国政府不停地印钞票,而美国的国际收支逆差却不断扩大。[61]

现在我们关心的问题是利率是否能够限制信贷的不稳定性,减缓投机的步伐,使之不会过于危险。如果货币当局对货币供应量或流动性确定了某种固定目标,或直接采取操纵利率的措施,那是否能够大大缓解甚至完全消除危机的波动呢?我没有找到一个很好的方法来回答以下问题:中央银行是否应该奉行保持货币供应量固定的政策,是否应该采取限制货币市场流动性的政策,是否应该在刚刚出现疯狂投机信号时就采取提高贴现率的政策以防止经济过热转变为经济危机?此外,经济学家无法通过小心可控的试验进行验证。但历史证据也表明:尽管货币政策可以降低最终走向破裂的经济泡沫的风险,但却并不能完全消除它们。

英格兰银行由于没有察觉 1839 年危机的到来,以及未能在危机发生后迅速提高利率而受到强烈抨击。人们普遍认为英格兰银行的拖沓才是导致 1844 年《银行法》出台的真正原因。[62] 19 世纪 50 年代,黄金充斥市场,导致 1852 年和 1853 年的利率下降。在此之后,利率水平不断提高,货币市场银根持续紧缩,但也没有能够阻止 1857 年危机的爆发。[63]由于贴现率上升,发行票据总量持续增加,并随着贴现率的下降而下降,而没有和政策变动呈反方向变动,投机的主要形式是发行票据,随着贴现率的上升,投机似乎也日益猖獗。[64] 19 世纪 50 年代中期,有人建议英格兰银行根据其储备水平的变动改变贴现率,以帮助公众了解将发生什么事情。此建议被艾尔默·伍德(Elmer Wood)批评为根本不了解英格兰银行的业务模式。[65] 1863 年和 1864 年,英格兰银行两次提高利率,利率水平达到 9% 。该措施也许推迟了 1866 年大崩溃的爆发，但并未能阻止它。1864 年，法国完成了清盘；同一年，英国有两个实力较弱的投机商也被淘汰了，但大规模的通货紧缩却推迟了。[66]1869 年 7 月，奥匈国民银行（National Bank of Austria – Hungary）提高了利率，但这一行动来得太晚，1869 年秋还是爆发了经济崩溃，与 1873 年发生在维也纳的大崩溃的情形较为相似。[67]奥匈国民银行于 1872 年再次提高了贴现率。沃思（Worth）认为，这一水平仍然太低。[68]纽约联邦储备银行以同样的方式和同样的时间于 1929 年 8 月 9 日将贴现率从 5% 提高至 6%，当然，同样没有产生任何效果（除了加剧危机外）。

1873 年，英格兰银行先后对贴现率进行了 24 次调整，也正因如此，才得以幸免受 1873 年 5 月发生于奥地利和德国的危机以及 9 月发生于美国金融危机的影响。到 1873 年 11 月，英格兰银行的贴现率水平已达到 9%，这主要是为阻止德国人提取法兰西—普鲁士战争赔款中剩余的英镑。[69]这一做法是否代表着在爆发危机的可能性中能够成功地进行微调，或是仅仅增大了短期资本流动的敏感性？从我所得到的二手文献来看，确实不太清楚。

在 1907 年美国的经济恐慌中，纽约以外的银行在纽约的信贷总量达到了历史上前所未有的水平，但这仅仅是信贷扩张的准备活动，同时，纽约在伦敦市场大量借入资金——如果将纽约以外的银行在纽约的信贷按金汇兑本位计算（当然，这样做的基础是银行存放同业款项可被视为储备资产，但没有必要成为接受存款的银行储备的一对一债权）。但由于中央银行缺位，纽约不可能实行自主的利率政策。美国借入资金导致英国黄金出口增加，迫使英格兰银行于 1906 年提高了利率。随后，英格兰银行对市场进行道义劝告，告诫银行继续接受美国的票据融资将会威胁市场稳定，是不受欢迎的行为。[70]这一举措帮助缓解了市场的过度繁荣，但仍未能防止 1907 年 3 月 "富人的经济恐慌" 以及 10 月全面恐慌的爆发。

如果中央银行的政策制定者真的无所不知、无所不能，那么他们完全可以利用利率和准备金率等武器来稳定信贷体系；他们也完全能够纠正由于信贷无限扩张的本性和市场全面崩溃的可能所引起的不稳定性。但是，"不存在限制一笔个人信贷扩张的积极措施"。[71]

中央银行业产生于抑制信贷增长和不稳定的过程中。金融市场从唯利是图的私人银行发展到中央银行,是一个显著的进步。1825年,英国市场已就私人银行和中央银行的分工达成以下协议:伦敦和各省的私人银行在经济繁荣时出资,而英格兰银行则在危机时出资,以防止出现预期自致型危机(self-justifying)。美国在1837年以前一直没有中央银行,因此,纽约的一些主要银行既是利润追逐者,又是国家存款的拥有者,前者使得它们成为信贷的不稳定因素,后者又迫使它们不得不防止信贷出现不稳定。在此,短期利益与长期利益存在矛盾,私人利益与公共利益存在矛盾。没有人要求纽约的银行为公众利益采取负责任的行动,并且,没有人清楚这样做对他们是否真的有利。这是在政治、经济和公共利益领域都存在的一个普遍问题。

导致2008年银行危机的信贷资金来源

在2008年银行危机中,美国、英国、冰岛、爱尔兰、西班牙等国危机的直接原因是房价的暴跌,而冰岛则是由于股市的暴跌。在危机爆发前3~4年,伴随着大规模资金流入,所有危机国的证券资产价格均显著上涨,除冰岛和西班牙两个欧洲货币联盟国家外,其他国家货币汇率均出现快速上涨。2001年,格林斯潘的美国联邦储备委员会开始奉行扩张的货币政策,以避免股市2000年春触顶回落后拖累美国经济。随后的经济萧条并不显著,投资资金流入的增加及低利率政策共同带动美国房价快速上涨。2002年后,美国房价涨幅显著。虽然美国对外收支贸易账户持续赤字,但美国经济增速却维持高位。事实上,正是由于大规模投资资金流入,才带动了美国地产价格的上涨,也扩大了贸易收支账户的赤字规模,建筑业就业人数的增加或多或少抵消了进出口相关行业就业人数降低的影响。2006年底,美元资产的市场需求开始减弱,美元开始贬值,美国房价开始下跌。随着出口行业就业人数的回升,建筑业就业人数开始下降。

第五章 | 关键阶段：泡沫即将破灭

预期变化

在我们的标准危机模型中，首先是外部冲击引发经济过热，继而出现投机狂热，随后金融资产价格快速上涨，且上涨速度超过GDP以及其他收入的上涨速度。之后上涨的势头突然终止。一些精明的投资者出售部分资产以实现其投机收益。资产价格上涨的放缓可能使其他投资者更加谨慎。随着金融资产价格的下跌，人们对未来的预期越来越悲观，全面的恐慌随即而至，紧接着是经济的崩溃。这一过程的次序是很清晰的，与欧文斯通伯爵（Lord Over-stone）阐述的模式一致。欧文斯通伯爵是19世纪中期英国的一位知名银行家，他对这一危机模式的评价深得沃尔特·巴杰特赞同："经济活动沉寂、经济状况改进、信心增强、经济繁荣、市场骚动、过度贸易、风云突变、经济增长面临压力、滞胀，最终再次以经济活动沉寂而告终。"[1]欧文斯通将导致危机的投机狂潮划分为五个阶段，或称为五种不同类型的骚动。

理性预期理论依赖如下假定，投资者的预期随外部冲击事件的出现而调整。即每一次冲击事件出现时，投资者都会同时、迅速地评估其对不动产、股票和商品长期均衡价格的影响。但纵观整个金融发展的历史，我们会发现，预期调整或缓慢或迅速地发生着变化，各社会群体认知外部冲击事件时而不同、时而相同，且在不同时期，对资产价格的预期会出现不同的情形。也就是说，理性预期理论的假设难以获得历史证据的支撑。

信贷市场的不稳定是促使投资者的主观判断由自信转为悲观的

重要因素。信贷不稳定会使很多借款人(包括个人投资者和企业)意识到:他们的资产负债率太高了。于是,这些借款人对未来经济前景的预期会发生变化,他们会因此削减自己的消费开支,以节省资金偿还贷款或增加储蓄。有的企业会将其分公司(divisions)或其他独立运营机构卖掉以回笼资金偿还欠款。放款人也会意识到贷款有巨大的信用风险,他们会要求高风险借款人提前偿还贷款或追加担保。当贷款到期时,他们也不愿继续发放新贷款。与此同时,放款人对新申请贷款的审核也变得更加严格。

经济困境阶段可能持续几周、几个月,甚至几年,也可能在短短几天时间内集中爆发。美国 1929 年股市崩盘后的市场低迷持续了四年之久,直到一个新的、对经济进行强有力干预的政府于 1933 年 3 月出现,经济才算有了起色。从 1990 年 1 月开始,日本出现股市崩盘、房价暴跌,在之后超过十年的时间里,日本经济始终一蹶不振。1998 年,韩国遭受了亚洲金融危机的冲击,但到 1999 年初,韩国经济就走出颓势,重回快速发展的轨道。1997 年,香港受到了亚洲金融危机和回归中国成为特别行政区双重事件的影响,在此后的五年时间里,房产价格下跌了 40% ~ 50%。

2008—2009 年,资产泡沫破灭使美国家庭财富大大缩水,房产价格下跌超过 30%,股票价格下跌近 50%。2006 年底,美国房价开始下跌,2007 年至 2008 年上半年,美国经济仍保持正增长,直到 2008 年第三季度才出现负增长,且下跌仍然较温和。2008 年 9 月,雷曼兄弟公司破产引发了一系列恐慌、崩溃。信贷体系深度冻结,利差暴涨,伦敦银行间同业拆借利率(LIBOR)相对于联邦基金利率高出 500 个基点,远超正常时期的 10 ~ 20 个基点的水平。信贷供给受限、居民消费更趋保守,两者共同拉低了 GDP 增长率。

还有这样一个问题:政府干预能否熨平经济波动?在预期形成的过程中,政府发挥了重要的作用。政府能否阻止市场在投机狂潮和骚动期间形成的悲观预期,从而防止金融危机的发生呢?当股票价格、房地产价格和大宗商品价格不断上涨形成泡沫时,政府是否应该采取措施消除其不利影响呢?

贝尔斯登公司、房利美、房地美和雷曼兄弟公司

从 2002 年开始，美国房屋价格开始上涨，房屋供应出现严重过剩。2006 年，市场开始出现调整迹象，大批抵押贷款经纪商破产。抵押贷款经纪商是一种中间人或批发销售商，它们收购符合资质的个人抵押贷款，出售给投资银行；投资银行再以相似的条件将这些贷款放入信托机构，以此作为抵押，发行抵押贷款支持证券（MB-Ss）。如果贷款人连续 12～18 个月未偿还贷款本息，投资银行保留将贷款"退还给抵押贷款经纪商的权利。随着越来越多借款人陷入困境，投资银行不断将贷款退还给经纪商，而经纪商由于无力偿还，出现破产。随着经纪商的破产，投资银行数以百亿美元的抵押贷款转为不良资产。

贷款人违约及抵押贷款机构破产，共同导致抵押贷款信贷发放锐减，房屋成交量下降和价格回落。房地产商处境也异常艰难，它们原本期望房屋价格上涨带来销售业绩，但随着房屋价格下跌和信贷收紧，库存房屋量却越来越多，库存价值却在不断下降。

2005 年底，美国部分地区房屋价格见顶下跌，到 2006 年，美国房价全面下跌。2007 年，美国房价下跌近 15%，新屋开工量明显下降。

贝尔斯登公司（Bearstern）首当其冲，成为第一个牺牲品，其所管理的两只对冲基金给投资者带来巨额损失。2007 年 8 月，美国最大的抵押贷款商——全美金融公司（Countrywide Financial）宣布破产；同时，英国最大的抵押贷款商——北岩银行（Northern Rock）也岌岌可危。此前，两家机构都奉行积极策略寻求扩大市场占有率，其用于收购抵押贷款的资金有 30% 是依赖商业票据市场获得的。此外，它们也向有多余现金的企业进行短期借款，以购买更多抵押贷款。

最终，美洲银行通过优先股并购了全美金融公司，英格兰银行为北岩银行提供流动性支持，由英国政府收购了北岩银行的控制权。

2009 年 3 月，贝尔斯登公司的状况进一步恶化，其股东与固

定价格债权持有人均要求兑付,他们不愿接受债务展期条件。最终,美联储同意购买总额为 290 亿美元问题资产,并帮助 JP 摩根完成对贝尔斯登公司的收购。

房利美(Fannie Mae)和房地美(Freddie Mac)是两家非常大的政府支持企业,占美国抵押贷款市场份额超过 50%。正是这样两家公司,在 2008 年 8 月中旬,双双宣布因巨额亏损被美国财政部实施"国有化",之后黯然退市,普通股投资者几乎血本无归。由于可以计入商业银行核心资本,房利美和房地美的优先股一度很受市场追捧,成为配置资产的重要标的。"两房"退市也导致银行损失惨重,资本结构也承受了巨大冲击。

美国财政部收购房利美和房地美仅仅三天后,美国政府宣布不再"救助雷曼兄弟公司",导致其破产。美联储和美国财政部官员的解释是救助雷曼兄弟公司的行动并没有得到授权。但如果美联储和财政部给予更多努力,结局一定会大不相同,即使在未获授权情况下,美联储和财政部也能为雷曼兄弟公司提供短期流动性支持,而不至于破产。

放弃"救助"雷曼兄弟公司引发了过去一百年来最严重的金融危机,导致市场信用利差飙升。作为商业票据市场的主要做市商之一,雷曼兄弟公司破产后,市场受到沉重打击,大多数依赖短期融资购买长期证券的企业,难以对到期的借款进行再融资,或者不得不付出高昂的再融资成本。

放弃雷曼兄弟公司的决定反映了政府官员对公众对于"救助"富裕银行的愤怒的担忧。政府官员——与过去两百年来的官员和分析家认为的一样——一直认为救助大型企业会在未来 20 年或 30 年的时间内持续鼓励风险行为。但在这其中还有其他故事。一是雷曼兄弟公司的 CEO 理查德·福尔德(Richard Fuld)与时任美国财政部长的汉克·保尔森(Hank Paulson)之间有很深的个人恩怨。保尔森曾执掌高盛证券(Goldman Sachs),而福尔德据说在高盛证券树敌很多。

另一个故事是仅仅几周后的 9 月 14 日,美联储便宣布以 850 亿美元购买美国国际集团(AIG)79.9% 的股票期权。美国国际集团是一家大型保险公司，也控股了一家银行。作为保险公司，美国国际集团出售了价值数千万美元的信贷违约互换产品（credit default swaps，CDSs）。购买该产品的被保险人可在其持有的债券部分违约时，获得全额本息偿付。于是，很多持有雷曼兄弟公司发行的债券，且在美国国际集团投保的投资者，可以避免承担雷曼兄弟公司破产的损失。美国国际集团发行该产品的初衷是获得保费收入。为避免持有雷曼兄弟公司债券并购买信贷违约互换产品的投资者的信贷损失过大，导致美国国际集团出现流动性危机，"大而不倒"铁律重回市场。政府宣称此举为避免美国国际集团破产引发连锁反应，引致更多金融机构破产，甚至摧毁金融体系。

虽然无法预测哪些企业会深陷困境，房价下跌与银行贷款损失之间的相互作用是不可避免和可以预测的。然而，全美金融公司、北岩银行、华盛顿共同基金等都曾积极抢占市场，市场份额飙升，但其资金过度依赖批发融资，资产结构远比主要依赖存款购买抵押贷款的借款人更加脆弱。为应对金融机构破产的影响，这些公司不得不同时出售证券资产，但由于潜在投资者也启动了"现金至上"的安全模式，这一行为只会导致更大的市场恐慌。

很多居民和企业原本持有货币市场产品，以获得比政府提供保险的银行存款更高的收益。但这时，他们会变得更加谨慎，不断变卖货币市场产品，回笼资金。

主要的问题是，房地产价格下跌时，上述哪些情况是否可预测？房地产价格下跌带来的一系列影响在多大程度上可预测？2002年之后，在短短4年时间里，美国房地产总价值翻了一番，且房价上涨主要集中在占美国GDP总额50%的16个州。这些州的房价上涨幅度达到30%~40%，导致大量新建房屋开工。未售出房屋量激增，或者房屋被期望以更高价出手的炒房客买走。

到了某一阶段，房价上涨趋势终止是不可避免的，房价由上涨转为下跌。房价下跌会导致居民净财富缩水。数千万家庭的房屋市场价格尚不及其未偿还贷款余额，数百万家庭违约，金融机构蒙受巨额损失。

警讯

有这样一种观点，如果政府比投机者掌握的信息更多，那么，解决危机的正确方法就是由政府公开披露信息或说明它的经济预测，以帮助市场掌握充分的信息。[2] 也就是说，如果政府掌握了一些投机者所不知道的信息，应该将其公之于众，以消除人们对投机的担心和恐惧。[3] 很多政府官员对未来的经济和金融前景有其自己的看法，但这些看法是不全面的，且常常是互相矛盾的。必须由总理、中央银行行长或财政部长亲自出面阐述其政策看法，才能形成统一的"政府观点"。

1996 年 12 月，时任美联储主席的格林斯潘在评论美股股价时，提出关于"非理性繁荣"的警示。这一评论显然是一个警告，但投资者对此毫不理会。

理论上，政府对过度投机的警示可抑制投机过热，但现实中，很难找到支持证据。人们的政策理解能力千差万别，对于智者来说，一个提示就足够了，但对愚者而言，耳提面命也无济于事。当资产价格年均涨幅超过 20% 时，即使政府明确表示担忧，很多投资者（或投机者）并不认为 20% 的涨幅过高，可能依旧毫不理会、我行我素。

历史上首次出现这种警告是在 1825 年。虽然许多著书者将 1720 年 6 月颁布的《泡沫法案》（Bubble Act）看做罗伯特·沃尔波尔（Robert Walpole）和国王乔治二世对南海股票投机过度的警告，但该法案的真实目的是打击南海的竞争对手，避免分流资金。[4]1749 年，该法案进一步强化了对欺诈和准入的监管，直至 19 世纪废止。

从 19 世纪开始，在投机行为出现高潮时，当局都会不定时对市场参与者发出警告，但效果并不显著。1825 年春，英国首相肯宁（Canning）、财政大臣、利物浦伯爵、弗朗西斯·巴林爵士和麦克库洛克（W. R. McCulloch）等大人物纷纷在《苏格兰人》撰文警示投机过度风险。结果非但未能浇灭投机火焰，反而更激发了市场投机热情。1825 年 12 月，英国出现全面的经济崩溃与恐慌，利物浦伯爵果如其 9 个月前所言，未采取任何救助措施。[5]1837 年，时任英国贸易委员会主席的波莱特·汤普逊郑重警示投机风险，但其同时表示，这次投机不同于 1825 年，投资者只专注于国内投机项目，而没有盲目迈出国门。[6]

1837 年秋，投机热潮穿越英吉利海峡，蔓延至比利时和法国。两国政府做出种种努力，包括禁止票据和股票询价等，但并没有达到抑制投机的效果。当时，老人、小孩、妇女、外国人及对投资一窍不通的人都卷入其中。里奇、维维尔及安特卫普等地的商会都曾公开警示股市投机风险，比利时国王甚至拒绝为原本拟成立的工业互助银行发放营业许可。直到经济放缓，投机狂热才逐渐降温，但这更多是经济周期的自我调整，而非政策主动调整。[7]1839 年 7 月，法国税务大臣拉马丁再次发表其对投机的看法，特别警告了铁路担保证券的过度投机行为。[8]

官方对投机唯一有效的制止是一位法国评论家对 1857 年危机的评论。法国评论家、作家欧·德·瓦利曾公开表示对 1857 年危机的担忧，并建议政府严格控制可疑的金融操作。1856 年，法国参议院颁布法令抑制投机，法兰西银行将贴现率提至 10%，内务部甚至将部分欺诈者绳之以法。12 月 11 日，国王拿破仑三世发表公开信，声明其暂不对投机采取非常手段，但不排除全面危机时采用此类手段。事后，拿破仑三世对欧·德·瓦利评价颇高。德·奥梅森认为，一系列措施的确降低了投机狂热，成功应对 1857 年危机也是法国的荣耀。[9]但并非所有人都赞同这一点，罗森伯格认为，法国政府的预警和政策都为时过晚，并未真正发挥作用。[10]

1869 年，奥地利国民银行采取措施限制投机，结果导致"经济崩溃"，但与随后四年的情况相比，这次"大崩溃"只不过是一场小危机。[11]其间，爱德华·拉斯克尔议员屡次发出警告和呼吁，但却并未引起重视。1873 年 2 月，普鲁士政府、商务部与铁路运营商间的利益输送丑闻被揭穿，但仍未能有效抑制投机蔓延。[12]

1888 年，《经济学家》曾连续刊登多篇关于阿根廷土地债券的文章，传递的警示信息更为及时。1888 年 4 月的《经济学家》写道"该债券……很可能……出现违约。普莱特河两岸房价仍在不断上涨，但一旦出现财务困难，这些房产将很难出手。"[13]5 月的一篇文章写道"地产'繁荣期'将面临终结，土地债券前景堪忧"。[14]尽管及时，这些警告依然未有效抑制投机。

保罗·沃伯格的警告更具有纪念意义，他曾模仿《荷马史诗》中女预言家卡珊德拉的风格，发表了一系列投资预警。沃伯格是库恩·洛伯公司合伙人，美国联邦储备体系的奠基人之一，1929年2月，其曾对纽约股市泡沫发出公开预警，将之类比1907年经济恐慌。市场曾出现短暂停顿，随后即又重拾升势。无独有偶，1996年12月，格林斯潘也曾发出"非理性繁荣"的警告，但也同样无济于事。1999年8月，在其决定将联邦基金利率上调0.25%后，格林斯潘又表示，要将资产价格纳入其利率政策框架，但依然没有引起市场足够的关注。

试想一下，如果政府公开警示投机风险后，资产依旧上涨，政府预警的公信力就会下降。经济学家也许清楚（或自认为清楚）资产价格的长期均衡水平，但其对市场偏离均衡水平的预测和解释却难以使人信服。1929年"大萧条"中，罗杰·巴布森曾因误判时机而损失惨重。早在1928年，巴布森意识到危机将近，主动清空了其客户账户，但股票又上涨了一年多后，危机才开始显现。

向市场发出信号的时间选择也是一个复杂的问题。政府希望其预警发挥作用，必须掌握好时机。既不能过早，使其丧失公信力；也不能过迟，纵容投机肆虐，带来巨大损失。一位美联储主席曾表示："政府不会在派对狂欢时撤走酒杯，因为那样一定会招致公众反感"，这会引发公众的抵触情绪。

冰岛出现的抨击和阴谋

2006年2月，哥本哈根丹克斯银行（Dankse Bank）的拉尔斯·克里斯滕森（Lars Christiansen）撰文抨击冰岛虚高的股价，冰岛股市转而开始下跌。冰岛银行家的反应是请冰岛商务部资助了一项研究课题，邀请美国著名经济学家弗雷德里克·米什金（Frederic Mishkin）和冰岛经济学家特里格维·赫伯特松（Truggvi Herbertsson）共同对冰岛金融体制进行研究。他们研究的主题是"冰岛的金融稳定"，而他们得出的结论是冰岛银行业财务状况非常稳健。大约一年后，冰岛商务部又推出了第二项研究课题，由久居伦敦的美国经济学家理查德·博特斯（Richard Portes）和另一位冰岛经济学家弗雷德里克·马·巴尔德松（Frederic Mar Baldurrson）主持。这项研究进一步验证了一年前研究的结论，认为冰岛股价不存在虚高。

冰岛商务部实际是冰岛银行业协会的代言人，而冰岛银行业协会实际上由三家冰岛银行操控。

就像有买家就一定有卖家一样，有悲观人士就一定有乐观人士。但这些乐观人士在署名时还是应该谨慎。

冰岛政府对前 Landsbanki 银行掌门人 Sigurjon Arnason 提出操纵市场指控。该银行另有两位高级管理人员也面临操作市场罪名的指控，一位已经脱罪。Gilitnir 银行和 Kaupthing 银行的前任 CEO 也都面临操纵市场罪名的指控。

操纵市场有 57 种不同的形式。其中之一就是通过化名账户进行交易。另外，通过银行自有资金购买自身股票也是操纵市场行为的一种。

如今，各国央行都将货币政策重心放在抑制通胀上，"通货膨胀目标制"大行其道。但如果资产价格偏离长期均衡水平，央行货币政策是否可以置若罔闻？事实上，仅通过预警很难抑制投机情绪蔓延。

当市场上的商品及服务价格符合其控制目标，而证券、房屋等资产价格远远超过可持续水平时，中央银行就陷入了两难境地。更有甚者，资产价格的上涨往往伴随着大规模跨境资金流入，货币升值又会导致本国商品与进口商品相对价格的变化，从而限制本国商品价格的上涨。

财务困境

探讨金融危机时常常使用困境这个词。在此，困境至少有两

层含义：一是表示困难的状态，二是表示危险的形势。商业困境
（commercial distress）反映了第一层含义，而财务困境（financial
distress）则主要反映了第二层含义。一般来讲，商业困境是指价
格和交易行为的大幅下滑，并导致许多商业企业和工业企业破
产。对单一企业而言，财务困境意味着企业盈利前景大打折扣，
债务利息和本金可能无法偿付。[15]2008 年下半年的信贷恐慌导致
汽车销售量的急速下滑，通用汽车公司和克莱斯勒公司已处于破
产边缘。财务困境意味着需要某种调整或改变，对企业来说，面
临财务困境意味着企业濒临破产的边缘。而对银行来说，财务困
境可能要求其进行资本重组。2008 年金融危机之后，美国政府推
出总额 7000 亿美元的问题资产救助计划（TARP），以帮助银行
和其他金融机构获得资金，充实银行及其他金融机构的资本金。
美国政府还购买了大量银行新发行的优先股。美国政府暗示其愿
意为银行提供资金支持，以帮助其摆脱财务困境，于是大量银行
就对其发行了优先股。

　　财务困境会导致融资难，以至于很多房地产投资项目都可能由
于无法获得融资支持而下马或烂尾。仔细观察那些基建工地上的塔
吊，很多都处于停工状态，原因就是其开发商无法筹集到足够资金
支持项目完工。

　　很多词汇可描述投机狂热走向崩溃恐慌①的状态，如不安、担
心、紧张、紧迫、承压、不明朗、微妙、脆弱等。还有一些更生动
的描述，如凄风苦雨[16]、乌云密布等[17]。此外，还可用气象学词汇
类比："人们再一次感受到暴风雨来临前的压抑。"[18]1845 年秋，欧
文斯通伯爵在写给其友人诺曼（19 世纪 20 年代的英格兰银行行
长，蒙太古·诺曼的祖父）的信中写道："经济目前尚未垮塌，但
我们脚下已有了轻微震感"[19]，用地质学词汇描述危机风险，两年
后，危机便爆发了。米切尔·查瓦莱尔（Michel Chevalier）也用地
震形容危机，他在美国时，曾在致友人的信中论及杰克逊总统与美
国第二银行间的纷争，写道："信贷的普遍崩溃，不管多么短暂，

---

　　①　古典经济学家们通常称其为风云突变或信贷紧缩。

都远比大地震恐惧。"[20]一位法国作家也提到"灾难即将来临的预感"[21]。德国人则将 1782 年秋危机到来前的市场形容为"绷得太紧，随时会断的弓弦"[22]。

现实中，困境难以定量描述。当某些指标相对均值出现较大偏离时，投资者将格外敏感。回顾过去，可清楚地看到，随着相关指标（如中央银行准备金率、企业债务资本比率、居民债务财富比率、银行坏账与自有资本比率、应偿外债与出口总额比率、股票市盈率、不动产租售比率等指标）恶化，市场将逐渐走向崩溃。有时，人们会对某些指标加以限制，严密监控接近阈值的指标。如根据《1844 年银行法》，英格兰银行规定了纸币发行上限。1893 年，美国财政部规定，最低须保留 1 亿美元黄金作为货币发行准备。1924 年，法兰西银行规定了对财政部透支的最高限额。1931 年 6 月，美联储的道斯计划（Dawes Plan）限制了里奇银行兑换黄金的额度。1932 年 2 月《格拉斯—斯蒂格尔法案》通过前，美元可自由兑换黄金。此外，投资者一般认为，如果一国未偿还外债与 GDP 总量的比例达到或超过 60%，该国即处于财务困境，债务率越高，风险越大。1857 年，英国财政大臣谈到债务率限制时写道：

当你实施一项限制措施时，它必须能够提高人们对危险的警觉，在危机时期应使人们感觉到它的存在，这是毫无疑问的。人们在那一时刻感到了危险的存在，他们开始计算还有多少资金，以为更困难时做好储备。制定这一限制措施可能有多种方式，可能是以议会法令的形式，或者像托马斯·托克（银行学派的领导人之一）所提议的，以某种使用方式的形式，又或像法国一样，由法兰西银行全权决定。总之，在危机期间，该限制措施必然能够具有强化警讯的作用，这一点是毫无疑问的。[23]

二十年后，一位法国官员表达了同样的看法。当时，虽未受到强制约束，法兰西银行仍保留负债总额 30% 的特种储备。他对此进行了驳斥："在此，没有必要要求维持一个固定比率。那将是不明智的……存在一个固定的和绝对的限制是可怕的。"[24]的确，突破限制也许只会产生心理影响。1924 年 3 月，尽管银行家们意识到，法国货币供应量的小幅上升并不会带来实质危害，但公众却将法兰西银行对财政部透支的最高限额视作重要经济指标。正如一位部长所说，法国人对法郎的信心已经接近极限。[25]

财务困境的成因与症状紧密相关，不可割裂考虑。导致财务困境的原因很多，在收紧银根时，资本市场仍维持现金需求，导致市场资金价格飙升，国际收支赤字增加，企业破产，商品价格涨势骤止，资产价格见顶停涨等，这些现象相互关联，均是在信贷机制超负荷运转、超出正常界限后，放款人采取避险措施，主动收紧信贷的结果。

19世纪，购买证券只需支付部分保证金，其余款项可在未来补足，这使财务困境更为复杂。英国（1825年，1847年）、法国（1882年）都曾出现这样的情形，投资者原本计划在下次支付期到来前出售证券，兑现投资收益，但由于价格下跌而无法出手，陷入财务困境。1825年，托马斯·图克针对此类情形评论道，现金支付刻不容缓，投资收益却遥不可及，两者存在明显的错配。[26]1847年1月，英国出现更夸张的情况，铁路股票一个月要求支付的现金总量就达到65亿英镑。[27]

南海公司在1720年6月、7月和8月多次尝试增发股票，但其"连环信"欺诈手法很快便被识破。1881年底，巴黎证券交易所共有125只新股上市，总市值高达50亿法郎，而当时整个法国储蓄总额仅有20亿法郎。[28]这还不是全民上市的疯狂年代，19世纪90年代的英国和20世纪20年代末的美国，曾出现令人咋舌的上市狂潮。其时，由于上市公司太多，认购股票甚至无须动用现金，采用换股形式即可实现。

当价格持续上涨成为投资者一致预期，并成为实现投资收益的基础，价格下跌后，其必定会陷入财务困境。投资者购买资产的贷款利息，可能远远高于出售资产的收入，净现金流为负。而投资者原本指望投机品价值增值带来更多贷款，偿还之前贷款本息，在资产价格停止上涨后，由于无法偿还贷款本息，投资者就陷入了财务困境。

不归路

20 世纪 40 年代末，美国市场上最为畅销的一部小说是 J. P. 马奎德的《不归路》（*Point of No Return*）。其标题也可以稍加改动，变为 "Date of No Return"。冰岛的银行危机爆发于 2008 年 9 月，正好是雷曼兄弟公司倒闭的时期。冰岛的银行爆发危机，原因在于其已无法通过国际银行借入资金，用于偿还其现有贷款的本息支付。如果外国银行在 2008 年 7 月 4 日就停止向冰岛各家银行发放新贷款，危机可能在那时候就爆发了。同样，如果早在 2007 年 7 月 4 日，各家外国银行就停止对冰岛各银行发放贷款，危机可能在一两天后也爆发了。新增贷款的突然抽紧会导致冰岛克朗汇率大跌，这使冰岛各家银行此前通过国际市场借入的以欧元或瑞士法郎计价的债务负担大增。很多借款人不得不选择外债违约，甚至本币债务也出现违约。

外国银行抽紧新增信贷的时间越早，冰岛银行出现违约的可能性越低。但在 2005 年春季之后，冰岛各家银行出现违约的可能性已经很高了，因为此时的冰岛克朗已经处于高位，冰岛的外债负担已经相当严重。

应该提出这样一个问题：既然冰岛的银行早就踏上了"不归路"，为何贷款人继续向它们提供贷款？同样，为何国际货币基金组织和经济合作与发展组织没有发现冰岛的危机已不可避免，或者发生的概率已经大于 50% 呢？

"不归路"也适用于美国 2008 年 9 月的危机。那场危机并不是从天而降，市场猝不及防的意外事件。事实上，在危机爆发之前，已经有一系列征兆，当时的高债务水平已经不可持续了。

2006 年底至 2007 年，美国房价不断下跌，次级抵押贷款市场哀鸿遍野。次级抵押贷款的特点是购房人的净值低于房屋价值的 10%，当房屋价格开始下跌时，次级抵押贷款将成为"倒挂"贷款——未归还的抵押贷款远远高于房屋重置价值。为走出财务困境,购房人不得不通过"叮当信"(jingle mail),将房屋钥匙寄给放款人,表示违约并放弃抵押物。

财务困境也可能产生于一国资金流出的增加——包括农业歉收、进口需求增加、国际金融中心的利率提高、吸引了国内资金、使资金离开了本国金融市场等。在这种情况下,国内信贷市场的信贷供给就会萎缩、银根收紧,这是由银行体系储备金的减少导致的。

有时,资本外流只是潜在风险,并未真实发生。1872 年,伦敦货币市场曾陷入财务困境。由于普法战争赔款,里奇银行需将其大量英镑资产兑换成黄金。英国也曾面临类似处境,1925 年 3 月前,人们普遍预期英镑汇率将回到第一次世界大战前的水平,并恢复兑换黄金,大量资金因此滞留伦敦金融市场。由于担心这些资金离开英国,英格兰银行制定利率政策时处处受制、畏首畏尾。1926 年底,法兰西银行推出的一系列稳定货币措施奏效,法郎开始升值。为遏制其升值势头,法国国际收支账户中保留了大量英镑资产,这更加剧了英格兰银行的调控难度。法国将英镑资产兑换为黄金的可能性,成为影响伦敦金融市场的重要指标。

事实上,财务困境的本质是信心缺失。但之后将发生什么?预期会随着经济结构调整而改善,逐步走上正轨?还是出现价格崩溃、经济恐慌、银行挤兑、资产抛售,甚至全面崩溃?

詹姆斯·吉布森对该问题论述如下:

银行家并不总是麻木不仁,当其客户受到重创、陷入困境乃至社会被绝望情绪笼罩时,他们也会施以援手。银行十分了解市场风险,其信贷投放会刺激公众情绪,这时候,公众的兴奋被激发到令人担心的程度,以至于只有一家"伟大机构"破产,才能刺破"万能的泡沫"。而在此之前,谁能认识到泡沫呢?谁又能拍着胸脯保证,今天尚未达到压力峰值,明天还不会崩溃呢?最为重要的是,确保回归正常轨道,促使投资信心恢复,打消泡沫破灭恐惧。[29]

困境会持续多久

财务困境可能逐步消退，如法国在 1866 年，英国在 1873 年和 1907 年都曾出现财务困境，但并未引爆危机。美国曾多次出现严重财务困境，如 1979 年邦克尔·亨特白银投机失利、1984 年伊利诺伊大陆银行倒闭及 1998 年长期资本管理公司破产等。如果从 1982 年 8 月算起，美国金融界经历的财务困境时间相当长。当时的危机是由第三世界的辛迪加贷款，以及所谓石油地区储贷机构危机引起的。20 世纪 80 年代末，有数以百计的银行和储贷机构倒闭，美国资产重组托管公司（US Resolution Trust Corporation，RTC）接受了价值高达数百亿美元的不动产违约抵押品。最终，这些不动产抵押品都出售给了公众，由于其价值并不被看好，其售价都大打折扣。另一个例子发生在 2010—2011 年的美国佛罗里达州西海岸，很多原本抵押给银行的房屋面临止赎，迫于监管压力，银行只能以低于建筑成本的价格将其卖掉，虽然由此导致的损失会大大侵蚀银行的资本金（更神奇的是，当时有这样一条看似清白的监管规定，要求银行持有止赎房屋不得超过一定期限，以避免加剧银行资本金不足的问题）。

与之相类似，20 世纪 90 年代开始，日本一直笼罩在财务困境中。按照"盯市"原则，其大多数商业银行早已破产。但日本居民认为政府不会袖手旁观，听任银行破产，因此其仍选择把钱存在其银行账户中。事实上，日本政府处理问题金融机构的方式，也是其陷入财务困境的重要原因：政府是应该关闭这些银行，还是应该通过更优惠的条件对它们追加资本？

1987 年 10 月 19 日星期一，美国股市暴跌证明了这次事件在历史上不会被归为经济恐慌，因为它没有波及其他市场，而仅仅是一种"市场修正"，与理性预期完全一致。但是，这场危机的确影响了几乎所有主要的股票市场。如果将这次事件定性为财务困境的话，它持续了大约几周的时间，当时的投资者一直在观望，以确定这次危机是否会波及股市以外的市场。

1998 年夏，美国长期资本管理公司（LTCM）倒闭，与此同时，俄罗斯的金融市场也经历了一场危机。事实上，俄罗斯金融危机使利率收益率曲线发生了微妙的变化，这种变化也在很大程度上导致了美国长期资本管理公司的破产。通常，我们将长期资本管理公司看做一家对冲基金（hedge fund）公司，但实际上，它是一家未受监管的银行。长期资本管理公司是一家"很聪明"的公司，两位获得过诺贝尔经济学奖的金融专家跻身其高管队伍。它的财务杠杆比率远远高于一般意义上的银行或对冲基金。除此之外，长期资本管理公司在期权、期货等衍生品交易市场上还有数百亿美元的风险头寸。在成立的最初几年，长期资本管理公司一直是一台称职的"赚钱机器"，通过衍生品投机交易大赚特赚。举例来说，30年期的美国国债流动性较好，而29年期的国债流动性较差，市场容量较小，因此，29年期的美国国债收益率高于30年期美国国债。长期资本管理公司发现了这一收益率差异，投入数亿美元同时做多29年期美国国债、卖空30年期美国国债，以此博取套利收益。两种债券间的收益率差异的确不大，但通过财务杠杆，进行巨额投入后的绝对收益相当可观。

很多借款给长期资本管理公司的大银行开始模仿其做法。这也使得在很多投资品种上，长期资本管理公司和大银行的交易成为主导市场走势的重要力量。

1998年春，长期资本管理公司做空美国国债，并持有大量新兴市场债券。随着经济预期不断下调，新兴市场债券普遍下跌，与此同时，美联储推行宽松政策，美国国债持续走高。长期资本管理公司的多空两端都遭受了巨额损失，自有资本很快便冲蚀殆尽。随着新兴市场债券下跌，长期资本管理公司左右为难，若清空新兴市场债券，必然导致价格更快下跌，其组合价值进一步下降。

美联储担心长期资本管理公司的破产会给美国资本市场带来严重的系统性影响，并会出现相当长时期的财务困境，甚至影响美国国债价格。美联储动用了它的监管权力，要求长期资本管理公司的债权银行将债权转换为股本，最终借此出售了长期资本管理公司90％的股权。

钱哪儿去了？

2008 年国际金融危机使美国财富总额大大缩水，金融资产总额从危机开始时的 74 万亿美元缩水至 2009 年第二季度的 63 万亿美元。其中，房地产市场价值缩水最多。

那么，在这些钱消失之前，它们是从哪儿来的呢？

房价、股价上涨过程中都存在不同寻常、不可持续的泡沫特征。人们用借来的资金购买房地产。每一笔交易都有买卖双方，有买必有卖。卖家实现投资收益后，会将钱存进银行或购买其他证券资产。人们购买股票时，也出现大致相同的情况，只不过，与购买房地产相比，资金量要小一些。

卖掉房地产或股票的投资者将钱存进了银行，或用来购买债券。因此，钱并没有消失，只是其持有者发生了变化。

但当部分贷款购买房地产的投资者无法按期偿还贷款时，银行资产配置价值就会下降，银行资本金也会被冲蚀。如果银行资产配置价值出现急剧下降，就可能出现无法与其负债端的储蓄存款相匹配的情况。初期，存款人会纷纷冲进银行提取存款，由于有政府资助的存款保险制度，受存款保险保护的银行一般不会出现流动性危机。但是，银行体系整体规模的收缩是不可避免的。

财务困境过后，可能随即发生经济崩溃（或经济恐慌），也可能在一段时间（几周、几月、几年）后才爆发危机。1719 年 12 月，约翰·罗骗局达到了顶峰，1720 年 5 月即告崩溃，从财富巅峰到一无所有只用了五六个月。1729 年南海泡沫中，4 月底，人们还在疯狂投机，8 月，市场下跌就开始了，9 月初，市场全面崩溃。1763 年 3 月，荷兰出现财务困境，4 个月后，阿姆斯特丹德纽夫维尔银行破产事件才引爆了危机。1722 年初，英格兰银行提高贴现率抑制投机过度，5 月开始，艾尔银行主动收缩业务，但已为时太晚，福德斯于 6 月 10 日潜逃，6 月 22 日，英国经济恐慌即告爆发，而阿姆斯特丹则一直到 12 月克利夫德公司倒闭才引爆危机。

1789—1815 年危机是由一系列特定、影响深远事件引发的。1793 年 1 月, 路易十六被推上断头台 (某人被处死通常都是具有深远影响的事件)。1797 年 2 月法国人在弗希盖德登陆, 以及 1799 年突破大陆封锁等, 都是危机爆发的诱因。其中, 财务困境持续很短, 经济恐慌便突然爆发。1809—1810 年, 随着对欧洲大陆封锁加强, 对巴西出口暴增, 销售渠道受阻, 1809 年中开始, 市场压力明显增大, 至 1810 年中, 情况迅速恶化, 1811 年 1 月, 出现企业破产高潮。

1847 年 1 月, 英国投资者抢购铁路股票, 市场资金不断抽紧。当年 5 月, 谷物价格见顶, 8 月即出现暴跌, 11 月出现全面经济恐慌。1864 年棉花暴跌, 引发了法国经济恐慌, 并在两年后导致全球经济危机。1864 年, 英国经历了两次"关键时刻", 一次在 1 月, 与棉花价格下跌预期有关, 是一场真正的危机; 另一次发生在第四季度。[30]英国学者在研究这段危机时, 更看重投机自身的扩张, 尤其对贴现的影响, 以及炒作自身股票的投机。金曾提到阿尔伯特·高特瑟美尔, 其用阿尔伯特·格兰特的假身份收购了英格兰信用流动公司, 支付 100 万英镑的实缴资本后,[31]将其更名为欧文伦德·吉尼公司。1865 年 7 月, 这家贴现事务所正式上市, 大肆吸收公众投资, 当时正值经济繁荣和"红利竞赛", 该股票当年 10 月的风险溢价一度达到 100%。迫于压力, 英格兰银行将贴现率从 3% 提至 7%, 但撑到 1866 年 5 月, 大崩溃仍不可避免。英国的危机持续了 7 个月, 从 1865 年 10 月到 1866 年 5 月, 而法国的危机持续了两年半。

每年秋季, 为完成粮食收储运, 美国西部的商业银行都要从东部接入大量资金, 造成资金市场及整体经济的季节性紧张[32], 信贷需求猛增。斯普拉格认为, 美国 1873 年 9 月危机是由于粮食提前收获等突发事件导致。[33]季节性资金紧张可以预期, 但提前收获却在预期之外。1872 年 9 月至 1873 年 5 月, 资金市场"抽紧"导致铁路建设债券发行受阻, 不得不通过短期拆借市场融资, 加上季节性资金紧张的影响, 最终引发了 1873 年危机。[34]

财务困境可能持续一段时间, 并按照自身节奏波动。通用联盟

银行曾于 1881 年 7 月、10 月和 12 月先后出现三轮财务困境，直到
1882 年 1 月破产。[35] 1907 年 10 月的危机虽然是大家预期到的（斯
普拉格坚称，人们无法预知危机的准确时间），但在其爆发前七个
月也曾出现"富人的经济恐慌"。太平洋联盟股票是当时应用最为
广泛的抵押物，在这场危机中，其下跌了 50%，[36] 后来，市场很快
就从打击中恢复过来。同年 6 月，纽约城市政债券的失败①也得到
很快恢复，同样事件也出现在 7 月钢铁市场崩溃，及 8 月标准石油
公司事件②中。但并不是市场每一次遭受打击，都能很快恢复。
1907 年 10 月，尼克尔波克尔信托公司破产对市场打击很大，用了
很长时间才得以恢复。[37] 1929 年财务困境旷日持久，从 6 月一直持
续到 10 月底。

　　日本用了十年时间才从 20 世纪 90 年代初的财务困境中走出
来，并很快又陷入了新的财务困境中。很多日本工业企业不得不收
缩规模或降低成本，以减少经营损失。1950—1990 年，日本工业
企业长期依赖关系银行资金，日本的银行也乐于为企业发放贷款，
虽然按照"盯市"标准，这些企业早已破产。日本的银行监管机
构并不愿意关闭银行。这样一来，日本的金融损失便转化为"社
会"问题，损失最终由全体纳税人承担，而不仅仅局限在关系银
行或关系企业。

　　1990—2001 年，阿根廷先后出现两轮财务困境。2001 年 1 月，
其货币体系最终崩溃。20 世纪 80 年代末，阿根廷经历了两年恶性
通货膨胀。卡洛斯·梅内姆总统为首的新政府上台后，采取盯住汇
率制度，将阿根廷比索与美元汇率固定为 1:1。同时，推行货币学
派倡导的货币局制度，严格控制货币扩张，规范货币发行储备基
础。20 世纪 90 年代，阿根廷税收收入都远远少于政府开支，无法
实现预算平衡，为弥补巨额财政赤字，只能依靠资产私有化或政府
举债。20 世纪 80 年代，阿根廷出现恶性通胀，其国债价值大打折

---

　　①　当时占债券价值总量 4% 的 2900 万美元的招标中，只中标了 200 万美元，其余
全部流标。

　　②　由于违反《反托拉斯法》，1907 年 8 月，标准石油公司被罚款 2900 万美元。

扣,信用风险陡增,投资者转而选择美元国债。随着阿根廷政府债务率不断提高,其债券到期收益率水平也不断提高。到 20 世纪 90 年代末,严格管制的货币制度终于有了松动迹象,一方面因为比索盯住的美元在不断升值,另一方面由于阿根廷国内赤字规模不断扩大。巴西是阿根廷最主要的贸易伙伴,1998 年 1 月,巴西货币雷亚尔的贬值更加剧了阿根廷危机。阿根廷当局无法同时兼顾维持固定汇率和削减赤字的双重目标。① 增加税收并降低开支的努力,引发一系列政治问题。当经济增速下滑时,阿根廷人更不愿意增加税收。"财政—经济"的负反馈循环,导致其经济不断下行,最终,盯住汇率制崩溃,阿根廷政府债务也不得不违约。

试想一下,在危机时期,如果货币当局出台实实在在的政策,如紧缩货币、提高投机成本等,情况又会如何?当商品市场和资产市场同涨同跌时,明确货币政策基调对风险防范很有裨益。但如果两者变化趋势不一致(在商品价格稳定,资产价格暴涨),货币当局将面临两难选择,这也正是美联储在 20 世纪 20 年代遭遇的情景。时任纽约联储主席的本杰明·斯特朗面对 1925 年和 1927 年时资产与商品间价格变化趋势不一致,也很难作出政策抉择。当然,这里所谓的两难选择也就是不能一石二鸟,即无法通过一种货币政策工具实现双重政策目标。或者用一个比喻来说明,即瞄准两个没挨在一起的靶子,同时射中目标是很不可能的。与此同时,为了给投机降温而采取的紧缩信贷的政策,会导致整体经济的崩溃。[38]

1996 年 12 月,时任美联储主席的格林斯潘发表了题为"非理性繁荣"的著名演讲,公开其对美国股市前景的担忧,但惮于对经济增长和就业的负面影响,美联储迟迟不愿调高联邦基金利率。2000 年,"千年虫"问题又成了美联储的工作重心②,在 1999 年后期,美联储一直保持宽松货币基调,流动性推动美国经济持续繁

---

① 阿根廷人纳税习惯较差,其国内税率较高,税基较窄,公务员工资高,行政效率差。

② 由于日期字长问题,计算机系统可能无法识别 2×××年,将致使系统崩溃。

荣。在此背景下，泛滥的流动性总会找到突破口，股市投机便首当其冲。

危机的开始

学过逻辑的人都讨论过这一问题：如果 A 将毒气弹扔给 B，B 扔给 C，C 又扔给 D……如此轮转，最终 Y 扔到 Z 的脸上后，毒气弹爆炸了。谁该为此负责？是 A，这位最初的肇事者呢，还是 Y，这位最终引起爆炸的人呢？此外，危机的根源是投机和信贷发放过多；而引发危机的则是一些削弱市场信心的小事，它们迫使人们开始考虑倒闭的危险，因此将包括商品、股票、不动产、汇票、本票、外汇等在内的各种资产变卖换为现金。就引发危机的事件而言，它可能是微不足道的一件小事：一家企业的破产、某一人的自杀、某人的潜逃、某一件欺诈案的败露、拒绝向某一借款人发放贷款，或观念的某种转变导致市场突然抛售某种资产等。接着，价格下跌，预期转变，而且转变的速度日益加快。当投机者利用借入的资金从事杠杆操作时，价格下跌使他们面临着进一步交付保证金或现金的要求，或是面临进一步的清算。当价格进一步下跌时，银行贷款面临担保不足的风险，越来越多的交易所、银行、票据贴现所或经纪商倒闭。信用体系摇摇欲坠，争夺流动性的竞赛就开始了。

找到最早的肇事者几乎是不可能的，也不能将危机归咎于他们身上，共谋与勾结在危机中随处可见。1929 年危机中，约瑟夫·肯尼迪、伯纳德·巴鲁齐等空头可能是个人行为，而 1882 年尤根·邦托克斯事件，则完全是犹太新教联盟一手炮制。南海泡沫中，托马斯·盖伊曾于 1720 年 4 月到 6 月，分六个星期抛出其全部南海股票，每次只出售不超过 1000 英镑，最终将所有 54000 英镑股票全部变现。后来，其用投资收益捐建了伦敦盖伊医院，时至今日，该医院仍被视为"对南海泡沫最好的纪念"。[39]

有的人会跟风出售。有时这会是一个外国人。如在 1847 年的危机中，正是一个法国人（按照埃文斯转引 S. 桑德斯的一篇文章）囤积了大量小麦，并于 6 月和 7 月将 7 万夸脱的小麦运到了英格兰,并使市场价格远远低于当时的一般水平,小麦价格从每夸脱 96 先令下降到 56 先令,这导致了大量从事谷物贸易的企业破产。[40]但这种事情并不普遍。由于受暴风雨灾害的影响,以及爱尔兰和欧洲大陆的马铃薯病,小麦价格从 1846 年 8 月的每夸脱 46 先令上涨到 1847 年 5 月的每夸脱 93 先令。1847 年 7 月,由于当年风调雨顺以及丰收前景可期,小麦价格出现暴跌。英国小麦和面粉进口从 1846 年的 230 万夸脱上升到 1847 年的 440 万夸脱(每夸脱相当于 8 蒲式耳),可以肯定的是,这种变化在一定程度上得益于玉米法令的撤销,[41]而 7 万夸脱在进口总量中所占的比重却微不足道。此外,法国也有自己的问题:1846 年,其谷物收成之差堪称百年难遇(同时马铃薯歉收更是雪上加霜),而 1847 年的丰收也可堪称百年难遇。不过这种情况在当时是普遍存在的,可想而知当时英国的小麦投机已经十分猖獗。

有观点认为,德国投资者大量抛出阿根廷政府债券,是引发 1890 年巴林银行危机的导火索。1888 年,德国投资者的确停止购买阿根廷政府债券,可能出于以下三个原因:一是当时市场上普遍存在的不安情绪;[42]二是担心阿根廷汇率不稳定;[43]三是德国自身经济繁荣,投资者抛售外国债券后转投国内市场。[44]德国人的抛售确实导致了财务困境,但并未引致危机,因为当时的英国投资者买进了更多的阿根廷政府债券。1888 年 11 月,布宜诺斯艾利斯下水管道工程公司发行 350 万英镑债券失败,作为承销商的巴林银行不得不为其提供承兑贷款。1890 年,原材料价格普遍下跌,阿根廷政府在贷款到期时无法偿还贷款。经过两年财务困境后,巴林危机最终于 1890 年 11 月爆发。英格兰银行曾警告巴林兄弟公司(巴林银行),要求其限制承兑额度的结果(1890 年夏,巴林银行承兑总额达 3000 万英镑),同年 10 月,纽约危机爆发,11 月,价值 400 万英镑的承兑汇票到期,巴林银行无法通过增发融资,也无法获得短期拆借资金,不得不出售证券资产,危机随即爆发。

某些信息披露也可能引发危机,如巴黎—里昂—马赛城际铁路建设耗资超出预算 50%,达到 3 亿法郎的消息被披露时,引发了一场大崩溃。[45]更重要的是,此次崩溃的根本原因是法国铁路建设所需原材料严重依赖进口，导致其国际收支赤字居高不下，1846年歉收和1847年丰收更加剧了市场波动。美国的格兰杰运动引发了1873年危机，格兰杰的行为一定程度上类似于现在的环境保护主义者，早在19世纪六七十年代，他们就主张立法规范美国各州间的物流运输，废止歧视性收费项目，建立物流运输管理委员会，规定运输费率上限[46]，发行了巨额铁路证券，设立一系列"多余和荒谬的"企业，如洛克福特、洛克爱兰德和圣路易斯一线铁路等。这些企业的股票起初都可以面值发行，最终，只能以6%的折价率发行，原因是人们预期政府将规定运费上限，乐观情绪戛然而止，投资者争相抛售铁路债券。

至于偶然的"危机起爆器"，这类事件就如轮船失事一样鲜见。1799年，尼德兰的利率水平维持在12%～14%，糖价与封锁突破前的顶点相比，下跌了35%，试图救助阿姆斯特丹危机的英国商人们筹措了大量现金，共100万英镑的现金被送上了路丁驱逐舰，目的地是德克塞尔，那里的人们正急切盼望该舰的到来，不幸的是，一场风暴中，该舰沉没于荷兰海岸，缓解危机希望随之破灭。[47]约六十年后，又发生了相似事件。1857年美国纽约形势危急，9月15日，本已极度紧张的宾夕法尼亚、辛辛那提和芝加哥又传噩耗，从巴拿马开往纽约的载有价值200万美元黄金的"中心美洲号"轮船，在美国西海岸失去联系，未能按期抵达，两天后，传来这艘未投保轮船沉没的消息。[48]

意外事件可能触发危机，旨在防范危机的行动也可能引爆危机。H. S. 福克斯维尔（H. S. Foxwell）评述1808—1809年危机时，描述了以下情形：

拒绝和所有其他人住在一起一直被认为是危险的行为。个别行动容易引起别人的反感，尤其对于中央银行来说，单独行动更容易引起反感。也可能此中央银行曾经试图运用1795—1796年危机的解决方法，我指的是同意以优惠利率贴现票据……（为了保证货币流通）这肯定对市场施加了极大的压力，并冒着引发经济恐慌的风险……该银行对大量小型、管理不善的金融机构（乡村银行）的清偿负责，但不敢要求它们说明情况，以免诱发整体信贷崩溃。[49]

福克斯维尔指出了中央银行的两难处境。如果不按市场规律行事，信贷市场将继续膨胀，最终不可收拾。按照市场规律行事，则会立即刺破泡沫，即刻引发市场崩溃。

刺破泡沫的针孔

泡沫的特性在于其最终会被刺破，然后像孩子们玩的气球一样，空气会迅速泄出。1990年初新上任的日本银行行长明令禁止房地产贷款占贷款总额的比率增长，刺破了日本房地产泡沫和股票泡沫。上述禁令使居民和企业无法通过新获得的贷款偿还以前贷款的利息，他们不得不出售部分不动产以回笼资金，维持资金链的正常运转。如果不是这项措施，泡沫也会因为别的一些事件而被刺破。

20世纪90年代末，美国股市泡沫严重。出于对"千年虫"问题的担心，美联储注入了大量流动性，很多资金流向其他领域，股价不断走高。当美联储试图回收流动性时，利率迅速走高，泡沫就被刺破了。

1997年，受"传染效应"影响，亚洲很多国家出现了资产泡沫。1997年7月2日，泰铢出现了大幅贬值。除中国台湾和新加坡之外的其他存在贸易逆差的亚洲地区和国家，都依赖外国借款为其贸易逆差融资。亚洲企业更愿意借入美元，因为当时的美元利率远远低于其本国货币的利率水平。泰铢的突然贬值，使外国借款人意识到，如果他们不继续提供外币贷款，亚洲国家将更无法维持其本国货币汇率的稳定。于是，流入的资金不断减少，预期自致型危机（self-fulfilling prophecy）就出现了。

危机处理政策的有效实施经常遇到时滞问题的干扰。在面临减少了金融体系内部现金总量的外部因素时，提高贴现率也许会有效地引导资金回流。伦敦城流传着这样的说法：英格兰银行只要将贴现率提高至10%就可能"将月球上的黄金吸引过来"，但要产生这样的效果需要多长的时间呢？这一问题也是银行学派和货币学派关于 1844 年《银行法》和中止该法的必要性，以及设立最后贷款人必要性的争论中的核心问题之一。1825 年和 1836 年是英国经济的繁荣时期，但投机盛行造成了大量黄金外流，从而导致了市场紧张。有一种观点认为，在英格兰银行提高利率以降低负债之前，经济繁荣时期就已过去；因而，从紧的货币政策与大宗商品价格的下跌一起引发了危机，这迫使英格兰银行改变方针，下调利率并发放信贷。[50]银行学派认为是由于贴现率的提高导致了现金的快速回流。此外，货币学派则对此持两种另外的观点：一种观点赞同银行学派的上述观点，而另一种观点以欧文斯通伯爵为代表，认为中央银行存在政策时滞，因此要求指定一定的最后贷款人行使职能以填补这一时滞缺口。[51]

霍特里指出，在商业银行及其内部传导机制之间可能存在时滞：

> 银行家们也许会采取正确的措施，但之所以爆发经济恐慌，是由于他们采取措施的过程太长：他们也许真的检查出了当时的基本危险因素……终止新订单带来的压力……但新的信贷需求仍然很高，现金枯竭的现象也依然存在。结果可能是银行爆发恐慌情绪，它们并不了解它们所采取的措施（即清理老订单储备）明显无效的原因，绝望地认为很难将自己从破产的边缘拉回来，因此尽管债务人处境窘迫，他们仍然回收贷款，从而引发了自己和客户的一系列破产。

事实上，这时的根本问题是无法找到完美的标准帮助银行把信贷发放总额控制在一定范围内。[52]

除政策时滞及政策失误外，在财务困境初期，政策当局的轻率行动也可能引发经济恐慌。1836 年夏，美国银行不断增加向英国股份银行的承兑贷款额度，英格兰银行为提示风险，拒绝贴现与其有关的票据，并要求其利物浦代理机构，不得贴现 3 家 "W 字母打头的美国银行"（即维金斯银行、威尔德斯银行和威尔逊银行）发行的票据。这一 "报复性" 行动[53]立即引发恐慌，[54]英格兰银行不得不改变政策，于当年 10 月与 3 家银行进行磋商，并于 1837 年春扩大了贴现额度，但仍无法阻止其在 6 月破产的命运。英格兰银行本意是阻止信贷的过度扩张，但信贷之敏感、预期变化之快，远超其预期。

银行挤兑也是经济恐慌的重要表现，发端于普通储户的挤兑行为，最终可能成为系统性风险事件，20 世纪 80 年代，俄亥俄、马里兰和罗得岛等地银行就曾遇到此类麻烦。联邦存款保险公司是一家国有保险公司，仅收取少量保费为银行提供存款保险，所有在联邦注册的银行和储贷机构都必须参加这一存款保险体系，但上述地区的一些银行却并未参加。另外，股票市场恐慌常常被认为是进行大笔交易的内部投机者，或诸如共同基金、养老基金和保险公司等机构投资者集中出售证券的结果，有的也许遵循了类似于程序贸易的模式。对富兰克林国民银行的挤提是由其他银行进行的，尤其是地处纽约且拥有大量资金的银行，它们拒绝在富兰克林的外汇期货交易中履行义务借给联邦资金，或购入富兰克林国民银行发行的大额定期存单，除非是以很高的利率成交。这种高利率要求反映了它们对富兰克林国民银行的不信任。[55]伊利诺伊大陆银行 1984 年出现的危机使其他大银行在存款到期时不愿续存，致使其在联邦基金市场和离岸金融中心同时出现资金枯竭。小额存款人的利益受联邦存款保险公司的保护。在 1987 年 10 月股票市场的崩溃中，波士顿对冲基金中的菲德里蒂（Fidelity）集团，是在 10 月 19 日纽约股票交易所开市前伦敦市场上的一个大卖家。它发出的这些交易委托被反馈回纽约，以至于开市时，卖出的交易委托就已经堆积如山。面对股票市场上信心的丧失，许多对冲基金持有人在此之前纷纷赎回了自己的基金份额，菲德里蒂未能迅速作出反应。因此，当出现现金缺口时，该对冲基金不得不出售股票以获得现金，而这一行为恰恰发生在股市崩盘之前。

在 1997 年亚洲金融危机爆发之初，国际货币基金组织的救助措施引发了印度尼西亚国内一系列银行的破产。国际货币基金组织要求印度尼西亚政府将其国内最大的 15 家私人银行国有化，并对其提供资金支持。事实上，这相当于给这 15 家银行提供了存款保险。但这一措施造成了其他私人银行的危机，随着存款人在银行破产之前争相挤提存款，这些银行很快便倒闭了。

崩溃与恐慌

经济崩溃意味着资产价格崩溃，也许其诱因是一家重要企业或银行的倒闭。而经济恐慌，也就是"没有任何原因的突然逃亡"（其出现可能来自于擅长制造恐怖袭击的潘恩大帝），可能发生于资产市场或从流动性较差的资产向较好的资产（如货币和政府债券）突然转换的过程中。但在此过程中，政府是不会垮台的，因为它可以不停地印发新钞票。金融危机的爆发可能涉及其中的一种或两者兼备，其顺序可以任意排列。南海公司和索沃德银行（Sword Blade Bank）的崩溃几乎将英格兰银行拖垮。而 1929 年的"大萧条"和纽约股票市场的恐慌加速了其他资产市场上的变现，如商品市场上的变现，最后导致信贷市场崩溃、工人失业、生产停滞。但它并未导致货币市场恐慌，即未出现利率急剧上升或银行挤兑等恐慌，这也许是由于美联储采取了扩张的政策，将大量流动性注入纽约市场的结果。[56] 1893 年，由于市场对美国在面临白银利息压力的情况下继续保持金本位制度的能力缺乏信心，货币市场面临压力，并最终演变为对银行倒闭的恐慌，并给证券市场带来了压力。[57]

这里存在一个连锁反应机制。贷款减值使资产价格和大宗商品价格不断走低，价格下跌降低了抵押品价值，银行开始回收贷款或拒绝发放新的贷款，这迫使商业企业出售商品、清理库存以回笼资金，这又将导致商品价格的进一步下跌，从而造成更多的企业倒闭。投资者出售证券，企业推迟偿还欠款、不再进行生产投资，都将使商品价格进一步下跌，也会导致抵押品价值的进一步下跌。如果企业倒闭，银行贷款成为不良贷款，银行也会随之倒闭。随着银行倒闭，存款人会抽回资金，在存款保险制度建立以前尤为如此。

随着存款被抽回，银行要求回收更多的贷款，因此，会有更多的证券被抛售。交易改革、工业企业、投资者和银行都极其需要资金——在这种情况下，质量最差的证券已找不到买家，只能出售其持有的信贷质量最好的证券，而证券价格也会随之下跌。陷入困境的企业、公司和居民也许会在一段时期里按兵不动，希望价格能够再次上升,使得受损的贷款重新从低谷中走出。而稽核人员也许会以另一种方式看待银行的贷款和证券价值,他们将根据成本而非市场价值来核查贷款和证券价值,延长贷款期限,或向处境窘迫的借款人发放新的贷款,以使他们有能力支付当期利息。但当银行破产时,就必须解决坏账这一棘手的问题。价格、清偿力、流动性以及对现金的需求都是相互联系的。正如斯普拉格所说,不仅仅是银行机构,而且还有居民、企业和银行,它们"十分类似于一排砖,抽走任何一块都会威胁其他各方的稳定"[58]。这一比喻虽然是陈词滥调,无疑却是十分恰当的。

在经济恐慌的高峰阶段,很难获得新的资金。人们对此的描述往往是夸大其词的,但至少对 1825 年的情形的描述是真实的:

12 月 20 日,桑顿公司破产,标志着村镇银行破产的高潮,令隆巴德的银行家们坐立不安。周日,其代表给英格兰银行行长打电话,告诫其若批准该机构破产,将会引发 47 家有关村镇银行出现系统性风险,甚至导致银行挤兑。

最终,英格兰银行批准了该企业的破产申请,并引发公众恐慌。当时,每个人都渴求资金,但无论以何种条件,都很难获得资金。《时代》杂志观察员评论道:"人们不再关注证券的安全性和收益性,而仅关注其流动性。"[59]

胡斯克伊森认为,这正是 73 家银行破产后真实情况的写照,短短 24 小时,英国就由信用货币时代回归至物物交换时代。[60]正如英国公爵谈及这一事件时所说:"这是一件好得令人诅咒的事情——是你一生中难得一见的挤提。"[61]为重建货币信用,英格兰银行不断用白银兑取法兰西银行的黄金。最终,在其耗尽 5 英镑、10 英镑面值(当时英镑发行流通的主要品种)的钞票储备后,在库房里意外发现 1797 年遗留的一批 1 英镑面值钞票。在政府作出兑换承诺后,这批纸币于 12 月 17 日发行,并"产生了令人惊讶的效果"。[62]

美国也出现过类似情形。1857 年,纽约股指从 93 点下跌到 61 点(也有资料称从 96 点下跌至 36 点),[63]猪肉从每桶 24 美元跌至 13 美元,面粉从每桶 10 美元跌至 5、6 美元。[64]9 月,由于宾夕法尼亚、马里兰、罗得岛和弗吉尼亚等地多达150家银行破产，市场利率从15%飙升至24%。10月，恐慌情绪达到顶点，共有1415家银行破产，年化后的短期拆借利率上升至60%～100%。[65]恐慌导致利率高得离谱，隔夜拆借利率达到4%。1884年，最高信用等级商业票据的隔夜贴现利率曾达到4.5%～5%。[66]1907年，恐慌苗头初现，流动性风险溢价曾日利率推至5%。[67]当时一银行在哈佛与耶鲁的足球赛中，以48美元的价格出售面值为1000美元的入场券，就是为了快速回笼资金。[68]2001年，美联储货币政策风云突变，调低联邦基金利率，矫枉过正的政策举动严重影响了股市，导致不动产再融资高潮。数百万美国人通过房产抵押获得再融资，用于购买汽车等耐用消费品，甚至出国度假消费。美联储将其基准利率（一年期联邦储备基金利率）降至1%，当时的通胀率为2%，真实利率为−1%。负利率导致美国房地产市场空前繁荣，纽约、波士顿、华盛顿和洛杉矶等地房价大幅上涨。人们一直在讨论：股价下跌带来的通缩效应，是否已被房价上涨带来的泡沫效应所抵消。

暴雨过后，洪水会随即消退吗？经济的繁荣与衰退如何从一个市场（国家）扩散至另一个市场（国家）？所采取的抑制经济恐慌的国内国际措施为何对此毫不奏效？

第六章 | 投机过热与纸面财富

让我们回顾一下世界现有的摩天大楼的建设史。纽约的帝国大厦——1250 英尺——建于 1929 年,泡沫的顶峰;20 世纪 80 年代末,世界上 80% 的摩天大楼都建在东京。而到了 90 年代中期,摩天大楼的建设都转移到中国上海和北京;此后,摩天大楼建设热潮又席卷至波斯湾地区。2010 年竣工的阿联酋迪拜的哈利法塔成为如今的世界第一高楼。

摩天大楼就像金字塔,铭记着金融危机的疯狂、惊恐和崩溃。摩天大楼盖得越高,防火梯、电梯等公用设施面积占比越高,相对于可租用的面积来说,不可租用的面积将增加。此外,摩天大楼对地基和底层承重要求更高,需要更坚固的应力设计(一般而言,土地价格越高,摩天大楼的经济意义越大——但这一规律似乎只在东京、中国香港等地应验,而波斯湾地区和马来西亚有大片土地可供开发,并不适用这一规律)。

这些动辄八九十层,甚至上百层的摩天大楼正是资产价格泡沫的视觉象征——同时也是政府和私人企业炫耀自身财富的方式。一种"我们的更高"综合征。更多的音乐厅、艺术博物馆、学生活动中心等也是资产价格泡沫的表现。随着经济投机过热、资产价格暴涨,很多人实现暴富,富人(富裕家族)也更热衷于资助这些文化中心的建设。

为什么人们总在资产泡沫见顶时建摩天大楼?当被问及为何抢劫银行时,美国臭名昭著的银行大盗威利·桑顿的话可谓一针见血:"因为那儿钱多。"的确,资产泡沫膨胀带来财富快速增值,也会导致很多平常看来不切实际的经济行为——如挥霍财富。

表 6.1　世界第一高楼记录不断被刷新

排序	第一高楼	地点	落成年份	高度（英尺）
1	哈利法塔	迪拜	2010	2717
2	台北 101 大厦	台北	2003	1670
3	上海环球金融中心	上海	2008	1614
4	环球贸易广场	香港	2010	1588
5	约翰·汉考克大厦	芝加哥	1969	1499
6	国家石油公司双塔	吉隆坡	1993	1483
7	紫峰大厦	南京	2009	1480
8	威尔斯大厦	芝加哥	1974	1450
9	特朗普国际大厦	芝加哥	2009	1389
10	金茂大厦	上海	1999	1380
11	国际金融中心	香港	2003	1362

2002—2007 年，公务机销售井喷，"湾流"系列公务机一度供不应求，很多买家不得不排队等待其订购飞机排产，有的买家实在没有耐心等待，不惜多花费上百万美元"加塞费用"，以更早得到飞机。在 2008 年金融危机爆发后，这一怪现象明显减少，而 2013年后又出现了。

经济繁荣与资产价格泡沫间也有着很强的联系。我们都知道，20 世纪 80 年代末日本最畅销的书之一是《日本第一：美国的教训》。在泰国、马来西亚及其周边国家的资产泡沫破裂之前，世界银行也曾推出一本名为《东亚奇迹》（*The East Asian Miracle*）的书。随着美国股市泡沫的破裂以及美国财政赤字危机的不断加剧，关于美国新经济的报道也越来越少。

资产价格与 GDP 增速之间的一条传导途径是由于资产价格的上涨使居民财富增加，随着资产价格的上涨，居民的财富和储蓄目标很容易达到。居民会将其增加收入中的更大部分用于消费支出，更少部分留做储蓄。另一条传导途径是通过股票价格影响投资支出。随着股票价格的上涨，企业可以从现有投资者或新进入投资者那里以更低的成本获得更多的资金，很多原本盈利预期不太理想的项目也纷纷上马。然而，对于股票价格不同的企业来说，"使用资本的成本"也各不相同：股票价格越高，资金成本越低，其对厂房和机器设备的投资也越高。

有这样一句话"股市是经济的晴雨表"。在过去的三次"大萧条"中，股票市场已经很好地发挥了"晴雨表"的功能。美国在20世纪30年代初的"大萧条"出现之前，股市已经历了4~6个月的深跌。20世纪90年代初，日本的股市和房地产市场双双暴跌，随之经济也出现了深度调整。

财富变化与消费支出变化之间存在着一种对称关系；经济景气性差，则资产价格下跌。在经济繁荣阶段，企业为增加市值，会不断举债经营。银行也会增加信贷供给，并放松其贷款标准。而当资产价格泡沫破裂时，银行将不得不承担大量呆坏账损失，有的银行甚至会出现资本金不足的情形，它们不得不宣告破产、被其他资本金充足的机构兼并或接受政府资本注入，以获得新的资金，继续维持下去。美洲银行并购全美金融公司，就是因为后者倒闭对市场风险敞口影响很大。但是由于全美金融公司的抵押贷款资产已经出现巨大的信贷损失，美国政府不得不出手相助，才能推动此项并购交易的顺利完成。

资产价格与经济景气度之间强烈的正相关关系提出了关于影响机制的方向问题，即这种影响是由资产价格影响到总财富，再影响到经济整体，还是从经济整体影响到资产价格？

经历从中央指令式经济到市场经济的转变后，阿尔巴尼亚出现了高息揽储骗局。事实上，很多转轨国家都曾有类似经历。在转轨过程中，银行监管缺位，银行高息揽储十分普遍，动辄承诺30%~40%的月利率水平。如果真能达到这一水平，财富增长将相当惊人，如月利率为35%，储户年初将1000列克（阿尔巴尼亚货币单位）存入银行，到年底，其本息额将高达64000列克。陷入骗局的储户只看到巨额回报，却忽视了本金安全。利息收入远远高于其劳动所得，有的阿尔巴尼亚人甚至辞掉工作，靠利息收入度日。账面财富迅速增长必然产生财富效应，也推动消费水平不断提高。而设局者只有不断吸引资金，才能支付前期资金的利息，维持这一骗局的运转。

当骗局大白于天下时，整个阿尔巴尼亚都为之震怒，居民财富严重缩水，人们不得不节衣缩食、增加储蓄，经济产出迅速下降，经济增长陷入停滞。

资产价格泡沫（至少是严重的资产价格泡沫）总是与经济繁荣相联系的。与之相对应，资产价格泡沫的破裂也总是与经济萧条相联系，并可能带来大量金融机构的破产。金融机构的破产会摧毁信贷渠道，并对整体经济产生影响，导致经济复苏疲软。

郁金香投机狂热

本书所研究的最早的危机是荷兰郁金香花球茎投机狂热。1636年秋，荷兰郁金香价格涨了数倍，部分珍稀品种更是暴涨。一些分析人士（尤其是笃信经济理性和市场效率人士）质疑，能否将郁金香花球茎价格上涨视做泡沫？郁金香花球茎的种植类似蛛网增长模型，一旦种植，花球茎需要经过 6~8 个月的成长期才能开花，且每一个花球茎都可以繁殖出很多小花球茎。

但无法解释为什么不同品种的郁金香，不仅仅是珍稀品种，而且如金冠、瑞士人或白冠等常见品种，都在所谓花市或其他农村地区的公共场所进行同样的交易，其价格也同样经历了暴涨与暴跌的轮回。[1]

一个很有趣的事实是针对郁金香投机的狂热始于 1636 年 9 月以后，事实上，那时已经不可能检查郁金香花种，因为按照正常程序，所有的花球茎此时都已种植入土，这样才能在来年春天开花。很多花球茎买家购买的是埋在土里的花球茎，他们在购买时根本没有看到其真正的成色。因此，1636 年 11 月到 12 月及 1637 年 1 月对郁金香的疯狂追逐是在没有任何样品参照的情况下进行的。

当时人们的交易方式往往只能以物物交换的形式通过分期付款进行。[2] 历史学家西蒙·查马提供了大量史料，有助于了解当时的真实情况。当时，购买一磅白冠花球茎（荷兰语中称为 Witte Croon，由于是普通品种，因此按重量出售），应用分期付款方式，共需支付 525 荷兰盾（一般是来年 6 月交货）。但如果以物物交换方式兑付，则价值4头奶牛。另有为购买郁金香花球茎，通过物物交换支付了成片土地、房屋、家具、金银器皿、油画、服装、马车和一对纯种良驹。另一个例子中，买家为购买花球茎交付价值为2500荷兰盾的商品，包括2拉斯特（一种重量单位，因商品和地区而异，一般4000磅上下。）小麦、4拉斯特黑麦、8头猪、12只绵羊、两车葡萄酒、4吨黄油、1000磅奶酪、一张床、一些衣料和一只银桶。[3]

郁金香价格的变化与经济情况并不是相互孤立的。17世纪20年代，在经过了12年的休战后，荷兰与西班牙之间的战争再次打响，荷兰经济一直处于萧条状态，但在30年代却有了大幅的复苏。荷兰东印度公司的股票价格在1630—1639年翻了一番，其上涨主要在1636年初以后，该股票价格从1636年3月的229荷兰盾上升到1639年8月的412荷兰盾，到1640年，又上涨了20%，达到了500荷兰盾。17世纪30年代早期，房屋价格下跌，但到了30年代中期却又"暴涨"，同时，各方也大量投资于下水管道工程、西印度公司和运河。[4] 杨·德·弗莱斯曾提到一个名为Tre kschuit的运河游艇项目，1636年上马，1640年就达到"狂热"。该项目开发了运河两岸的城镇，确保随时可以乘船旅行，不必受风向、天气限制。1636年，该项目确定了两条从阿姆斯特丹到小城镇的路线，其中的一条在雷登和德尔福之间。1659年和1665年，工程建设进入高潮，德·弗莱斯将该项目的投机热与郁金香投机狂热相联系，并将其与1622—1660年荷兰经济飞速增长相联系。[5]

约翰逊·伊斯雷尔写道，应将郁金香投机热与荷兰经济繁荣的背景相联系，"小城镇生意人、小饭馆老板和园艺家们"把辛苦挣得的大部分财富投向其他项目，导致投机过热。[6] 这一观点支持了盖伯的观点，即也许根本没有发生过所谓的郁金香投机狂热，因为在郁金香价格下跌之后并没有出现经济衰退。[7] 实际上，1650—1672年，荷兰经济极度繁荣，豪宅林立，城市建设大行其道，绘画业也很兴盛，但随着1672年法国入侵，荷兰的城建和绘画产业出现了崩溃。在此之前的17世纪40年代，荷兰经济增长已有所放慢。[8] 繁荣的顶峰阶段，出现了"钟表热"和"钟楼热"，在雷登的大型运河游艇码头高塔的顶门上，都装上了一座大钟，以确保游艇准时。[9]

是否是由郁金香花球茎价格下跌带来了经济的整体萧条呢？答案是肯定的。其中的联系机制在于居民意识到自己财富的缩水，减少了消费支出，才导致经济崩溃。

股票市场与房地产市场

股市的泡沫与房地产市场的泡沫是相关联的。两个市场之间存在三条联系渠道：第一条渠道是在很多国家，尤其是小国和处于工业化初期的国家，房地产公司和建筑企业以及与之相关的企业（包括银行等）的市场价值在股票市场中占有举足轻重的地位。第二条渠道是那些通过房地产价格泡沫迅速积累大量财富的人，会有强烈的意愿使其资产组合尽量分散化，以控制房地产市场的投资风险。但除了选择进入股票市场外，其他的投资渠道还非常有限。第三条渠道与第二条渠道类似，即那些通过股票价格上涨而获利颇丰的人，倾向于购买更大、更昂贵的房子，也更倾向于购买第二套房子。曼哈顿的房价走势与纽约股票市场走势就是密切相关的。

霍默尔·哈伊特跟踪研究了芝加哥经历的五轮房地产周期后，出版了《房地产周期百年史》[10]，将美国1928—1929年的股市表现与土地、住宅用地、商业房产的价格走势综合研究，发现其密切相关，几乎同涨同跌，并引用1890年4月《芝加哥论坛报》的观点：

在经济繁荣转而崩溃的废墟上，发现了这些人的杰作，他们在买进房地产的同时明知价格虚假，但仍然愿意以此价格购进房地产，仅仅是因为他们知道会有更傻的人从他们手中买走这些房地产，并带给他们相当大的利润。[11]

芝加哥仿佛成了地产投机的代名词，1870—1871年普法战争胜利后，柏林也出现地产投机热潮，人们将其称为"斯普利河上的芝加哥"。[12]1873年，纽约股市表现强劲，导致了柏林和维也纳的房市繁荣。有一位作家声称，在1871年的芝加哥，每两个男人或四个女人中就分别有一个投资房地产。[13]该阶段，投机泡沫一直不断膨胀, 直到 1873 年夏。

投机狂热从一个市场向另一个市场的蔓延反映出当价格快速上涨时, 先来的投机者纷纷撤离市场。获得投资收益不要求任何特殊的专业技能。当股票市场崩溃时, 股东们, 尤其是那些以高价买入股票的股东, 发现自己陷入麻烦, 因而不得不想办法从负债中脱身。而那些财物杠杆比率较高的投资者也会很快发现财富缩水速度如此之快, 使得他们只能选择尽快出售其持有的股票。

房地产投机者一开始并不会感到懊悔。他们的债务不是经纪商所发放的隔夜贷款, 而是来自银行的长期贷款。他们拥有实际资产, 而不仅仅是账面上的资产。他们可以等待他们所期待的很快到来的经济复苏。

投机的降温导致房地产投资需求日渐低迷。然而, 税负和贷款利息却照收不误。哈伊特曾在书中极富预见性地指出, 经济情形恶化是缓慢而无情的, 房地产投机者的情况越来越糟。其放款人, 尤其是银行也备受煎熬, 不得不承担大量的信贷损失。在 1933 年的芝加哥, 200 家银行中有 163 家出现信贷违约。1930—1933 年, 美国共有 4800 家银行倒闭, 导致银行倒闭的最大原因是房地产贷款, 而不是股票经纪人的破产。[14]

哈伊特的分析直至今天仍具有相当大的启发意义。尤其是其对股票市场和房地产市场的分析, 对理解 20 世纪 90 年代日本股票市场的崩溃具有重要意义。房产价值的大幅下跌使很多不动产抵押贷款借款人不得不选择违约。银行贷给信用合作组织和其他类型的金融公司的贷款也出现了大幅减值, 这是由于这些机构也曾发放了大量的不动产抵押贷款, 承担了巨额的信贷损失。银行由于持有大量不动产信用贷款, 减值冲蚀了其资本金。

1987 年 10 月美国股票市场发生了严重问题, 美国货币当局为了控制经纪人贷款出现风险而向银行体系注入了大量资金, 从而迅速解决了这一问题。当时实施的 50% 的保证金比率要求很有帮助, 但这一政策对资产投资的保险却没什么好处。因此, 房地产市场经历了漫长的痛苦时期。房地产建设速度放慢, 新建设项目也推迟上马。写字楼空置率急剧上升, 但上升速度有时并不一样, 这往往取决于地理位置，取决于该项目是否处于市中心、中间地带，或是处于 20 世纪 80 年代经济繁荣时期形成于郊区的"城市边缘地带"。

洛克菲勒中心的案例是对哈伊特观点的经典说明。在位于曼哈顿中心地带的洛克菲勒中心被出售给三菱实业后，洛克菲勒公司拥有了价值 13 亿美元的不动产抵押贷款债权。抵押品由一家不动产信托投资公司（也就是所谓的 REIT）持有。1987 年，该信托公司试图增加信托收入，主要手段是利用短期贷款购回正以折扣价格出售的债券，获得的收益用于支付红利。1989 年，由于房地产市场情况加速恶化，该信托公司决定出售信用证，付清短期债务。该公司的董事会主席说"这是当时能做的最审慎的选择"。[15] 也许，正是哈伊特的书让他了解到在股票市场崩溃后，房地产市场将长期处于萧条。经过了一段较长的痛苦时期以后，该信托公司破产了。

日本房地产价格泡沫是从 20 世纪 50 年代开始的。第二次世界大战使日本经济遭受了严重的创伤，在此之后，日本的名义 GDP 和实际 GDP 都出现了快速上涨（仅在 1951 年，人均收入水平出现了衰退，降到了 1940 年的水平）。日本出口额快速增长，出口商品范围从廉价的玩具、纺织品，到自行车、摩托车，再到钢铁、汽车、电子产品等，包罗万象。从 80 年代初到 80 年代中期，日本政府的金融管制不断放松。20 世纪 80 年代中后期，日本银行为了刺激世界经济复苏而不断通过增加货币和信用供给，从而抑制日元升值。

日本的房地产价格不断上涨，但其波动性也逐年增加。由于金融管制的影响，20 世纪 50 年代至 70 年代，日本的真实利率水平都是负的，即名义利率水平低于通货膨胀率水平。如果将 1955 年的六大城市房地产价格指数设定为 100，那么到 70 年代中期，该指数就已经达到了 4100，1980 年上涨到 5800 左右，进行房地产投资的人是日本国内为数不多的真实收益率为正的群体。在整个 80 年代，房地产价格增长了 5～6 倍。[16] 在日本房地产泡沫最为严重的时期，日本全国的土地价值是美国全国土地价值的 2 倍。日本房地产价值总额与 GDP 的比率是美国同期指标的 4 倍。[17]

1949 年 5 月日经 225 指数的基期数值为 100 点，到 20 世纪 80 年代初期，该指数就已上升至 6000 点，经历了 80 年代后半叶的快速上涨后，1989 年日经 225 指数上涨到 40000 点。随着股价的上涨，总市值的增长也很快，1983 年，日本股市的总市值为 1200 亿日元，到 1989 年，达到 2800 亿日元。[18]

日本股市的火爆很大程度上源于房地产价格的飙升。房地产业的上市公司在日本股市中占有举足轻重的地位，很多房地产公司在东京和其他主要城市的中心区都有大量的土地储备。房地产价格的上涨和金融管制的放松使日本国内大兴土木，房地产业空前繁荣。银行通常拥有大量的房地产和股票投资，因此，资产价格的上涨直接导致银行股票价格的上涨。日本的银行通常允许借款人以其房产作为担保进行贷款，随着房地产价格的上涨，担保品的价值不断提高，银行可以为借款人提供更多的贷款。而当时的日本银行为了尽快在规模上超过欧美银行，非常急于扩大其业务规模，因此，也乐于为借款人提供更多的贷款。而当时日本的工业企业也更加愿意借款进行房地产投资，因为房地产投资获得的回报率远远高于钢铁、汽车、电视等传统产业的回报率。

来自美国政府的压力是日本放松其国内银行管制的重要原因，而这又助长了银行信用支持股票和房地产投机的行为。美国之所以要求日本放松银行管制，主要有以下两个原因：一是由于美国的银行管制较松，日本金融企业进入美国较为容易，而美国金融企业进入日本市场就要困难得多；二是由于当时美国出现了严重的财政赤字，美国财政部希望日本金融机构购买更多的美国国债。

日本放松金融管制的步伐一发不可收拾，[19]其中，尤为抢眼的是对大额存款利率管制的放松。大额存款门槛从 10 亿日元（存款期限为 3 个月至 2 年），下降至 1986 年的 5 亿日元、3 亿日元，1987 年进一步下降为 1 亿日元（期限为 1 个月以上），1988 年又下降为 5000 万日元、3000 万日元，到 1989 年，降至 1000 万日元。[20]同时，日本银行不断下调贴现率水平，从 1982 年的 5.5% 下调至 1983 年的 5%，1986 年的 3.5%（1986 年的下调是与美联储和德意志银行同步推出的）和 1987 年的 2.5%。但美联储于 1987 年中期，德意志银行于 1988 年，分别开始上调基准利率，日本则直到 1989 年 12 月，新任日本银行行长三重野上任后，才开始改变其政策基调。因此，日本 1990 年 1 月的经济崩溃不可避免。危机爆发之时，正值银行丑闻揭露之际，有人告发一些银行与客户勾结，对优质贷款计提呆账准备，并篡改账目，欺诈丑闻更加剧了危机。[21]

日本经济繁荣表现在很多方面。首先，企业投资大幅增加。1970 年，赫曼·卡恩出版的《未来的超级强国——日本：挑战及应对》所描写的情景几乎成为现实。[22]日本企业占领全球市场，建筑业蓬勃发展，摩天大楼越盖越高。同时，大量高尔夫球场建成，一座邻近东京火车站的办公楼命名为"太平洋世纪中心"，可见当时日本经济的盛况。

梵高的《加歇医生画像》及艺术品价格

1990 年，一位日本企业家斥资近 9000 万美元购买了荷兰后印象派艺术家梵高的画作《加歇医生画像》。为何是 9000 万美元？因为流动性充斥，而且多半是借来的资金。整个 20 世纪 80 年代，日本商人购买了超过 1 万件法国艺术品。后来，这些艺术品大多被运往日本，但后来很多在拍卖行以十分之一的价格被重新卖掉。在 20 世纪 80 年代及 90 年代初运抵日本的大多数艺术品已经离开日本。通常情况下，每件艺术品在日本的第二任拥有人是日本的各大银行。20 世纪 80 年代，购买西方艺术品在日本成为时尚，很多买家借此赚得了大笔利润，日本的银行也乐于为其提供贷款。

中国房地产价格与中国艺术品价格之间也有明显的正相关关系，不管是历史艺术品还是当代艺术品。

2014 年秋季拍卖会上，克里斯蒂拍卖行和索斯比拍卖会都创出了天价记录，很多绘画作品的成交价格都远远超出了此前拍卖行的预期。借此，可能有人会得出艺术品的真实回报率更高的结论。令人吃惊的是，根本就没有对艺术品真实回报率的综合研究。媒体关注的是其拍卖价格，而非平均价格。

1989 年最后一个交易日, 日本股市创出新高, 随后一年下跌了 30% 。至 2002 年, 日本股市比高峰时下跌了 20% 。日本房价下跌相对较慢, 但下跌周期比股市长得多。

资产价格下跌的结果造成了很多日本金融机构资本金严重不足, 但由于有政府的支持, 仍然在维持经营。少量金融机构被要求破产, 但没有储户因此受到损失。部分日本商业银行购买了数以万计的法国油画等艺术品。很多高尔夫球场不得不面临倒闭。

随着经济增长放缓, 通胀率不断下降, 甚至出现了通缩情形。很多银行不得不出售其持有的艺术品, 就如在沙漠里, 黄金毫无意义, 水才是保命的。很多银行收回担保品, 并急于变现, 使得日本通缩压力进一步加大, 经济陷入 "债务紧缩陷阱" 恶性循环中。[23] 在当时的日本, 每个月都有 1000 家企业破产。政府出面拯救了三家大型信用合作社, 但由于持有的外国资产损失惨重, 部分银行(保险公司) 情况更为严重。日本有经济学家将其下一个十年面临的问题概括为——"债务、通缩、坏账、老龄化与管制放松"。[24]

商品价格、资产价格与货币政策

日本银行贴现率的下降, 尤其是 1986 年以来贴现率的调低是七国集团对其不断施压的结果。这是在人们普遍认为日本总体价格水平长期稳定的事实下开始的, 它滋长了经济泡沫。汇率水平从 1985 年的 240 日元兑 1 美元升至 1988 年的 130 日元兑 1 美元。日元汇率的升值对商品和服务的价格产生了下行压力。[25]

但中央银行是否应关心资产价格, 是一个饱受争议的问题。中央银行一般以价格稳定作为货币政策的首要目标,[26] 其货币政策锚为批发价格指数 (WPI) 或消费价格指数 (CPI), 抑或国内生产总值平减指数 (GDP Deflator)。近年来, 通货膨胀目标制大行其道, 很多中央银行希望将通胀率控制在 2% 以内。但当泡沫破灭影响银行业清偿能力时, 中央银行有无必要维持资产价格? 有观点认为, 资产价格应纳入一般价格水平统计, 因为在有效市场中, 它预示将来的价格与消费变化。[27] 但该观点隐含一个基本假设, 即资产价格由经济基本因素决定，盲从并不会引致泡沫。

传统的中央银行并不愿意通过提高利率降低通货膨胀率。它们更不愿意针对资产价格泡沫采取措施，甚至倾向于忽略资产泡沫的存在，尽管中央银行 2008 年以后宣称早已意识到泡沫的存在。美国股市在 2000—2003 年的大跌就是资产价格泡沫的例子。同样，2006—2010 年，美国住宅价格下跌 30% 表明房地产价格存在泡沫，尤其是在价格下跌更加剧烈的亚利桑那、佛罗里达和加利福尼亚。

问题在于为何美联储以外的人都很容易意识到股价的上涨是不可持续的。而且，20 世纪 20 年代成立的美联储就在其声明中就曾表达过对资产价格上涨的担忧，远远胜过 2005 年成熟的美联储的表现。

第七章 | 伯纳德·麦道夫：欺诈、骗局与信贷周期

　　查理·庞齐是美国历史上著名的银行家，以"庞氏骗局"著称。20 世纪 20 年代初，庞齐在波士顿注册了一家公司，专门吸收公众存款，承诺的年利率高达 45%，远高于当时传统银行 2% ~ 3% 的利率水平。庞齐的操作手法十分直接，利用新吸收的存款向旧储户支付利息，不断做大存款规模。庞齐承诺极高的利率水平，很多客户愿意将其利息转存，以继续获得"利滚利"的高额回报。

　　但当有人兑现收益时，骗局还是会败露，庞齐终因东窗事发而锒铛入狱，骗局仅仅维持了 18 个月。

　　伯纳德·麦道夫一手导演了美国历史上迄今为止规模最大的庞氏骗局。2008 年 12 月，当真相大白时，涉案总额高达 500 亿美元（也有说高达 640 亿美元），造成损失达 200 亿~250 亿美元。麦道夫的把戏是他有一套"价差套利"期权策略——但其细节很枯燥。麦道夫与庞齐的一个重大区别是，其投资者每年可获得 10% ~ 12% 的回报（由于对统计范围理解不同，有人只统计初始投资，有人同时计入"投资收益"，还有人一并计入已兑现的"投资收益"，导致对损失的说法不一）。麦道夫的骗局前后持续达二十年之久，涉及金额之大、持续时间之长，均创庞氏骗局之最。

　　每个设局者都会精心编造一个"故事"，虚构光明的盈利前景。庞齐称其通过将欧洲邮政票据倒卖至美国得暴利，但对其中细节讳莫如深。麦道夫则宣称其依赖可转换价差套利（split strike option）策略可在期权市场获得巨额利润。

　　麦道夫骗局与庞齐骗局的重要不同在于，麦道夫承诺的投资回报率为 10% ~ 12%，略高于股票市场平均收益率，但远高于债券市

场平均收益率。因此，麦氏骗局似乎更"可信"，投资回报也更"稳健"。

相比庞齐高调的行事风格，麦道夫要低调得多，他刻意制造只接受密友理财委托的假象。事后调查发现，其"密友"总数实际多达4500人，主要依赖四五家"支线基金"（feeder funds）吸收资金。各基金管理费提取策略不同，它们在吸收资金时收取1%的费用，之后每年收取1%的费用。检方善后委员会调查发现，这些"支线基金"每年根据其投资额可从麦道夫那里获得40%～50%的回报率。

检方追赃委员会调查发现，麦道夫几乎从未进行证券交易。2008年，有客户要求赎回110亿美元，当麦道夫无资金支付时，其骗局才大白于天下。投资者赎回其投资的原因往往是他们的大部分其他投资亏损严重。

庞齐被判2年监禁，出狱后到佛罗里达从事房地产销售，当时正值20世纪20年代中期的迈阿密房地产泡沫，使其一度又风生水起。而麦道夫则被判150年监禁，其将在狱中度过余生。

庞齐和麦道夫均利用信息的不对称性，并向客户承诺高额回报。金融市场欺诈一般会涉及存货账实不符、虚假投资、虚报利润；而也有一些欺诈涉及窃取内幕信息、外部人试图向内部人获取未公开发布的信息等情况。

资产价格泡沫的破裂往往会揭穿欺诈骗局。当资产价格上涨时，投资者财富不断增值，贷款相对容易申请，可满足日常开支。当资产价格下降时，部分投资者只得出售部分证券获取现金，以维持日常开销。由于变现流动性较差的资产通常会有折价损失，因此，其会先变卖高流动性资产。

设局者都会作出高投资回报"承诺"，这是所有庞氏骗局的共性（麦道夫骗局除外）。企业诈骗的伎俩大致相同，多涉及虚报存货及其他资产价值、高报利润、非公开披露、虚假陈述等。在20世纪90年代互联网泡沫中，安然公司就是一个欺诈的典型。作为一家历史悠久的能源企业，安然公司一直稳健运营，直到90年代中期，为对其扩张行为进行融资，开始进行欺诈行为。2000年美国股票价格见顶后短短几个月内,安然公司就因东窗事发而破产。

腐败涉及资金的总规模难以精确度量。我们只能计算那些已揭露的腐败行为,无法推知那些尚未败露的行为。只有资金链紧张、信贷抽紧、资产价格下降时,腐败才会败露。与信贷投放类似,腐败也具有顺周期的特性。当经济处于繁荣周期时,银行提供给企业的贷款很多,且能够推动经济进一步增长。而当经济不甚景气时,银行发放贷款会更加谨慎,也会对单个贷款人的信贷额度和总信贷投放施加限制。由于无法获得信贷支持,各种欺诈手段会如雨后春笋般不断涌现。

多数欺诈行为是违法的,但也有欺诈行为介于违法与不违法之间。如是否应将管理层股权激励视做工资支出成本?如果会计报表附录中披露,这一股权激励计划并未兑现,是否应将此视为其并未对企业成本和利润构成影响?对以上问题作出解答需要考虑企业利润增长的幅度,以及股价上涨的幅度。那些20世纪90年代研究电信公司和互联网公司的天才们,如亨利·布罗吉特(Henry Blodget)、玛丽·米克(Mary Meeker)和杰克·格鲁曼(Jack Grubman)等是否有义务对社会公众作出其对未来股价的理性判断?或者公布其对各公司未来6~12个月股价的目标位?政府是否应设立"真相警察"以避免社会公众被虚假消息所蒙蔽?还是由投资者自己对其投资股票的各种消息作出独立判断?有的行为的确是合法的,但并不是所有的信息都能登上《纽约时报》、《华尔街日报》、《芝加哥论坛报》或《伦敦每日电讯报》的头版,因为阳光可能激发受害者,使其成为欺诈者。安然、世通、阿德菲亚传播(Adelphia)、泰科(Tyco)、南方保健(Health South)及环球电讯(Global Crossing)等公司,在90年代股市泡沫时期都曾是运用金融杠杆的楷模。很多欺诈行为都是在股价不断上涨、泡沫逐渐形成时出现的。资产价格泡沫为欺诈行为提供了很好的掩护。放款人总是愿意增加其放贷总额,因此,高风险的贷款人到期的贷款总是能够获得再融资。投资银行总是愿意相信故事,投资者也很难理性对待其金融收益。

窃取信息和内幕交易

信息的价值在于其对资产价格的影响。第二次世界大战以后，美国很多国会议员一夜暴富——由于其"碰巧"在即将建设州际铁路的道路出入口购得土地。小麦产量信息，实际上是预测信息，对其价格影响甚大，因此，如果能提前获知对小麦产量的预估值具有重要意义。关于企业的单季度净利润数据（尤其当变化较大时），也会引起该企业股票价格的剧烈波动。此外，并购等重大交易决策，也将显著影响企业股票价格。

腐败是多方面的。有的涉及违反法律，可能有政府官员的纵容。大多数腐败涉及信息的滥用，有些人可能提供对利润、股利和可能的并购的不当信息披露。信息也可能被窃取，尽管存在反内幕交易的法律，密切联系的个人仍可能在信息公开发布前寻求获得内幕信息。

2006—2007 年，高盛集团并未对购买其抵押贷款支持证券（MBS）投资者履行全面告知义务。事实上，就在很多投资者争相购买抵押贷款支持证券时，抵押贷款支持证券的发行机构正在大肆做空，投资者和发行机构对其未来价格走势存在明显的预期差。后来，高盛集团为息事宁人，主动向美国证券交易监管委员会（SEC）缴纳了 5 亿美元和解费，其中一半补偿给了其德国客户。

大型注册会计师事务所，是为保护投资者不受公司财务报表数字误导而设立的。一般认为，注册会计师们会对公司公告中的每一个数字严加审查。安达信曾经是全球"五大"会计师事务所之一，曾以注重道德问题著称，却被其所服务的公司所收买，与其雇主一道蒙蔽投资者。那些为安然及世通等公司提供法律服务的律师事务所——每小时顾问费高达 800 美元——是否也应对投资者的损失负责呢？

2007—2008 年，资产价格不断下跌，银行、投资银行等金融机构一直是主流媒体关注的焦点。苏格兰皇家银行（RBS）、西班牙国际银行、富通银行联合竞标，以 1010 亿美元的现金加股票收购了荷兰银行（ABN AMRO）。事后看，对收购方而言，并购的代价极为高昂，而对出售方而言，其决策无比聪明。虽然交易中没有明显的欺诈，但双方达成协议并非在完全理性、经过充分考虑下作出的决策。

美国国际集团（AIG）是全球最大的保险公司，也是在 2008 年金融危机中遭受重创的典型，为避免破产，其不得不接受美国政府巨额财政支持。信用违约互换（CDSs）是导致其陷入财务困境的重要原因，其功能与抵押贷款保险公司类似，购买此类保险的债券持有人，可免受债券发行企业破产造成的违约损失。信用违约互换的功能与私人抵押贷款保险类似，通过购买抵押贷款保险，购房人只需首付两成以下的购房款，即可购买房屋，当其违约时，抵押贷款保险公司承担还款责任。购买信用违约互换，投资者可以获得高风险债券的高投资回报，但不必承担高违约风险。

2003—2007 年，美国房市一派繁荣，抵押贷款市场的欺诈多出现在"零售层面"，借款人未完整披露其收入及信用记录，放款人明知其在刻意隐瞒，却并未采取理性对策。贝尔斯登公司多位高管明知其对冲基金管理的资产质量存在问题，仍隐瞒并误导其投资人——而陪审团却未据此作出有罪裁定。

冰岛的多家银行也被指控企图操纵其银行自身股票的价格。这一行为一般发生在股价开始下跌时，银行家们会将钱贷给其朋友，以帮助其购买银行股票，以此维持股价，同时也维护了银行家个人及其家族财富不受损失。冰岛法院对其本国银行家关联贷款的行为监管非常严格，未来可能有超过十人难逃牢狱之灾。

欺诈和腐败的分类

欺诈、骗局、挪用及强行交易本身就是市场经济的一部分，只不过在一些国家较为常见，而在另一些国家较为少见。欺诈一般涉及提高存货及利润方面的误导信息。此外，在市场经济体制下投资者之间的信息对称的假设下，欺诈有时也涉及窃取信息。

透明国际（Transparency International）每年都会发布各国的腐

败指数。芬兰牢牢占据清廉度第一的位置，冰岛紧随其后（当然是在 2008 年股票价格泡沫之前）；而孟加拉国、刚果和尼日利亚的腐败程度较高。美国在这张榜单上的排名也比较靠前，即美国政府也较为清廉，但美国公司在 20 世纪 90 年代股市泡沫期间以及 2000 年以后的房地产市场泡沫期间的一系列欺诈行为使其距离芬兰等国尚有距离。

传统意义上的欺诈一般会高估存货价值。20 世纪 30 年代末，麦肯森·罗宾斯设下骗局，伪造仓单骗取抵押贷款。20 世纪 60 年代末，比利将租借来的化肥车都算作自有资产，骗得贷款。同一时期，提诺利用油的密度较低，在运沙拉油的车厢里先装入 20 英尺水，再铺上 6 英寸厚的沙拉油，伪装成整车沙拉油，以此骗得抵押贷款。[1]

在承诺兑现时，虚假陈述终会败露，前文提到的欺诈者最终都被绳之以法，因为有人会调查化肥车的真实数量。如果贷款人通过欺诈的手段获得了贷款，放款人的财务人员会发现其中的不匹配。在金融市场上，欺诈一般表现为对公司利润或股价预期的虚假陈述。公司可能为稳定盈利，而人为"操控"利润。亚马逊就是典型，其曾宣称股价到 7 月 4 日会达到 400 美元。再如某家公司宣称其净利润会在未来五年保持 15% 的增长率。金融市场上一些欺诈事件是由于企业对其未来盈利水平或股价的"过度乐观"，导致出现不真实的预测。

华尔街就靠股票发行攫取了大量财富，根本原因在于其用高薪聘请了一群职业人士，能够影响公众判断，使投资者相信其股票未来会不断上涨。从某种意义来讲，他们就像夜总会门口招徕人群的"托儿"，不断鼓动人们购票进场观看演出。股价上涨的概率是下跌的两倍，因此，即使不具备任何专业知识，专家们作出正确预测的概率更高。一般而言，专家们不愿公开唱空，更不会针对某股票公开唱空（如果那样，会激怒该公司，其高管甚至会因此而与该投资银行断绝商业往来，在此威胁下，任何投资银行都不会贸然公开唱空某公司）。有时候，专家推荐的某股票仍会出现下跌，但这仅关乎研究机构的声誉，并不影响其经济利益。他们会将之称之为偶然事件，很快就置之不理。

腐败很难被准确定义，除非经济社会专门制订法律，严格限定非法与败德行为。如果没有规矩或标准，任何行为都是合法的、可接受的，可接受与不可接受行为间的界限模糊不清，则会滋生腐败。事实上，经济社会都有其规矩或标准，核心在于判断可接受行为的关键要素能否不断变革，以降低全社会的交易成本。

各国法律迥异，有的行为在部分国家合法，在其他国家却非法。更有甚者，即使在同一国家，不可接受行为的界定标准也可能因时而变。例如在美国，很多在 19 世纪 70 年代视为合法的金融交易，现在看来都是非法的。即使考虑所有的扰动因素，仍能找到可接受行为的基本标准，犹如《圣经十诫》中的第八诫"不可偷窃"(Thou Shalt not Steal) 就是普遍适用、永不过时的。

事实上，腐败本身就是经济社会的一部分。在 20 世纪 90 年代经济高涨时期，跨越道德法律界限的腐败交易数量大增。资产及大宗商品价格飙升，年涨幅达 30% ~ 40%，人们希望其财富保持同步增值，很多人为此不惜隐瞒真相，编造谎言。畸高的风险回报率，使很多人铤而走险，因为通过违规或欺骗可能获得的财富增值如此诱人，远远超过骗局败露后可能招致的罚金或声誉损失。很多人都打着这样的算盘，只要违规行为不败露，就能一夜暴富，将不义之财据为己有。退一步讲，即使违规行为败露，他们仍可以持有相当比例的灰色收入，被抓进监狱可能性很小。即使入狱也无所谓，很多囚禁白领罪犯的监狱就像一个上流社会的体验式俱乐部。

经济动荡和衰退会使很多人面临财务困境，为避免破产，其可能走上欺诈的道路。今天的一句谎言，可能演化成明天的一场风暴。当经济繁荣不再、亏损浮出水面时，很多人只能豪赌未来的盈利预期，因为只有这样，才能避免破产出现。

巴林银行是伦敦的老牌商人银行，其新加坡代表处只有五六位雇员，尼克·里森是其中之一。里森从事股票期权交易，大量仓位集中于日经 225 指数（日经 225 为日本主要股票指数）期权。总部对里森的交易风险头寸有着严格的规定，限定了他能承受的最大风险对应的资本金。里森大量买卖日经指数的看涨、看跌期权，买入看涨期权意味着赌股价上涨；买入看跌期权意味着赌股价下跌；卖出看涨期权意味着赌股价不再继续上涨；卖出看跌期权意味着赌股价不再继续下跌。无论买入看涨或看跌期权，都必须向交易对手支付风险对价（premium）；而当其卖出看涨或看跌期权时，都可以从交易对手处获得风险对价。

最初，里森手下交易员的失误造成了其交易账户亏损。里森发现后，并但未立即向总部报告，反而卖出大量日经指数看跌期权，企图用期权费抵补交易账户亏损。然而，阪神大地震（Kobe earthquake）导致东京股市暴跌，也为其卖出的看跌期权带来巨额亏损，远远超过风险对价收入，这造成其交易账户亏损额的进一步增加。这时，里森押上两倍赌注，希望通过盈利抵补前期所有亏损。不幸的是，里森又输了。固执的里森仍沿用其"加倍下注"策略应对其账户亏损，以期时来运转，直到赔上整个巴林银行。里森连续做了四五笔失败交易。如果按照传统的"掷硬币"理论，连续错误五次的概率只有三十二分之一。只要其中成功了一次，他的违规就不会成为报纸头条，也不会在新加坡监狱中度过两年时光了。

像里森一样的败家交易员还有很多。爱尔兰联合银行巴尔迪莫分行交易员约翰·拉斯纳克，曾在外汇交易中造成7.5亿美元的巨额损失，直到总行发现损失后，欺诈行为才大白于天下。住友银行纽约代表处的滨中泰男曾是期货市场的风云人物，素有"铜先生"美誉，但其铜期货交易为住友银行带来数十亿美元损失。澳大利亚国家银行五位交易员在外汇市场上也为公司损失了数亿美元。

里森、拉斯纳克等败家交易员在其败露前都进行了不只一次交易。而且，都是由于无法为其损失买单，资金链出现问题，其欺诈才会败露。

当然，还有很多比他们幸运的投机分子，初期遭受了两三次甚至更多次失利后，还能咸鱼翻身。表面上看，银行资本金没有任何损失，其欺诈行为永远不会为世人所知。

本章描述金融欺诈事件的方法是叙述式或逸闻式。《吉尼斯世界纪录》一书并未用专门篇幅记录金融欺诈的交易额之最。美国南北战争后的经济快速繁荣催生了为数不少的金融欺诈行为，直到

19 世纪 80 年代的"镀金时代"（Gilded Age）。而到了 20 世纪 20 年代，很多美国银行家仍然在出售拉丁美洲国家的债券，事实上，这些债券早已违约了。

20 世纪 70 年代石油危机中，国际信贷商业银行（BCCI）获利颇丰。国际信贷商业银行最初在巴基斯坦注册，后在中东、伦敦和其他欧美主要城市设立了一系列分支机构，构成遍布全球的营业网络。随着 20 世纪 70 年代石油价格飙升，国际信贷商业银行迅速扩张，中东地区资金充裕，其很多早期客户都是海湾国家的暴发户。国际信贷商业银行吸引了很多穆斯林客户，并为政客发放贷款，也通过其帮助银行实现扩张，并争取放松金融管制。

在麦氏骗局败露前，国际信贷商业银行是有史以来最大的庞氏骗局。为推迟确认资产损失，其主动为不良贷款提供再融资，很多贷款出现严重减值后，国际信贷商业银行不得不通过会计欺诈来掩盖其损失，并贿赂其审计师。为掩饰贷款损失，国际信贷商业银行从事了大量的期权交易，通过"价内期权"（in the money option）与"价外期权"（out the money option）间定价机制的不完善，掩盖其贷款损失。在这一过程中，国际信贷商业银行仍未放送扩张的步伐，不断将存单出售给其客户。

20 世纪 90 年代初，日本经济泡沫破灭，其国内商业银行承受了巨额贷款损失，那些为房地产投资或股票投资提供融资的银行，损失更为惨重。日本很多地区性银行为服务地方经济发展，将贷款投向高尔夫球场、酒店、游乐场（amusement parks）等项目，导致了巨额信贷损失。这些贷款并不像普通意义上的贷款，借款人只能靠不断获得新贷款才能偿还现有贷款利息。事实上，贷款本金增长的速度与利率相等。这种"永动机"式的融资方式是安全的，因为不动产增值的速度比贷款利率高。

一旦房价下降，贷款审核中的很多欺诈行为就会败露。大阪一家小酒店的女老板从住友银行当地分行申请到了数百万美元贷款。事实上，她与当地住友银行分行经理保持着"良好的朋友关系"，才是其获得贷款的关键。日本黑社会发现从银行搞钱的捷径是虚报抵押财产的价值获取贷款，便收买或威胁审贷人员。很多区域性银行高管为房地产开发商提供贷款，实际将款项挪用于地产项目开发。很多政府工作人员也从事违法行为，提前泄露相关监管政策信息，以从中牟利。

当泰国、马来西亚及其他东南亚国家的金融泡沫破灭时，银行体系也遭受了巨额信贷损失，那些之前沉醉于高速经济增长的贷款人被统称为"权贵资本主义"（crony captilism）。印度尼西亚经济命脉被苏哈托家族控制长达三十年，仅从该国 GDP 增长率上来看，这一经济模式十分成功。当印度尼西亚经济表现好时，银行追着苏哈托家族成员提供贷款，毫不关心贷款项目本身的利润率。

20 世纪 80 年代初，包括储贷协会、存款互助组织在内的美国储蓄机构爆发了危机，当时的一种观点认为，正是为了帮助缺少融资途径的美国人购买其首套房屋，才爆发了这场危机。各类储蓄机构通过出售短期存单获得资金，又将资金投放到长期、固定利率不动产抵押贷款项目上。由于存在期限不匹配的问题，这些储蓄机构就不得不面对"转换风险"（transformation risk），或"久期风险"（duration risk），即短期利率水平与长期利率水平出现不对称变化，致使其贷款获得的利息无法抵补吸收存款的利息支出，而出现负的净现金流。事实上，储蓄机构的利率倒挂问题已持续了 50 年，除此之外，储蓄机构的其他运营状况是健康的。导致交易风险的原因在于美国政府派出机构专门监管银行同业间的哄抬利率拉存款的不正当竞争行为。但到 70 年代后期，随着美元债券利率水平的持续升高，很多存款人将银行存款转变为美元债券或货币市场基金，以获得比储蓄存款更高的利息收入。

如此一来，美国储贷机构不得不面临两难境地。如果其将利率提高至美国国债的水平（假使它们能够说服美国监管当局提高利率上限），存款利息支出会超过抵押贷款利息收入，资本金会被侵蚀，并最终破产。如果出售其信贷资产，由于价格低于面值，它们会面临严重的资本损失。

多数储贷机构还是选择提高存款利率，逐渐破产总优于突然死亡。每个储蓄机构都能算出其每月损失了多少资本金，以及剩余的资本金还能维持多久。

成千上万的储蓄机构最终破产，被联邦储蓄贷款保险公司（Federal Savings and Loan Insurance Corporation，FSLIC）或联邦存款保险公司（Federal Deposit Insurance Corporation，FDIC）接收。而这两家机构都具政府背景，其出售破产机构的优质信贷资产，获得资金记入累积准备金，用于全额偿还存款人的储蓄存款。

短短几年间，联邦储蓄贷款保险公司和联邦存款保险公司在过去五十多年所累积的准备金就被消耗殆尽，资本金也遭到严重冲蚀。由于储贷机构已严重资不抵债，当存款保险机构关闭时，已没有足够资金维持其存款保险信用了，只能推出"容忍"政策，允许资不抵债的储蓄机构继续经营。

毫无疑问，冲销联邦储蓄贷款保险公司和联邦存款保险公司的损失，只能通过两条途径：一是用纳税人的钱弥补亏空；二是提高存款保险费率。显而易见，要求银行拿出更多的保险费为其破产的竞争对手买单是不可能的，第二条路径根本走不通。

美国一些国会议员试图说服财政部为存款保险机构提供更多的资金，以使它们能够全额偿还存款人的存款，并继续关闭破产的储蓄机构。这些官员们希望借助金融危机对金融业重新实施管制。一部分破产的储蓄机构被重组，一家破产的储蓄机构吸收另一家破产的储蓄机构，合并方资产负债表上的资产项目被"粉饰一新"。该提议（更确切地说是该愿望）的初衷在于，经过未来二三十年的经营，吸收方能够获得足够的资金抵补以前的损失。

很多企业家的想法也很乐观，他们认为解决破产储蓄机构的办法在于帮助其增加存款总额和贷款总额，以使其新增贷款产生的利润能够抵补以前贷款的损失。1982 年，美国国会通过法案，放松了对储蓄机构的管制，允许储蓄机构购买几乎所有类型的证券资产。与此同时，将单个存款人在储蓄机构的存款保险偿付的最高限额从 4 万美元提高到 10 万美元。事实上，存款人只需对其存款使用的姓名稍加改变，就能轻松绕过这一限制。如琼斯先生可以在其名下存入 10 万美元，并获得全额存款保险；琼斯夫人也可以在其名下存入 10 万美元，并获得全额保险；琼斯夫妇也可以其夫妻共同财产的名义存入 10 万美元，也获得全额保险。除此之外，其每个孩子都可以在名下开设账户，也可以联名账户的形式进行储蓄，并获得全额保险。

破产的储蓄机构希望能购入所有高利率贷款或证券，因此，它们自然成为"垃圾债券"市场的积极参与者。在其发展之初，只有那些"落难天使"公司才发行垃圾债券，由于这些公司财务状况出现困难，其发行的债券被评为非投资级。非投资级意味着金融机构不会再继续持有这些债券，因此，其收益率水平显著提高。

德崇证券的迈克尔·米尔肯设计了一种新的市场创新工具，极大地促进了垃圾债券市场的供给和需求。20 世纪 80 年代，为刺激经济保持较快增长势头，美国的利率水平不断走低，这也为垃圾债券市场的蓬勃发展创造了良好的市场环境。德崇证券和米尔肯推销垃圾债券的诀窍在于其承诺的收益率水平远远超过了投资级债券的收益率水平，也能够补偿因某一发行垃圾债券公司的破产而导致其所持有的所有债券全部血本无归的风险。

利用垃圾债券融资的大多是米尔肯的朋友或合作机构，其发行垃圾债券融资的目的通常是为了获得某一储蓄机构、保险公司或其他类似机构的控制权，而这些机构也恰恰是这些垃圾债券的主要买家。米尔肯通过"安慰信"（comfort letters）的形式使有意向收购一家现有企业的经理人放心，并承诺德崇证券会为其提供完成收购所需的全部资金。一旦他的这位经理人朋友完成了对某企业的并购，被并购企业很快就会发行垃圾债券，并由德崇证券出面承销，米尔肯再通过其控制储蓄机构和保险公司的朋友们将这些垃圾债券销售出去。为了方便承销垃圾债券，米尔肯甚至通过德崇证券设立了一家共同基金管理公司。

米尔肯相当于有了一部印钞机。当其客户发行垃圾债券时，德崇证券赚取承销费；当向共同基金销售垃圾债券时，德崇证券赚取销售佣金。共同基金向美国公众发行基金份额时，又能够赚取发行费，运作基金还能获得基金管理费。

利益驱使更多的机构加入进来，美林证券（Merrill Lynch）就是帮储蓄机构揽储的典型。加利福尼亚和美国西南部各州的储蓄机构开始提供更高的利率水平,而美林数以万计的证券经纪人成为将全国财富汇集到米尔肯朋友们控制的储蓄机构账户上的重要力量。但有一点是所有储户都心知肚明的——他们放在储蓄机构的钱是由美国财政部担保的。

米尔肯融资支持的经理人们真正的经营管理经验乏善可陈。他们利用美国人民的财富(即由美国政府提供担保的老百姓存在储蓄机构的存款)收购了超过五十家企业。他们购买企业时支付的价格往往高于其公允价值,但问题的关键在于他们用的是老百姓的钱而不是他们自己的。

米尔肯收购的很多企业并不能获得足够的收益偿还垃圾债券的利息。不过毋庸担忧,它们可以发行新的垃圾债券获得源源不断的资金偿还先前发行债券的本息,因为米尔肯的朋友们所控制的储蓄机构会毫不犹豫地购买这些新发行的债券。因此,只要垃圾债券存在,这部印钞机就会不断地运转下去。(这是否会使我们联想到庞氏融资?)

谁料20世纪80年代末,美联储推出了监管新规,禁止储蓄机构购买垃圾债券。垃圾债券市场的流动性瞬间消失,价格一泻千里,债券持有人蒙受了巨大的投资损失。20世纪80年代美国所发行的垃圾债券中大多是由德崇证券承销的,而在这些垃圾债券中,超过半数最终难逃违约厄运。德崇证券也因持有大量垃圾债券而损失惨重,最终于1992年破产。

最终,政府不得不掏出1000亿美元为储蓄机构的损失埋单。假如20世纪80年代初,储蓄机构危机刚刚冒头时,美国国会就采取果断措施将之关闭,对美国纳税人造成的损失可能只有200亿~300亿美元。两种情形造成的损失差距如此之大,其原因在于如果及时关闭储蓄机构就能避免其参与垃圾债券市场,并减少后期的损失。

米尔肯及其家族在这一过程中聚敛了大量财富,最终对他的处罚只有5.5亿美元罚金和30个月的监禁,而他本人仍然是亿万富翁。

垃圾债券的事实和虚构

公司兼并和垃圾债券一直是令人感兴趣的话题。现在让我们看一下关于垃圾债券的报道。这些报道有的是虚构的，但也有的是事实。汤姆·沃尔夫（Tom Wolfe）的著作《虚荣的篝火》（*Bonfire of the Vanities*）描述了纽约金融家的价值观。肯尼·布鲁克（Connie Bruck）在其著作《收购者舞会》（*Predator's Ball*）中描写了垃圾债券购买者和出售者年度庆典时的盛况。影片《门口的野蛮人》（*Barbarians at the Gate*）描述了对 RJR 公司这一潜在收购对象的争夺，从中可以发现，判定潜在收购对象是很困难的。詹姆斯·斯蒂沃特（James Stewart）的著作《贼巢》（*Den of Thieves*）讲述的就是米尔肯和他的朋友们的故事。本·斯特恩（Ben Stein）的著作《盗贼执照》（*A License to Steal*）提供了 20 世纪 80 年代和 90 年代倒闭公司的全记录，并列出了所有接受过德崇证券承销服务的公司名单。

---

20 世纪 90 年代的欺诈事件

20 世纪 90 年代后期，美国连续爆出了多起欺诈、骗局和丑闻。正如前文所提到的，安然公司就是卷入骗局和证券欺诈丑闻的最为知名的企业。安然公司最早由两家天然气管道运输商合并成立，其旗下的安然重工（Enron Heavy）主要致力于管理印度的发电厂和英国、墨西哥的水务系统等。安然轻工（Enron Light）经营范围则更广，包括电力、天然气及其他任何能在能源批发市场交易的商品的生产和贸易。随着对电力市场政府管制的取消，安然迅速发展成能源领域的垄断企业。安然旗下两大业务板块的扩张需要大量资金用于投资工厂、设备、贸易设施和软件系统。为筹措这笔资金，安然发行了一系列债券，并为其投资银行——美林证券和所罗门兄弟支付了巨额佣金。在安然公司各项业务最鼎盛的时期，其公司总资产达到 2500 亿美元，每股价格达到 100 美元，总市值超过了 2000

亿美元，公开发行的债券面值共计 400 亿美元。

在美国 2000 年股市衰退出现之前，安然公司被评为全球第七大企业，并被《财富》评为美国年度最具创新力企业。但随着美国股市衰退的出现，安然公司很快就坠落到破产边缘，股价大大缩水，债券价格也不断下挫。

一个很吸引人的问题是，安然公司的管理层何时放弃了其稳健的能源经营，转而从事证券欺诈？安然公司通过"股票期权"的形式激励管理层努力工作，而管理层通过出售股票期权补偿其经济损失。安然公司的利润增速快，股票价格就会增长得快，也会带动股票期权价格上涨，公司管理层的个人财富增长得也越快。因此，安然公司管理层有驱使公司利润不断上涨的强烈冲动。况且，他们的奖金收入也与公司股价紧密关联。

华尔街的股票分析师们也关注到了安然公司基本面的变化。他们对安然公司的盈利预期越来越不乐观，并认为其盈利状况会逐渐降低。很多最终走向破产的企业的盈利预测都不准确，它们的股价会以 10% ~ 20% 的速度下跌。因此，安然及其他公司的财务总监迫切需要编造利润来迎合股票分析师们的分析。

为实现盈利水平的增长，安然公司与美林证券以及 J. P. 摩根签订了许多售后回租协议（sale-and-lease arrangement），这些协议的标的物多是尼日利亚的发电船。美林证券和 J. P. 摩根与安然公司协议的购买价格远远高于这些资产的市价，通过这种交易，安然公司实现了利润，并借此提高了当期的收益水平。但是，美林证券和 J. P. 摩根并不是慈善机构，它们肯高价收购发电船，必然会在融资租赁期间要求更高的年租金。从安然公司的角度看，它增加了当年的利润，却摊薄了公司未来的利润。

安然公司仅仅关注当年利润的提高，全然不顾对未来造成的影响。因为，它们认为未来利润水平的提高能够掩盖这一成本。

安然公司从事了大量复杂的期货交易，这些期货交易的标的物通常没有很好的价格参照，交割期限在未来 4 ~ 5 年。安然公司账簿上对这些期货交易的估值不断提高，这些并没有兑现的利润也记入了安然公司当年的总利润中。如在 20 世纪 90 年代，比利·索依斯特（Billie Sol Estes）是安然公司重要的合作伙伴，安然公司通过高估租出的农业设备获得了大量利润。

安然公司通过隐藏负债等金融欺诈手段增加了 10 亿美元的当年利润。安然公司的做法是将其负债通过所谓的特殊融资载体（Special Financing Vehicles, SFVs）转移到资产负债表外。很多银行和工业企业都通过特殊融资载体将其负债转移到资产负债表外，这样一来，它们的财务状况就会大大好转，信贷额度也会大大增加。按照特殊融资载体的会计准则，只要有"不相关的独立方"持有该融资载体 3% 的股权，该特殊融资载体就可以不与母公司并表核算。而安然公司只持有为其服务的特殊融资载体 97% 的股权，其他3% 由管理层以个人名义持有以及由其投资银行家持有（表面上看，这些小股东是关联人的可能性很低）。这些投资银行家热衷于向安然公司发放贷款，因为安然公司是很大的一部分承销收入的来源。很多人使用化名作为代持股东，如《星际大战》中的名字。这些实质上与安然公司有密切联系的特殊融资载体先从安然公司取得借款，然后又将这些资金投到安然公司。（那些放款人有多大可能性知道安然公司已深陷造假丑闻？）

与安然公司存在实质关联的特殊融资载体将借来的资金给了安然公司，而安然公司用这笔钱维持自己的股票价格。这多少与尼克·里森的冒险战略有异曲同工之处。如果股价下跌，受损失的是与其暗中联系的特殊融资载体，安然公司并不会受到牵连。这实际上是很老旧的欺诈伎俩，早在 19 世纪，美国铁路公司就曾应用过。

安然公司的破产导致了安达信的垮台。安达信曾是美国最大的会计师事务所之一，早年间，它曾遭到亚利桑那浸会医院（Baptist Hospital of Arizona）、废物管理集团（Waste Management）及其他审计师事务所的指控，但每次都能逢凶化吉。但这一次，在美国证券交易委员会启动对安然公司金融衍生品交易的调查后，安达信仍然在帮助安然藏匿文件、销毁证据，终于遭到了起诉。

安然公司每年向安达信支付 200 万美元的审计费及 2500 万美元的财务咨询费。可能正是为维持收入，安达信丧失了立场，放弃了审慎原则，甚至帮助安然公司造假。最终，安达信会计师事务所于 2002 年被判妨碍司法公正，数以千计的客户拒绝与这样一家身败名裂的会计师事务所合作，直至其最终破产。事实上，安达信只是众多为安然公司提供财务咨询服务机构中的一家，其董事会成员甚至也从该公司获得咨询收入，因此，在董事会中利益也无法实现统一。为与媒体交好，安然公司每年都花费 2.5 万美元召开答谢会。安然公司 CEO 肯内斯·雷（很多华盛顿政客称其为"肯尼小子"）为很多政客提供了大量政治献金。

安然公司高管层中超过 30 人卷入这一事件。其财务欺诈主要有以下三种形式：一是高估收入低估负债提高盈利预期；二是对国税局隐瞒部分高管的应税收入；三是 CEO 肯内斯·雷伙同他人发布虚假信息，隐瞒真实财务状况。初审判定，5 人有罪，1 人无罪开释，另有 15 人认罪和解。

安然公司两大巨头之一的杰弗里·斯基林，面临诈骗、证券欺诈、电信欺诈（wire fraud）及内幕交易等 35 项指控，被判刑 24 年零 4 个月。首席财务官安德鲁·费斯托被判定欺诈及证券欺诈等多项罪名，将面临至少十年的牢狱生活，且不准假释。其妻琳达·费斯托也因税务欺诈而被判刑半年。财务人员本·格里珊因电信欺诈和证券欺诈被判刑 5 年。金融业务主管迈克尔·库珀也因欺诈和洗钱等罪名被判有罪。安然董事会与其股东达成总价值 1.68 亿美元的和解协议，其中 1300 万美元由高管个人支付，剩余部分通过相关保障条款赔付，雷曼公司和美洲银行分别支付罚金 2.22 亿美元和 0.69 亿美元。

世通公司是 20 世纪 90 年代发展最快的通信企业，通过超过 60 桩并购交易，成为美国通信领域的龙头。出生于加拿大，并曾任杰克逊高中体育老师、篮球队教练的伯纳德·埃伯斯是世通公司奇迹的缔造者。世通公司股票维持较高的利润增速，其市盈率水平高于被收购企业，通过发行新股并换股的形式，完成并购。

作为通信领域的龙头，世通公司总能低价收购企业，并购企业的市盈率均低于世通公司，盈利增速均高于世通公司，因此，世通公司股价涨势较好（世通公司不能容忍市盈率高于其自身的公司，因为并购这样的公司会拖累其股价上涨）。很快，埃伯斯就骑虎难下了，维持世通股价，必须不断并购低估值的电信企业。随着世通公司规模的扩张，维持利润增速的唯一途径就是并购越来越大的企业，但市场上剩下的潜在并购目标越来越少，世通公司的利润增长奇迹便难以为继。

世通公司的最后一笔并购是 MCI 通信公司，其是美国通信业最具创新精神的公司，推出的微波通信技术打破了 AT&T 公司长途电话领域多年的垄断。MCI 通讯规模很大，以致世通公司不得不改名为 MCI 世通，为维持其利润增长奇迹，MCI 世通试图并购 Sprint，但最终被监管机构叫停。

MCI 世通公司很快就面临困境，并造就了美国历史上最大的企业破产案。随后调查显示，MCI 世通公司 CEO 将 48 亿美元费用列为投资成本，欺诈总金额达 100 亿美元。其欺诈的直接原因就是维持利润增长，维持高股价。MCI 世通公司两位高管被捕，随后被判有罪，并已开始服刑。

随后调查发现，MCI 通过表外业务向埃伯斯提供了 4 亿美元贷款，贷款担保标的正是 MCI 世通公司股票，贷款用途也是购买更多的股票。埃伯斯显然违反了基本的投资法则——不能将所有鸡蛋都放在一个篮子里。

安然和 MCI 世通都成为其商业奇迹的牺牲品。华尔街的证券分析师每季度都会对公司下季度盈利作出预测，如果实际盈利低于预期，其股价就会下跌 15% ~ 20%，这对公司而言是一个沉重的打击。于是，公司管理层采用两种方式加以应对。如果实际利润高于预期水平，他们就会缓记收入或提前支出，以减少当期利润。因为如果某季度利润增长远超市场预期，他们就会一次性提高预测基础。如果实际利润低于预期水平，它们就会提前确认收入或缓记成本，以增加当期利润，最终达到预期。如果此种做法成为习惯，未来出现的问题将更为严重。

伯纳德·埃伯斯被指控从 2005 年 1 月开始误导公众，影响市场对世通真实财务状况的认知。其律师辩称埃伯斯是受财务总监斯科特·苏利文的错误指引，而苏利文则称其说法只是为了逃避责任，减少刑责。为偿付投资者，世通赔偿总额高达 5.4 亿美元，其

中 1.8 亿美元由其前董事会高管自掏腰包。埃伯斯最终也被判入狱
25 年。

泰科国际(Tyco International Ltd.)是一家市值达 2000 亿美元
的超级公司,其前董事会主席兼 CEO 柯兹罗斯基(Dennis Ko-
zlowski)与财务总监施瓦茨(Mark Swartz)由于侵占公款受到政府
起诉。他们通过两种方式侵占了高达数亿美元的公款,一是未经董
事会其他成员许可,为自己提供了巨额股票期权奖励;二是用公款
支付个人消费开支,如其曾购买了价值 6000 美元的浴帘,也曾豪
掷 200 万美元在意大利撒丁岛为董事长夫人举办生日宴会。据媒体
披露,宴会现场穷奢极侈,甚至摆放了一尊大卫的冰雕,流出来的
竟是苏联红牌伏特加(Stolichnaya)。

泰科并购了数百家企业,涉及很多领域,很多企业都是通过换
股获得,只有少数企业通过发行债券或贷款购得。并购企业的同
时,泰科为所欲为地合并其新获得企业的利润,获得一家企业时,
泰科通常压低其未来盈利预期,整合后再披露超预期的并表利润,
以实现总体盈利水平的增长。

泰科对成本非常敏感,尤其注重控制税负支出。其运营总部位
于新罕布什尔州,该州既没有收入税也没有销售税,注册地在百慕
大群岛,适用较低的公司所得税率。柯兹罗斯基董事长曾在纽约市
买了一幅名画,为逃避 100 万美元税款,他谎称将画运至位于新罕
布什尔州的公司总部,实际上只是将一个空箱运到那里,而将画运
到了其在纽约的公寓。事情败露后,纽约州政府要求其补缴 100 万
美元税款。

陪审团对泰科的第一轮审判没有达成一致的判决,而二审判决
泰科有罪。但与安然、世通不同,其欺诈是高管个人行为,而非企
业行为,泰克也并没有走上破产之路,而是实现了再度复兴。

雷吉斯(Rigas)家族被联邦政府指控在 Adelphia 公司这一全
美第六大有线电视运营商作假账,数额高达 23 亿美元。雷吉斯家
族欺诈的手法融合了安然公司和世通公司两者的特点。雷吉斯家族
在表外项目获得了 30 亿美元的贷款,而公司却虚记了资本开支。
作为一家家族式企业,Adelphia 公司账户与雷吉斯家族个人账户的

界限并不十分清楚，很多公司债务由个人提供担保，而很多个人债务也通过公司提供担保。雷吉斯家族借入的巨额款项就用于支持公司股价。最终，该公司的前财务总监和副董事长都被判有罪，雷吉斯家族的两位成员也锒铛入狱。

南方保健（Health South）公司创始人兼 CEO 理查德·斯科鲁萨（Richard Scrushy）遭到指控，罪名为作假账，数额高达 30 亿美元。该案的调查于 2005 年 1 月开始，尽管法庭与斯科鲁萨达成了认罪协议，斯科鲁萨还是被判无罪。斯科鲁萨将罪行推给了企业其他高管，以为自己争取宽大处理。在第二次审判中，斯科鲁萨被判有罪并被判监禁，而在之后的民事判决中，他被判支付 28.6 亿美元的罚金。根据《华尔街日报》的报道，这可能是美国历史上最高金额的罚金。

ImClone 生物技术公司的创始人山姆·维克塞尔（Sam Waksal）也面临六项指控，最终锒铛入狱。当时，美国食品药品监督局（FDA）即将发布一项不利于 ImClone 公司的声明，将极大地影响其股价，此前一天，维克塞尔向其父亲及女儿透露信息，使其提前卖出股票避免损失。

玛莎·斯图尔特（Martha Stewart）也卷入此事，被判 5 个月监禁。斯图尔特也在 ImClone 股价下跌前卖出了全部股份，但她坚称未从维克塞尔处获得内部信息。难道这真是巧合？联邦政府最终以"妨害公正"的罪名起诉斯图尔特，其不得不认罪伏法。

理查德·格拉索（Richard Grasso），曾任美国纽约证券交易所主席兼首席执行官。格拉索的退休奖金高达 1.5 亿美元，这一新闻也让他登上了美国各大报纸头条。纽约证券交易所是非营利理事制组织，由其全体会员共有，提供证券交易场所，并规范其交易行为。作为证券交易领域的最后仲裁者，它有权认定合法与不当行为。纽约证券交易所的理事多是其成员公司的高管，这些成员公司同时也受纽约证券交易所管理。格拉索的退休奖金看上去的确太高了，无论与纽约证券交易所 2800 万美元的净利润相比，还是与华尔街其他商业领袖的退休奖金相比，都高得离谱。人们不由得怀疑格拉索是否在交易监管方面对其成员公司示好，以方便其获得高额的退休奖金。在养老基金投资者的喧闹和压力下,格拉索不得不辞职,之后遭到了纽约总检察长的起诉。

环球网络(Global Crossing)曾提出一个雄心勃勃的盈利计划,但最终以失败告终,但在破产之前,其创始人兼董事长格雷·温尼克(Gray Winnick)卖出了所有股票,套现 8 亿美元,在受到前股东的集体诉讼后,其不得不赔付巨额补偿,但直到最终,也没有公开认错。

壳牌石油公司曾为维持股价,高估其石油储量,后来与美英两国监管机构达成和解协议,缴纳 1.5 亿美元罚款。石油储量难以估计,判断壳牌公司的欺诈行为非常困难。欺诈败露后,壳牌公司多位高管不得不引咎辞职,却逃脱了牢狱之灾。

2003 年的共同基金丑闻

2003 年,美国大量基金管理公司都面对向对冲基金(hedge fund)提供利益输送的指控。利益输送的主要方式是对其提供交易特权,以帮助其获得超额利润,而其代价则是众多其他基金持有人的利益遭受损失。这一丑闻波及范围很广,全美最大的 20 家基金管理公司超过半数都被卷入进来。共同基金对对冲基金的利益输送有的是合法的,有的是非法的,但无论如何,都违背了基金管理人应对所有基金持有人一视同仁这一基本原则。在美国,每只基金都对其交易行为进行了明确的规范,什么是可以做的,什么是禁止做的,都清楚地写在该基金与美国证券交易委员会的协议中。而在所有协议中都会禁止"快进快出"的短线交易行为(in-and-out transactions),即在购入股票一两天后就将其卖出。协议中一般会作出明确规定,如果基金管理人从事超短线交易,会面临 1% 的额外交易成本或者被延期卖出。协议中一般还会明文禁止另一种行为,即禁止基金管理公司个人持有其所管理基金已经持有的股票,更不准开"老鼠仓",即在基金大举买入股票前,先在个人账户建仓。根据基金的信息披露准则,基金公司只需每季度披露其旗下基金的持仓情况,而在两次披露期之间的交易行为则无须披露。

　　而很多对冲基金与共同基金进行择时交易（timing transaction）。择时交易的机制是这样的，如果共同基金所持有的股票将要发布利好消息，股价可能上涨，共同基金就会立即将该股票卖给共同基金，以帮助其获得超额收益，而这会极大地损害基金持有人的利益。这样一来，对冲基金以过期价格（stale price）买入股票，盈利的机会大大增加，就像在渔船的船舱中捕鱼一样。之所以能以过期价格进行交易，主要原因在于很多共同基金在美国以外的市场进行交易，这样一来，美国市场关闭后，它们仍然能够以某一价格卖出股票。如日本市场收市后，美国市场又开市了。此外，虽然共同基金不向普通基金持有人公布其日常买卖股票信息，但却会将这些信息透露给某些对冲基金。一些共同基金经理甚至会从事超短线交易，更有甚者会开"老鼠仓"。

　　为何共同基金无视其对持有人的承诺呢？

　　这完全是为了追逐商业利益，因为很多对冲基金就持有共同基金。

　　一家名为金丝雀资本（Canary Capital）的家族式对冲基金，与共同基金和美国证券交易委员会达成和解协议，对两方分别支付 2000 万美元和 1000 万美元的赔偿。麻省金融服务公司，作为美国历史最悠久的共同基金管理公司，也同意接受 2 亿美元的和解协议。安联资本也因利益输送被罚 2.5 亿美元，并主动削减 3.5 亿美元的基金管理费。斯壮基金的创始人和主要股东不得不出让其控制权，并支付数千万美元罚款。摩根士丹利也曾因误导客户卷入丑闻。

骗子贷款、忍者资产（Ninja assets）、大而不能判（too big to jail）

　　2003—2008 年的美国房地产泡沫有两个鲜明的特点——诈骗无处不在，以及极少的人因此而被指控、审判或服刑。在 20 世纪

90 年代，安然公司的肯内斯·雷和杰弗里·斯基林，MCI 世通公司的博迪·埃伯斯、泰科公司的柯兹罗斯基和施瓦茨、Adelphia 公司的约翰·雷吉斯及其两个儿子蒂姆斯和麦克都因欺诈锒铛入狱。看上去，所有的欺诈都在零售层面，欺诈如此频繁出现，但其手段均十分拙劣，很容易被定罪。

在 20 世纪 90 年代，共有超过 50 人因欺诈而入狱服刑。但全美金融公司的前掌门人安吉罗·莫兹罗在 2010 年因证券欺诈和内部交易被罚了创纪录的 6750 万美元，但却并未认罪伏法。

忍者贷款——对无收入无资产人群提供的贷款

2007 年房地产价格泡沫破灭至今已近十年，只有极少数银行家和放款人因欺诈或其他不法行为被起诉或判刑。但美国政府已经在抵押贷款市场欺诈事件中向银行及投资银行收了超过 200 亿美元罚款。美洲银行曾披露，其因不当放贷将向美国政府缴纳 87 亿美元罚款。

越来越多的欺诈问题浮出水面也极大地激发了理论经济学家们的研究兴趣。其中一些欺诈通常是级别较低的诈骗，如庞氏融资。庞氏融资被明斯基定义为一种所付利息超过了业务运作现金流的金融业务。[2] 另有学者从其他角度进行研究，认为借款人如果具备债务市场的价格控制能力，就可以从事"庞氏融资"游戏，即通过借新还旧维持日常经营。[3]

多数从事庞氏融资骗局的企业家们都很清楚自己在干什么，他们只能在监管机构将自己绳之以法前过上几个月好日子。很少出现这样的情况，一个人在完全不明所以的情况下设了庞氏融资骗局。

托儿与骗子

当你在游乐场或马戏团门口遇到托儿，向你描述场内的盛况时，你能判断其描述有夸张的成分，花昂贵的入场费进去看表演可能不值。当你在赛马场遇到托儿，向你兜售各匹马的实力信息时，你会怀疑其吹嘘的历史成功率，深知其不可能掌握所有马匹的情况。但当美林证券、摩根士丹利、瑞士信贷等国际知名金融机构的托儿向你提供其所研究公司的股票目标价格时，你还能把持得住吗？

在 20 世纪 90 年代的互联网泡沫中，很多人快速累积了大量财富。一年时间内，亨利·布洛杰特赚了 1000 万美元，玛丽·米克尔赚了 1500 万美元，杰克·格鲁曼赚了 2000 万美元。他们的发财经历是美国互联网和电信领域泡沫的写照，获得天价年薪是由于为公司作出的贡献，将他们的薪水与其所创造利润对比（他们创造的利润至少为其薪水的 8～10 倍），就不难理解了。

亨利·布洛杰特供职于美林证券，其成名在于能为互联网公司订出合适的目标价，并经受住市场检验。在牛市中，这种预测能力使其很快便声名鹊起，影响力也越来越大。但其在内部邮件中，并不认同自己推荐的股票，有关信息披露后，其很快便声名狼藉，最终，不得不黯然离开证券行业。但不可否认，他已经赚够了。

杰克·格鲁曼是花旗集团旗下所罗门美邦证券的研究员，在其主管森蒂·维尔的压力下，格鲁曼不断调升对 AT&T 公司股票的推荐级别。作为交换条件，维尔安排格鲁曼的双胞胎女儿进了一所贵族幼儿园。格鲁曼带着 2000 万美元的退职金离开了所罗门美邦证券。最终，格鲁曼支付了 2000 万美元的罚金并被逐出了证券业。

帕马拉特（Parmalat）是一家总部位于意大利帕尔玛的乳业公司，其商标的前半部分就是其所处的城市名称，后半部分是意大利语牛奶（latte）。就是这样一家企业，复印其所持有的大额可转让定期存单（CDs），从而虚报资产数额。这一低级欺诈伎俩将公众和投资银行愚弄了 10 年之久。这是比尔虚报其化肥车伎俩的意大利版本。

非法经纪公司（Boiler Shop）也是一种证券欺诈形式，第一泽西证券（First Jersey Security）的罗伯特·布利南（Robert Brenan）就用伎俩骗了很多人。其所雇用的经纪人会通过电话向其客户推荐低价股票，如推荐 Shazam Rockets 公司，其股价可能只有 2～5 美元，但其股权集中在少数内部人手中，这些内部人同时也是这家非法经纪公司的控制人。这些内部人通过对敲盘使股票价格不断上涨，每股股价涨幅可能高达 2 ~ 3 美元。这时，他们就会给投资者打电话，宣称在过去六周内 Shazam Rockets 公司的股票已经有了 50% 的涨幅。他们知道普通投资者"买涨不买跌"的心理定式，也清楚很多不明就里的投资者倾向于投资低价股。于是，该伎俩屡试不爽。

应将欺诈同普通的抢劫区别开来。丹尼尔·德福（Daniel Defoe）认为，同公路劫匪相比，股票交易人员的欺诈行为要恶劣一万倍，因为他抢劫的是他熟悉的人（通常是他的朋友或亲戚），而且逃跑起来不会"有伤风化"。[4]

应将欺诈与腐败区分开来，政府官员的腐败或企业雇员的侵占与欺诈有着明显的区别。这种违法、违背道德的行为是对特定群体间显性或隐性信任关系的违背。仅仅因为失去安然公司 2500 万美元的财务咨询费，安达信会倒台吗？埃波斯行贿格鲁曼，难道仅仅是为了第一时间获知其所研究的几十家公司的发行价预测？在经济高涨时期，股票上市首日交易价格比发行价高两倍的情形屡见不鲜。博尼（Bernie）行贿格鲁曼难道仅仅是为了调升对世通公司的评级，以使其更容易被美林证券、摩根士丹利等机构接受？"公平、公正"是股票市场或期货市场的基石，所有投资者必须获得一视同仁的待遇，而不能为了满足一部分投资者的利益损害其他投资者的利益。

纳斯达克市场实施严格的自律措施，确保公平交易。近年来，已经有数以千计的会员由于违背公平交易法则而被驱逐。

雅各布·范·克莱文伦（Jacob van Klavaren）推出一系列文章，研究历史上的贪腐事件，尤其关注贪腐形式，即任何完成一件有利可图但被明令禁止的事情，通过黑市，还是非公开交易，如克利夫与哈斯汀斯研究的印度式抢劫。[5] 此外，他还讨论了皇家非洲公司和东印度公司的系统性欺诈，两家公司的内部人通过关联合同，侵占全体股东利益。1873 年，美国的信用流动公司（Credit Mobilier）也以同样方式将本属于太平洋联盟股东的利润，挪到马萨诸塞州国会议员奥克斯·阿姆斯（Oakes Ames）经营的内部集团，以及其他关联企业中。德雷（Drew）、费斯克（Fisk）和古尔德也以同样的方式侵占了艾里（Erie）铁路公司的利益。[6]

金融市场的欺诈现象包罗万象，诸如董事长对股东的欺诈，高层管理人员对董事长的欺诈，包括经纪人、投资银行家和承销商对投资者的欺诈，雇员对企业的欺诈，以及汇票署名虚假，开票人出具的票据上收款人姓名虚假的情况。

随着时间的推移，道德与不道德间的界限日益清晰，道德规范成为区分现代与落后的重要标杆。市场经济体制建立之初，诚实与互信准则仅适用于家庭内部，这时，裙带关系十分重要，陌生人实际上被打上小偷的印记。1720 年，企业职能买到雇员的劳动，买不到他们的忠诚；当盗用与欺骗无法定罪时，受雇于一家企业相当于得到一项新的竞争性业务邀请。[7]当时，经营与盗窃、商业与掠夺之间并无明确界限。[8]哈蒙德（Hammond）曾提到，1799 年后，政府官员向银行贷款才被定义为非法[9]，但早在 1720 年，众议院就曾对南海泡沫进行调查，认为南海公司董事借出公司资金投资自身股票的行为违法，也为投资人带来了严重损失。[10]

一位金融专栏作家杜撰了一部《庞齐自传》，并在前言中对比了 1920 年和 1970 年，认为欺诈是通货膨胀的产物。在他看来，通货膨胀导致生活成本上升，家庭预算紧张，为增加收入居民才会铤而走险。[11]另有观点认为，在不存在"可以避免的疏忽"的情况下，不稳定的投机实际就是赌博，就像彩票一样，只是给赌徒们提供了一个必败无疑的赌博工具。[12]

同时，人们对是否将欺诈纳入"可以避免的疏忽"还莫衷一是。愤世嫉俗者赞同费尔兹（WCFields）的说法，"你不应欺骗君子"，他们认为欺诈受害者应从自身找原因。正如蒙德斯·弗尔特（Mundus Vult）所说："如果这个世界愿意被欺骗，那么，就由他去吧。"[13]从精神病学角度来看，欺诈者与受害者之间是一种捆绑共生关系，爱恨交织，伴生共存。

窃取内部信息

2009 年，美国知名对冲基金帆船集团（Galleon Fund）创始人拉杰·拉贾拉南因滥用内部信息，受到证券交易委员会指控，并被联邦调查局拘捕。帆船集团旗下基金通过内部信息，赚取了丰厚利润。拉贾拉南被控 14 项证券欺诈罪名，在为自己作无罪辩护时，其坚称利润均为自行研究的成果，并未利用内部信息牟利。在这起欺诈案件中，共有 26 人受审，其中 21 人被判有罪，多为帆船集团交易员。法庭调查显示，帆船集团用于牟利的内部信息包括尚未披露的重大并购，盈利情况重大变动等。

欺诈与狂热

欺诈取决于需求，遵循凯恩斯"需求决定供给"的法则，而非萨伊"供给自行创造需求"的理论。经济繁荣时期，财富不断被创造，贪欲也随之膨胀，欺诈事件应运而生。就像很多绵羊等着被剪毛，欺诈者有很多潜在受害者。欺诈者一旦出现，他们就献出自己作为牺牲品："每分钟都有一个吸血鬼诞生。"在《小杜丽》(*Little Dorrit*)一书中，官僚机构的费迪南德·巴内克(Ferdinand Barnacle)告诉阿瑟·克莱泛姆(Arthur Clennam)，"下一个极具欺诈能力并愿意进行欺诈的人仍会获得成功"，而后者本来希望梅德尔欺诈行为的败露能够警告容易上当的人们。

贪婪不仅造就了专业吸血鬼，更激发很多人从事伪造、偷窃、盗用公款及其他类似滥用职权欺诈行为。在欧文伦德·吉尼事件中，这家"困顿企业"原合伙人退休，公司也实现公开上市。但一位内部人以每年 5000 英镑的代价聘用外部顾问，事实上，自己占有这笔资金，最后终于把公司搞垮了。这位名为 D. W. 查普曼的内部人过着穷奢极侈的生活，他养了 10 匹马，在海德公园王子门处大肆挥霍享乐，其所聘请的外部顾问爱德华兹·沃特金斯，原是会计师，曾建议他从事所有新品种面包与黄油的折扣批发业务——投机于谷物、钢铁生产、造船、船运、铁路，这一建议套牢了公司所有资金，而爱德华兹则仍旧收取高额手续费。1860 年底，公司折扣批发年收入为 20 万英镑，净亏损额却高达 50 万英镑。随着一家不相关的铁路合同企业——华生欧文伦德公司的倒闭，泡沫随之破灭。[14]

虚构的小说——如巴尔扎克《改邪归正的梅莫特》（*Melmoth réconcilié*）中——有一位可与查普曼媲美的人物，即银行的出纳卡斯塔尼埃。为满足其情妇对银器、亚麻制品、水晶和地毯的奢求，他不得不挪用公款。为避免被发现，他曾靠发行本票渡过难关，最后不得不清算债务。资不抵债时，他原本只要离开情妇，即可获救，但他仍对其难以割舍。随着债务不断增加，沉重的利息负担使其无法玩财务把戏，不得不申请破产。即便如此，他仍然选择假破产，将黑手伸向银行钱柜。[15]

经济繁荣时，贪欲膨胀远远超过财富增长，欺诈层出不穷。柯兹罗斯基是美国最富的人之一，但他用 6000 美元公款购买镀金浴帘的行为是职务侵占行为，因为他花的是泰科国际的钱，而不是他自己的。在经济萧条时期，由于信贷体系步履维艰、价格下跌，金融体系危机四伏，欺诈可能导致更大的经济灾难。庞齐拒绝了携款跑路的建议，但后来，反而被其朋友欺骗了。[16]伦敦银行家亨利·方特勒罗伊（Henry Fauntleroy）通过伪造不动产文件，骗得抵押贷款。很多欺诈者都成了奥古斯图·梅尔莫特（Augustus Melmotte）式的人物，梅尔莫特是特洛普（Trollope）在《如今的生活方式》（*The Way We Live Now*）一书中虚构的欺诈者，在其持有墨西哥铁路股票价格下跌时，为募集资金，他伪造了转让证书与契约。[17]南海公司的约翰·布朗特、通用联盟的邦托克斯、达姆斯塔德国民银行的雅各布·沃瑟尔曼以及信用银行的董事们在股价下跌时，都曾试图回购股票支持股价，以便募得更多资金。值得注意的是，一家银行购买自己的股票会降低其现金存款比率和资本存款比率，尽管短期内存款总额不变，但仍会导致公开市场现金和资本规模紧缩。1720 年，英格兰银行曾以自身股票作为抵押发放贷款。但克莱泛姆认为，英格兰银行并没有卷入南海公司疯狂但"绝对不诚实"的违法融资中。[18]

一旦欺诈败露，通常会引起市场混乱，甚至带来崩溃与恐慌。1772 年，亚历山大·福德斯（Alexander Fordyce）从伦敦潜逃至欧洲大陆，他的合作伙伴不得不履行——如果他们能够履行的话，但实际上，他们根本没有能力履行——55万英镑债务的连带责任，其中大部分是艾尔银行出具的可疑承兑汇票。福德斯个人曾卖空东印度公司股票，该股票后来曾一度短暂上升，但已足以使他了结债务。[19]1857年8月24日，俄亥俄人寿保险信托一名出纳的欺诈行为败露，被发现挪用了企业所有资产来维持其在股票市场运作，这一事件在利物浦、伦敦、巴黎、汉堡和斯德哥尔摩等市场都引起了强烈反响，[20]可称其为19世纪中叶的尼克·里森。

1929年9月，在相纸供应、相机、自动售货机及小额贷款等领域拥有一系列企业的哈特里集团解体。其掌门人克莱伦斯·哈特里曾将所有业务合并成更大规模的钢铁经营集团，结果在融资800万英镑购买联合钢铁公司时，使用了虚假抵押。事情败露后，英国货币市场银根紧缩，银行纷纷抽回纽约的同业贷款，股市涨势也随之终止。

欺诈与泡沫

泡沫也许就是欺诈，也许不是。密西西比泡沫不是欺诈；而南海泡沫却是。但不管是泡沫还是欺诈，一般都起源于一个明显合理或至少是合法的借口。在密西西比泡沫中，这一借口是西部公司(Compagnie d'Occident)，当时的法律体系要求对其增收全国性的农业税和银行税。约翰·劳曾拥有普莱斯文多姆(Place Vendome)地区近三分之一的不动产，再加上其在巴黎拥有的其他不动产，以及一系列坐落在乡村的不动产，财富相当可观。但其数量还没有大到让人们认为其欺诈只是一个错误的地步，在此，有两大错误看法：(1)股票和债券就是金钱；(2)当需求增大时，发行更多的货币不具备通货膨胀的性质。[21]

在南海泡沫中，对南大西洋贸易的垄断是纯粹偶然的。[22]很快，英国政府开始紧缩债务，这极大地影响了南太平洋企业的贸易，后来的股票操作也影响了政府债务。约翰·布朗特(John Blunt)及其内部人精心设计为自己牟利。他们试图以贷款作抵押，对自己发行股票，同时这笔贷款本身又是以股票为担保的，这相当于随意发行股票。随着他们意识到可以从股价上涨中获得资本收益，他们也将这些资本收益转换成不动产。布朗特同时签署了六份合同，同意在该股票崩溃时购买这些不动产，而一个叫瑟曼的人签署了四份总价值 10 万英镑的合同。为了支付利润，南海公司既需筹集更多的资本，又需使其股票价格保持持续上升。两者都需加速进行，正如连环信或庞氏骗局一样。[23]

历史赋予庞齐先驱者们的名声并不是永垂不朽。例如，前慕尼黑女演员斯比泽德尔（Spitzeder）每年按照 20% 的利率向巴伐利亚的农民支付利息，共榨取了 300 万荷兰盾。为此，她和她的助手们于 1872 年底被判长期监禁；普莱哈特（Placht）是一位被开除的官员，他以 40% 的利率从 1600 位寡妇和孤儿们那里借入资金，结果在股票市场上一败涂地，最后在监狱里度过了六年的时光。[24]

随着经济的日益繁荣，人们内心的贪婪也与日俱增，欺诈的借口越来越站不住脚。1720 年和 1847 年（在大事记中它们往往被认为是两次事件），这一类欺诈事件出现了成千上万次，但它们已被当时和以后的历史学家们的谣言所渲染。[25]例如，1720 年，有人提议从事一项集资活动，其最大的优点是只有在到期时被揭露收益水平。在该计划中，犯罪者每股收取 2 畿尼，共筹集了 2000 英镑，并一直将这一秘密保持到有一次他没有参加与投资者的会议时为止。[26]另一项欺诈行为是针对"Nitvender"的，也就是出售根本就不存在的东西。[27]但是在 20 世纪 90 年代股市上涨时，很多公司并没有明确的商业规划，但也能从公众那里筹集到巨额资金。

如下所述的具有一定当前利益的项目，实际上正是妇女解放运动不成熟的表现：

几位女士和其他人提议，在英格兰制造、印制和染色印花布，并精炼亚麻布，使之工艺达到荷兰利用英国亚麻植物所提炼的亚麻布一样的精细水平……她们像男人一样固执，该项目不接受任何男人，仅凭自己出资设立股份合作制企业，并进行上述贸易。[28]

紧接着，历史学家和小说家都会发现，发起股份公司并不具有现实性。"许多公司创立后没有业务，铁路公司既不建设铁路，也不运输物资。"[29]"建筑公司遍地开花，但大多不盖房子，而从事房地产投机。"[30] "石灰屋和罗思尔瑞特桥……根本没有必要修建这座桥；这不是我们讨论的问题……但如果众议院决定修建，他们会认真核算利润，并将其出售。"[31]

财务困境会导致作假，以将损失转嫁给其他人。如果判断失误，滥用客户资金的投机商号就会跑路。南海事件中，当新认购资金难以向贪婪的内部人支付利润时，布朗特毫无顾忌地将资金装入个人腰包。[32]雷吉斯家族及其创办的 Adelphia 公司也曾出现过类似情形。1861 年，布莱施罗德（Bleichrder）称赞贝瑟尔·亨利·施特劳斯伯格 "十分聪明，但他以新的投机来补旧漏洞的做法十分危险，如果资金链断裂，其整个体系会崩溃，埋葬上百万股东"[33]。布莱施罗德是正确的，事实的确如此。1873 年，德国汉堡的一位银行家古斯塔夫·高德弗罗伊大肆投资铁路和矿山股票，结果损失惨重，不得不挪用海外贸易公司的资金，以支持其股票市场头寸。[34]

这些不可救药的乐观主义者开始都认为自己将胜利，结果却是一次又一次的失败。他们不断尝试，不断加大赌注，不惧经营风险，不惮可疑业务，甚至明目张胆地违法经营。20 世纪 20 年代，美国商业银行仍从事证券承销业务（直到 1932 年《格拉斯—斯蒂格尔法案》生效），大通银行的阿尔伯特·威金斯和国民城市银行的查理斯·米切尔通过电报获知智利和秘鲁停止支付债券利息后，仍然以原价向投资者兜售两国债券。[35]如果斯普拉格描述无误，荷诺斯（Horace）的理解是正确的："赚钱；在尽可能的情况下诚实赚钱；但首要的是确保赚钱。"[36]约翰森·斯威福特对南海泡沫的描述也同样玩世不恭：

赚钱，钱就在那儿；

确保能赚到钱，再考虑是否道德。[37]

关于这一问题，最后有必要引述巴尔扎克的评论："最正直的商人会以最坦率的方式向你描述最放纵的败德行为：'人们将尽可能地从一件坏事中摆脱出来'。"[38]

贵族赌徒

　　大量文献对贵族赌徒和内部人进行了谴责，他们认为其将负债视做荣耀，从不惮于承诺，却绝少真正履行。[39]奥地利的贵族远比公开蔑视财富的容克（地主后代）恶劣。爱德华·拉斯克尔认为，"当外行进入此领域时，他们甚至比专业欺诈者更恶劣"。[40]佐拉所著的《白银》中，戴格利蒙特（Daigremont）将萨卡德（Saccard）送至马奎斯·德·博汉（Marquisde Bohain），帮助其建立通用银行时说道："如果他胜利了，会把钱财富据为己有；如果他失败了，他不会承担责任。他们是金钱的奴隶。"[41]而在小说和现实生活中，贵族们都希望在董事会占有一席之地。沃思列举了"根本不具备相应能力"，却跻身于铁路、银行和其他企业董事会的奥地利王子、伯爵、男爵等贵族。[42]为控制通用银行，萨卡德任命了唯命是从的罗思爵士，及高大、帅气、有修养的拉夫尼尔爵士，后者总是批准所有申请，其只关注在董事会的地位。[43]《白银》中的人物来自尤根·邦托克斯和通用联盟，其股东包括皇族、贵族和乡绅。[44]英国 1848 年 10 月的《经济学家》杂志将贵族和贵族统治排在所有耻辱之首：

　　　　目前的屈服和沮丧，是愚蠢、贪婪、傲慢自大和轻率的报应，也是孤注一掷盲目赌博的必然报应，它丧失了贵族的体面，并会影响到参议员、参议员和各种交易商。[45]

　　罗森伯格宣称，当奥地利和法国政府引导贵族阶层热捧房地产时，柏林的官僚们成功地抵制了这一趋势向普鲁士的蔓延，他们注意到梅维森试图将一些伯爵纳入一家有 5000 万第拉尔资本的银行的董事会，但并未使其成行。他承认，由于专注投机土地，容克才回避了股票投机。[46]也许 1857 年的情况就是这样，但有证据表明情况可能正好相反。铁路融资，包括在德国内部的融资和斯特拉斯伯格在罗马尼亚操纵市场的行为，都随着丑闻败露而淡化，贵族统治达到了顶峰，实际上它已渗透进普鲁士内部了。[47]

腐败的媒体

　　媒体会对投机大肆渲染，甚至起到推波助澜的作用，有的媒体在帮投机者开拓市场，有的媒体本身就与投机利益攸关，有的则是两者兼具。1719 年 11 月，南海公司股价为 120 英镑时，丹尼尔·德福曾公开抨击做市商，而 1720 年 8 月股价达到 1000 英镑时，他却开始为其辩护，[48]他毫不掩饰对推荐皇家非洲公司吹鼓手的"公开蔑视"，并声称已将所有南海股票出手。但评论家认为他或者继续持有股票，或者受雇于南海公司，专门攻击其竞争对手。[49]19 世纪初期，法国媒体仍处在低级阶段。1837 年，一位法国记者写道："给我 3 万法郎，我可以帮最烂的企业募集到股份，并保证其发行成功。"[50]为便于广告宣传，拉斐特出资办了报社。[51]里昂银行的查理斯·萨维利雇了超过 500 位记者为唱赞歌，其采用的方式往往是发布新闻，其中很大一部分是有偿的，这些赞歌似乎就是记者杜撰的故事。[52]媒体往往煽动投机热潮，以取悦银行、证券交易所和公众。[53]当时，布莱施罗德十分谨慎，从未发布不当言论，极力避免任何可能引起市场猜测的言论，但他旗下的综合报纸和金融报纸，雇用了大批新闻记者，帮助其控制投机导向。1890—1891 年，他曾资助保罗·林道（Paul Lindau）前往墨西哥。在墨西哥，林道发表了 34 篇推介文章和 1 本专著，但只字未提其与布莱施罗德的关系。事实上，当时布莱施罗德正在柏林市场上出售墨西哥债券。[54]总而言之，欧洲各国媒体在 19 世纪的发展十分缓慢。

　　19 世纪 90 年代，芝加哥有轨电车业巨头查理斯·泰森·伊尔克斯（Charles Tyson Yerkes）一直被媒体追踪，甚至开始畏惧媒体。西尔多·德雷西尔（Theodore Dreiser）杜撰了他的自传，如果这个自传可信的话，伊尔克斯的经营行为一直徘徊在法律边缘经营，有时甚至跨越法律许可的界限。长期被追踪报道使他不得不重塑公众形象，于是，他为刚落成的芝加哥大学捐献了一座天文台。这一行为使他改善了公众形象，并得以向欧洲投资者发行有轨电车债券。[55]但最终，芝加哥媒体还是与他交恶。[56]

　　兜售股票前先透露信息，这是一种司空见惯的欺诈伎俩。时至今日，它和内幕交易一样历久弥新，屡试不爽。如今，人们已用计算机自动分析消息发布可能导致的股价变动。新的侦查技术发现了《华尔街日报》专栏作家威利斯的欺诈行为，其因提前向朋友透露消息从中渔利而被逮捕。前国防部副部长泰耶（Thayer）也未能幸免，他向朋友透露其将担任董事长的公司内幕，其朋友据此投机获利。[①] 同样落马的还有美林证券伦敦分部的一位年轻的经纪人，在《商业周刊》印刷商处得到信息，并从中获利。获知内幕信息后，欺诈者会给苏黎世经纪商打电话，而非通知其当地经纪商，这更加大了查缴内幕交易难度。由于市场容量有限，苏黎世经纪商的大单交易指令难以立即完成，这会引起经纪商警惕，并调查交易指令是否与内部信息有关。

近些年，互联网信息越来越成为影响股价的重要因素。时年17 岁的拉贝克（Lebeck）先购入交投不甚活跃的股票，通过聊天室发布假消息推高股价后，再将其卖出牟利。欺诈丑闻败露后，被证券交易委员会罚款 50 万美元。

MSNBC 是一家商业咨询频道，很多上镜的评论员在节目中公开推荐自己已经持有的股票。

可疑做法

金融欺诈形式五花八门。除了直接的偷窃、颠倒黑白和撒谎外，还有许多做法触及法律底线：包括将资金从规定用途挪用，以资本以外的资金或借款支付红利，利用内幕信息交易公司股票，在新信息充分披露前出售证券，将公司资金进行关联交易，接受订单但不执行，篡改公司账簿等。

人们还可以继续列举大量犯罪行为。在 1846 年的铁路投机狂潮中，某一位著名人物采用了上述大多数的做法。乔治·胡德森（George Hudson）曾同时担任四大铁路公司董事会主席，坚信自己

---

① 作家维纳斯（Winans）根据其经济撰写了著作《信息交易：华尔街的诱惑和罪恶》，1986 年由圣马丁出版社出版。

可凌驾于法律之上，而那些实力较弱的竞争者们则须受法律约束。他的账务情况一团糟，且其对挪用约克铁路公司和中北高地铁路公司资金的情况毫不知情。作为自然人，他无视《公司整顿法案》(*Companies Clauses Consolidation Act*) 相关规定，直接与关联企业签订合同，擅自将东部国家铁路公司的红利由 2% 提高至 6%，并篡改账目证明调高红利的合理性。他还用资本金支付约克铁路和中北高地铁路公司的红利。在约克郡、纽卡斯尔和伯维克等地，他也采取了类似做法。面对指控，他辩称其曾用个人资金修建铁路，扩大路网。风险是他自己的，他也有权享受最终应得的利益和其他担保方应得的利益。开始时，胡德森使用自己的交易权威有利于公司利益，但这在法律上多少令人质疑。这也终结了英国铁路网络建设的一个时代，胡德森是那个时代铁路世界中最伟大的人物，自那以后，再也没有人掌握如此大的权力了。[57]

19 世纪 50 年代，美国出了个名叫罗伯特·舒勒尔（Robert Schulyer）的人物，与胡德森相比，他远没有那么风趣和强大，但也任纽约和新黑文、纽约和哈勒姆等公司的董事会主席，一度主政伊利诺伊中央铁路公司，有作家称其为 "彬彬有礼的骗子"。1854 年，舒勒尔带着发行股票募集的 200 万美元潜逃至欧洲。范·弗莱克（Van Vleck）认为美国 1857 年危机正是由于舒勒尔跑路消息披露后，英国金融界纷纷撤回资本所致。但事实并非如此，1853 年，舒勒尔辞去伊利诺伊中央铁路董事会主席职务，但其对纽约和新黑文公司的欺诈丑闻败露后，投资者大量抛售伊利诺伊中央铁路的股票和债券，导致股价急跌。1855 年 8 月，债券价格也下跌至面值 62% 的水平。但这正好给英国投资者带来了买入机会，他们迅速大量买进。1856 年 2 月，债券价格回升至面值 90% 时，欧洲投资者持有该企业股票超过 40000 股，持有 1200 万美元债券总额的 85%。[58]因此，舒勒尔跑路可能与 1854 年 9 月的恐慌联系在一起，但绝不能与 1857 年危机联系在一起。[59]

20 世纪 20 年代的美国，被称做 "融资欺诈最疯狂的年代"，但 90 年代的情况显然比这还糟。[60]哈罗德·罗塞尔·辛德（Harold Russell Snyder）就是 20 世纪 20 年代一位臭名昭著的欺诈者，对他而言，偷盗似乎是走出股灾的唯一途径（其欺诈形式与雷吉斯家族如出一辙，只是破坏力小得多）。阿瑟·蒙特葛梅利（Arthur Montgomery）也是一例。他以最真诚的方式向庞齐献媚，游说他组建一个外汇投机计划，可以在 60 天内挣得 400% 的利润，当然，几乎所有的盈利最终都会落入他自己腰包。还有一直想出名的查理斯·鲍勃（Charles Bob），因向比尔德南极考察队捐献 10 万美元物资而声名鹊起，获得"狄克上将"的称号，而这一切都为了推销其航空股票，该股票在 1927 年林德伯格成功飞到巴黎后曾经历短暂繁荣。[61]

　　紧随而来的 20 世纪 30 年代也造就了大量具有纪念意义的欺诈范例，或是被称做欺诈的范例。这些范例中较典型的也许是美国银行（Bank of the United States）的破产、克鲁格尔（Kreuger）和托尔（Toll）的破产，以及萨缪尔·英苏尔（Samull Insull）的中西公用事业设备控股公司的破产。在对 1929—1933 年纽约股票市场的描述中，巴利·维格莫尔（Barrie Wigmore）认为，当英苏尔逃离美国躲避审判时——因为后来被宣判无罪的罪行——他的声誉受到了难以弥补的损害。维格莫尔（Wigmore）宣称英苏尔是一个精明的公用事业设备公司经理，他一直从事企业并购活动，以数倍于净财富的价格收购了那些经营不善的企业。这样，其控股公司债务如山，利息负担沉重，当"大萧条"来临时，公用事业设备遇到严重的问题，持有其股权已基本无利可图。[62]此外，维格莫尔还谨慎地评价了纽约银行及其附属证券机构的市场行为。大通银行的阿尔伯特·维金斯（Albert Wiggins）享有"华尔街上最受欢迎的人"的声誉，但参议院的一项调查发现，他以自己的银行、分支机构和客户为代价偷窃，这使他的好名声一落千丈。国民城市银行的查理斯·米切尔（Charles E Mitchell）及其附属公司国民城市公司也从事大量证券交易业务，其业务经营以内幕信息为基础，可疑的是，他们总是能够及时了解到相关公司的利润正在急剧下滑，或外国政府已经停止支付其债券利息这样的信息。[63]

20 世纪 90 年代与 21 世纪初的欺诈

20 世纪八九十年代，美国经济空前繁荣，也出现了大量金融欺诈事件，较 20 年代有过之而无不及。至于各种原因，一种可能的解释是人们的道德底线降低。另一种解释是出现了大量的风险对冲工具，股票期权等金融工具的获利相当诱人，金融已经成为一场全民游戏。第三种解释是注册会计师数量的增长，这可以追溯到 30 年代美国证券交易委员会的相关规定。会计师最初的目的是帮助社会公众审核公司账目，以防止公司管理人员高估存货或资产进行欺诈。会计师事务所受股东委托，对公司财务报表进行审核。会计师们应该站在公众利益一边，但事实上，为他们支付审计费用的却是公司管理层。很多企业开始拉拢会计师，会计师必须在满足公司需求和放弃该客户两者之间进行选择。

2002—2007 年，美国房价泡沫不断累积，证券化程度不断提高。投资银行为以抵押贷款、信用卡欠款、学生贷款的本息为基础，打包形成信托资产池，发行新的债券。与资产池中的单个证券相比，新债券的流动性更强。通过资产证券化，投资银行可获得不菲的佣金和承销费用。投资银行还发行资产支持证券（ABSs），资产支持证券的发行是以存入信托的 ABSs 的部分本金和利息收入为基础发行的。投资银行通过创设这些新工具赚得第二轮佣金收入，这些新工具根据交叉分析将抵押贷款支持证券（MBSs）按照不同的风险特征分成三个、四个甚至五个档，如对 MBSs 的利息有第一求偿权的这档信托，其风险最低；对 MBSs 的利息的偿付次序排在最末的档级，风险最高。

投资银行创设资产证券化产品时，须依据评级机构（如穆迪、标准普尔）的信用评级结果（信用评级机构与注册会计师事务所一样，应该提供"客观的"评级。会计师事务所是由其审计的公司支付费用，而信用评级机构是由发行债券的投资银行支付费用）。信用评级机构依赖"模型"得出评级结果，而评级所需的参数变量一般由投资银行提供。此外，投资银行会通过不同形式暗示评级机构，如果评级结果"不合适"，致其无法顺利发行证券，将更换评级机构。

这是否涉嫌违法，我们不得而知，但一定涉嫌金融欺诈。可事实上，没有任何评级机构因此而被追究责任，也没有机构对评级失误承担责任。

最后提一句，还是多少有公平可言的。投资银行一般采用余额包销形式承销资产支持证券，当价格下跌时，其未出手的证券价值也在不断下降。但是很多大佬早在市场力量主导的危机爆发之前，就携带数千万美元成功逃跑了。

银行的诱惑

几个世纪以来，关于各种非法活动与金融机构之间并没有严格的统计数据。但媒体已经没有那么容易被收买，它们更加负责，随时准备揭露非法行为。但要确信这一点很难。正如已经指出的，现实中往往缺乏坚实的统计资料来支持自己的判断。在马丁·迈耶（Martin Mayer）所著的《银行家》（The Banker）一书中，对贪污、欺诈等行为的防范并非像詹姆斯·吉布森 1859 年所做的那样，这一点令人难过："进行欺诈的银行不可能告诉公众，他昨天有不诚信的记录。"[64]吉布森还重点补充道："读者们会认为在整个体系中存在着一个独特特征，那就是对欺诈的担心。"[65]

吉布森 1859 年所说的话在今天仍然是真理。银行和银行家被认为是诚信的化身，他们也许是。但在 20 世纪 90 年代，银行向长期资本管理公司无休止地发放贷款，相信所谓的"对冲基金"等金融创新工具（对冲基金一词来自美国赌场语言，从字面意思来理解，基金管理人在借入资金进行投资时，已经构造了相应的资产组合，能够在不增加风险的情况下获得更高的投资回报）。在其破产前，长期资本管理公司的确实现了惊人的利润。银行家们肯将钱借给长期资产管理公司就是为了模仿其交易方式，分享其交易利润。到了 1998 年春季和秋季，长期资产管理公司面临着严重的财务危机。

信托公司对金融衍生产品和匿名贷款可怕的处理方式，以及纽约银行为俄罗斯洗钱的行为表明，我们今天的标准并不比 20 世纪 20 年代高多少。

20 世纪 90 年代后半期的经济繁荣几乎使所有人都成为富翁。几家规模较大的投资银行通过承销股票和债券获得了可观的佣金收入，尤其是那些为信息技术公司和生物科技公司服务的投资银行。受 20 年代大危机的影响，30 年代初，美国国会通过了《格拉斯—斯蒂格尔法案》，将传统商业银行业务与投资银行业务严格隔离。这一法案退出历史舞台后，投资银行业务与其他资产业务间的 "鸿沟" 依然存在。很多金融机构表面上承诺将上述两种业务严格隔离，承诺其证券分析师不会受到投资银行业务的影响，但事实上却很难保持这种中立。

从美林证券的例子中可见一斑。在 20 世纪 80 年代，该公司涉嫌将客户存款挪至储贷机构。亨利·布罗杰特（Henry Blodgett）发布了误导性的观点。布罗杰特的主管基本显然知道其涉及欺诈。美林证券也帮助安然公司从尼日利亚的发电厂交易中获利丰厚。

花旗集团也有类似的欺诈行为。前面已经提到过的杰克·格鲁曼推荐电信企业的例子。当时花旗集团花费了 1.5 亿美元的成本。花旗集团东京分行的交易员不顾日本政府的告诫，不断购买不适宜的证券品种，最终，花旗银行不得不关闭其东京分行的整个私人银行部门。花旗银行的很多高管由于对形势的估计过于乐观而被迫辞职。花旗银行伦敦分行的交易员大举做空德国政府债券，致使其价格降到谷底，当市场信心接近崩溃时，他们却开始以更低的价格买入。很多花旗银行旗下的共同基金管理人只顾为银行增加收入，而忽视了基金净值的增长。

欺诈者被发现后会有什么后果？据报道，查尔斯·布朗特（Charles Blunt）是约翰·布朗特（John Blunt）的弟弟，同时也是南海公司的内部人士。据当时媒体披露，1720 年 9 月，查尔斯由于不得不面对 "一些对他不满的意见" 而自杀；查尔斯·包查德（Charles Bouchard）曾经是日内瓦一家小银行——列克拉克银行的经理，由于在未经授权的房地产投资中遭到巨额亏损，于 1977 年 5 月自杀于雷蒙湖畔。精神病学家认为，这种情况下的自杀主要由于自杀者认识到以往行为的非理性，导致其难以忍受自我尊严的丧失。现在人们理解了1929年10月，华尔街上的股票经纪人在面临破产时纷纷跳窗自杀的现象。[66]自杀人数的增多也是奥地利1873年经济崩溃中的一种表现。[67]但不管怎样，确有这样的反应："已在汉普顿·海思公司担任要职的约翰·萨第尔（John Sadleir），42岁自杀身亡，但其堪称英国甚至全世界最伟大、最成功的欺诈者之一。"[68]（在这种情况下，伟大和成功似乎是他们同时具有的奇怪特征。）另外，我们还可以列举1888年的邓弗特—罗切劳（Denfert - Rocherau），伊维尔·克鲁格（Ivar Kreuger）等，最终都选择了自行了断。[69]除此之外，一位安然前高管在东窗事发后，也选择了自杀。自杀在小说中更为常见，《小杜丽》中的梅德尔先生在公共澡堂用一把玳瑁的铅笔刀割断自己的喉咙。在特洛普（Trollope）所著的《我们如今的生活方式》中，奥古斯图·梅尔莫特在其俱乐部里用氢氨酸自杀。

除自杀外，逃跑也是退出的一种方式。最典型的例子就是罗伯特·奈特（Robert Knight），他篡改了南海公司的账目，然后潜逃至欧洲大陆，又从安特卫普的监狱里逃出，后来在巴黎东山再起。[70]罗伯特·维斯科（Robert Vesco）携带巨额财富，先是逃到哥斯达黎加，后来又逃到古巴。而欺诈了里昂信贷银行的查尔斯·萨维利（Charles Savery）却死在加拿大。尤根·邦托克斯（Eugne Bontoux）在流亡5年后又回到了巴黎，他试图利用法国法律的漏洞，当时法国的法律规定在判刑5年内尚未实施的监禁条款将自动终止。[71]差不多一个世纪以前，阿兰德·约瑟夫（Arend Joseph）也有与之类似的经历，他于1763年破产，结果陷入了金融困境，最后导致了德纽夫维尔兄弟公司于7月25日破产，引发了同年的经济恐慌。阿兰德·约瑟夫带着60万荷兰盾，乘着一辆六驾马车离开了阿姆斯特丹，去往荷兰的自由城市克鲁伦伯格，在这里他可以豁免于进一步的法律制裁。他给阿姆斯特丹则留下100万荷兰盾的债务。[72]

我们可以比较一下因欺诈被起诉的人数和被判刑的人数，并回忆一下20世纪20年代、80年代、90年代所发生的一系列欺诈事件。20年代，两位欺诈者由于欺诈而被判刑，就对市场信心造成巨大打击。80 年代,包括迈克尔·米尔肯、伊万·博斯基、丹尼斯·列文和查尔斯·基汀等在内的 8~10 人由于内幕交易、欺诈等罪名获刑,其中刑期最长的就是那些热衷于购买垃圾债券的储蓄机构管理人。90 年代由于证券欺诈而获刑的人数进一步增长,仅安然公司就有 5 人入狱,世通公司也有 2 人入狱。很多被起诉的安然公司高管都被判入狱。南方保健公司也有几位高管被判有罪入狱。2 名与连锁药店 Rite‐Aid 有关的管理人员也被判入狱。雷吉斯家族有 2 位成员入狱。山姆·维克塞尔与其好友麻莎·斯特华特也双双被投入监狱。几位华尔街的银行家也难逃牢狱之灾。瑞士信贷第一波士顿银行的明星投资银行家弗兰克被诉恶意删除相关电子邮件并妨碍司法公正,除非其上诉成功,否则等待他的也将是通往监狱之路。安达信的一位合伙人也因安然事件而锒铛入狱。

安达信数以千计的合伙人或前合伙人被处以巨额罚款,最终,安达信难逃破产厄运,合伙人的财富也化为泡影(随着安然公司的破产,数以万计的安然雇员丢掉了工作,失去了退休金,金融资产大大缩水)。

当迈克尔·米尔肯获释时,其家族仍有 20 亿美元存款。人们无法区别其财富中,哪些是通过非法的金融创新交易赚取的,哪些是通过合法途径赚取的。但如果说有一半的财富来自非法金融创新交易应该并不夸张。米尔肯本人有这样一句话:“你可能会在监狱住上 1000 天,但当你出狱时,你还有 10 亿美元财富,相当于你在监狱的每一天都赚了 10 万美元。”

什么才是惩治白领犯罪的恰当措施?经济学家恐怕没有资格讨论这个问题。在南海泡沫时期,众议院成员之一的莫尔斯沃思(Molesworth)在一次演讲中建议议会应以叛国罪名起诉南海公司的董事们,并对他们处以古罗马时期的刑罚——先将他们缝进麻袋里,再放入一只猴子和一条蛇,然后将他们溺死。[73]德莱塞(Dreiser)在其小说《巨人》(*The Titan*)中曾提到沃思的建议,在该小说中,惩罚措施包括先把罪人扼死,然后缝入麻袋中,但没有其他东西装入麻袋,最后将之扔进博斯普鲁斯海峡,这一措施专门处罚欺骗其女朋友的人。[74]此书发表后 20 年,另一部小说《万国之家》

（*House of All Nations*）中有这样的描述，古老的苏丹惩罚不忠的妻子就是将她捆入一只装有两只野猫的麻袋，然后将之沉入博斯普鲁斯海峡。[75]这一惩罚方式听上去惨绝人寰，但现代社会对白领犯罪的处罚的确太轻了，甚至仅仅是没收财产。很多时候，对欺诈者处以巨额罚金，实际上将负担转嫁给股东，并未对真正惩罚欺诈者本人，除非他本人也是股东之一。

　　不论犯罪者以何种方式被处罚，还是被宽容直到其寿终正寝，这些并不是金融史要探讨的问题，而是公司治理和商业道德层面的问题。欺诈、作假和贪污的揭露，以及对那些违反诚信法则的骗子的惩罚是一个重要的信号：投机并不应该如此狂热，未来会产生严重的社会后果。

第八章 | 危机的国际传播：
1618—1930 年

谁应为危机负责

对危机史的研究有两个核心问题：一是通过对历史上已发生过危机的研究，确定导致每轮危机前证券价格、债务数额飙升的源头。二是危机几乎同时在不同国家发生的联系机制——为何在1982 年夏墨西哥、巴西、阿根廷均出现了银行危机？为何在 2008年，冰岛、英国和美国均出现了危机？

每个危机国都愿意相信其所遭受的是从某个贸易伙伴那里输入的危机。前美国总统胡佛坚持认为，欧洲国家应对 20 世纪 30 年代"大萧条"负责，应由那些卡特尔集团以及"没有勇气面对这些问题的欧洲领导人"承担责任。[1] 虽然他承认美国在这次危机中有一定的失误，尤其是对股票市场的投机方面，但他认为导致危机的主要原因是全世界小麦、橡胶、咖啡、食糖、白银、锌和棉花等大宗商品的生产过剩。此外，弗里德曼（Friedman）和施瓦茨（Schwartz）却认为，金汇兑本位制的实施是导致当时国际金融体系脆弱性的主要原因，因此，此次危机起源于美国。他们指出，最初具有危机性质的事件——股票市场崩溃——在美国发生，而在 20 世纪 30年代末期，导致货币存量开始下降的一系列因素也主要产生于美国国内。[2] 但究竟是哪些因素导致了 1927 年开始的美国股市上涨呢？

更早些时候，美国总统杰克逊将 1837 年危机同时归咎于英国和美国：

在真相大白之后，似乎很难否认两个国家同样经历了金融市场的风云突变。这两个世界上市场经济发展程度最高的国家刚刚经历了高度的繁荣，在没有经历全国性大灾难的情况下，却突然遭遇了此次危机，陷入窘迫的境地和深深的痛苦之中。这两个国家所面临的情况几乎相同：同样的纸币发行和信贷供给泛滥、同样的投机气氛、同样的几近成功、同样的困难和逆境，最后，却遭遇了同样的淹没一切的大灾难。[3]

尽管在危机发生后 20 年，观察家将 1836—1837 年的经济恐慌称做"美洲的恐慌"，理由是这些恐慌主要产生于银行与美国的贸易，[4] 但现代经济学家却认为，这一论断既未能总结出各国在整个经济周期中因果关系的明确界限，也未能总结出它们在经济周期的每一阶段因果关系的明确界限。[5]

弗里德曼和施瓦茨利用黄金价格的波动，论证了美国才是1920—1921 年经济衰退的根源。[6] 而另一位观察家却持不同意见：

（战后初期经济活动的下降）是怎么产生的……我认为答案肯定是：它是英国和美国这两个经济大国精心设计的。但并没有发现到底是由哪个国家首先实施的。当然，官方对此项政策的最早声明是出自英国方面的。另外，随后一段时期中，美国的政策对危机爆发也负有极大的责任。[7]

只有很少几次危机是纯粹的国内危机——例如发生于 1869 年的美国黄金价格贴水危机、发生于 1878 年的格拉斯哥城银行危机和发生于 1882 年的法国通用联盟危机等。在第一次世界大战前的五十年里，加拿大分别于 1879 年、1887 年和 1908 年爆发金融危机，但在这几次危机中，能够将西欧、北欧诸国和美国联结在一起的金融事件似乎屈指可数。[8]

在国际性金融危机中，出于显而易见的原因，有的国家能在国际性的危机中独善其身。如法国受普法战争赔偿的拖累，虽然于1871 年和 1872 年经历了严重的通货紧缩，却逃过了 1873 年的金融危机。而在 1847 年，由于铁路投机狂热尚未蔓延至美国，且此时欧洲正值马铃薯疾病泛滥、小麦生产动荡之时，因而美国没有受到欧洲的影响，逃过了 1847 年的危机。

在大多数情况下，国际金融危机会蔓延开来。几位观察家如尤格勒（Juglar）[9]、米特切尔（Mitchell）[10] 和摩根斯坦（Morgenstern)[11]等认为,金融危机越来越趋国际化,既可能在多国同时爆发,也会以某种方式从危机中心国向其他国家蔓延。

国家间经济联系的一条重要渠道就是各国商品和金融市场间的套利行为。套利行为是指在不考虑运输成本和贸易壁垒的情况下,相同或类似的产品在不同国家的价格应是相同的。而不同国家间的贸易联系是有限的。如在19世纪30年代某国棉花价格飞涨,另一国的棉花价格也可能出现上涨。同样,1864年以后,棉花价格不断下跌,由于各国间套利行为的存在,这一价格下跌很快就成为世界性的。某种大宗商品价格的下跌,特别是小麦、棉花等交易广泛的商品,很可能导致银行倒闭。这种价格变化可能并不是由于供给和需求此消彼长导致的。

同样,各国金融市场也存在类似的连通机制,也就是说,证券是在若干市场上交易的,由于套利行为,它们的价格可通过不同货币间的汇率兑换日益趋同。因此,在股票交易所挂牌交易的国际证券价格也呈现同升同降的趋势。国内债券价格波动往往与国际债券一致,这是由于两种证券价格间有心理上的联系或短期资本流动导致。

当证券价格变化幅度较小时,不同国家市场间证券价格的同步变化趋势较小。当证券价格变化幅度较大时,这种联系就变得更为强烈了。

1929年,各国股票市场同时崩溃;1987年10月,大部分工业国家的股票市场也同时崩溃,对于当时那些漫不经心的观察家而言,主要原因似乎是所有股票市场定价都过高。尽管人们认为20世纪20年代的金融市场并不像80年代那样一体化,但除了1987年的东京股票市场和1990年的纽约股票市场外,在大约60年的时间里,各国股票价格的波动都大致相同,这一点令人印象深刻。同样令人印象深刻的是,那些寻求投资多元化的投资者试图在不同国家的股票市场上购买股票,但最后发现很难实现投资分散化。

股票价格在不同市场间的联系可能是不对称的,这一点自1990年以后变得更加明显。日本在20世纪90年代所出现的问题,美国并未出现,但当美国在2001年出现股价下跌时,东京、伦敦和法兰克福等地的股价也出现了下跌。墨西哥 1994—1995 年的金融危机波及了巴西和阿根廷，其背后的联系机制可能是来自美国的投资者在购买拉美国家的债券和股票时更加谨慎。1997 年 7 月初，泰铢贬值导致的"传染效应"使得与泰国邻近的亚洲国家的货币在随后的 6 个月内也出现了贬值，波及了巴西和俄罗斯，甚至还有阿根廷。

传导机制

经济繁荣、经济危机与经济恐慌会通过一系列传导渠道在各个经济体间传递。这些传导机制包括对商品和证券的套利，各种形式的资金流动（如硬币、银行存款以及汇票），各国货币当局间的合作，以及往往被人们忽视的纯粹心理因素等。[12]

资金流动使各国的证券市场和资本市场成为有机联系的整体。20 世纪 60 年代末 70 年代初，美国爆发了通货膨胀，很多资金从美国市场转移到德国、日本及其他市场，结果导致这些国家货币基础增加，货币供应量扩张，也相继出现了通货膨胀。

资本流动可能有其真实经济原因，如一国出现战争或叛乱、技术革新、新市场的开放、新材料的应用、各国经济增速的不同以及一国财政货币政策的变化等。很多国家允许国有企业私有化也会吸引大量外国投资者蜂拥而至。

试想一下，某国货币的升值往往对应着该国商品市场的通货紧缩（某国货币的贬值往往对应着该国商品市场的通货膨胀）。一国货币汇率在外汇市场上的上涨，也会导致该国国际交易商品价格的下跌，甚至导致银行破产和金融机构资本金不足。20 世纪 80 年代和 90 年代日元的升值就使日本的国际交易商品价格面临下跌的压力。20 世纪 30 年代，阿根廷、乌拉圭、澳大利亚、新西兰等国货币的贬值造成美国国内谷物价格下跌，并导致美国大量农场破产，一批农业金融机构倒闭，密苏里、印第安纳、伊利诺伊、爱荷华、阿肯色及北卡罗来纳等地受损最为严重。[13]

一国的繁荣与萧条似乎会引起另一国的繁荣与萧条，其传导可能通过多种渠道。一国的经济繁荣会吸引大量外国投资，也会抑制其他国家的投资增长。最明显的例子发生在 1872 年，当时柏林和维也纳停止了向纽约发放贷款；1928 年纽约股票市场开始繁荣，导致美国对德国、澳大利亚和拉丁美洲等国家债券的购买量急剧减少；因此，当美国对其债券的购买量急剧减少时，一些拉丁美洲国家不再将其货币盯住黄金。1982 年，由于向第三世界发放的银行辛迪加贷款崩溃，墨西哥、巴西和阿根廷等国陷入危机之中。

20 世纪 80 年代末，挪威、瑞典和芬兰三个北欧国家的股票市场和房地产市场同时出现泡沫，挪威的股票价格指数上升了 3 倍，而瑞典和芬兰两国的股票价格指数则上升了 5 倍。[14]

劣币危机

危机本身可能由金属货币构成，银行信贷并不是必需的。此次危机中，王子、男修道院院长、主教，甚至是神圣罗马帝国的皇帝都减少了日常交易中成色不足的辅币（但不是大面值的金币和银币）的使用，这样可以提高现有货币的面值，用成色不足的劣币取代高质量的金属币，或是降低其贵金属含量，目的是在没有一个有效的税收制度和资本市场的情况下获得更多的铸币税——为 1618 年爆发的三十年战争筹备军饷。起初，降低金属币的成色仅限于国内。后来，商人发现，如果在国境线上用劣币向不了解情况的普通大众交换良币，并带回良币，再降低它们的成色，这种做法更有利于筹集军饷。结果，最初受到伤害的领地降低其硬币的成色，并将其转向邻近国家来弥补自己的损失，筹集军饷。这样，为满足重新铸币的需要，越来越多的铸币厂成立了。

降低铸币成色的行为以各种各样的方式不断发展，直到辅币实际上已经没有任何价值，孩子们拿着它们在街上玩时为止，就像列夫·托尔斯泰在其短篇小说《傻瓜伊万》中描述的那样。

当地一些资料显示，成色不足的货币首次出现于意大利，后来通过康斯坦斯湖的切尔主教（Bishop of Chur）传入德国南部。但来自乌尔姆（ULM）的资料却显示，包括斯特拉斯堡在内的莱茵河上游区域的伪造行为尤其让人难以容忍。自 1600 年开始小规模发展以来，降低成色的行为逐步增加，到 1618 年以后快速蔓延，不仅扩散到了整个德国，而且还发展到了奥地利、匈牙利、捷克斯洛伐克和波兰，还有人认为甚至通过当时俄国的里沃夫扩散到了近东和远东地区。[15]

南海泡沫和密西西比泡沫

阿克尔曼将 1720 年危机称做第一次国际性危机，因为 1717—1720 年，发生在法国和英格兰的投机交易不仅影响了荷兰和意大利北部地区，甚至波及汉堡等地。[16]南海泡沫和密西西比泡沫通过一系列方式联系在一起。早在 1717 年，英国投资者就热衷于投机约翰·罗伊银行和巴黎的克文坎佩克斯路（Rue de Quincampoix）公司。1719 年 5 月，英国驻巴黎大使斯塔尔收到苏格兰亲友的信，信中要求其代购密西西比股票。当时，甚至有 3 万名外国人（包括英国贵族）涌入巴黎，现场认购股票。1719 年 5 月，斯塔尔大使敦促英国政府采取措施，限制资本外流。1719 年 12 月，罗伊银行投机达到顶峰，一些投机者（如查德斯公爵）开始出售南海股票，转而购入密西西比公司的股票。[17]

在英国人抢购密西西比股票的同时，大陆国家的投机者也在抢购南海股票。西尔多·简森爵士有一份长长的认购名单，记录着来自日内瓦、巴黎、阿姆斯特丹和海牙等地形形色色的认购者。法国银行家马丁认购了 500 英镑南海股票，并说："当其他所有人都发疯时，我们只能效仿他们。" 7 月，已有先知先觉者在悄悄清盘，挪用 20 万英镑公共资金投机的伯尔尼省清空了全部股票，获利 200 万英镑。[18]

阿姆斯特丹恰好位于巴黎与伦敦之间，区位优势使其获利丰厚。荷兰适时清空了密西西比股票，在大崩溃中损失甚微。1720 年 4 月，戴维·里维清空了南海股票，购入英格兰银行和东印度公司股票。到月底时，荷兰银行家克雷利斯发现艾利股票交易所就像"空了一样，似乎所有的疯子都逃离了疯人院"。[19]6 月和 7 月，从英国坐船到阿姆斯特丹需 24 小时,1720 年 7 月 16 日,约 80 位犹太人、长老派信徒和浸礼教徒回到荷兰和汉堡,购买欧洲大陆保险公司股票,以弥补损失。[20] 1720 年秋,伦敦和欧洲大陆均出现崩溃前兆。法国银行家萨缪尔·伯纳德被派往伦敦,出售南海股票换成黄金带回法兰西。随着罗伊银行崩溃,形势急转直下。荷兰银行"缩短了航程,收回预付金,拒绝发放贷款,并变卖质押股票"。[21]当 4 月南海股票第一次上涨时,"法国、荷兰以及丹麦、西班牙和葡萄牙"等国投资者都在抢购该股票时,荷兰盾兑英镑汇率从 35.4 上升至 36.1。到 9 月 1 日,由于投资者"丧失对英国证券的投资兴趣",汇率又下跌至 33.9,后来在恐慌中又恢复至 35.2。[22]

1763—1819 年的危机

1763 年危机主要发生在荷兰、汉堡、普鲁士和斯堪的纳维亚半岛,波及伦敦但也得到了伦敦的帮助。法国没有卷入这场危机,七年战争使其得以幸免。乔治·查尔墨斯的总结极具洞察力,他认为同期美国的土地投机是导致危机的重要因素,但该观点并未得到其他文献支持。[23] 阿姆斯特丹曾是向英国盟友支付资金的集散地,当时的荷兰既投资于英国政府股票,又投资于 Wisselruitij(融通票据链),导致了信贷的急剧扩张。正是利用融通票据链在资金极少的基础上构建了令人眼花缭乱的大厦,并向斯德哥尔摩、汉堡、不来梅、雷普兹格(Leipzig)、阿尔托那(Altona)、纽贝克(Lubeck)、哥本哈根和圣彼得堡的商品交易所开具了大量票据。除融通汇票外,在阿姆斯特丹流通的还有根据商品运输安全开具的票据。战后,商品价格普遍回落,法国西印度公司贸易活动的重新振兴,更加速了食糖等商品的价格下跌,大量票据无法兑付。[24] 汉堡曾警告阿姆斯特丹票据清算所,除非向德纽夫尔公司提供援助,否则票据将无法支付,但这一警告太迟了。[25] 但也有观点认为,德纽夫尔公司声誉太差,导致其无法获救。[26] 德纽夫尔公司本可偿还 70% 的债务,但各票据所却在此前与债权人达成协议,承诺偿还 60% 债务。最终,汉堡债权人不得不苦等 36 年,到 1799 年才收回

60% 的欠款。[27] 普鲁士弗雷德里克二世统治时期，爆发了"致命一击"（Coup de Grace）事件，他于 1759 年降低银币成色以赢得战争，并决定回收旧币，发行新币，货币发行基础则是荷兰银行家开具的信贷。[28] 但在发行新币前就回收旧币，大大收缩了货币基础，带来了严重的通货紧缩。

英国投资者拯救了阿姆斯特丹，并通过融资支持，使荷兰对斯堪的纳维亚和俄罗斯间贸易快速发展。在普鲁士，弗雷德里克大帝也不得不援助那些由于拒付票据而陷入危机的柏林商人，这与其初衷大相径庭。[29] 1762 年秋，瑞典企业也发现其票据无法在阿姆斯特丹偿付，寄去替代票据的汇款也被冻结。阿姆斯特丹是否应出售英国证券，以实现自我救赎？人们对此莫衷一是。威尔逊声称，阿姆斯特丹正是通过这种方式将危机传至伦敦。卡特尔则坚持认为，他没有从往来账目中发现阿姆斯特丹商人出售英国证券的证据。[30]

1772 年危机从苏格兰和伦敦波及阿姆斯特丹，后来影响到斯德哥尔摩和圣彼得堡。大量硬币从巴黎流向伦敦，引发 1792 年恐怖统治时期的运河和村镇银行投资热，并于 1793 年 1 月路易十四执政时期达到顶峰。1797 年，贵金属货币流向掉头，在执政政府管制下，货币发行秩序也多多少少得到了恢复。

1810 年英国危机是区域性的。当时，英国出口商先是对巴西过度出口，然后推行封锁政策，减少向波罗的海国家出口，导致危机爆发，危机也波及了汉堡和纽约。

1816 年和 1819 年危机有其国际性原因。1814 年，战争即将结束，英国商人忙不迭地向欧洲大陆出口商品（斯马特称之为出口狂潮），但泡沫很快便破灭。随着价格不断下跌，英国商品转而出口至北美，导致 1816 年美国关税法案的出台。这是一次没有出现经济恐慌，甚至没有危机的深度经济衰退。[31] 而 1818 年及 1819 年危机则在大西洋两岸引起了广泛恐慌，这些恐慌相互关联，但尚不明确其间确切的关系。1819 年英国危机是继 1818 年商品投机崩溃、信贷骤停和"过度贸易"困境后发生的。[32] 1819 年，英国发生了两件标志性事件——恢复硬币支付和彼特鲁大屠杀。当时，曼彻斯特工人抗议活动遭到骑兵的残酷镇压，至少 8 位抗议者死亡，斯马特将 1819 年称做"灾难年"。[33]在美国,美国第二银行各分行要求各州银行赎回其货币,引发了经济恐慌。美国第二银行最初是为了集中 400 万美元硬币,以偿付 1803 年的欧洲借款。[34]事实上,美国第二银行本身就是个大泡沫,该银行于 1811 年解散后又于 1817 年重新开张,管理层贪腐严重,甚至用本票以不同名字登记认购股票,以规避股权集中度限制的法律规定。此外,他们不惮于发放股票质押贷款及其他无抵押贷款,并允许账户透支。哈蒙德认为,18 世纪稳健的商业步伐已让位给一夜暴富的民主热情,极富冒险精神的投机分子控制了美国第二银行。[35]

1825—1896 年的危机

1825 年危机主要涉及英国和南美洲,但很明显,在经济恐慌于 1828 年冲击巴黎时,这次危机也波及了巴黎。1825 年 12 月,伦敦爆发了经济恐慌,欧洲大陆国家的商品销售随之停滞,这对巴黎、里昂、雷普兹格和维也纳都产生了影响,并迫使意大利和其他依赖这些经济中心的市场减少了商品购买。在阿尔萨斯等纺织品制造地区,人们普遍感受到了由库存负担所引起的困难;企业现金库存很低,企业为维持运营,只能通过发行本票,其本票发行额达 900 万法郎至 1600 万法郎。1827 年 12 月,巴黎西亚银行(Parisian Bank)拒绝继续接受阿尔萨蒂亚(Alsatian)发行的本票,此时,由于南美股票的过度交易,伦敦危机终于蔓延到了欧洲大陆国家。[36]

阿克尔曼认为,1825 年和 1836 年的盎格鲁—美洲危机与1847 年危机正好相反,后者是盎格鲁—法兰西的危机。[37]但 1825 年和 1836 年的两次盎格鲁—美洲危机也是不同的:1825 年危机是盎格鲁—南美洲的危机,而 1836 年危机则是盎格鲁—美国的危机。

此外,1836 年危机的情况也远比 1825 年危机复杂。如前所述,杰克逊总统认为英美应对 1836—1839 年危机共同承担责任,马休斯也认为确定谁对这次危机有着更为直接的责任是毫无意义的。两国的货币扩张机制完全不同。当时，美国疯狂扩张的银行业得到了白银进口的有力支持，而英国 1826 年和 1833 年通过的新法规也使其国内出现了大量的股份制银行。英国的投机主要集中于棉花、棉纺织品和铁路；而美国则主要投机于棉花和土地，尤其是可以种植棉花的土地。此外，英格兰的盎格鲁—美洲银行为英国向美国的出口融资。

从任何方面来看，这次危机都不是纯粹的盎格鲁—美国事件，尽管人们常常对这一方面进行讨论，并强调其对英格兰银行贴现政策演变的影响。[38]豪利特（Hawtrey）认为，该危机于 1836 年和 1837 年爆发于英格兰，后来蔓延至美国全境，当 1838 年 5 月英格兰悄悄地从危机中复原时，危机波及了比利时、法国和德国，最后又于 1839 年反过来波及英格兰和美国。[39]美国的危机也直接影响到法国和德国，主要是美国进口量下降、进口商品价格下跌和一系列金融关联事件。里昂（Lyons）认为，丝绸销售的下降是立即显现的。美国人的购买对法兰克福和雷普兹格博览会的成功十分重要。美国在巴黎的代理公司为伦敦的大量出口提供信贷支持，它们和从事类似业务的美国银行家萨缪尔·威尔斯（Samuel Welles）早在 1837 年春就感受到了倒闭的威胁。[40]法国银行家梅森·霍廷格尔（Maison Hottinguer）帮助美国银行的尼古拉斯·白德尔垄断棉花的收购，限制了曼彻斯特、卢恩和阿尔萨斯的纺纱商，此时正值 1838 年夏秋之际，恰好是在同年 11 月由于盎格鲁—法兰西的联合抵制而导致垄断崩溃之前。[41]而且，法兰西银行挽救了英格兰银行。在 19 世纪 30 年代，金融世界在贸易、商品价格和资本流动方面跨越了大西洋，成为相互联系的整体，不仅将英国和美国联系在了一起，也将法国与两国密切联系在了一起。

1847 年 1 月，铁路证券进入集中缴款期，几个月后，英国危机爆发。按照阿克尔曼的说法，危机主要影响英法两国，但也影响了英国与印度、阿姆斯特丹、荷兰、比利时、卢森堡等国间的贸易，甚至蔓延至德国和美国。从伊万斯（Evans）整理的破产记录中可见此次危机的扩散轨迹。但这些记录更关注破产银行和企业数量，而不是这些银行与企业资产总量方面的数据，后者可以使我们更好地了解它们的重要性。也许,英国的数据比其他国家的数据都更完善,伊万斯声称数据仅是"主要外国银行的倒闭",无疑主要是以英国人的眼光来衡量的。尽管该缺陷比较严重,但其月度倒闭表仍给我们留下了很深的印象,使我们了解到此次危机是如何蔓延的。当法国和德国革命引起了1848年3月和4月的反响时,在人们眼里,英国的危机几乎已经过去了,但伦敦除外,这在伊万斯的数据中可能没有得到适当的记录。[42]

1848年3月29日科隆夏夫豪森(A. Schaaffhausen)银行的倒闭,在德国银行业发展史中具有重要的意义。为了挽救形势,普鲁士政府允许该银行转型为股份合作制企业,这与当时反对信贷扩张的政策正好相反。这一先例为德国银行19世纪50年代的扩张铺平了道路,后果则是导致了德国经济的快速增长。[43]由于科隆曾经是汉萨同盟城市,人们预期该银行将伦敦—安特卫普—汉堡—不来梅—勒阿弗尔(Le Havre)—马赛的商业银行业网络联系在了一起,这个网络是伊万斯描述中的典型。一份当地的资料显示,科隆处于与荷兰、布拉班特、法国和德国东部及高地德国贸易的交界地带,并深受1825年英国危机之苦,大量银行和企业破产。该资料承认,除了为从南美洲进口皮革进行过一些融资外,大多数银行融资都投向了当地项目,且多为重工业项目。约翰·沃尔特和夏夫豪森最初是皮革商人,他们从西班牙购入拉丁美洲皮革,先是从阿姆斯特丹购入,后来是直接从拉丁美洲购入。亚布拉罕的儿子是一个商人、代理商和掌握大量国际关系的银行家。但他在1848年遇到的麻烦主要来自对科隆不动产投机进行的融资。该银行的资产组合中,近四分之一是其拥有的土地和向单个建筑商发放的贷款,总共约160万第纳尔,而该银行的资本仅为150万第纳尔。随着社会日益不安定,存款人不断将存款换为现金,该银行先是吸纳了一个荷兰合伙人,后又接受了普鲁士银行科隆分行、明斯特分行、普鲁士基金会(另一家政府金融机构)以及普鲁士彩票的援助。允许夏夫豪森银行的转型也许与股份合作制银行被禁止投资于建筑地基以及其他所有形式的投机有着一定的联系。[44]

表 8.1　1847—1848 年危机期间报告的各城市银行倒闭数量

单位：家

城市	1847 年					1848 年								
	8 月	9 月	10 月	11 月	12 月	1 月	2 月	3 月	4 月	5 月	6 月	7 月	8 月	10—12 月
伦敦	11	19	21	25	7	3	7	3	1	8	2	1	1	1
利物浦	5	4	28	10	4		3						1	
曼彻斯特		6	11	8	1		1							
格拉斯哥	2	4	6	9	7	6				1				
英国其他城市	2	4	16	7	7	2		1	1					1
其他英联邦国家											1	2	1	4
巴黎		1				2	1	14	2					
勒阿弗尔				1			1	5	2					
马赛		1			1	1		2	13					
法国其他城市			2			1		1		1	1			
阿姆斯特丹				3	1	1		14	4		1			
其他低地国家	1		1	4				4		1	1			
汉堡	1			2		1			7	4	3	1		
法兰克福					3	1			1					
柏林								3	4	1				
德国其他城市		2			1		1		6					
意大利		3		7	1									
其他欧洲国家		2		3	2	1	1		1	1				
纽约		1		3	1				1	5				4
美国其他城市														7
其他地区		1			1					2	1			2

资料来源：D. Morier Evans, *The Commercial Crisis*, 1847 - 48（1849；reprint edn, New York：Augustus M. Kelley, 1969），pp. 69, 74, 91 - 2, 103 - 4, 105 - 6, 112 - 13, 118 - 20, 123, 127.

导致 1857 年经济恐慌的是一场世界性的经济过热。加利福尼亚和澳大利亚相继于 1849 年和 1851 年发现了黄金,导致其他国家对两国的出口激增,欧洲和美国的信贷基础也因此而扩大。同一时期,印度的出口大大高于其进口,同时,由于 1848 年革命的爆发,各国对欧洲大陆的投资大大减少,英国和美国的资本大量流入印度,如果不是这样的话,对美国出口的增加和欧美信贷基础的扩大将更加严重。国际收支的净头寸是通过白银进行支付的。当时的欧洲与美国都经历了铁路和银行业的过度繁荣。英国和德国的股份合作制银行不断涌现,法国的信用合作社也在这一时期不断膨胀,这些金融机构向贸易和工业企业发放了大量贷款。英国的《谷物法》、《木材税》和《航海法》引发了贸易繁荣,特别刺激了斯堪的纳维亚国家的经济。[45]农业歉收和克里米亚战争削减了俄罗斯的粮食出口,提高了世界粮食价格。尽管英国于 1846 年颁布了《谷物法》,但这一时期实际上仍是英国农场主的黄金时期。随着俄罗斯粮食供应商重返市场,谷物价格应声而跌,铁路建设投资也因受此拖累而放慢了脚步。"多米诺骨牌"的崩溃始于美国的俄亥俄州——或是俄亥俄银行纽约分行——并在纽约、俄亥俄、宾夕法尼亚、马里兰、罗得岛和弗吉尼亚蔓延开来,然后是利物浦、伦敦、巴黎、汉堡、奥斯陆和斯德哥尔摩等欧洲城市。埃文斯(Evans)关于 1857 年破产企业和银行的数据比 1847 年的数据更为粗略,难以引导我们以同样的方式追踪当时经济毁灭的轨迹。我们可以通过回顾俄亥俄人寿和信托公司的倒闭过程,发现当时由于英国国内利率提高,英国存款者抽走了他们在美国的存款,这一行为似乎是导致危机的导火索。

令人印象深刻的是危机的集中爆发,1857 年 8 月 24 日,俄亥俄人寿公司危机被公布于众,11 月 12 日,伦敦《银行法》终止,12 月 10 日,奥地利(西尔伯祖格)对汉堡的贷款也终止了。克莱泛姆认为它们几乎同时爆发于美国、英格兰和中欧,并对南美洲、南非和远东也产生了影响。[46]罗森伯格将之称做"首次世界性危机"。艾尔伯费尔德商会宣称:"世界是一个整体;正是工业和贸易使它成为了一个整体。"[47]

危机从 1864 年爆发一直持续到 1866 年。阿克尔曼认为它在许多方面与 1857 年危机具有同等的意义。它爆发于美国内战打响之后，而 1857 年危机爆发于克里米亚战争之后，同时，1866 年棉花价格的崩溃与十年前的小麦价格崩溃也有着相似之处。[48]将 1864 年纳入危机期间意味着将消除一个普遍的看法，即认为此次危机完全是英国国内的危机。[49]而发生于 1866 年 5 月 11 日"黑色星期五"的经济恐慌，其时机与普鲁士—奥地利战争紧密相连，主要是有关战争即将打响的传言及对战争到来的恐惧，以及 1866 年 5 月 1 日的里拉恐慌（corso forzoso）引起的，当时意大利政府停止了里拉兑换黄金，并为此从国家银行借入了 2.5 亿里拉。[50]就像欧文伦德、吉尼的崩溃一样，资本迅速从巴黎抽回，巴黎也为此遭受外国证券清盘之苦。由于开战传言的影响，到 4 月中旬，伦敦市场也摇摇欲坠。5 月 2 日，柏林证券交易所出现恐慌，当战争于 5 月 12 日真正爆发时，柏林证券交易所又再一次出现了恐慌。5 月 11 日，普鲁士银行将贴现率提高到 9%。同一天，伦敦爆发经济恐慌，这只是由于在财务困难时期，人们在面临一家脆弱的企业时普遍争夺流动性的努力导致的部分后果。当欧文伦德、吉尼发生危机时，阿尔弗雷德·安德利（Alfred Andre），这位对埃及怀有极大兴趣的巴基斯坦银行家在伦敦为保护其企业利益，度过了"精疲力竭的一周"。当他于 5 月 17 日返回巴黎，得出的结论是所有的财务公司都已被毁灭，意大利、普鲁士、奥地利和俄罗斯的商业活动已经瘫痪，只有法国勉强维持，但也只是苟延残喘。[51]

表面上看，1869 年 9 月美国黄金危机与奥地利危机没有直接联系。当时，两国货币都可以自由浮动，经历了战后经济繁荣。沃尔思将两次危机称做"1869 年大崩溃"。他是在评述 1873 年真正的大崩溃前，针对德国和奥地利在美国的投资、美国产品进入欧洲市场以及大西洋两岸航运和银行业之间的联系日益扩大等事实作出了这一论断。[52]他没有提到美国的黄金危机，因此他不太可能认为两者之间存在关联。同时，人们在讨论美国 1869 年黄金危机爆发的原因时也忽略了奥地利。[53]在此，两者之间可能存在的一种联系是以小麦为中介的，当杰·古尔德（Jay Gould）和吉姆·费斯克（Jim

Fisk)迫使黄金升水（对美元的折扣）提高的同时，他们也试图提高美元价格。在欧洲，紧随 1869 年 9 月"崩溃"而来的困难主要集中于匈牙利等产粮国。[54]古尔德声称，根据他自己的研究，当黄金贴水为 45 时，美国可以凭借其较低的劳动力价格和地中海水运的竞争优势向英格兰出售小麦，但如果黄金贴水低于 40，美国对英国的小麦出口则不可行。[55]但到了 9 月，美国黄金贴水下降，这本来有利于匈牙利的经济前景，但实际上却损害了它的经济发展。

1873 年的故事有着这样一个序曲：1871 年，法国政府以黄金支付了十分之一的法兰西—普鲁士战争赔款，市场对德国进行大量投机，并蔓延至奥地利。[56]杰·库克（Jay Cooke），这位铁路融资业和在欧洲市场上寻求铁路资本业中的后来者，将自己投入到北太平洋铁路项目；他试图从法兰克福借款，但法兰克福的金融家们只关注德国和奥地利的建筑业繁荣。[57]还有一些其他的冲击事件，包括 1869 年苏伊士运河的开通，德国当局在收回旧银币之前错误地发行新币，1871 年 10 月 9 日芝加哥的大火，[58]以及普鲁士在俾斯麦领导下统一德国的冲动。由于德国获得的 9000 万英镑战争赔偿有可能兑换为黄金，从而威胁了英国经济的稳定。同时，法国由于支付战争赔款导致通货紧缩，得以免受欧洲通货膨胀的冲击。

主要问题是 1873 年 5 月，奥地利和德国在经过几个月痛苦之后的崩溃与同年 9 月美国经济崩溃之间的联系。一种联系渠道是德国对美国铁路的投资，德国先是支持对美国铁路和西部土地的投机，后来突然停止了对这两个项目的投资，从而终止了投机。麦克卡特利（McCartney）认为，1873 年的危机被普遍认为是第一次重大的国际性危机：它于 5 月爆发于奥地利和德国，后来蔓延至意大利、荷兰和比利时，并于 9 月越过大西洋，然后又返回大洋彼岸，将英国、法国和俄罗斯卷入危机之中。实际上，维也纳于同年 11 月 1 日受了第二次恐慌的打击，但为期很短。[59]摩根士丹利在其编制的股票交易所国际恐慌表中，记录了"一年中经济恐慌清晰的传递，证明恐慌后来波及阿姆斯特丹和苏黎世"。[60]1875 年秋，巴肯·卡尔·梅耶·冯罗斯柴尔德致信戈森·冯·布雷思罗德，谈论随处可见的股票价格低迷的局面，认为"整个世界已经成为了一座城市"。[61]

下面是一系列联系不太紧密的企业倒闭与经济恐慌：1878 年的格拉斯哥，1882 年的通用联盟和 1884 年的纽约股票市场；1887 年在面临俄罗斯与土耳其战争威胁时笼罩全欧洲的股票市场恐慌；1888 年巴黎的黄铜垄断，Comptoir d'Escompte 公司的倒闭；以及 1890 年的巴林银行危机、1892 年的巴拿马丑闻、1893 年的纽约恐慌等。我不必过细地讨论这些事件，因为摩根士丹利已对它们的国际蔓延进行了详细的研究；[62]尤其重视巴林银行危机的普勒斯内尔认为，巴林银行危机对英格兰银行黄金储备的影响极为重要。[63]1890 年爆发的巴林银行危机在纽约制造的不是经济恐慌，而是财务紧张，主要由于英国投资者出售了业绩良好的美国股票以弥补他们在拉丁美洲的坏账损失。[64]还有一种观点认为，1890 年 10 月纽约的金融危机导致伦敦一系列企业倒闭，使本处于困难时期的巴林银行更加难以为继，从而引发了巴林兄弟公司 11 月的突然崩溃。在此，十分清楚的是，阿根廷的经济困难导致了巴林银行危机，致使英国向全世界发放的贷款急剧下降，加速或直接导致了南非、澳大利亚和美国的经济危机，并一直持续到 1893 年。[65]

1907 年的危机

意大利国内危机早于 1907 年美国大危机。[66]意大利经济在 20 世纪初也经历了一轮繁荣，但信贷资金进行投机盛行。意大利有不少靠欺诈起家的企业，如某一个钢铁托拉斯利用借入资金投资于实业，对自己的股票进行投机，为借款支付高额红利，以引起投机者的兴趣。1905 年 5 月开始，许多新企业陆续倒闭，意大利经济显视不好的迹象。股票的第二次崩溃爆发于 1906 年 10 月的热那亚股票市场。到 1907 年 4 月、5 月，巴黎和伦敦的对外借贷放慢，意大利股票市场上的困难加剧。意大利社会银行成立于 1898 年，注册资本仅为 400 万里拉，而到 1899 年，其资本增加至 500 万里拉，1900 年达 900 万里拉，1904 年快速增长至 2000 万里拉，1905 年更是达到 3000 万里拉，1906 年 3 月达到 5000 万里拉，在资本增加的每一阶段,都新聘了大量工作人员,并收购了大量旧银行(大多处于困境之中)。[67]该银行米兰总部的管理人员甚至不了解热那亚分行所承担的风险。特别是,该银行深深地卷入了证券贷款之中。[68]意大利中央银行行长斯特林格(Stringher)对此深感忧虑,因为早在 1906 年 12 月,该银行的贷款业绩就已不佳,并从中央银行借入了大量资金。1907 年春,当巴黎和伦敦的商业银行削减对意大利和美国的贷款,导致市场银根紧缩时,那些暴发户和新银行的处境开始变得窘迫。都灵—米兰—热那亚和纽约之间的直接联系有限。但意大利的金融中心与巴黎间的联系紧密;纽约与伦敦联系紧密;而巴黎和伦敦也是紧密地联系在一起。波内尼(Bonelli)声称当巴黎将其持有的伦敦证券进行清仓时,当巴黎和伦敦都停止贷款时,世界上的殖民地发现自己突然之间被剥夺了资本,被迫停止正在进行的投资项目,不得不削减产出和就业,而就业又反过来对需求和价格产生了压力。另外,1907 年的意大利令人吃惊地具有和一个殖民地相似的特点,因此,上述模型也预示了美国于 1928 年停止发放境外贷款给意大利带来的灾难性后果。碰巧的是,波内尼宣称,如果没有移民们的汇款的话,巴黎人削减发放对意大利贷款带来的后果将会更加严重,而这些汇款大多来自美国。[69]这里有着一个跨越大西洋的直接联系,主要是纽约与那不勒斯间的联系。波内尼的论调重点集中于狭窄的直接联系。它与同时代一位观察家的观点正好相反,这位观察家名为弗兰克·范德尔利普(Frank Vanderlip),他是纽约的一位银行家,他在一篇文章中将经济恐慌称做"一种世界性的现象"。他发现,当时世界爆发经济恐慌的主要原因是波尔战争、日俄战争以及旧金山地震。但在宏伟的开篇之后,他却集中讨论了新近成立的托拉斯企业的过度贸易问题以及对扩张性货币的需要。[70]

1929 年危机的国内后果

美国总统胡佛认为,导致 1929 年"大萧条"的部分原因是第一次世界大战期间,欧洲以外地区生产的扩张。第一次世界大战以后，欧洲生产开始恢复。此外，财务上还存在着战争赔偿与战争债务的复杂因素；汇率设定不当，尤其是英镑与法郎的汇率设定不当，导致英国对法国的债台高筑；道斯计划（Dawes Plan）的实施使美国可以向德国企业和公共机构发放私人信贷，德国回收了战争赔偿。经济学界对于 1927 年夏纽约为了帮助英国维持英镑而下调利率这个事件也有异议，当时实施限制性政策也许可以更好地服务于美国的国内目标。当纽约股票市场于 1928 年 3 月，尤其是 6 月以后腾飞时，外国信贷就终止了。在一段时间里，德国、拉丁美洲国家和澳大利亚转向借入短期信贷。面对资本流入的减少，德国国内通货紧缩，它开始向境外转嫁其战争赔偿。阿根廷、澳大利亚、乌拉圭和巴西等国发现自己的国际收支平衡急剧恶化。由于不能筹集资金解决短期负债的日益积累，或借入更多资金，这些国家只能在 1929 年 10 月股票市场崩溃导致小麦、咖啡、橡胶、食糖、丝绸和棉花价格急剧下跌时，眼睁睁地看着自己国家货币汇率贬值。

纽约联邦储备银行决定并实施了公开市场计划，此次擅自行动受到纽约联邦储备银行的抗议，却缓解了危机第一年的信贷紧缩。1930 年上半年，国际信贷回升，在 1930 年 4 月到 6 月间竟创下了二十年来单季度信贷的新高。但较低的价格水平，尤其是 1930 年 9 月选举中国际社会主义获胜以后，市场对德国信心的丧失，意味着世界作为一个整体陷入了困境。中欧的许多银行，大多是奥地利和德国的银行试图通过抬高自己的股票价格改善财务困境。两家私人银行，亚当银行和奥斯特里克银行在巴黎倒闭，后者的倒闭牵涉一桩影响到三位政府官员的丑闻，并导致了法国政府的垮台。1931 年初，奉行通货紧缩政策的拉维尔政府上台。随后，货币开始不断贬值：5 月奥地利的安斯土耳特信用银行倒闭，7 月德国的丹那特银行倒闭，7 月德国达成了观望协议，8 月英国撤出一系列银行，9 月英镑的贬值达到顶峰。这一阶段，由法国、比利时、荷兰和瑞士组成的黄金区开始将美元兑换为黄金，向美联储施加了巨大的压力。日本于 1931 年 12 月开始抢购黄金。同时，美国通货紧缩，主要产生于美元的升值（即英镑的贬值和整个英镑区货币的贬值）和银行储备的减少。1932 年 2 月，《格拉斯—斯蒂格尔法案》颁布，这意味着美联储可以通过公开市场操作在货币方面实行通货再膨胀，但已经太晚了。通过价格下跌、破产和银行倒闭等正向反馈过程，银行倒闭之风继续席卷各地。1933 年 3 月，银行普遍关门歇业，经济衰退达到了谷底。同年春天，当 20.67 的美元黄金比价被放弃时，美元汇率也贬值到了谷底。

经济衰退、失业率上升，以及 1929 年"大萧条"相关的货币危机导致了两个截然不同的金融事件。一是从 1929 年 10 月开始的股市暴跌。二是破产银行数量的快速上升。股市的暴跌与工业生产衰退有关。当很多投资人利用杠杆或融资买入股票时，证券经纪公司成了放款人。

在 20 世纪 20 年代，几乎每年都有数百家银行破产，其中大多是小银行或村镇银行。1931 年，尤其是下半年，银行破产开始加速。

虽然很多投资者以 10% 的保证金比率购买股票，但真正用于个人融资进入股市的银行信贷还是很有限。1931 年的银行破产加速，主要是农产品及房地产价格暴跌的结果。

回顾这段历史，我们很难认同 1929 年经济衰退完全由美国造成的观点。

第九章 资产价格泡沫的国际传播：从墨西哥城到东京再到曼谷、纽约、伦敦和雷克雅未克

过去的 30 年，共出现四轮大规模跨境资金流动及证券、房地产价格泡沫事件，创下了全球金融稳定史上的纪录。如此频繁的银行危机可能只是一种巧合，但也存在另一种可能的解释，即某轮或某几轮危机引发的大规模跨境资金流动，导致了其他金融中心证券价格飙升，最终，过高的价格难以为继，导致了另一场危机。很显然，第一轮泡沫是由墨西哥等发展中国家政府和国有企业的贷款攀升导致的，但其与 20 世纪 80 年代后期日本的信贷泡沫是否有某种联系？同样，20 世纪 90 年代初日本资产价格泡沫破灭与第三轮信贷泡沫，也就是几年后爆发的席卷泰国等东南亚国家和墨西哥、俄罗斯、巴西以及阿根廷的金融危机间关联有多少？1997 年夏的亚洲金融危机与同时期的美股泡沫是否有关？而 2002—2007 年美国、英国、爱尔兰、西班牙、冰岛等国的房地产价格泡沫，以及 2008—2009 年希腊、葡萄牙、西班牙等国的政府债务危机，与此前几轮泡沫有何关联？

一般来说，主要工业国家出现资产价格泡沫的概率很低，20 世纪 20 年代末美国的资产价格泡沫是为数不多的例子。日本在 20 世纪 80 年代中期之前从未出现过任何资产价格泡沫，其他亚洲国家也未出现过。同时在三个或四个国家出现泡沫是一种值得关注的现象，意味着存在共同的因素——一种明斯基所谓的"错位"或冲击（很可能是外部的），因为许多国家同时受到了相似的影响。但在短

短 30 年时间里出现的四轮泡沫意味着,一轮泡沫破灭导致的跨境资本流动的逆转促成下一轮泡沫的发展。

信贷过度投放多导致资产价格泡沫,每一轮房价飙升都由信贷投放过度的影子。20 世纪 70 年代,随着大宗商品价格快速上涨,墨西哥等发展中国家 GDP 快速增长,其政府和国有企业的巨额赤字只能依靠贷款弥补,出现了信贷泡沫。20 世纪 80 年代后期,日本房价上涨迅猛,房产信贷显著上升,更激发了资产泡沫。90 年代初,泰国、马来西亚等亚洲国家,以及墨西哥、其他拉丁美洲国家的房地产价格泡沫和股票价格泡沫则是资本流入和国内信贷过度扩张的产物。2002 年后,抵押贷款证券化大大增加了信贷资金供给,美国、英国及另外几个欧洲国家出现严重的房价泡沫。同期,随着热钱的大规模流入,希腊及其邻国等南欧国家出现了严重的政府财政赤字。当放款人认为其政府负债水平难以为继时,债务国政府就会被要求降低赤字规模。这些国家的政府只好降低其对警察及罪犯的财政开支,或者延期支付原有外债的本息。

信贷泡沫的形成有赖于以下三个必要条件。一是可方便地获得大量信贷资金,不断为其新增债务提供融资支持;二是外部冲击导致某类贷款预期回报率显著上升,或监管放松导致在国外市场进行贷款更加便利;三是投资者群体对某类借款人更为偏好。自 20 世纪 70 年代早期以来,大规模跨境资金流动中经常有大型跨国银行的参与。

20 世纪 70 年代,墨西哥等国银行贷款激增

美国及世界通货膨胀率高企是 20 世纪 70 年代最为显著的特征。整个 20 世纪,比较明显的通胀都出现在世界大战期间,一次发生在第一次世界大战前后,一次发生在第二次世界大战前后。20 世纪 70 年代,通胀成为各国共同的问题。60 年代末至 70 年代初,国际贸易严重失衡,全球流动性泛滥,布雷顿森林体系破产,更加剧了各国汇率机制的混乱,政策当局甚至找不到"货币政策锚",这意味着中央银行无法维持较低的通货膨胀水平,也无法维持其本

币的合理汇率水平。

60 年代末，美国通胀率便居高不下，各期限美元证券收益率全面上升。受美联储存款上限限制（Q 条例），银行只能比照存款利率上限确定存款价格。为提高回报率，大量美元外流至伦敦等存款利率不受上限限制的离岸金融中心（包括美国银行的海外分行）。

充斥的美元不断推高原油及其他初级产品价格。1973 年秋，赎罪日战争（Yom Kippur War）后，原油价格涨了五分之一，20 世纪 70 年代末期两伊战争爆发后，原油价格又涨了三分之一。两次石油冲击为石油输出国积累了巨额贸易盈余，对美元资产的需求猛增。

原材料生产国经济高速增长，成为银行争夺的优质客户。英国、加拿大、日本的商业银行也纷纷从离岸市场拆入美元，向墨西哥及其他发展中国家提供贷款。此前，这些借款人依赖美国银行和世界银行等获取其大部分外部融资；愿意向其提供更多贷款的机构数量迅速增长。这些非美国银行在离岸中心可以更快地增加资产。而对外国银行的挑战，美国银行降低了贷款利率——以防止市场份额的下降。

发展中国家急需资金，跨国银行相信其贷款风险可控，风险回报率稳定，双方一拍即合。纽约一位银行大佬曾说："国家永远不会破产。"由于新申请贷款数倍于旧贷款应偿还利息，借款人丝毫感受不到财务压力。其循环机制类似于"石油美元"。通过石油贸易，石油出口国获得大量外汇储备，并为石油进口国提供融资便利，以弥补其贸易赤字。但两者的贸易差额显然无法相抵，进口赤字规模远大于出口盈余规模，且缺口不断扩大。同样，发达国家用其经常账户盈余，为发展中国家提供融资便利，以弥补其贸易及经常项目赤字，但也存在规模错配问题。

20 世纪 70 年代，通胀、利率双双走高，墨西哥等国外债余额年均增速达 20%，贷款平均利率维持在 8% 左右，通货膨胀导致贷款利率不断走高。贷款余额的增长主要来自新增贷款，而非贷款利息资本化，这表明债务国货币不断升值，国际收支赤字规模不断扩大。债务增速远远超过收入增速,蕴含着巨大的泡沫,当热钱流入减少、信贷投放趋缓时,危机将爆发,货币也将贬值。

1979 年 10 月,美联储货币政策的突然收紧,刺破了墨西哥等国的债务泡沫。发展中国家无法融资弥补经常项目赤字,发达国家贸易盈余规模不断下降。事实上,并不是所有发达国家贸易形势均出现恶化,美国赤字规模不断扩大,而欧洲国家及日本仍维持贸易盈余,随着美元资产利率水平的提升,资金转而从发达国家流向美国,美元汇率飙升,而同期的德国马克、日元等货币均出现贬值。

欧洲各国货币及日元一直维持弱势,这一情形直到 1985 年才逆转。随着美国贸易赤字增长,欧洲及日本贸易盈余不断增长,直到 1987 年才出现新的变化。到 80 年代中期,外国投资者购买美元资产的意愿才开始消退,这一方面是由于美元资产自身收益率的下降,另一方面是由于对美元资产未来的看涨预期逐渐转为看跌。

20 世纪 80 年代,日本资产泡沫

20 世纪 80 年代前期,日本的跨境资金流出规模不断扩大,日元不断贬值,日本出口规模较进口增加更为明显,日本贸易盈余占 GDP 的比例提高了 2 个百分点。从 1985 年起,日本跨境资金流出规模开始缩减,日元也于 20 世纪 80 年代中后期开始升值。由于日本股票价格仍在上涨,国际社会对日元资产的需求仍然高涨。然而,日本的净投资资金流出规模仍在下降。日元当时实行浮动汇率制,日本的国内政策必须作出调整,以使进口规模随出口规模变化,使国际收支经常账户盈余与资本项目赤字相匹配。20 世纪 80 年代中后期,为追求国际收支盈余,扩大出口,提高就业,日本当局不愿使日元升值,而推行弱势日元政策,导致货币超发和信贷扩张。日本银行不断购入美元以缓解日元升值压力,国际储备余额不断攀升,为信贷过度投放奠定了货币基础。由于认为房地产投资的增加能够拉动内需、促进经济增长、抑制日元升值其政策当局转而放松对实际投资和建筑业贷款的监管要求。为吸引资金流入,维持日元贬值,当局也放开了对外资投资日本企业和银行的限制。

20 世纪 80 年代，日本的资产价格泡沫化程度很深，以至于到了 80 年代末，整个东京的地产市值远低于日本皇城的地产市值，日本皇城的地产市值超过了美国加利福尼亚州的地产市值。加利福尼亚州的土地面积比日本皇城的面积大数十亿倍，这意味着两地单位面积地价有着巨大的差异。事实上，皇城的土地价格并不是通过拍卖或类似拍卖的方式达到的。首次将日本皇城的地价与加州地价进行对比的研究人员利用邻近皇城的东京银座（Ginza）附近的地价与皇城土地面积的乘积得到日本皇城的地价总值，又从美联储得到加利福尼亚州房产价值总额作为对比数据，将这两个数据进行对比研究。

20 世纪 80 年代末，东京金融资产的价格高到了令人咂舌的地步。当时日本股市总市值为美国股市的两倍，而日本 GDP 总额刚刚达到美国的一半。如果比较日美两国上市公司的市盈率指标，差异就更大了。日本的房地产价值总额也是美国房地产价值总额的两倍，而日本的土地面积仅为美国的 5%，且日本国内 80% 的土地为不适宜居住的山地。日本的人均土地价值是美国的 4 倍，而日本的人均收入仅为美国的 60% ~ 70%。

如果按照总资产或存款总额标准，不考虑盈利能力，日本的商业银行雄冠全球，在世界十大商业银行中，日本占据七席。日本最大的投资银行野村证券（Nomura）的资本金规模甚至超过了美国前五大投资银行之和。

日本企业不断在纽约和伦敦买入摩天大楼。我们在第一章中曾提到，三井物产株式会社以 6.25 亿美元的价格买下了位于纽约第六大道的埃克森大厦，事实上，这桩交易最初的报价为 5.1 亿美元，但三井物产为了创下单幢建筑物最高交易价格的吉尼斯世界纪录，故意将成交价格推高了。三菱地所（Mitsubishi Real Estate）联合住友银行（Sumitomo Bank）收购了北加利福尼亚州的圆石滩高尔夫球场（Pebble Beach Golf），索尼收购了哥伦比亚音像和哥伦比亚电影公司（Columbia Pictures），而其电子领域的主要竞争对手松下电器则将环球唱片（MGM Universal）归入旗下。

到了 20 世纪 80 年代，日本取代德国成为世界第二经济强国。

丰田、尼桑和本田成为全球汽车工业的龙头企业。索尼、松下、夏普及其他很多日本企业统治着电子工业市场。尼康和佳能垄断了全球影像产业。

日本大藏省一直推行低利率政策,存贷款利率均维持较低水平,存款利率长期低于通胀率,处于"负利率"状态。为维持财富水平,人们不得不节衣缩食,增加储蓄。政策当局通过"窗口指导"控制信贷发放,而由于贷款利率较低,企业贷款需求十分旺盛,房市与股市的投资收益率较高。

日本商业银行持有大量房地产和股权投资。随着这些资产价格的不断上涨,银行资本金规模不断扩大,可发放更多贷款,很多贷款流向房地产领域,导致房地产需求猛增,供应增长则相对缓慢,供需不平衡会导致房价快速上涨。20 世纪 80 年代初期,为规避管制,日本商业银行纷纷设立新型金融服务机构,如发放房屋抵押贷款的住专金融公司(jusen),专门从事传统商业银行刻意回避的业务。住专金融公司先从银行贷得款项,再为购房者提供房屋抵押贷款,相当于大银行下的房地产信贷部门。同期,日本政府也成立了专门的公共贷款机构,为购房者提供房屋抵押贷款。逐渐地,日本各商业银行也开始直接从事房屋抵押贷款业务。

20 世纪 80 年代前期,日本金融管制逐步放松,推行金融自由化改革。这一变革很大程度上迫于美国要求日本"开放"国内金融市场的压力。日本企业在美国各地获得了很多客户资源和商业机会,美国企业希望在日本获得同样的机会。随着金融管制的逐步取消,日本国内存贷款利率上限不断提高,"窗口指导"政策的应用越来越少,外资投资管制逐步取消,日本的商业银行得以开设更多跨国分支机构。

随着金融自由化改革不断推进,银行可以发放更多信贷,帮助贷款人购买房地产、兴建新办公楼、公寓、购物中心及高尔夫球场。日本房价不断上涨。在东京证券交易所上市的公司中,房地产企业市值占比较高,地位举足轻重。这些企业经营模式颇似基金公司,房价上涨时,投资者会对其更加热衷,带动房价进一步上涨,激发日本的建设热情,更多的摩天高楼平地而起。

日本人似乎创造出了金融领域的"永动机"。房价上涨推动股价上涨；资产价格上涨增厚银行资本金；银行得以增加信贷投放。而随着金融自由化浪潮推进，原本被禁止或限制的项目也可以申得贷款，这在以前根本不可能。多数贷款都以房地产为抵押，因此，只要房价不断上涨，贷款坏账就不会出现。很多公司通过投资房地产取得了可观收益，它们不断增加财务杠杆，以期获得更多收益。

在日本，贷款一般以房地产作为抵押，银行可以发放相当于抵押品评估价值 70% 的贷款。很多住专金融公司发放的贷款最终流入了黑社会，被犯罪集团所控制。这些黑社会组织通过提高不动产评估价获得更多的贷款。由于日本的房地产价格年均增长率达到了 30%，因此，房产评估师高估抵押品价值的"失误"很快就被市场价格的上涨所掩盖。

与高速上涨的房地产价格相比，房屋租金的增长就慢得多了。这造成的后果是，通过贷款购入房产的租金收入远远低于偿还贷款的利息支出。很多在 20 世纪 80 年代最后几年购入房产的投资者都面临负的现金流（即租金剔除运营成本的净收益远远小于贷款的利息支付）。但由于房价仍保持高速上涨，因此，他们可以通过获得更多的贷款或变卖房屋支付贷款利息。

20 世纪 80 年代后半叶，随着日本国际收支资本账户赤字规模的不断降低，日本当局必须做出相应的政策调整，以确保经常账户盈余规模同步降低。日本进口商品主要是初级产品，对价格变化极其不敏感，只会随 GDP 总额的增加而增加。因此，日本需要增加居民财富水平，以带动层次更高的进口商品。

房价、股价的飙涨增加了日本居民的家庭财富总量。传统上，日本居民的家庭财富构成包括现金、银行存款、不动产和股票投资。很多日本企业的大多数股权由其他企业持有，另有约三分之一的股票被个人投资者持有。结果，每个日本企业都被控股公司和共同基金所控制。

日本股市的不断上涨，吸引了很多欧美投资者购买日本公司的股票。全球股票指数基金希望持有更多的日本公司股票。投资日本公司股票的外国投资者可以获得更高的投资收益，原因在于他们不仅获得股价上涨的收益,而且可以获得日元升值的汇兑收益。

1989 年底,日本的资产价格泡沫终于走到了尽头。日本的房价涨到了令人咂舌的地步,棒球明星约吉·贝拉(Yogi Berra)形容"那里物价太高,没人能住得起",这话的确很可信。日本的商业银行推出的抵押贷款最长期限为一百年,跨越三代。新上任的日本银行行长对高房价忧心忡忡,唯恐其危害社会和谐。因此,日本银行推出了一项新的措施,限制商业银行房地产贷款的增长率。

贷款增速的下降使得很多刚刚购买房地产的投资者面临现金流危机(cash bind),他们获得的租金收入仍远远小于其贷款利息支出,而且他们已经无法通过获得新贷款来支付以前贷款的利息。由于无法应对高额的利息成本,一部分投资者陷入了财务困境。财务困境和房地产贷款发放锐减共同导致了房价下跌。"房价只涨不跌"的谚语被证明是错误的。

20 世纪 90 年代初开始,日本的股价出现下跌。1990 年,日本股价水平下跌了 30%,1991 年,日本股价又下跌了 30%。尽管其间有四次像样的反弹,但日本股价总体仍然未能走出跌势。2010 年初,日本的股价水平仅仅相当于其三十年前的水平。

现在,永动机仿佛开始倒转了。变卖资产的行为使得资产价格不断下跌,房价、股价的下跌冲蚀了银行的资本金,银行放贷受到了更多的约束。由于日本股票价格不断下跌,而美国股票的价格不断上涨,全球股票指数基金的经理们开始不断变卖资产组合中的日本股票,买入美国的股票。

货币学派有这样一种观点,经济处在繁荣周期时,可能会出现与经济发展不和谐(flip-side)的现象——通货紧缩,而正是通货紧缩刺破了资产价格的泡沫。日本投资下降的部分原因在于资金成本过高,投资者对企业盈利增长的预期不乐观;另有部分原因在于在经济繁荣阶段的过度投资导致了全社会的生产过剩,超过了市场需求。房价和股价的下跌使数百万日本家庭财富缩水,他们不得不削减消费支出,将收入的更大部分储蓄起来,以弥补其财富缩水的损失。

1991 年,日本经济开始出现衰退,当时日本出口达到顶峰,而进口增速则明显放缓。与日本国内需求总量的增长相比，国内市场对本土产品的需求增加并不明显，于是，很多日本企业不得不全力开拓国外市场。出口见顶、进口放缓的一个结果是日本的贸易顺差不断增多。贸易顺差的增长幅度超过了资本外逃的增长幅度，结果导致了日元的升值，这对以出口导向为主的日本企业不啻一个沉重的打击。为获得低劳动成本的优势，很多日本企业不得不增加对中国、马来西亚和泰国的投资，而出口企业的投资行为又刺激了收入的增长。

东亚经济奇迹与新兴市场股票泡沫

20 世纪 90 年代初期，墨西哥、泰国等新兴市场出现严重的资产泡沫，主要由以下四项重要变革促成。第一，银行坏账转换为布雷迪债券，避免国家陷入破产境地，将其重新划入新兴市场国家的序列；第二，新创了"新兴市场证券资产"这一资产类别，并使全球基金管理人认同新兴市场国家将快速实现工业化变革，企业盈利也将持续高速增长，从而大量购买此类证券；第三，资源开采业、通信业、制造业等行业的大量国有企业进行私有化改造，热钱持续流入。第四，日本资产价格泡沫破裂后导致的日元升值使日本出口企业转战泰国、马来西亚、印度尼西亚等国，以寻求低成本优势，同时也导致了日本经济"空心化"。

1992 年，世界银行推出《东亚奇迹》（*The East Asian Miracle*）一书，详细描述了从泰国到韩国的东亚地区的经济增长，其 GDP 增速甚至可以媲美五六十年代的日本。50 年代初，朝鲜半岛经历了战火的洗礼，而到了 60 年代中期，韩国又进入了新一轮快速增长周期。50 年代的新加坡只是一个海防要塞，而到了 90 年代，新加坡的居民生活水平已经达到世界一流水平。1978 年，中国完成了从毛泽东到邓小平的领导更替，从一个封闭、孤立的国家转变为一个开放，并愿意融入国际贸易投资市场的国家，20 多年来，中国经济的年均增长率近 10%，其沿海省份和中心城市（如北京、上海、深圳等）的变化更大。50 年代至 70 年代，香港由一个西方列强进入中国的对外通商口岸转变为中国商品到全球市场的转口贸易中心。

因此,亚洲国家的资产价格泡沫的扩张紧随着东京资产价格的破灭,以及20世纪90年代初热钱由日本的流出。这些资金的所有者多为日本企业或个人,还有一些为卖出日本股票的外国人。资金由东京流向泰国、印度尼西亚以及其他亚洲国家,导致实行浮动汇率制度的国家货币升值,实行盯住汇率制度的国家国际储备资产增加。这些国家的房地产和股票价格上涨,投资支出和消费支出随之增长,国内收入增长速度加快。这些国家的居民将证券和资产出售给日本人,又将获得的资金用于购买国内其他证券和房地产。

当墨西哥为加入北美自由贸易协定而积极努力时,萨利纳斯政府推出三项重要改革措施。一是对几百家国有企业实施私有化改革。二是要求墨西哥中央银行紧缩货币应对通货膨胀,导致墨西哥通胀率迅速回落,债券实际收益率不断提高。三是放松或解除了对商业竞争的严格管制。美国、加拿大公司争相前来投资,墨西哥大有成为北美低成本制造业中心的潜质。大量资金流向墨西哥国内,或为获得墨西哥证券的高额投资回报,或为获得国企私有化改革红利。

20世纪90年代初,布雷迪债券将原本违约的短期债券转换为长期债券,很多发展中国家重新被打上"新兴市场国家"标签。投资银行提出"新兴市场证券资产",并使其成为全球配置资产的指数基金组合中的标配。事实上,这只需说服基金经理们,要其相信新兴市场国家经济增速将高于发达国家,新兴市场证券资产回报率也将高于成熟市场。另外,对新兴市场证券投资也是全球配置资产,充分分散风险的必然要求。

20世纪90年代前半期,泰国、马来西亚和印度尼西亚国内的股价增长了3~5倍,制造业也得到了大发展。1993年,多数亚洲国家的股价水平都翻了一番,这一涨势一直持续到1994年。亚洲国家的房价也涨幅惊人。与此同时,亚洲国家的经济形势持续繁荣,贸易逆差不断扩大。亚洲各国和地区的经济结构、人均GDP水平、汇率制度等有很大的不同,有的经济体(如新加坡、中国台湾、中国香港等)为国际信贷市场提供资金,而有的经济体(如泰国、马来西亚等）从国际信贷市场贷入资金。

欧美和日本的企业为获得成本优势，纷纷走向中国、泰国及其他亚洲国家和地区，只有这样，它们才能获得更多的市场份额。经济的飞速增长与外资流入互为因果，日本表现得尤其明显。日本企业最初只是在国外投资建厂，以获得劳动力成本优势，它们将日本本土生产的高附加值零部件运到这些新建厂进行组装。组装生产的产品大部分仍然通过出口运往美国、日本及其他国家。日本企业的对外直接投资带动了上游产业及银行的对外投资。这种由出口带动的经济增长往往基于本币币值在外汇市场上被低估。因此，在这些国家，很多出口都是由总部设在美国、日本和中国台湾的外商投资企业实现的。由于工资水平的巨大差异，很多韩国企业也纷纷到中国和印度尼西亚进行投资。

20 世纪 90 年代初，外资涌入使墨西哥比索实际汇率不断升值，贸易赤字占 GDP 的比重高达 6%，外债增速远远超过 GDP 增速。1994 年，总统大选、政府换届等一系列事件导致外资流入锐减，墨西哥央行耗尽其全部外汇储备，仍无法扭转比索贬值趋势，随即陷入危机。

一段时间内，流向其他拉丁美洲国家的外资消失了。1996 年冬，泰国的很多消费金融公司出现了巨额的坏账损失（事实上，很多消费金融公司都是由商业银行为规避对消费信贷的限制而设立的）。很多为泰国借款人提供贷款的放款人开始关注其信贷资产的安全性，泰国的资金流入也不断减少。泰国银行维持泰铢币值的努力很快就被消耗殆尽，1997 年 7 月初，泰铢出现了严重的贬值。

泰铢的贬值引发了严重的传染效应，在接下来的六个月时间内，除人民币和港元之外的其他亚洲国家和地区的货币都出现了30% 以上的贬值。与此同时，股市也一泻千里，下跌幅度达 30% ~60%，这既由于外资纷纷变卖资金出逃，也由于其国内上市公司的盈利水平不断下降。房地产价格也出现了大幅下降。除新加坡和中国香港的银行外，其他亚洲国家和地区的很多银行不得不面临破产的境地。在印度尼西亚，很多银行被关闭引发了社会骚乱，其国内货币贬值达 70% 以上。

亚洲金融危机仿佛是日本十年前危机的翻版。"东亚奇迹"的说法没有人提了,相反出现了其他很多流行词——权贵资本主义(crony capitalism)、主动私有化(spontaneous privatization)和不稳定的投机行为。

本币的贬值使先前借入美元、日元及其他国家货币的公司面临严重的汇兑损失。为它们提供贷款的银行也不得不面临严重的损失。由于对这些信贷损失的重新评估,亚洲国家的很多银行都不得不面临破产的境地。

货币贬值也对亚洲国家的贸易收支产生了严重的影响,很多国家由巨额贸易逆差转为贸易顺差。随着亚洲国家贸易收支和经常收支账户的变化,其贸易对手——美国的贸易逆差不断扩大。

非理性繁荣和美国互联网股票价格泡沫

1982—1999年,美国股价的年均增长率达到了13%,这在美国两百年历史上是增长幅度最大、持续时间最长的。在相当长的一段时期内,美国股价每三年都有一次大跌;而在1981年至2000年的二十年时间里,美国股票价格指数仅有一年出现下跌,且幅度仅为-5%。美国股市总市值与GDP总量的比率由1982年的60%达到1999年的300%。

就美国全国的情况来看,在这段时间,美国的房地产价格涨幅较为平稳,仅在部分人均GDP增速较快、就业率提高明显的地区(如硅谷、洛杉矶、华盛顿、波士顿及纽约等),房价出现了急速上涨。

整个20世纪90年代,美国经济增长的势头都很好,通货膨胀率由90年代初的6%降低到90年代末的2%。失业率由8%降低到4%,经济增长速度一直保持在2.5%~3.5%,劳动生产率也有了明显的提高。美国财政部的年度财政预算变动幅度超过5%,90年代初,美国财政赤字为3000亿美元,到90年代末,美国实现了2000亿美元的财政盈余。

美国经济增长的"负面"因素主要为每年达5000亿美元的贸

易逆差。此外，连创新低的储蓄率也成为美国经济发展的掣肘。

经济增长往往基于"新经济"发展模式，尤其是信息技术、计算机、网络企业、软硬件公司的发展。技术革新大大降低了信息传送和储存的成本，如 ebay 就为数以万计的商品提供了一个无国界的拍卖市场。亚马逊（Amazon）也提供了一种全新的图书和电子产品的销售技术。通过 Peapod，人们足不出户就能网上购物。数以百万计的证券交易通过网上证券交易商（如 Charles Schwab）完成。投资者可以通过计算机以很低的交易成本进行股票交易。"股市快枪手"（day traders）随之涌现，他们辞掉了传统的工作，转而专门在家或在特定场所通过计算机进行股票交易。有的网站（如 Priceline）使航空公司以很低的价格出售机票，或酒店以很低的价格提供客房。

风险资本家（venture capitalist, VCs）提供启动资金，于是，创业者能够得到足够的资金去实现自己的理想。风险资本家通常同时投资于多家初创企业，并希望这些企业能够在三五年后公开上市，再通过出售股权获得收益。风险资本家的收益率取决于以下三个因素：（1）其所投资企业的科技研发是否成功；（2）其出售股票的价格；（3）投资的时间长短。

随着股票价格不断上涨，风险资本会获得很高的收益率，这会吸引更多的资金转为风险投资资本，风险资本的扩张速度会比平时快 5 倍。没有哪位投资者甘居人后。风险资本总量很大，一大批项目获得了资金支持，这时不缺资金，缺的是创业的想法和理念。三五年后，很多初创企业都会进行首次公开发行。拟发股票企业和投资银行通过全国性的路演（road show）诱使更多的基金经理购买其股票。

在路演末期，投资银行家会估计出其可以通过首次公开发行卖出的股份总量，确定招股价格和招股数量。大多数时候（概率为99.46%），新股上市交易首日的收盘价都会远远高于招股价格。那些成功申购到新股的投资者可以获得很高的资本利得。

赚钱效应带来了一系列冲击。第一，越来越多的投资者热衷于申购新股。第二，对于股票的需求使越来越多的人希望通过拍卖获得股权。如此一来，创业者仅仅通过一个创意就能迅速实现原始积累，风险资本家只要能够找到成功的创业企业，就能获得高额的投资收益，投资银行家通过将更多的企业推向公众投资者而获得更高的佣金收入。从新股上市首日（首周、首月）的收盘价来看，投资者可以通过交易价格与新股发行价格的价差实现高额的投资收益。

价差的大小可能带来轰动性的效果。投资银行家会按照首日交易价差最大化的原则确定新股发行价格，而不是以获得最大股权融资为原则。循着这一思路，首次公开发行的股票更倾向于以较低的价格发行，只有这样，股票需求会更高，价差可能更大。创业者在首次公开发行时，仅仅出售了部分股权，价差越大，其财富增值越人。与其公开发行募集的资金总额相比，他们更关注通过价差获得财富的多少。

很多新股的上市首日，换手率就能达到300%～400%。由于很多持有股票的投资者被要求在一段时间内锁定股份，而真正上市流通的股票仅仅占股份总额的很小一部分。因此，这一小部分流通股的换手率居高不下，甚至达到500%～600%。

美国经济仿佛也找到了一部永动机，这部永动机帮助数以百万计的美国家庭获得了更高的财富水平。新股上市首日的价差越大，被吸引参与新股申购的投资者数量越多。而新股上市的需求越大，为创业者提供风险投资的资金也就越多。随着风险投资资金的不断增加，越来越多有创业想法的人离开了现有的工作岗位，追求其人生财富理想。

1996年12月，时任美联储主席的格林斯潘首次提出"非理性繁荣"的说法，当时道琼斯股票指数为6400点，纳斯达克指数为1300点。格林斯潘对数据进行了认真细致的研究，发现当时的股价水平已经比其实际价值偏高了15%～20%，否则，他是不会贸然对股价作出评论的。而到了1999年12月，道琼斯股票指数达到11700点，纳斯达克指数达到5400点，纳斯达克市场的总市值达到纽约证券交易所（NYSE）总市值的80%。

在整个20世纪90年代后期，美国股票市场分化为两大阵营。一大阵营以网络公司、电子商务企业、光纤通信厂商（fibre optics）、集成服务器提供商（servers）、快餐连锁企业（chips）、软件公司、信息技术企业和电信企业为代表，它们主要在纳斯达克市场挂牌；另一大阵营以通用电气、通用汽车、美国电报电话公司和时间人寿（Time – Life）等传统公司为代表，主要在纽约证券交易所上市。而纳斯达克上市的新经济公司的股价表现远远好于在纽约证券交易所上市的传统经济公司。但是，新经济公司股价的暴涨也出现了溢出效应，人们相信新经济公司股价的优异表现也将影响传统产业，因此，传统企业的股价也出现了一定涨幅。

　　从表面来看，信息技术的进步似乎也在推动金融业的发展。计算机功能越来越强大，而售价越来越低。信息与数据的传送、存储的成本显著下降。摩尔定律（Moore's Law）似乎真的应验，相同运算能力的计算机成本每年下降30%。互联网不断发展，将各个区域市场联结在一起。而在股票交易中，计算机自动撮合交易也取代了传统的场内人工交易。人们可以通过网络预订机票。光纤覆盖了东西海岸，长途电话资费已经降到了与本地电话差不多的水平。庞大的服务器的存储能力大大增强。数以万计的公司在从事数据（信息）存储、交换领域的业务，这些公司也使得其背后的风险投资基金赚得盆满钵满，而这些风险投资基金大多是由养老基金、大学、慈善组织或富裕阶层设立的。投资者对新股的热捧使得投资银行家们热衷"自销"（spinning）新股，即将一部分新股定向出售给能为他们带来更多业务的企业高管们。投资银行家也越来越富有，他们开始不断出售理财产品，而社会公众也坚信持有投资银行的产品会让他们获利。

　　要解答理性繁荣何时转变为非理性繁荣并不是一件容易的事情。不同投资者在不同时刻发现美国股票市场存在资产价格泡沫。最早发现美国股市有泡沫是在1995年春，18～20个月后，格林斯潘作出了"非理性繁荣"的评述。但在1995年，美国股票价格平均上涨了34%，1996年的前11个月又上涨了25%。

　　美国股市1995—1996年的涨幅也可归因于1994年墨西哥金融危机的影响。墨西哥金融危机既有直接效应，也有间接效应。直接效应是墨西哥比索的突然贬值骤然改善了墨西哥的国际收支状况，

1994 年其贸易逆差为 – 200 亿美元, 1995 年其实现了 70 亿美元的贸易顺差。与之相对应, 由于美国是墨西哥最大的贸易伙伴, 美国的贸易逆差增加了 250 亿美元。墨西哥贸易收支导致的另一个影响是资金不断涌入美国 (随后于 1997 年爆发的亚洲金融危机使得亚洲很多国家国际收支出现变化, 也导致了大量资金涌入美国)。资金由墨西哥进入美国, 使美国股票价格不断上涨。另一个效应就是美联储修正了其 1994 年的紧缩银根政策, 银根开始松动。

1998 年夏, 随着亚洲金融危机和俄罗斯金融危机的爆发以及美国长期资本管理公司的倒闭, 美国市场的资产泡沫又开始被重视。亚洲国家货币的迅速贬值使美国贸易逆差攀升至 1500 亿美元以上。与此同时, 美联储再一次放松银根, 因为长期资本管理公司的危机使得美联储不得不作出相应的货币政策安排, 直到多数美国对冲基金再次变得专业和谨慎才结束这一宽松的货币政策。

1998 年 6 月开始, 在随后的一年时间内, 纽约证券交易所的总市值从 90050 亿美元增长到 126710 亿美元, 增幅达 40%。纳斯达克市场的总市值增幅近 90%。

随着资金不断涌入美国市场, 美元开始升值, 美国贸易赤字上升, 资金流入资产市场。资产价格, 尤其是股票价格继续上升, 刺激了美国国内投资, 抑制了美国国内的储蓄 (相应地, 也刺激了美国国内的消费)。

那些将资金调入美国市场的投资者开始不断购买美国证券, 使美国证券价格不断上涨, 美国金融财富剧增。很多美国人将原本持有的证券出售给外国投资者, 现在, 他们必须决定如何使用出售证券获得的资金。他们将大多数资金继续用于购买证券, 同时, 随着财富水平的提高, 其消费水平也随之提高。储蓄率的降低和贸易逆差规模的扩大使得更多资金涌入美国。

数据显示, 从其他国家涌入美国的资金有 95% ~97% 用于投资美国证券, 只有 3% ~5% 用于购买消费品。但出售证券的美国人却将其所得资金多数用于购买消费品, 这导致了美国国内储蓄率的不断下降。

用于购买消费品的资金具有 "杠杆" 效应。越少的资金用于购买消费品，就会有越多的资金用于投资证券和不动产，资产价格上涨幅度也会越大。

1999 年，美联储、商业银行甚至整个美国都在忙于应付"千年虫"问题，担心由于一些计算机不能辨识四位数的日期，而使经济生活出现瘫痪。美联储对"千年虫"问题的过度担心使其为商业银行提供了过多的流动性，商业银行也再一次增加了贷款投放。

美国股市的繁荣也吸引了欧洲的投资者，美元兑欧元也在不断升值。而美元的不断升值和贸易逆差规模的不断扩大，美国国内的通货膨胀压力也在逐渐减弱。结果导致美联储感觉没有必要推行保守的货币政策。

随着新千年的平稳到来，美联储开始回收流动性，美国股市开始下跌。纳斯达克市场的股价水平共下跌约 40%，市值缩水约 80%。股价下跌，公司资金成本提高，居民财富水平下降，消费增速放缓。2002 年底开始，美国经济转入衰退，股价应声下跌。但由于资产泡沫与信贷投放增加间的关联性较弱，股价下跌尚未严重影响银行业。

全球房地产泡沫

进入新千年，尤其是 2002 年以来，房地产泡沫成为全球经济的显著特点，美国、英国、爱尔兰、西班牙、冰岛、南非、澳大利亚、新西兰等国房地产市场均出现急速增长。美国东西海岸及南部十六个州成为房价上涨的重灾区，而这十六个州的 GDP 占美国GDP 的一半。西班牙与爱尔兰已加入欧洲货币联盟，无独立货币发行权，更加难以有效应对房地产泡沫。

发生房地产泡沫的国家都有着相似的特点：经常账户赤字、外资流入持续增长、本币持续升值。美国情况较为特殊，20 世纪 90年代股价持续下跌后，美元一直在贬值，因此流入美国的资金抑制了欧元的升值。

在所有资产泡沫国中，冰岛居民财富总量/ GDP 指标最高；此外，爱尔兰资金流入额占 GDP 的比重也高于其他国家。冰岛泡沫的独特特点是,冰岛股价涨幅比房价涨幅高出 3~4 倍。在过去数年间,外资流入/GDP 指标超过20%,冰岛克朗升值超过30%。根据国际收支恒等式,当一国汇率浮动时,随着汇率的变化,一国应同时实现经常账户、资本账户的基本平衡。因此,由于外资对冰岛证券资产需求强烈,导致货币升值,资产泡沫进一步累积;这样,冰岛的进口量相对于其出口量上升,其经常账户赤字的增加才能与其资本账户盈余增加相一致。

美国房地产泡沫

随着美国资产泡沫破灭,房地产价格暴跌,大量银行及金融机构倒闭,媒体又开始讨论泡沫的成因。泡沫的成因甚多,包罗甚广,如过高的财务杠杆、《格拉斯—斯蒂格尔法案》的废止、评级机构的腐败、金融创新、场外交易衍生品、中国资金大量流入、格林斯潘长期推行低利率政策等。

以上泡沫成因主要针对美国,并未论及英国、爱尔兰、西班牙、冰岛等国的房地产市场。我们的讨论也是高度简化的,并没有联系之前的三轮危机事件。

滚滚资金和资产泡沫

正如重力使水向低处流一样,预期回报率的差异也将导致资金大规模跨境流动。或许在某些情况下,会出现不符合"重力定理"的例子,水会向高处流。如果资金出现从收益率较高的国家流向收益率较低的国家的情况,却绝对称得上轶闻了。一国股价上涨、货币升值,都会吸引资金大规模流入。亚洲金融危机后,美国出现大规模资本流入,说明正是跨境资金流动贯穿联系着各轮资产泡沫。

短短三十年间,出现四轮大规模跨境资本流动,说明由于20世纪60年代末开始的几十年间的全球经济不均衡,已经使跨境逐利资金的规模不断增大。主要的跨国银行可以通过跨境融资为自己筹得信贷资金(在浮动汇率体制下,一国资产价格上涨将吸引资金流入）。总部位于不同国家的银行在外国市场上努力增加贷款发放，导致了这些国家的信贷投放过度。每轮资产泡沫都始于信贷投放过度，可能是贷款人（预期）收入提高，或是监管环境变化，导致某类借款人更容易获得贷款。此外，监管政策变化也有助于借款人降低借款成本。

20 世纪 70 年代以来的第二个特征是，以不同货币计价的相似证券的预期收益率和利率的差异不断扩大。布雷顿森林体系崩溃后，各国通胀率出现明显差异。事实上，美国、德国及其他欧洲国家对通货膨胀目标的不同理解，正是导致布雷顿森林体系崩溃的原因。当同类证券在不同国家的收益率出现较大差异，甚至无法用汇率水平波动解释时，套利机制会驱动资金大规模跨境流动，直至套利空间消失。然而，由于资金跨境流动与目标国经济表现的走强之间可能存在直接反馈效应，资金流入也会触发泡沫，随后，信贷扩张便可自我维持（至少是在短期内），因为更高的信贷增长率将引致更高的回报率。

2002 年冰岛资产泡沫很有代表性。冰岛克朗证券的回报率显著提高，吸引外资不断流入。冰岛克朗不断升值，证券价格进一步提高。冰岛国内市场容量有限，外资流入对冰岛克朗汇率的影响立竿见影。因此，导致克朗升值和冰岛证券价格上涨的资金流动规模相对于全球资本量来说是非常小的，相对于投资者用于购买冰岛证券的资金量来说也是非常小的。

由于大规模跨境资金流入，2002 年后出现资产泡沫国家的货币多出现升值，只有欧元、瑞士法郎等少数货币除外（事实上，在 20 世纪 80 年代后期的日本，尽管股票价格上涨吸引了外资涌入，但日本购买的外国证券的规模远超过资本流入规模，日元由于贸易盈余的增加而升值）。本币升值引发资产价格上涨本身就是经济体制内部的自我调节，使对外收支贸易项目与资本项目维持基本平衡态势。

在第一轮、第三轮、第四轮资产泡沫中，受影响国都出现了债务危机，债务增长速度远远高于 GDP 增速，外资流入速度也远高于债务利息支出。因此，当外资流入放缓时，货币贬值也就不足为奇了。日本情形也是如此，由于房屋租金收入无法抵补利息支出，当信贷收紧时，购房者的财务状况便急转直下。在 20 世纪 80 年代的日本，购房者的债务增速远超过其收入增速，放款人必然在发放贷款时更加谨慎。

信贷供给增长如此之快，以至于信用级别不佳的借款人也变得有吸引力。信贷市场的竞争异常激烈，为赢取市场份额，新机构可能采用贷款利率打折的策略招徕客户，而原有机构为维持其市场份额，也可能进行打折促销。随着信贷市场竞争不断加剧，信用利差不断降低，获得贷款更加便利。

第一轮资产泡沫出现于全球通胀加速的背景下，跨国银行向墨西哥等发展中国家的政府和国有企业的贷款额剧增。经济条件变化，导致国际信贷市场变化，在需求拉动下，大宗商品价格不断上涨，初级原材料生产国经济增长迅猛。同时，各国国际收支失衡情形越发严重，全球储蓄水平不断提高，沙特阿拉伯、科威特等产油国的巨额贸易盈余，共同推动形成了规模庞大的离岸美元存款市场。

表面上看，第一轮信贷泡沫的爆发与日本资产泡沫间的关联是日本中央银行于 20 世纪 80 年代后期为抑制日元升值而进行的广泛干涉。日本资本项目赤字下降，导致日元不断升值。由于担心日元升值降低出口企业利润，影响就业，日本银行不断在国际外汇市场购入美元，卖出日元。与此同时，日本坚持了 30 年的房地产贷款限制取消，在信贷资金作用下，房价快速上涨，资产泡沫不断累积。

尽管日本国内资产价格出现下跌，20 世纪 90 年代前期，日元仍然维持升值趋势。日元升值导致日本进口增加、出口减少，经济增长放缓。日本企业纷纷增加其在泰国等新兴市场国家的投资，逐渐将日本的产能转移至这些国家，这造成了日本国内经济的"空心化"。与此同时，出现了前文提到的四项重要变革，"新兴市场证券作为一种新的类别"成为投资界关注的热点，并取代日本证券，成为基金经理投资组合中的标准配置。此外，1988 年面世的布雷迪债券，将很多发展中国家从银行债务的悬崖边拉了回来，通过债务展期，避免了立即违约的命运。在此期间，各国（包括发达国家及新兴市场国家）掀起了国有企业"私有化"浪潮，大量资金涌入墨西哥、巴西、阿根廷等国，大肆购买企业及各类证券资产。为加入北美自由贸易协定，当时的墨西哥推出了一系列政策措施以稳定经济，包括严格紧缩货币抑制通胀等，导致墨西哥证券资产回报率畸高，吸引了大量美国资金流入。

随着信用状况的不断改善，泰国、马来西亚、韩国和印度尼西亚等国的商业银行纷纷通过离岸市场融得资金；尽管采用外币计价也增加了汇率风险，离岸市场的利率还是低于其各自的在岸市场的利率。

1997 年下半年东南亚金融危机爆发后，泰铢、马来西亚林吉特等货币迅速贬值。为规避汇率风险，大量资金又涌入美国。为应对来自亚洲的资金，美联储在短短几个月内，三度下调联邦基金利率，但低利率政策本身也加速了美股泡沫的累积。

美股泡沫破灭后，流入美国的资金锐减，欧元、瑞士法郎、日元等货币不断升值，美国贸易收支形势有所缓解，制造业也出现复苏迹象。而恰在此时，中国的贸易盈余规模不断扩大，美国及其他工业化国家贸易赤字增加，资金由中国流向其他市场更具吸引力的国家。

泡沫破裂导致跨境资金流向的改变。20 世纪 80 年代初期，墨西哥等国信贷泡沫破灭后，资金回流至发达国家，导致其货币不断升值。日本当局抑制日元升值的政策，导致流动性充斥，大量资金流向房地产领域。90 年代初，日本资产泡沫破灭后，资金又流入新兴市场，资产价格上涨。同样，新兴市场危机爆发后，资金又流向美国，推高了美股泡沫。

日本证券价格及房地产价格的崩盘，使泰国、马来西亚等国货币升值，其制造业预期回报率也不断提高。而在其他三轮泡沫破灭后，危机国货币均出现贬值，投资资金也受到一定损失。

过去三十年呈现出一个重要特点，即大型跨国银行可以从国际市场筹得资金，再将其贷给不同国家的借款人。2008 年崩盘的爱尔兰房价，此前就是由总部设在都柏林的商业银行通过向外国银行筹得的信贷资金推高的。同期的西班牙也出现房地产建设热潮，背后的资金推手也是西班牙的商业银行,它们筹集资金的渠道也是国际市场。可以为各国提供的低成本信贷资金的总规模非常巨大,且在不断增大。另一个重要特点就是对冲击的反应,包括政策反应,如从盯住汇率制调整为浮动汇率制,日本放送对房地产信贷的管制,以及东南亚国家放松对银行海外融资的管制等。大规模跨境资本流入会提高一国经济增速,进而吸引更多跨境资金流入,至少在一段时间内如此。而这将导致该国证券价格及房地产价格的上涨。后来,放款人会发现借款人负债率过高,跨境资金流入放缓将导致证券价格及房地产价格的下跌,银行出现破产。资产泡沫驱动资金流入,资金流入更加速泡沫形成,这正是资金与资产泡沫间的实质联系。

第十章 | 欧元的狂热与崩溃

第二次世界大战结束后的七十年间，一种在德国、法国、意大利、西班牙和其他欧盟国家通行的货币——欧元的使用，是最为雄心勃勃的创新之一。欧盟 14 个成员国中的 11 个国家于 1999 年 1 月 1 日起开始应用欧元作为流通货币，只有英国、丹麦仍选择保留自己的货币。后来加入欧盟的 10 多个国家要么选择使用欧元，要么作为加入欧盟的一项条件，承诺未来将使用欧元。

货币一体化是 1951 年欧洲煤钢共同体①成立后（European Coal and Steel Community，ECSC），欧洲经济不断实现一体化的一系列措施的重要一环。欧洲煤钢共同体的 6 个缔约国——比利时、法国、德国、意大利、卢森堡、荷兰——消除了相互间煤炭、钢铁的进口壁垒，形成了区域内该类商品的统一市场。

企业和国家对实现经济一体化的动机各不相同。有人希望借此推动政治一体化，最终在欧洲形成一系列超国家机构，大大降低法国和德国之间爆发第四次战争的可能性。另外，国内市场的扩展能够极大地提升生活品质，因为企业可以在生产领域和销售渠道获得规模经济优势。此外，随着生产者更方便地进入他国市场，竞争将更加剧烈，意大利消费者购买大众和雷诺品牌汽车的价格将更低，同样，法国消费者购买菲亚特和大众品牌汽车的价格也将更低。有人有政治目标——更加一体化的欧洲具有更强的经济实力，可以与美国相抗衡，如欧洲空客公司打破波音公司在大型喷气式飞机制造领域的垄断。有的人希望对各类经济事务拥有更大的发言权，因为实现一体化后，它们代表的是一个大洲，而不再仅仅代表一个 500 万或 1000 万人口的国家了。

---

① 也称为舒曼计划，因时任法国外长罗伯特·舒曼（Robert Schumann）而得名。

1957 年，6 个欧洲煤钢共同体缔约国签署了《罗马协定》，成立欧洲经济共同体。所有签约国同意废除缔约国内部商品关税，对外实行统一的关税和农业政策。后来，加入欧洲经济共同体的国家不断增加。而英国由于其国内分别于 1963 年和 1967 年两次否决了加入欧洲经济共同体的动议，于 1973 年才最终加入。20 世纪 80 年代末，已有 12 个国家加入欧洲经济共同体。一体化的范围也大大"加深"了，劳动力市场实现了一体化，产品质量也实现了标准化。居民可以在欧洲经济共同体各国自由旅行，而不必在国界被检查护照。为管理一体化的欧洲，成立了一系列机构，包括一个议会（立法机构）、一个执行机构、一套法院体系等。政策制定当局也从国家层面转到超国家层面。单个国家偏离欧洲一体化目标的权利也被大大限制了。

设立统一货币的一部分原因在于实现商品贸易一体化，以避免此前由于各国使用不同货币带来的定价体系复杂，此前，欧洲各国货币整体相对美元不断升值，而德国马克相对欧洲经济共同体其他国家的货币也在不断升值。

设立统一货币的一个优势是欧洲内部支付结算的成本大大降低。此外，由于投资者不再关注货币汇率相对德国马克贬值的风险，多数国家国债收益率相对德国国债的信用利差大大降低。资金从低利率国家到高利率国家的流动更加便利。同样，各国公司债券和银行贷款的收益率与德国同类资产的信用利差也在降低。

第四个优势是在不同国家生产相似产品的盈利能力变化将不再那么剧烈，这主要有两个原因。由于各国推行同样的货币政策，货币汇率水平与国内政策变化关联极小，各国通货膨胀水平趋于一致或差异极小，这使产品在国内市场与外国市场间价差很小。

设立统一货币获得如此多的优势，但也需付出成本。一项主要的成本是各国不再有独立的货币政策主权，无法通过货币政策治理通货膨胀或提高就业，而只能对整体货币政策施加影响。由于各国政府不再控制中央银行，因此，无法像此前那样通过发行中央银行票据"自动"为其财政赤字融资。此外，当一国出现国际收支赤字时，无法通过调整汇率刺激就业，出现国际收支盈余时，也无法通过对外提供信贷维持汇率水平。

所有加入欧洲货币联盟的国家都要仔细算算经济账，以确认与其他国家间市场、商品、资产一体化对 GDP 增长带来的正面收益，能否抵补无法调整利率、汇率对 GDP 增长带来的负面影响。

评论家认为，在 20 世纪 90 年代推行统一货币时机尚未成熟，因为彼时欧洲的劳动力市场仍十分分散，国际收支的不均衡也难以自我修正，因此，有的国家会在相当长时间内出现高失业、高财政赤字的情况。另有人认为在实现货币一体化之前，应首先实现财政一体化，应设立一个中央财政机构管理各国财政赤字融资，以避免出现持久高失业的情况。

政治家们热衷于推行欧元，他们相信货币一体化将带动实现进一步的政治一体化。但他们或许并不理解，在推行欧元之前，各成员国需要满足一系列经济条件，以确保其居民的经济利益。

《马斯特里赫特条约》

按照实践通常做法，条约一般以缔约国代表签署基本文档的城市命名。成立国际货币基金组织的协议被称为《布雷顿森林协议》，就是因为缔结该协议的 42 个国家的代表是在美国新罕布什尔州北部的村庄签署协议后，再回到各国首都完成国内的批准流程。

1992 年签订的《马斯特里赫特条约》，因其缔约地点在荷兰南部省首府而得名，也宣告了相关缔约国的政治一体化进程翻开了新的篇章，因其用欧洲联盟取代了此前欧洲经济共同体的称谓（在基本的协议安排中已不仅仅局限于"经济"层面，"联盟"也较共同体的联系更为紧密）。各缔约国的居民将拥有欧洲护照，欧洲联盟也将实行统一外交政策。此外，还规定了加入欧洲货币联盟的成员国所必须满足的条件——趋同标准（covergence criteria）。其中的第一个条件是通货膨胀率不得高于 3%，第二个条件是财政赤字与 GDP 的比率不得高于 3%，第三个条件是政府债务总额与 GDP 的比率不得高于 60%。

> 该条约也确定设立欧洲中央银行和欧洲中央银行体系。每个成员国都将根据其人口及 GDP 确定在欧洲中央银行股本占比。在初始阶段,各成员国中央银行将通过与欧洲中央银行的"互换",将其部分本国政府资产转移至欧洲中央银行,并获得在欧洲中央银行账户的欧元存款。各成员国国际收支差额将通过欧洲中央银行进行支付清算。假如意大利在欧元区出现国际收支逆差,而德国在欧元区出现国际收支顺差,两国可通过其各自在欧洲中央银行账户收支自动实现支付清算。

德国马克、法国法郎、意大利里拉等欧洲各国货币转换为欧元的进程启动了。首要的问题是确立各国货币与欧元之间的兑换关系。在此几年前,一个新的货币账户已被设立——欧洲货币单位(European Currency Unit),作为衡量各国货币汇率的基准。

1999 年 1 月 1 日,按照欧洲货币单位与各国原来货币的兑换关系,各成员国原本用本币计量的资产、负债均重新用欧元进行计量。2002 年初,各国居民及企业均将其原来的货币兑换为欧元进行流通使用。

欧元计分卡

自 1999 年初启用欧元以来,欧元及欧元区国家似乎一切顺利,直到 2008 年金融危机的爆发。当时,5 个欧元区国家——爱尔兰、西班牙、希腊、葡萄牙、塞浦路斯——在 15 个月后爆发了金融危机,其银行储户及国债持有人遭受了沉重损失。法国和意大利也出现经济停滞,失业率均高达 10% 以上,政府债务与 GDP 的比例也居高不下。

可以进行以下比较,在 2008 年金融危机中,美国与英国受危机影响远较欧元区国家严重,但在危机过后,英美两国的经济增速明显高于欧元区国家。出现危机的 5 个欧元区国家 GDP 总额占欧元区 GDP 总额的 10%,而美国遭受危机影响最为严重的 5 个州的

GDP 总额占美国全国 GDP 的 25%。核心问题是，欧元区国家出现的经济衰退是否与其应用了统一货币有关。虽然日本也使用自己的货币，但其经济增长看上去也十分乏力。

2008 年爱尔兰和西班牙的经济危机是由房地产价格暴跌引起的，与美国佛罗里达和乔治亚州的情况十分类似。两国经济增长速度较高。购房者及房地产开发商均通过其国内银行获得信贷资金，而其国内银行又通过欧元区其他国家银行获得资金发放信贷。爱尔兰和西班牙经济繁荣，政府赤字与 GDP 的比率较低，政府债务与 GDP 的比率也低于 60%。当两国房地产狂热终结后，房地产价格快速下跌，很多购房者和房地产开发商都出现了信贷违约。

爱尔兰所有银行都面临破产，最终被爱尔兰政府通过向欧洲中央银行借入资金而国有化，这样一来，其才能如期偿还此前借入的外债，而外债的放款人多是欧元区其他国家的商业银行。爱尔兰政府债务与 GDP 的比率飙升至 90%，失业率也居高不下。

在西班牙，房地产价格暴跌对金融业的影响不像爱尔兰那样大，只有一些专门从事不动产抵押贷款的金融机构破产，大型商业银行多得以幸免。西班牙国内失业率增至 20% 以上，政府债务额也出现飙升。

希腊则经历了公共债务危机。在满足或表面上满足加入欧元区的趋同标准后，其财政赤字与 GDP 的比率指标一度攀升至 10% 以上。此外，希腊的经常项目赤字与 GDP 比率达到 12%。希腊政府支出的增加，导致其国内成本和价格水平的提升。

葡萄牙也经历了公共债务危机。希腊和葡萄牙财政赤字的增加正是由于“钱就在那儿”。财政赤字可以通过发行国库券或国债的形式很方便地得到融资支持，各家银行及投资者都在寻求高投资收益的资产。

2008 年全球信贷冻结后不久，市场对希腊和葡萄牙政府国债的需求锐减，这意味着它们无法获得足够资金支付其市政、警察、军队及监狱支出，也无法偿付此前融资的本息。为避免希腊和葡萄牙政府陷入破产境地，导致法国、德国、奥地利等国商业银行遭受更大信贷损失，欧洲中央银行出手购买了希腊银行和葡萄牙银行发行的债券。即使两国政府停止偿还此前负债本息，其税收及其他收入也远远无法抵补其国内支出。

塞浦路斯出现的金融危机正是由希腊危机引发的。塞浦路斯很多银行通过向俄罗斯等非居民进行融资，融得资金购买希腊国债。当希腊国债价格下跌时，塞浦路斯的银行面临巨额价值重估损失。如果按照"市价"标准衡量，它们已经破产了。

欧洲中央银行并不愿意为塞浦路斯的商业银行提供资金支持，因为主要的受益人将是其银行的储户。塞浦路斯各家银行不得不"冻结"10万欧元以上的存款账户。

这一系列危机的根源是什么，又是自何时开始的？如果没有加入欧元区，爱尔兰和西班牙银行的外债总额肯定会小得多。同样，希腊和葡萄牙两国公共债务规模也将小得多。正是由于这些国家加入欧洲货币联盟，在离开此联盟前无法使其货币贬值，很多银行才会愿意将资金贷放给爱尔兰和西班牙的银行，或用于购买希腊及葡萄牙的国债。

设立中央银行，正是为了在爆发危机、存款人担心银行破产纷纷寻求安全时，为银行及其他贷款人提供流动性支持。如果欧洲中央银行不向希腊、爱尔兰和葡萄牙的银行提供流动性支持，此前为其提供信贷资金的银行将承担更为严重的资金损失。事实上，欧洲中央银行已经超出了最后贷款人的作用范围，而成为非正式的存款保险机构。

有的国家存在高失业、国际收支逆差、高财政赤字，而有的国家则低失业、国际收支盈余、成本及通胀形势良好，而它们均应用同一种货币，这正是在欧洲货币联盟内部出现的根本失衡。

雅典悲剧

历数陷入金融危机的国家名单。阿根廷算一个，希腊、尼日利亚、土耳其也位列其中，委内瑞拉和菲律宾也赫然在列。它们的共同点都是其政府不愿或不能兑现其债务合同规定的承诺。政府为赢得竞争、增加开支而发行国债时，都向其放款人承诺将发展经济，确保国债按期兑付。这些国家的政府热衷于借贷，以至于外债增长的速度远远高于利息累积的速度，外债规模增长难以持续。直观表现是这些国家货币贬值的程度和频率远远超过其贸易伙伴国。

希腊曾在 1999 年提出加入欧元区的申请，由于其国内经济形势无法满足趋同标准而被拒绝，后来在 2002 年成功加入欧元区。希腊政府进行了很多粉饰太平的工作，如通过远期协议将部分政府债务转移至资产负债表外，以降低政府负债水平，满足趋同标准的要求。现在，布鲁塞尔的官僚机构早已清楚希腊政府的这些动作，但为了增加货币联盟的参与国家数量，还是对此视而不见。

希腊加入欧元区后，希腊政府及其他雅典借款人贷款利率水平大大降低，它们更加热衷于出售国债，而购买方多是北欧国家的商业银行。2003 年，几乎是其刚刚加入欧元区之后，希腊政府的财政赤字水平就开始大幅度提高。雷曼危机爆发后，希腊国债的市场需求急剧减少，希腊政府身陷困境，甚至无法支付军队、警察、监狱等开支，税收收入尚不足以偿还此前的国债利息支出。

希腊政府的第一种选择是不为那些具有较强约束力的机构（如军队、监狱等）提供资金。第二种选择是不给国外放款人提供资金。第三种选择是向欧洲中央银行或其他机构申请贷款。在希腊加入欧元区之前，当政府无法向私人投资者获得资金时，其可依靠中央银行为其财政赤字融资。希腊银行成为法兰克福的欧洲中央银行的附庸后，其选择就一目了然了：要么是欧洲中央银行为希腊政府提供足够维持其运转的资金，要么是希腊政府对部分债务违约，要么是希腊离开欧元区，重新发行自己的货币。

如果希腊脱离欧元区，设在布鲁塞尔、巴黎及其他欧洲国家首都的官僚机构就会相当被动。那些德国、法国、意大利及其他国家购买了希腊政府国债的商业银行也将遭受沉重损失。希腊政府讨价还价的"实力"正是其违约可能对其他人造成的巨额损失。

几乎所有人都认为,希腊政府可以通过提高征税效率、压缩政府开支,逐渐解决其财政赤字问题。北欧机构得到希腊政府一系列承诺,称其将严惩偷逃税以增加税收收入,减少补贴支出,以避免希腊国债违约。正如那句谚语"低处的果子容易采摘",希腊政府为降低财政赤字水平,已经采取了所有相对成本较低的措施。

但财政问题只是表面,如果认为希腊面临的只是财政问题就大错特错了,真正对希腊构成困扰的是其竞争力的问题——希腊的成本和价格都太高了。财政赤字的降低会导致失业率的提高,对降低成本、提高竞争力的作用也相当有限。

危机爆发距今已有 7 年时间,希腊的失业率仍在 20% 以上,而其国内真实 GDP 已较峰值水平萎缩了 20% 以上。财政赤字的下降,使希腊甚至成为收支盈余国。由于 GDP 水平的下降和消费支出水平的下降,其经常账户赤字额也大大降低。而居高不下的失业率则对成本和价格的下降作用有限。如果持续的高失业导致成本和价格的显著降低,经常账户赤字也会显著降低,净出口的增加会带动税基扩大和税收收入提高,导致就业率的上升和财政赤字水平的下降。

问题是《马斯特里赫特条约》并未规定一国如何脱离欧元区,无论是暂时脱离还是永久脱离。条约只是条约。如果希腊政府认定继续留在欧元区的成本过高,失业对成本降低的传导需要数年时间,其可能会选择离开欧元区,律师们到时可能需要仔细推敲条约文本细节了。

对国际收支不平衡的一种传统解释是,收支赤字国家的财政管控较松散。但正如探戈需要两位舞者一样,国际收支不平衡一定至少涉及两个国家。如果传统观点是对的,导致国际收支不平衡的是赤字国,盈余国可以进行被动调整,可以增加储蓄,或将储蓄由国内投资转换为国外投资。此外,一个国家可能获得生产效率的提高,导致出口商品价格下降,获得国际收支盈余,这将意味着至少有另外一个国家作为其贸易对手,出现了国际收支赤字。

现实更加复杂。国际收支不平衡可能由于一国为应对高失业率，大规模增加财政赤字而导致。如果其他相关国家提高其国际收支盈余水平，其财政赤字将继续增长。但现实中，国际收支盈余国可能不愿降低盈余水平，这将导致赤字国更加难以实现财政收支平衡。

如果无法为财政赤字融资，自我调整机制就会主动削减赤字规模，这将导致失业率及通货膨胀率进一步上升。有的调整会出现在物价层面，有的调整会出现在收入和就业层面。为应对就业率和收入水平的下降，希腊曾寻求通过降低成本与价格进行调整，结果带来的成本降低效应并不显著，难以匹配在较高就业环境下实现令人满意的国际收支水平的需要。

如果希腊脱离欧元区，其本币贬值将缩小国际收支赤字额，德国、奥地利、芬兰、荷兰等国的国际收支盈余将会减少，或者其他欧元区国家的国际收支赤字额会扩大。进一步地，将提升希腊国内的就业率和收入水平，随着经济增长速度的提高，其也将能够为财政赤字进行融资。

欧元区经济长期存在的不平衡问题，可以与国内储蓄水平较高而投资机会较少（即国内需求不振）的国家进行类比。很多公司和居民都倾向于借贷，借贷越多，其支出水平越高，但可能由于它们的债务水平已经很高，它们已被认定为信用较差的客户，难以获得信贷支持。

欧元崩溃

欧元刚刚启用时各国作出的庄严承诺，与各国应用欧元后经济的糟糕表现形成了鲜明对比。国际收支不平衡是根本问题，也导致了在货币联盟内无法用一国货币充分反映其成本及价格。在20世纪20年代末，仍延续实行1914年前制订的金汇兑本位制政策的英镑也出现了这一问题，即使在第一次世界大战初期的数年间，英国的物价水平较美国已有显著的增长。20世纪60年代末又出现了不匹配问题，由于美元汇率的原因，导致美国商品的价格明显较欧洲、日本同类商品高。70年代初,对美元汇率不匹配问题的解决,导致了布雷顿森林体系的崩溃。

持续的国际收支不平衡会产生向心力(centripedal force)。收支赤字国家的持续高失业率会给这些国家的外部人提供颠覆政府既有领导人的机会。这些外部人多是民族主义者,他们认为经济一体化的步伐已经走得太远。收支盈余国家也会出现外部人,他们会批评没完没了地为"无赖"国家提供信贷支持的行为。

实行货币一体化有很多可能的结果,可从是否有成员退出及成员国经济增长表现等多个维度进行划分。最为乐观的结果是,欧元区所有成员均不退出,年均经济增长恢复至2%左右的水平。这种结果的出现有赖于国际收支长期盈余的国家出现物价水平的剧烈上涨,或者出现某些"奇迹"触发了国际收支不平衡国家的调整机制。

第二种可能的结果是,欧元区所有成员均不退出,但其经济陷入长期低迷。在长期国际收支不均衡的背景下,国际收支赤字国家可能维持高失业,从而导致这种可能的结果出现。经济增长长期低于合意水平。

第三种可能的结果是,有一两个国家退出欧元区,尤其是那些长期高失业的国家。这种退出可能是暂时的,待其货币贬值到一定程度后再重新回归欧元区。希腊最有可能暂时离开欧元区。但出现这样的情况对欧元整体的管理机制很不利,且难以界定暂时离开的时间范围,因为这可能意味着此前对高失业国家原因的分析是错误的,也可能出现暂时离开成为永久离开的情况。

第四种可能的结果是,欧元分为德国欧元(Germanic euro)和拉丁欧元(Latin euro)两个层次。国际收支长期盈余的国家应用德国欧元。德国欧元的汇率水平会比拉丁欧元高。希腊将成为应用拉丁欧元的国家,虽然其仍无法回避国际收支不均衡的问题,但其可利用欧元的分层机制暂时退出欧元区。拉丁欧元联盟将设立自己的中央银行。启用拉丁欧元并没有很多技术问题。法国和意大利将会立刻退出欧元区,并将其新货币的汇率与新的合成货币单位基准挂钩。

第五种可能的结果是,国际收支长期盈余国最终厌倦了无休止地对赤字国提供补贴。它们将会允许货币汇率浮动。出现这种结果的可能性较低，除非这些通胀率超预期的国家同时出现持续国际收支盈余。

第六种可能的结果是欧元"消失"。各成员国均将退出欧元区，并应用其新货币单位对其资产负债进行计价。部分国家将成为欧洲中央银行的借款人，它们的负债继续用欧元计价。部分国家将成为欧洲中央银行的贷款人，它们在欧洲中央银行的存款远远多于其负债。即使所有国家都退出欧元区，在其与欧洲中央银行的债权债务关系彻底清算完结前，欧元与欧洲中央银行将继续存在。

欧洲中央银行推出了一项引人关注的举措，通过扩张性的货币政策推动经济增长。这一政策会拉动消费支出增加，但其大幅推动经济增长的希望很渺茫，因为经济结构层面的问题太多，国际收支不平衡对货币一体化造成的问题太大。

欧元崩溃并消失的概率极小，因此，欧元区经济可能陷入长期衰退。在欧洲中央银行拥有净资产的国家将努力捍卫其国家利益，同时也会限制其在欧洲中央银行净资产规模的进一步增长。而那些失业率高的国家退出欧元区的概率仍然很高。

第十一章 | 政策应对：放任自流、劝解和银行假日

假如很多危机都存在一套固定的演变范式，那么是否存在一整套相应的政策应对机制进行应对呢？假如相继出现了经济过热、投机盛行、经济恐慌，现在该如何应对？政府或相关行政管理机构是否应在危机时介入？如果应该介入的话，在危机的哪个阶段介入？当不动产价格和股票价格出现持续上涨时，他们是否应该试图稳定资产价格，以减轻随后的危机对经济造成的创伤？当资产价格上涨过快，房租和公司利润的增长远远落后于虚拟经济增速时，政府是否应该戳破资产价格泡沫？当资产价格快速下跌时，政府是否应该采取措施抑制其过快下跌的趋势，以避免其导致更坏的结果？

为应对流动性短缺，几乎所有国家都设置了中央银行，负责在金融危机时冲销或减少流动性短缺的影响。为了应对国内商业银行可能出现的挤兑现象，避免清偿力危机可能导致的自我实现型流动性危机，很多国家也出台了相关的存款保险制度安排。退一步讲，虽然有的国家没有任何形式的存款保险，该国公民还是确信当某一家银行破产时，政府不会坐视不管——实际上，银行会被国有化，政府将会变成其股东。

按照格林斯潘最初的想法，美联储的最终目标是稳定物价和充分就业。但 2008 年的最后几个月，当美国金融体系崩溃时，他对美联储的目标的观点也变得更为开放，认为其应该对 2002 年以来的房地产价格上涨给予更多关注。

本章主要探讨如何应对金融危机，首先研究应对投机过热可应用的金融监管措施，然后讨论应对恐慌的金融制度安排。接下来的两章分别讨论国内最后贷款人与国际最后贷款人问题。

奥地利学派有这样一个观点：应对恐慌的最优对策是否是任其发展，听任不动产、股票和大宗商品的价格下跌对居民和企业支出导致的影响，完全依靠经济自身力量对财富缩水进行调节。

道德风险（moral hazard）理论是这种放任自流理念的重要依据。其观点是，当经济遭遇危机时，政府干预只会使下次经济狂热更加严重，因为一些放贷者和投资者相信，当证券和房地产价格剧烈下跌时，自己会得到"救助"，所以他们仍然愿意扩张信贷。政府干预扰乱了风险回报间"此消彼长"的关系，导致投资者低估风险概率及影响。此外，政府干预将扰乱危机节奏，资产泡沫破灭延迟，经济复苏将更为漫长。

道德风险理论不仅存在于股票投资领域，同样存在于债券投资领域。雷曼兄弟、房利美、房地美和冰岛多家商业银行的破产，使其股东几乎血本无归。投资于北岩银行、苏格兰皇家银行、劳埃德银行的股东，也亏损了 90%~95%。美国国际集团和贝尔斯登公司的普通股东亏损了 90%。此外，雷曼兄弟公司和贝尔斯登公司的员工持有公司股权及看涨期权，两家公司倒闭后，其员工的个人财富缩水了 60%~70%。

道德风险问题不仅限于股东，也涉及债权人和金融公司，包括债券持有人和银行的短期债务持有人。与股票投资者不同，当银行盈利增加时，债权人的收益并不会显著上升。这些债权人的收益是非对称的——如果银行盈利暴增，债权人不可能获得超额利润；而当银行破产时，债权人同样会承担巨额损失。贷款人通常假设银行不可能破产，实际却不然。试想股票投资者损失率高达 90%~95%，如果政府依然无动于衷，银行何以维持？大部分股票持有者不可能同意救助条件。银行高管可能盲目自信，认为银行"大而不能倒"，热衷于高风险项目，债券持有人则可能得到高额利息，但一定难以持续。存款保险机构同样存在"大而不能倒"的问题，如果政府主导银行破产或重组，其所提供的存款保障将低于存款总额。对于存款人而言，其受保障的存款仅占存款总额一定比例，只要有合理的理由怀疑银行的偿付能力出现问题，其将随时准备取出存款。

任何国家在应对危机时，必须面临这样的抉择——是允许银行破产,使银行股东、债券持有人和风险对手方承受损失?还是直接提供某种形式的存款保险,避免银行遭到挤兑?然后,由谁直接或者变相支付存款保险的费用?

银行监管体制改革

严格的金融监管能否消除危机?一些学者坚持实施综合监管。事实上,无论是监管当局,还是商业银行,都很清楚稳健经营的具体标准,但由于体制因素,其可能刻意回避某些问题。进行资产评估时,银行应采用市价法,而非历史成本法,根据市场价格变动,每天(或每周、每个月)掌握贷款、投资市值变化,针对"问题"贷款计提损失拨备,对"可疑"贷款进行冲销。信贷损失将冲蚀银行资本金,资本金头寸不足时,须及时补充,否则将破产。与一般工商企业不同,银行受到更加严格的监管。1987 年春,各大报纸长篇累牍报道花旗集团减记第三世界国家贷款的消息。同期,联邦储蓄贷款保险公司允许 500 家资不抵债的银行继续运营,以期创造利润弥补前期损失、重铸资本的消息,也引起轩然大波。联邦储蓄贷款保险公司担心,如果其任由这些银行倒闭,其所需赔偿的金额会远远大于其资产。随着监管体制的发展,美联储与十国集团(G10)各国金融监管机构建立了监管协调联系,共同加强对跨国银行的风险资本监管。

随着以资本充足率为核心的银行监管体系全面确立,商业银行开始转向"表外"业务,保持资产负债规模不变,不断扩大佣金、手续费、利息等中间业务收入。中间业务并不体现在银行资产负债表上,而体现在会计报表附注中。有银行为规避资本风险监管,设立特殊投资工具,并向银行发放商业票据,提高了整体财务杠杆比率。表外业务还包括利率互换、货币互换、期货合同、期权、风险担保、"回购"(出售证券资产的同时,承诺未来以确定的价格购回)、票据发行便利等。在计算应有的资本金时,所有表外业务都以或有资产(负债)形式记账,应被看做一种期权。[1]

经济过热时,当局会推出严格监管措施,这往往会导致危机的爆发。美国货币监理署、美联储及各州银行监管委员会，分别承担所负责金融机构的监管责任。在分头监管框架下，各机构更注重自身的监管权力，易导致监管过度。[2]"分头负责相当于无人负责"，[3]一位德国政商人士曾作如是言。有效的监管评估有赖于长期的经营数据支持，但在频繁爆发金融危机的背景下，很难找到业务长期连续正常开展的情形。这也使在危机爆发前，很难发现银行的经营失误。经济扩张期，监管并没有明令禁止的投资品种，可能在危机时期对银行带来严重影响。如果银行资本金降低至监管最低标准之下，监管机构须考虑其应对方式——直接注入流动性、提供担保、进行救助、接管，还是期待奇迹的出现。

这里存在明显的矛盾。银行被纳入监管体系可追溯到 300 年前，但银行破产或濒临破产的事件仍层出不穷，需要更多或更有效的监管。贝尔斯登、雷曼兄弟等投资银行爆发危机被归因于美国证券交易委员会对财务杠杆比率疏于控制。一些投资银行的破产也被归因于《格拉斯—斯蒂格尔法案》的废止，但其未被废止时，也出现了 20 世纪 80 年代储贷协会危机，以及英国、爱尔兰、冰岛等国的银行破产潮。

监管必然带来成本。回顾历史不难发现，随着规避监管的新型机构不断涌现，监管机构的数量也不断增加。"影子银行"不断被设立，目的就是绕开监管，规避监管成本。为规避存款利率限制，出现了货币市场基金；为规避国内银行风险准备金及存款保险费用，形成了离岸金融市场；美国很多商业银行的海外分支机构可以提供比国内分支机构更有吸引力的存款利率报价。

投机狂热是信贷高速投放背景下的宏观经济现象。监管则更多针对微观金融机构。监管难以抑制投机过热情绪，但其可以通过对机构施加影响，控制投机过热的进程。

银行监管有何问题？

政府对银行的监管已有超过 300 年的历史。监管措施估计能写满一个小电话本，包括资本金限制、存款准备金要求、流动性限制、资产组合分散度限制、对单一信贷客户发放贷款最高额限制、内部人发放贷款限制及对高风险证券交易发放贷款限制等。银行吸收储蓄存款的利率上限也会受到限制。在一段时期，银行甚至被要求限制在本地市场扩展业务，但这些限制大多已经不复存在了。

进一步地，美国及很多国家都会对银行进行测试，以确保其资产负债实际水平与其报告的数额相符。

每轮金融危机都会导致一批新的监管措施出台。1907年银行危机导致了美国联邦储备体系的确立。20世纪30年代早期的银行危机催生了美国的存款保险制度、《格拉斯—斯蒂格尔法案》(将投资银行与商业银行实施分业经营)以及美国证券交易委员会(对投资银行及证券交易行为进行专门监管)。2008年银行危机则催生了《多德—弗兰克法案》，对银行借贷行为进行了进一步限制。

这些监管措施的出台都为银行业带来一定的成本，这意味着其贷出款项时会要求更高的利率，而吸收存款时会提供更低的利率。监管成本的一个重要影响是造就了一大批可以规避监管的类银行机构(near-banks)，此类不受监管的放款人很多就是受监管的金融机构设立的。

或许没有银行监管，爆发金融危机会更加频繁，但从历史经验中不难看出，指望《多德—弗兰克法案》能够阻止下一轮系统性危机爆发的可能性微乎其微。问题的根源在于，在下一轮危机爆发前2年、3年或4年前，还是会出现大规模信贷资金推动资产价格剧烈上升的情形，这种上升不可持续就会导致危机。短期内，短期投资资金可能推动证券价格及货币汇率不断提高。但当价格转而开始下跌时，投资者及银行必然出现投资损失。银行整体遭受损失的严重程度主要受以下两个因素影响：一是危机爆发前数月(年)证券及房地产价格提升的程度和范围，二是政府决定应用自有资金或信贷能力避免银行破产的时间。危机爆发前数月(年)证券及房地产价格提升的程度和范围，主要取决于信贷供给的增长情况。如果银行被要求保留更多的资本金，则会通过非银行放款人发放信贷。当证券及房地产价格开始下跌后，如果政府以某种形式出面暗示将提供无限制资金支持，银行流动性就会加速枯竭，破产风险将不断上升。

任其发展

多数经济学家相信经济恐慌会自行消失，即"恐慌之火会自行熄灭"。[4] "那些头脑冷静但想象力不够丰富的英格兰银行家认为，就其本质来讲，经济恐慌会自行消失。"[5] 欧文斯通伯爵坚持认为不必浪费资源支持危机中的金融体系，因为体系本身的资金就足够了，即使在危机最严重的时期，只要能够承担高利率，资金需求方仍然可以获得大笔贷款。[6]1847 年，伦敦的私人贴现率曾上升到10% ~12% 的水平，这阻止了黄金流向美国，甚至曾派出一条小艇，追赶一艘已经驶往美国的货轮，让它掉转船头回港，最终在伦敦卸下十万英镑的黄金。[7]1865 年，在法国咨询货币流通情况之前，巴农·詹姆斯·德·罗斯柴尔德就认为，提高利率是抑制商品与公共基金投机的有效手段。他补充道："如果投机商可以无限制地获得信贷，那就无法知道危机会带来何种后果。"[8]

道德风险问题是指政府推出的旨在熨平经济波动的政策可能激发为获取高额回报的投机行为。投资者会秉持这样的理念：政府会采取措施抑制经济泡沫膨胀，而这会减少其资产在泡沫破裂时的损失。这相当于为投机者提供了一份"免费的午餐"，鼓励他们在未来的投资行为中更加激进。一旦这种情况真的发生，势必会导致未来的金融危机有更大的破坏力。道德风险问题成为提倡在金融危机时不对经济施加干预的重要依据，因为这种任其发展的策略可以降低金融危机出现的概率和强度。当对经济进行干预时，必然面对这样一个问题：在鼓励投机者的政策出台时，是否反而会导致大部分投资者出现损失？即便是能够实现这一目的，那么也必须考量这种政策干预的成本收益，抑制经济恐慌的收益能否抵补鼓励投机的成本。

贝尔斯登公司、房利美、房地美、美国国际集团、花旗银行、美洲银行等机构纷纷陷入危机,其股东蒙受了巨大损失。此外,这些机构的领导层被取代、高级管理层也被更换,许多管理人员财富大幅缩水。有的机构虽未破产,但也仅维持名义存在,不具任何商业价值。这使得那些信奉"大而不倒"信条的投资者亏损惨重。政府入市干预主要的受益者是其债券持有人及利益相关人。

支持对金融危机不加干预有两种不同的观点。一种观点较为乐观,认为市场中出现的问题是对以往过度投资的惩罚。这多少有些禁欲主义味道,过分贪婪应该受到惩罚,因此应该欢迎这种惩罚。另一种观点认为恐慌犹如潮湿闷热、气候不定的热带地区雷阵雨,会使空气变得清新。"它使商业与金融中的要素变纯洁了,使它们恢复了活力与健康,促使交易规范、市场发展和持续繁荣。"[9] 对这种观点最有力的说明来自赫伯特·胡佛(Herbert Hoover)对安德鲁·莫伦(Andrew Mellon)的描述:

由财政部长莫伦(Mellon)所领导的"任其自我出清主义者"认为政府不应干预,应让萧条自行解决流动性不足的局面。莫伦先生只有一个公式,那就是:"让劳动力市场自我出清,让股票市场自我出清,让农产品市场自我出清,让房地产市场自我出清。"他坚持认为,一旦多数人头脑发热,让其冷静下来的唯一办法就是让他们碰壁。他认为恐慌并不完全是坏事,他说:"它会清除经济中的杂质。过高的生活成本和生活标准都会下降,人们会更加努力地工作,更加注重道德操守。价值观会得到调整,有进取心的人会从能力不足的人身上接过已受危机重创的事业。"[10]

新奥地利经济史学家莫利·罗斯巴德(Murray Rothbard)也曾评论道:"尽管有些耸人听闻,但这是政府应当遵从的办法。"[11] 通史学家保罗·约翰(Paul Johnson)也曾引述过这一段,他说:"这是胡佛总统执政时期所得到的唯一有见地的忠告。"[12]

反对者虽然承认去除经济中的泡沫及抑制狂热的投资是应该的,但他们认为紧缩性的恐慌会毁掉合理的投资,必要的贷款无法得到,会造成生存困难。

流动性危机的一个重要特点就是高利率，换算成年利率后就更加令人咂舌。出现流动资金头寸利率较高的情况并不多，有时只是一两天，最多只有几天。真正的问题在于按这个利率能否得到资金，市场是否实现数量出清（而不是价格出清），最终的净头寸是否为零。多次危机证明，在恐慌时借款非常困难，甚至是不可能的，无论你出价多高。

● 1763 年先是阿伦德·约瑟夫破产，然后是德纽夫维尔破产，接着 7 月 25 日出现了经济恐慌。一份简报说："恐慌：甚至在证券和商品市场中都没有钱了。"[13]

● 1825 年，恐慌袭击了公众。很多人对此毫无准备，每个人都在为钱祈祷。钱，钱，钱，但是几乎所有地方都没有钱。"这不是证券的特性"，《泰晤士报》评论说："所有人都为钱而挖空心思，但无论怎样也产生不了钱。"[14]

● 1847 年商业危机时，托马斯·托克（Thomas Tooke）这样回答了选择委员会的质询。问题 5421："几星期来，或者说几天来，英格兰银行是唯一提供票据贴现的机构吗？"回答："是。"问题 5472："英格兰银行的行长宣称，10 月 14 日之后的一个星期里，如果没有政府保函的话，100 万英镑的政府债券都卖不出去。你认为这可能吗？"答："可能，完全可能。我用可能这个词，是指除非价格降到难以想象的地步。"[15]

● 1847 年，格林先生（Mr. Glyn）的证词如下。问："你是否知道，英格兰银行的经纪人认为，在不对英国国家永久债券价格造成重大影响的情况下，一大笔国债已经卖掉了？"答："我不知道英格兰银行的经纪人这么说过。我要说，就当时的情形来看，要出售所说的 100 万英镑或 200 万英镑的国债，而不造成价格下跌，不进一步引起市场恐慌，这几乎是不可能的。"

● M. P. 布朗先生认为，除非有大的折价，否则这种买卖很难达成，他还补充道："如果恐慌真的发展到我们所说的那样，我怀疑它们还能否卖得出去。"[16]

● 1857 年危机时期，人们已不再谈论票据贴现问题。这些票据在最好情况下，也只能折价 12% 或 15% 进行贴现。[17]

- 从利物浦寄来的一封信中写道:"信誉最好的票据,其他银行都愿意背书的票据,也绝对无法兑成现金。我相信,许多票据贴现所并没有出现财务问题,完全能对 1 英镑的票据贴现 40% 或 60%,但它们拒绝贴现,除非政府出具保函。"[18]

- "汉堡的市场信心完全丧失了。只有 3 ~ 4 家一流贴现所的票据可以高贴现率成交……尽管政府提前兑付了 1500 万马克国债,但仍然无济于事。恐慌气氛异常浓重,政府债券也无法贴现。无论你提供何种保证,资本家们也不愿拿出他们的钱来……不过在 12 月 12 日,当知道大家都会得到支持时,恐慌消失了。原来政府债券的贴现率高达 15%,现在已经降到了 2% ~3%。"[19]

- 爱德华·克拉克(Edward Clark)在纽约创办了 E. W. 克拉克公司。在创立公司前,他在给费城的杰·库克的信中写道:"银根不止是紧缩,而是根本没有。没有钱,没有信心,任何东西都没有价值。这种情形再持续一个多星期,所有银行都会完蛋。"[20]

- 1866 年,"英格兰银行将贴现率提高到 9%,并将政府债券抵押贷款的利率提高到 10%。但这个消息发布之前,永久性国债或短期国库券根本卖不出去,交易员根本不愿意交易"。[21]

- 1873 年纽约经历了危机,"纽约国民信托公司的金库中有价值 8 万美元的国库券,但却无法用它们借到 1 美元。交易停止了"。[22]

- 最终,1883 年,"资金需求急剧增加,出现流动性缺口,银行间拆借市场不断萎缩,7 月 28 日,拆借贷款占比还是 72%,8 月 4 日猛跌至 51%,而高资质商业票据也只能以 8% ~12% 甚至更低价格出售"。[23]

证词非常清楚,例如在出售政府债券时,提到"除非价格跌到难以想象的地步(如利率增加)"。此外,也可能出现另一种偶然情况,特别是在美国国家银行体制下,采用最后贷款人的手段也是难以奏效的。对 1884 年的情形有如下陈述:

为进一步增加商品交易的困难,借贷条件变得极为苛刻。曾出现隔夜拆借利率高达 4% 的情形。由于很少有人能接受如此高的利率水平,因此股价进一步下跌。这种漫天要价当然是由于普遍的不信任造成的。实际上，资金并未短缺到如此地步，只是出于变现要求，才造成星期四和星期五两天美国国债大跌近7%。事实上，市场对美国国债的信心并没有丧失，对信誉良好的铁路债券和股票的信心也没有丧失。

畸高的短期利率，引致大量外国资金流入市场。有些资金是为购买折价的股票，更多的是以股票或其他良好的证券作抵押发放高利贷。结果汇率水平的变化进一步恶化了美国的宏观经济形势。[24]

这一段陈述也很清楚，因为在流动性急剧短缺之前，恐慌就已经开始了。

在1997年亚洲金融危机中，国际货币基金组织充当了最后贷款人——但它仍然坚持危机国家采取的传统方法来平息危机，强调政府采取措施平衡财政预算，各国中央银行提高利率。许多经济学家对这一政策建议提出质疑，它们认为，通货紧缩的办法最终会导致失业率提高，受影响的大多是穷人，而导致危机的却是那些志得意满的官员和逐利的银行家。

一部分人支持传统做法，主要是因为日本的教训，扩张的货币政策及日元汇率贬值使日本陷入了凯恩斯所谓的"流动性陷阱"。在20世纪90年代的"大萧条"后，日本的利率和银行贷款都降到了非常低的水平，股价暴跌，出现了"信贷缺位"的现象。银行受累于信贷损失而减记资本，不愿意提供贷款。企业由于国内需求低迷而不愿申请更多的贷款。

当东京市场短期利率低至1%的水平时，所谓的"套利交易"（carry - trade）现象也随之出现了。资本家在东京市场上按1%的利率借入日元，再将借入的日元换成美元后投资于纽约市场得到3%～4%的回报。套利交易引起了资金从日本外流至纽约，日元汇率不断贬值，日本贸易盈余增加，日本经济总产出和总就业水平也提高了。日本贸易盈余对解决日本流动性陷阱问题，以及推行扩张性的财政货币政策是有益的补充。只要日元与美元间的利率有差异，且日元维持其升值趋势，美国对冲基金的基金经理们就会不断进行所谓的套利交易。

道义劝说和其他措施

　　前述观点认为,任其发展,恐慌自会消失。反驳者的主要理由是,恐慌几乎从来都不是自生自灭的。当局总会感到有进行干预,以防止资产价格进一步下跌的必要。在一次又一次的恐慌、危机中,有关当局或某些"负责任"的公民总试图用某项措施来消除恐慌。也许他们过于警觉,情况真的会自我好转且不会有太大的伤害;也许他们过于愚蠢,故步自封、不堪教化(芝加哥学派的货币主义者认为,市场一定比政府聪明。且政府经常容易受短期目标驱使而作出非理性选择)。在我们所讨论的恐慌中,智商的这种不平均分布是无法用危机处理来检验的。因为身处市场的当局和主要参与者,都在向同一方向努力:以某种方式干预,阻止价格下跌,减少破产,防止银行倒闭。如果聪明是可以学会的话——这是理性假设所必需的,通过学习终会发现某种可行的方式,甚至会提高最后贷款人的智慧,而不再仅仅依靠市场的竞争力。

　　历史上有许多情况,当局出于某种原因,开始时决心不对市场施加干预,但最后发现不得不施予援手。1825 年 12 月,利物浦勋爵 (Lord Liverpool) 在警告市场不要过度投机后的六个月,威胁说,如果发行财政票据的收入用于拯救市场,他将辞去财政大臣的职务。[25]时任英格兰银行行长威廉·利德代尔 (William Lidderdale) 在巴林公司危机时,也断然拒绝其通过"保函"扩大贷款限额。[26]在以上两次事件中,后来都通过其他途径避免了恐慌,挽回了面子。在许多情况下,如在 1763 年腓特烈二世对柏林分支机构的危机干预中,[27]在英格兰银行拒绝为"某银行"贴现的事件中,[28]在 1869 年美国财政部的决定中,[29]远离市场的原则都因恐慌的升级而被迫放弃。

　　有观点认为,2008 年 9 月,在应对雷曼兄弟公司破产时,政府存在严重过失。此前,美国政府曾帮助 J. P. 摩根并购贝尔斯登公司,也曾为房利美、房地美提供流动性支持,但为避免道德风险,财政部坚决反对出资救助雷曼兄弟公司,转而采取"任其发展"策略。事实上,雷曼兄弟公司宣布申请破产保护仅一天后,政策基调再次转向，当局为美国国际集团提供了巨额流动性支持。事后看，对大型金融机构而言，存款保险覆盖率为100%，政府会为储户的损失提供隐性兜底。

拖延

出现挤兑时，存款人急着在银行关闭前取走钱。而银行则不急于支付，因为它们持有的货币远远小于其短期负债。在1931—1933年的银行挤兑潮中，有不少报道说银行兑付存款时故意拖延时间，希望能像迈卡本（Micawber）一样出现某种奇迹。这种技巧自古就有，至少可追溯到18世纪。

麦克列欧德（Macleod）在其《银行业理论与实践》一书中，就载有一则英格兰银行如何在1720年9月挤兑中保护自己的故事。这次挤兑是由于英格兰银行违背了吸收南海公司400英镑债券的承诺而引起的。银行为了避免因挤兑而关闭，组织了大批朋友，排在队伍前面，银行慢慢地六便士六便士地支付存款。这些朋友再将这些钱通过另一个门存进去，同样慢慢地数，然后再用来兑付。通过这个办法，挤兑延缓到迦勒节（9月29日）。节日结束后，挤兑也结束了，银行又重新开张了。[30]

第二个故事的起因是一样的，但却更真实一些。这是关于南海公司的支持银行——剑刃银行（Sword Blade Bank）的。因它不想赎回自己的银票，在9月19日引起了挤兑。为此，银行买进了一马车的硬币，准备"按小额慢慢兑付"。据说有一个幸运的票据兑付人，在9月24日星期六银行关门前，提走了价值8000英镑的先令和便士。[31]第一个故事强调的是环境，第二个故事强调的是时间，不会出现剑刃银行与英格兰银行合作的情况，因为这两家银行是宿敌。

不管1720年发生挤兑时英格兰银行的真实情况如何，它在25年后再次遭遇了类似的情形。1745年7月，年轻的王位觊觎者（詹姆斯二世的孙子查尔斯·爱德华）入侵苏格兰；11月入侵英格兰，11月15日进入卡里斯尔，12月4日到达德拜。1745年12月5

日,"黑色星期五"恐慌爆发了。英国的永久国债跌到了 45 英镑,价格达到历史最低,英格兰银行也出现了挤兑现象。英格兰银行再次用六便士兑付法对付挤兑,赢得了时间,以便收集伦敦商人在一份支持和接受英格兰银行银票的声明上签字。这次危机处理中的第二部分,即收集对银票的信誉保证。后来在 1797 年法国入侵费希杰德时,英格兰银行再次使用这一策略。当时,一天就收集了 1140 名商人与投资者对政府债券的保证签名。[32] 在此,应该补充一点,1745 年通过缓慢兑付与请愿支持的方法,英国也重整了军队,为 1746 年 4 月在卡洛登抗击那位年轻的王位觊觎者埋下了伏笔。

关闭市场和银行假日

关闭市场是阻止恐慌蔓延的另一个办法。1873 年,纽约股票交易所临时关闭,1914 年战争爆发时,伦敦及其他几个城市也曾暂停交易。暂时关闭市场就是给人们更多的思考时间,认真考虑其是否应继续出售资产。

同时也应该看到,关闭市场也可能导致隐性恐慌,恶化问题,甚至导致短期目标与长期目标间的冲突。关闭某个市场,会使其他市场的恐慌加剧。因为人们会尽快抛出股票或取走资金以免被套牢。在 1873 年 9 月的恐慌中,纽约股票交易所宣布暂停交易,这是迄今为止唯一的一次。但一位财经编辑认为,1929 年 10 月担心交易所关闭是造成城外的银行与"其他人"争相取钱的一个因素。[33] 1873 年,匹兹堡交易所和新奥尔良交易所关闭了两个月,但因其交易主体多为本地股票,故未造成严重影响。[34]

在 2001 年"9·11"事件中,美国世贸大楼的爆炸倒塌导致通信系统瘫痪,包括纽约股票交易所在内的多家交易所暂停交易长达两周之久。很多股票转至区域性交易所交易结算,导致其不堪重负。

宣布法定假日是关闭市场的一种变通手段。1907 年,美国俄克拉荷马、内华达、华盛顿、俄勒冈和加利福尼亚等地出现恐慌时,都采用这一办法。[35] 1932 年秋,美国一些地方宣布银行假日。

罗斯福总统刚上任，便于 1933 年 3 月 3 日宣布全国银行假日。与法定假日不同，银行放假只针对银行，而不涉及其他工商企业。

还有一个并不十分理想的办法是暂缓公布银行的财务报告，1873 年就采用过此办法。该办法的机理是"你不知道的事不会对你产生伤害"。这种技巧主要用于隐藏一些银行的巨额储备损失，它们担心一旦损失被披露，储户对这些银行的信心会进一步下降。[36]

在大宗商品交易和金融交易中，一种被广泛应用的办法是每天设立价格最大变动区间，一旦变化达到最高限度，交易就自动关闭。这通常被称做"断路器"，用于应对买卖双方可能出现的大额不匹配现象。1987 年 10 月 19 日"黑色星期一"后，证券市场开始应用这一方法。对商品交易来说，当价格高于或低于限额之后，当天的交易就停止。而对纽约股票交易所的建议是，如果证券价格高于或低于限额，只暂停交易一段时间，如 20 分钟，目的是使场内交易员有机会选择及配对买卖指令，并检查存货余额与现金头寸。

通过暂缓支付某一特定债务或全部债务可以争取到时间。例如，暂缓支付期限尚有两星期的汇票，实际目的是为了宣布破产。此类中最普遍的做法是，银行稽查员只要不理会银行资产中的坏账，就不会对银行市值产生重大影响。20 世纪 80 年代美国爆发储贷协会危机，当时的监管层也采取了宽容的态度。国际货币基金组织和世界银行也曾同意部分亚洲贫穷国家延期偿还债务，不过这些国家需要承担更高的利率水平。因为如果这些国家宣布债务违约，它们将不得不承受巨额信贷风险。如果房地产投资信托公司、抵押贷款销售中心的老板们或波音 747 的拥有者愿意增加一笔贷款支付利息，银行就不会提出疑问。银行的稽查员们并非总是以保守与正直的态度提出警告的。

但是，正式的暂停支付似乎不如非正式的有效。1873 年维也纳股票交易所暂缓支付差额结算，仅仅持续了一个星期，即从股市崩盘到 5 月 15 日。联合两个拯救委员会，奥地利国民银行和稳健的商业银行筹集了 2000 万基尔德的担保基金。但所有这些早期措施的作用都是微乎其微的。[37]还有一个暂缓支付的实例发生于 7 月君主节之后的巴黎。巴黎市政府宣布，所有在巴黎 7 月 25 日到 8 月 15 日到期的票据都延期 10 天支付。这虽然减缓了银行资产的压力，但却对抵制票据持有人兑付现金的要求毫无作用。[38]

清算所票据

在美联储成立之前，美国采用的主要手段就是清算所票据。清算所票据是货币的替代品，一般由较大的地区性银行发行。银行为了避免被挤兑，通过发行清算所票据的方式获得喘息之机。清算所是美国 19 世纪 50 年代的产物：纽约的清算所成立于 1853 年，费城的清算所成立于 1857 年恐慌之后的 1858 年。在 1857 年的恐慌中，纽约的银行未能通过精诚合作阻止通货紧缩。纽约商业征信所认为，如果四五家最大的银行能够共同帮助俄亥俄人寿与信托公司偿付债务，美国的商业与信用就能得到很大程度的保留。[39]1873 年，银行已接受清算所的票据（清算所的总负债）作为支付工具不再要求必须使用货币或银行券了。这个制度的好处在于它减少了银行相互争夺存款的动力。斯普拉格认为，这个制度还应辅之以聚拢银行储备的功能，否则，银行在兑付完自己的储户之后在清算中又没有收到现金，就会被迫停止支付。[40]1873 年危机中，通过清算所票据，汇集了大量现金。

清算所票据的致命缺陷在于，就像战时临时通货一样，其流通性受地域限制，因此它只可用于当地的工资及零售支付，而在城市间支付中，它的作用就会大打折扣。1907 年的 160 家清算所中，有 60 家采用清算所票据，促进了当地支付。但斯普拉格相信，交易所之间的混乱现象毫无改善。10 月 26 日至 12 月 15 日，纽约基金在波士顿、费城、芝加哥、圣路易斯、辛辛那提、堪萨斯城、新奥尔良等城市的报价大相径庭，在芝加哥 11 月 2 日有 1.25% 的贴水，在圣路易斯 11 月 26 日有 7% 的升水，而一周前的升水才 1.5%。[41]1907 年 12 月，雅各布·H. 希夫（Jacob H. Schiff）写道："最近经历的一个教训是，在不同的银行中心发行清算所票据会有不少的危害。它损害了交易所的运作，很大程度上使国家的经济陷入瘫痪。"[42]

与此类似的支付工具还有票据清算所发行的支票或承兑支票，它们都是现金的替代品，并丰富了流通领域的支付手段。

银行组织清算所来对付恐慌是在19世纪中叶之后。其他非银行机构也可能组织起来抵御危机，如股票市场团体等。1907年10月24日，J. P. 摩根牵头的银行家联合体组成了年利率为10%的总额为2500万美元的联合贷款，以阻止股票市场的崩溃。[43]22年后的同一天，1929年的"黑色星期四"，理查德·魏特尼（Richard Whitney）在交易所场内，从一个柜台跑到另一个柜台，为一个辛迪加竞价，这个辛迪加也是由J. P. 摩根公司牵头组织的。[44]

银行合作

除了清算所，银行也可以通过设立拯救委员会（如维也纳1873年5月及更早些时候的情形）、贷款基金、债务担保基金、有组织地合并弱小银行与公司及其他支持弱公司手段来抵御危机。[45]在此列举三个例子，第一个是巴黎银行在1828年阿尔萨斯危机中的作用；第二个是1857年汉堡为解决困难所采用的措施；第三个是1890年巴林兄弟公司的贷款担保基金。

1828年阿尔萨斯危机

1827年12月，米路斯的三家纺织企业倒闭，巴黎银行立即拒绝兑付来自阿尔萨斯的票据，法兰西银行也对这一地区的票据设定了一个600万法郎的总额限制。而这个金额"还不及两家阿尔萨斯公司的资产总额多"。随后，巴黎银行又决定拒绝接受来自米路斯和巴塞尔的背书票据，这一决定加剧了恐慌。1828年1月22日，巴黎盛传谣言，两家公司要倒闭。巴黎银行派出一位名叫雅各斯·拉斐特（Jacques Laffitte）的特使，于1月26日到达米路斯，表示愿意在商业委托下提供100万法郎的贷款。但在他到达米路斯之前，已有两位纺织业商人，尼古拉斯·凯史林（Nicholas Koechlin）和简·多弗斯（Jean Dollfuss）离开米路斯前往巴黎，随后又有两人前往。同时,库存品已按 30% ~ 40% 的折价倾销。1 月 26 日到 2 月 15 日,又有 9 家公司倒闭。列维—列伯耶(Levy‑leboyer)说,情况本来会更糟,但在最后一分钟,戴维力尔(J. C. Davillier)牵头 26 家巴黎银行组成了一个辛迪加,向凯史林和多弗斯提供了 500 万法郎的信贷。他俩已于 2 月 3 日回到了阿尔萨斯,并决定留下 400 万法郎,将其余 100 万法郎分给同行。同行则表示愿意为他们提供担保。这一表态重树了市场信心。在巴塞尔,银行又为其他商人凑了 130 万法郎。加上其他商人的担保,信心终于得到了恢复。[46] 而那些未能得到凯史林—多弗斯基金或巴塞尔那些钱的公司则倒闭了。[47]

1857 年汉堡危机

过度贸易以及战争导致的信贷投放过度,共同导致了 1857 年汉堡危机。汉堡是德国与英国的贸易枢纽,与美国和斯堪的纳维亚国家间的贸易联系也很紧密,糖、烟草、咖啡、棉花等都是其重要的贸易商品。通货紧缩浪潮来袭时,汉堡也未能幸免。8 月 24 日,俄亥俄人寿破产引发当地出现恐慌,三个月后,物价下跌超过三成,威勒霍夫(Winterhoff)和皮博尔(Piper)两家专事美国贸易的企业也不得不停业。[48] 从英国驻汉堡领事馆的每日快报中,可见当时情形的紧张:

● 11 月 21 日:部分大型商贸公司及两家银行计划歇业。

● 11 月 23 日:两家从事英国贸易的公司倒闭。在为汉堡的票据提供背书时,票据贴现担保协会变得异常谨慎,[49] 只要一次授权,贴现担保协会的资金就会在三天内枯竭。[50]

● 11 月 24 日:一家贴现担保协会成立,初始资本金为 1000 万马克,后来提高至 1300 万马克(约 100 万英镑),但实际只有 100 万马克到位。

● 11 月 28 日:德国商会和商界领袖通过参议院向众议院施压,要求其发行政府债券,以筹集资金为企业提供抵押担保贷款(抵押物多为积压货物、债券、股票等,提供贷款额多为其市值的 1/2 ~ 2/3)。

● 12 月 1 日：乌尔伯格、克莱默两家公司破产，与其贸易往来密切的十多家瑞典公司也相继破产。票据贴现担保协会不再提供担保，商业陷入停顿。

● 12 月 2 日：有人建议修改《破产法》，以使债权人参与破产公司剩余资产分配。

● 12 月 7 日：有人提议成立国家银行，对高资质票据提供贴现，贴现总额不超过 3000 万马克（约 240 万英镑）。众议院否决了这一提议，建议发行 3000 万马克国库券。参议院又否决了众议院的提案，坚持银本位制。

最后采取了折中策略，拿出 1500 万马克成立国家贷款机构基金，其中，有 500 万马克的汉堡政府债券和 1000 万马克海外贷款。[51]关于运银火车的故事参见第十三章，这是有关国际最后贷款人的典例。

有人推算，德国政府共提供了 3500 万马克救助资金。其中，票据贴现担保协会提供了 1500 万马克，国家贷款机构提供了 1500 万马克，德国商会提供了 500 万马克。与面值为 1000 万马克的票据相比，缺口大约为商品总价值的 1/6，只要价格下降 17%，市场就会出清。商界嘲笑参议院陈旧古板，思想落后时代 300 年。参议院反讽商人疯狂发展，思想超前时代 300 年。还有观点称，国家提供的援助，使价格维持高位，牺牲了消费者利益。[52]

债务担保：巴林公司危机

最著名的债务担保是 1890 年巴林危机时由当时的英格兰银行行长威廉·利德代尔（William Lidderdale）提出的。不过债务担保并非利德代尔首创，早在 1836 年 12 月就出现过类似的情况。当时私人银行家艾斯代里斯（Esdailes）、格林菲（Grenfell）和托马斯（Thomas）的公司相继出现困难，但他们是 72 家国有银行在伦敦城的代理商。据说，正是因为这个原因才使其避免倒闭。且它的票据中有伦敦城中所有最优秀公司的名字。其资产远远超过负债，伦敦的银行家们准备提供担保施以援手。英格兰银行首先提供了 15 万英镑的援助，当时艾斯代里斯存活了下来，但也只存活了两年，最终还是难逃破产厄运。[53]

前面提到了保证信就可以暂时不受 1844 年《银行法》的约束,因为担保是另一种选择。保证信是由财政大臣戈申 (Goschen) 勋爵向时任英格兰银行行长利德代尔签发的。但利德代尔认为"依赖这种保证信正是搞垮英国银行业的原因",为此他拒绝接受。

如果利德代尔拒绝采用 1847 年、1857 年和 1866 年采用过的办法来平息市场波动,他就不是那种坚持让市场自食其果的人。1890 年 8 月,他警告巴林兄弟公司,公司应该控制对阿根廷代理商哈斯 (S. B. Hales) 的承兑。11 月 8 日 (星期六),巴林兄弟公司向利德代尔透露,公司的财务状况很困难。由于担心巴林兄弟公司财务窘境公之于众会引起恐慌,11 月 10 日,英格兰银行行长拜会了财政大臣,但拒绝接受财政大臣的保函。它从两个方面进行了准备:第一,它的储备已很低,但考虑到通过提高银行利率来增加储备,速度会很慢,因此,它想从境外寻求援助——这将是第十三章论述的主题。第二,由罗斯柴尔德勋爵牵头,组成一个委员会,解决市场中大量未消化的阿根廷债券。

拖了一个星期后,谣言开始流传。巴林公司票据在英格兰银行的贴现率越来越高。到星期三,利德代尔获知,虽然从长期看巴林公司尚未到资不抵债的地步,但短期还需要 800 万~900 万英镑才能使其脱离困境。星期五,穆伦公司的主管约翰·丹尼尔 (John Daniell) 找到利德代尔,喊道:"你就不能做点事,或者说句话,缓解一下大家的情绪;他们满脑子都在想可怕的事就要发生,他们都在谈论最可怕的事。"[54]

11 月 14 日,利德代尔与两位代表财政部的内阁成员——史密斯勋爵 (Lords Smith) 和萨尔兹伯里 (Salisbury) 会面,并达成了政府立即增加在英格兰银行预算的协议。另一项协议虽然更费周折,但也达成了——政府与英格兰银行分担星期五下午 2 点到星期六下午 2 点间英格兰银行贴现巴林兄弟公司票据所遭受的损失。根据以上协议,利德代尔召集 11 家私人银行开会,劝它们共同建立一个基金以对巴林公司的债务提供担保。它们取得俄罗斯国家银行的同意,暂时不提走存在巴林公司的 240 万英镑存款。11 家私人银行共筹集了 325 万英镑，其中包括英格兰银行出资的 100 万英镑（当时的英格兰银行形式上也是一家私人银行），以及三个贷款人格林和米尔斯公司、卡瑞公司以及罗斯柴尔德公司各自出的 50 万英镑。这就有了良好的开端，当晚又得到五家伦敦股份银行的同意，它们也出了 325 万英镑加入担保基金。有了这些保证，11 月 15 日，《泰晤士报》宣布巴林公司将会倒闭，但不会承受什么损失。担保基金在星期六继续进行募集，因为股份银行必须召开董事会，批准各自的认购份额。上午 11 点，会议就结束了，然后其他银行和金融机构又将基金额度从上午的 750 万英镑提高到下午 4 点的 1000 万英镑，最后达到了 1700 万英镑。因此，与其说巴林公司倒闭是伦敦金融体系脆弱的表现，不如说担保基金是伦敦体系强健的信号。例如，马丁银行由于向另一家与阿根廷交易的公司穆里塔斯（Murriettas）提供贷款而处境困难，但它在 11 月 18 日（星期二）向担保基金认购了 10 万英镑。这对于帮助巴林公司的行动来说已太迟了，但却提早地向世界显示了马丁的实力。[55]在总结这一事件时，鲍威尔（Powell）说："英格兰银行并不是金融市场上的唯一斗士，要么战斗、要么撤退，而且都是世界有目共睹的大金融财团的领袖。"[56]

11 月 25 日，一个新的股份制公司——巴林银行成立了，其注册资本为 100 万英镑。英格兰银行当年牵头的债务担保基金，成为了这段历史的重要见证。

担保基金
英格兰银行，1890 年 11 月

鉴于英格兰银行已同意向摩萨斯·巴林兄弟公司提供贷款，以使该公司能够在下列债务到期时偿还：1890 年 11 月 15 日当晚的已有债务，或该日及该日之前的业务所发生的债务。

我们签署者同意，每个人、企业或公司，就他或他们名下的金额向英格兰银行保证，英格兰银行行长可根据实际需要，决定摩萨斯·巴林兄弟公司最终清算的完成期，由此产生的损失由我们补偿。

一旦要履行承诺，所有的担保者将按比例出资，不会仅要求个

别个人或公司出资。

清算期最长为三年,自 1890 年 11 月 15 日开始。[57]

1998 年 9 月,美国采取类似手段,救助了长期资本管理公司。纽约联邦储备银行行长威廉·麦克唐纳(William McDonough)召集了 14 家主要金融机构,其中包括美林证券、摩根士丹利、J. P. 摩根、摩根大通、瑞士联合银行等,共同出资 36 亿美元,收购长期资本管理公司 90% 的股权,避免了其破产。[58]所有参与救助机构都是长期资本管理公司的债权人,通过这种形式,债权便转化为股权,它们摇身一变成为长期资本管理公司的股东了。美联储担心一旦长期资本管理公司破产,会出现大量期货及远期合约无法对冲,整个市场也将陷入崩溃的边缘。

存款保险

从 1934 年开始,美国通过联邦存款保险提供存款事前保险,防止银行挤兑扩散,存款保险上限最初设定为 1 万美元,后来逐步提高到 10 万美元,在 2008 年金融危机期间又提高到 25 万美元。当一些大银行出现危机时,联邦存款保险公司刻意取消了保险上限,以防止出现挤兑,并在处理过程中制定了操作规则,将有 10 万美元以上存款的某些银行定为"大而不能倒"的银行(尽管银行股东可能因为银行的问题而遭受投资损失,银行次级债券持有人也可能遭受损失)。虽然只有美国商业银行国内的分支机构缴纳存款保险费,但事实上,其境外分行也受到了这一保障。当挤兑真的出现时,才发现存款保险的设计对 1 万美元以下的小储户利益考虑得太少,而过多考虑了可能冲击系统的挤兑问题。[59]

以 10 万美元为上限是,"存款经纪人"将接受大额存款,收将它们分成数笔 10 万美元的存款,这样便使大额存款得到了保障。如约翰可以获得最高 10 万美元的存款保险,他的妻子玛丽也可以获得最高 10 万美元的存款保险,约翰和玛丽的联名账户下又可以获得 10 万美元的存款保险,这样,约翰相当于获得了 30 万美元的存款保险。同样,约翰可以在多个银行开设储蓄账户。

这种创新会导致两种荒谬的效果：第一，它为富有的存款人提供了担保，这些人自身是有能力判断银行是否安全的，无此能力的是小额存款人；第二，吸收存款实际上会鼓励银行发放高风险的贷款，因为银行在确定存款受到保险之后，银行可能会高息揽存，并将进行高风险投资。银行股东确信银行的存款受到联邦存款保险的保护，也会降低监管银行的动力。

20 世纪 90 年代，日本金融泡沫破裂，东京、大阪等地的地区性商业银行的贷款价值出现了严重下跌，甚至出现了资不抵债的情形。但却并没有出现银行挤兑的情形，因为存款人都认为，即便银行倒闭，政府也会出面埋单，不会让他们承担损失。

既然存款保险制度能防止出现银行挤兑，并阻止恐慌在银行间蔓延，那么为何不早施行这种制度呢？

一直以来，美国银行业的规则就是崇尚银行自由运作，甚至是不负责任的野猫银行（Wildcat Bank）。只要愿意，任何人都可以开设银行。在这种情况下，银行的风险极大，银行家更迭频繁。对银行存款进行担保，无疑是给投机，甚至挪用存款的行为颁发许可证。银行提款的威胁消除了，防止银行家不负责任的制约因素也就消失了。存款担保被视为可能导致不良银行的原因而遭到反对。这一情况一直持续到 1933 年 3 月 2 日，全国银行假日的前夕，当时的美联储尚未建议设立这种担保制度。[60]

1970 年之前，联邦存款保险公司的财务记录堪称优秀，收取的存款保险费远远超过处理问题银行的损失。1934—1970 年，只有一家存款超过 5000 万美元的银行倒闭，倒闭的大多都是存款不足 50 万美元的小银行。在多数情况下，联邦存款保险公司都安排了收购，这样一来，损失的主要是存款超过保险上限的储户，联邦存款保险公司自身的损失就不多。

但从 20 世纪 70 年代末期开始，联邦存款保险公司及其兄弟机构——联邦储贷保险公司（Federal Savings and Loan Insurance Corporation，FSLIC）的麻烦却接连不断。联邦存款保险公司拯救了大批银行，其中有两家大银行——芝加哥的大陆伊利诺伊银行和达拉斯的第一共和银行，就耗掉了联邦存款保险公司数十亿美元的资产。通常的处理程序先是在银行或储贷机构资本金耗尽时将其关闭，然后为问题银行寻找接盘人，或将其卖给另一家政府主导的机构——清算信托公司（Resolution Trust Corporation）。而联邦储贷保险公司在拯救储蓄机构，特别是在将它们与好的机构合并和购买不良资产上耗掉了所有资产。20 世纪 90 年代初期，处置问题银行的耗费高达 1500 亿美元。但随着美国经济的增长，清算信托公司可通过处理不良资产获得更多的收益，最终的损失额可能为 1000 亿美元左右。[61]问题是，这其中是否可以有一部分损失通过增加银行存款保费来弥补——这一建议受到很多健康运行的银行的反对。最终，这笔账单还是要落到美国纳税人头上。[62]

由于担心货币市场基金的持有者会将其资金转移至受联邦存款保险公司保护的银行存款，2008 年危机期间，美国政府将存款保险延伸至货币市场基金。货币市场基金于是被迫出售资产，且资产的快速出售将会使其价格被不断压低。一些货币市场基金的价格跌破了其面值，净资产价值跌至 1 美元以下——因此导致了巨大的自致型挤兑。

财政票据

不向财务困难的企业贷款，而挽救企业的一个古老办法是向企业发行有抵押的可流通债券（当然，如果市场崩溃了，即使原来流通性最好的证券也无法立即售出）。债券可以是定向发行的，也可以是非定向发行的。两种类型的债券都是 1857 年汉堡复杂的一揽子方案的一部分。但在处理 1763 年和 1799 年的危机所提出的同样复杂而随意的拯救方案中，海军票据是其中一部分。[63]不过应用最广的要算 1793 年、1799 年和 1811 年英国发行的财政票据，但这个办法在 1825 年遭到了严厉拒绝。

多数人认为约翰·辛克莱（John Sinclair）是财政票据的创造者，实际上财政票据最早可能源于英格兰银行。1793 年 4 月 22 日，伦敦城的领袖们与首相威廉·庇特（William Pitt）聚集唐宁街，讨论如何应对 300 家国家银行中的 100 家倒闭及大宗商品价格暴跌引发的危机。第二天有 11 个人聚在伦敦市长的官邸，构想国家援助方案。根据克莱泛姆的记录，当时没有人清楚会议的方向。会议中逐步形成一个方案，由政府发行 300 万英镑财政票据。后来议会将金额提到了 500 万英镑，发行对象为商人，以他们在海关里存放的商品为抵押。这个方案的另一个特别之处是发行了面值为 5 英镑的纸币（在此之前票据最小的纸币面额为 10 英镑），而减少使用金、银硬币。财政票据并不是由英格兰银行发行的，而是由特别委员会发行的。大约有 70000 英镑被立即运往曼彻斯特，另外有相同的金额被运往了苏格兰南部的格拉斯哥。按麦克弗森（MacPherson）的记录，这个方案非常成功，有 338 家公司申请了总额 300 万英镑的票据，有 228 家公司得到了 220 万英镑的票据，228 家中最终只有 2 家破产。恐慌过后，有 120 万英镑的申请被撤销了。[64]

1799 年汉堡发生的危机也对利物浦造成了影响。财政票据再次起了作用。议会批准了 50 万英镑的财政票据，只用于利物浦，抵押品为 200 万英镑的库存商品。[65]

1811 年危机又一次爆发。1811 年 3 月 1 日，国家商业信贷选择委员会成立。委员包括亨利·桑顿（Henry Thornton）、约翰·辛克莱勋爵（Sir John Sinclair）、托马斯·巴林勋爵（Sir Thomas Baring）和亚历山大·巴林（Alexander Baring）。委员会的报告一个星期就完成了，记录了与西印度、南美洲国家组织交易的进出口商的财务困境，也记录了因交易撤销而在伦敦仓库中堆积如山的、准备运往波罗的海地区的大量商品。报告建议发行 600 万英镑的财政票据。由于与南美地区间的过度贸易，下议院并不支持这一做法。尽管反对者也对财团企业表示同情，但却怀疑拯救投机者的做法是否明智。后来出任工贸部长的胡斯克伊森（Huskisson）称这是由于信贷太容易获得而造成的恶果：

绅士们怎么会看不到，那种从不超越自己资金能力的传统英国商人已为一群狂热、过激的投机商所替代。只要有可能，他们就从不停止借贷。绅士们应该看到，小本经营的小商贩比最有购买力的大商贾更风光。现在即使是一些微不足道的商品也出现了投机热。如果拯救资金又被用于投机，那只会使后果更严重。他担心这种情况可能已经发生。在这种情形下，现有措施的结果是把另外 600 万英镑投入流通，并抬高了商品的价格。[66]

详细描写这段争论的斯马特（Smart）提到，尽管有许多人批评这项措施，但很少有人拒绝。最后，措施还是获得了通过，但申请的人并不多，只发出了 200 万英镑的票据。"在困境中，能够提供所需的安全抵押的人并不多。在他们的商品没有市场时，要寻找一副妙方，通过发放信贷使他们能生产更多的商品是何其困难。"[67]

运气：一点补白

幸运女神对消除个别危机是有效的。沃思曾讲过汉堡的考夫曼兄弟的故事。他们在 1799 年的危机中破产了，当时其中的一个兄弟送给他的新娘一张汉堡市的彩票，彩票中了一等奖，奖金为 10 万马克。而这位新娘自己也买了一张号码相同的梅克伦堡（Mecklenburg）公国的彩票，居然获得了价值 5 万普鲁士泰勒（约合 10 万马克）的房产。凭借幸运女神的眷顾，考夫曼兄弟也从破产的悬崖边走了回来。[68]开个玩笑，拉斯维加斯的巨奖或许会比解决全球危机的方案更有效。

第十二章 | 国内最后贷款人

在过去的 200 年间，"中央银行的艺术"已演变成最后贷款人的概念。"最后贷款人"一词来自于法语 dernier ressort，本意是指上诉人可以诉讼的法律管辖权。但如今这个术语已彻底英文化了。如今的中央银行更多地强调最后贷款人的责任，而不是上诉人（借款人）的权利。

最后贷款人随时准备创造更多的货币，阻止因流动性欠佳的金融资产转换成货币的受阻而出现挤兑。当金融资产流动性普遍受限，出现挤兑风险时，最后贷款人将施行"弹性货币供给制度"，为市场提供必要流动性，避免恐慌进一步蔓延。如果货币供给受到限制时，当证券价格下跌时，放款人将出售证券资产增加以持有的现金头寸。但应提供多少现金？向谁提供？以何为基础？何时提供？

这些问题构成了最后贷款人的两难困境，即所谓道德风险。如果市场知道它会得到最后贷款人的支持，它就会在下一轮经济高涨时期较少地甚至拒绝承担保证货币与资本市场有效运作的责任。最后贷款的公共产品性弱化了银行体系保持稳健的责任。但如果无人来阻止因恐慌强行抛售商品、证券和其他产品，以及争抢有限的货币而产生的脱媒，所谓的合成谬误就会出现。随着其投资组合中资产价格的下跌，市场中的每一个参与者都急于解救自己，最终的结果是毁了大家。

反对最后贷款人的声音从未间断过。拿破仑的公共财政大臣弗朗索瓦·尼古拉斯·莫利恩（Francois Nicholas Mollien）曾写信强烈反对其导师的经济干预主义思想。他导师要拯救因大陆体系封锁而濒临破产的制造商，而莫利恩却认为一旦依此行事，只会让财政部越陷越深。[1]1848 年，法国的财政大臣路易斯·安东尼·加尼尔佩基（Louis Antoine Garnier – Pags）认为，加速危机的进展，缩短危机周期是有益的。他说："不要挽救，清掉股票，卖掉企业。"他声称这一政策促使了法国在 1850—1852 年危机后实现的经济辉煌发展。[2] 对穆瑞·罗斯巴德（Murray Rothbard）而言，"支持摇摆不定的局势，只会延迟清算，增加局势的复杂"。[3] 这方面，赫伯特·斯潘塞的表述最为尖锐："保护人类免尝愚蠢行为的苦果，其结果只会让全世界都变得愚蠢。"[4]

在达尔文时代，这种观点是可以理解的。

概念起源

最后贷款人并不是经济学家拍脑袋想出来的点子，而是市场实践发展的必然结果。阿希顿（Ashton）称，在 18 世纪，英格兰银行已开始充当最后贷款人，[5] 但这种说法与他的下述表述并不完全一致。他说："早在经济学家想出应对危机的办法之前，就已经认识到，解决金融危机的药方是由货币当局（英格兰银行或政府本身）发行某种银行家、商人及一般公众都愿意接受的票据。如此一来，恐慌便会得到缓解。"[6]

但当时到底是中央银行还是政府作为货币当局并不确定。其实这个问题时至今日仍无定论。因此，认为英格兰银行在 18 世纪就已成为最后贷款人的说法值得商榷。但实践先行于理论却是千真万确的。E. V. 摩根（E. V. Morgan）认为，政府在 1793 年、1799 年和 1811 年发行财政票据的行为延迟了英格兰银行对自身责任的认识。19 世纪后半叶，英格兰银行是在"理论家的一片反对声中"逐步转变为最后贷款人的。[7] 法兰西银行也经历了类似的演变过程。1833 年法国议会的多数人无视霍廷纳（Hottinguer）提出的采取英国模式的建议，也无视奥蒂尔（Odier）的采取一套全新政策的呼吁，执意要求法兰西银行以捍卫法郎为主要职责。他们认为，无须惧怕资本外流，不应人为压低货币来鼓励投机，加速危机。当危机出现时，法兰西银行应提供充足、便宜的票据贴现以支持商业交易、缓和危机、缩短危机周期。[8]

1873 年，巴杰特出版了《隆巴德大街》（*Lombard Street*）一书，在此之前，最后贷款人的角色一直不为理论家们所重视。18 世纪初，弗兰西斯·巴林（Francis Baring）曾呼吁重视该思想，[9] 但呼应者寥寥。亨利·桑顿在其经典之作《票据信用》（*Paper Credit*）中讨论英国国家银行时，分析了这个问题正反双方的论点。[10]1875 年，在议会的银行选择委员会前，巴杰特在众目睽睽之下大方地将这一思想起源归功于大卫·李嘉图。"大卫·李嘉图的正宗思想是：在恐慌时期会出现一个阶段，在这个阶段法定货币的发行不应受到限制。"[11]实际上，巴杰特自己在 1848 年 22 岁发表的第一篇文章中，就已对这个问题进行了阐述。他对 1847 年危机期间暂停实行《1844 年银行法》一事评论道：

纯金属货币流通的重大缺陷是，它的数量无法随时满足突如其来的需求……纸币出现后，无论需求产生如何突然，都可以无限制地供应。对我们来说，紧急发行纸币满足突然出现的大量需求不存在什么限制。发行纸币的权力极易被滥用……因此只能在极特殊情况下使用这一权力。[12]

如前所述，这一观点仍然不为一些人接受，也有许多著名思想家在尽力阐明问题的利弊。应该考虑当前的危机，还是未来的繁荣？是考虑爆发危机的条件，还是解决危机的办法？"有许多时候规则与先例不能随意打破，但在特定时期，也不能墨守成规。"[13]难点在于打破了常规，就会出现新的先例、新的常规。著名货币学派理论家欧文斯通勋爵坚决反对危机时增加货币供给。但他不得不承认，危机会"产生对那种权力的需求，这是一种所有政府都应当拥有的，在紧急情况下和国家需要时，进行特定干预的权力。"[14]在某一个场合，他甚至用了一个令人印象深刻的比喻来说明其观点："有一个古老的东方寓言，它说你可以用一枚大头针去堵一个泉眼，但它一旦溢出，最终会冲走整座城市。"[15]20 世纪的弗里德曼和施瓦茨是欧文斯通式的货币主义者，都坚持应控制货币供给，也曾采用相似的比喻调侃拥护最后贷款人的观点：

对历史上银行危机的详细描述表明，到底有多少是依赖于某个或几个负责任的、愿意领导的杰出人物的出现……经济的崩溃常常具有累积的特征。当它在时间的坐标上移过了某一点，就会从自己的发展过程中重新获得力量……因为不需要什么伟大的力量来挡住引起山崩的岩石，山崩本身的破坏性就很大。[16]

与博弈论中"囚徒困境"（prisoner's dilemma）一样，在最后贷款人问题上也存在两难选择。一方面，中央银行要发行大量货币，阻止恐慌蔓延；另一方面，市场机制要发挥自我预警作用，不断提高预警能力。此中，现实问题远比机制问题迫切，人们只能全力以赴解决今天的问题，根本来不及作明天的打算。

《1844 年银行法》的颁布，代表坚持稳定货币供给的货币学派战胜了要求货币随生产与贸易增加的银行学派。两大学派都着眼于长期目标，而不是短期目标，也都不把增加货币供给作为应对危机的权宜之计。在起草《银行法》时，曾有建议赋予中央银行行使紧急权力的条款，甚至可以暂缓相关法律的施行，但这一建议最终还是被否决了。1847 年和 1851 年两次危机证明了暂缓法律施行、以增发货币作为最后手段是必要的。为此，议会进行了调查，以了解在每一次危机中法律是否存在不足之处。调查结果表明，法律中不应增设缓行条款。1857 年的危机中，票据经纪人成了无限制借款人，为了不使之成为可援引的先例，议会明确告知经纪人下不为例。规则是必需的，但在不得已的情况下也可以打破。[17]这个原则已为大家广泛接受。因此 1866 年再次出现法律缓行之后，议会没有进行新的调查。

19 世纪 50 年代，杰利科（Jellico）和查普曼（Chapman）建议英格兰银行将其用于调整储备贴现率的数学公式写进法律。伍德批评他们对英格兰银行交易与交易规则的精髓一无所知。[18]1875 年 6 月，财政大臣罗伯特·洛夫（Robert Love）提议赋予英格兰银行临时增加票据与证券交换的数量（当然是在一定的紧急情况下，包括在危机时），提高利率到 12% 及调整汇率的权力。6 月 12 日，方案提交并进行了第一轮讨论。但再未进行第二次讨论，并于同年 7 月撤销。[19]苛刻的规则施行起来是很困难的。《经济学家》和沃尔特·巴杰特认为，应该由英格兰银行而不是商业银行自己持有储备，因为只有英格兰银行能帮助国家渡过危机。英格兰银行的前任行长汉克（Hankey）先生说："这是我国货币或银行界至今讨论的所有观点中最有害的。这无疑是说，英格兰银行的作用就是随时准备为那些无法动用自有资产的银行家们提供货币。"[20]但公众却站在巴杰特一边，实践也证明汉克理论的错误。如果繁荣时无法控制信用的扩张，危机时至少应采取措施防止信用的过度收缩。

谁来担当最后贷款人

在前文中，我们已叙述了英国在谁应该成为最后贷款人问题上的犹豫不决。到底应该由政府发行财政票据缓解危机，还是由英格兰银行根据需要缓行《1844 年银行法》规定的限额，允许金融机构以罚息贴现其票据，抑或采取其他手段，如对某些特定的公司实行债务担保等。也许最好的回答就是留下这个问题，连同是否应该拯救及能否及时拯救的问题也留下，不必着急立即将其弄清楚。因此，英国《银行法》中就没有关于最后贷款人的明确条款，也没有明确的规定要求由谁担当这一使命。1825 年危机时，这个角色并不是由英国财政部承担的，而是由英格兰银行勉强承担的。[21]1890年危机时，英格兰银行和财政部都未承担这一角色，而是使用了担保工具。但英格兰银行逐渐承担起了最后贷款人的责任。艾尔弗雷德·马歇尔写道："（英格兰银行）的董事会已被海内外视为英国商业安全委员会了。"[22]

19 世纪 30 年代，法兰西银行在法国创立，并开始承担解决危机的重任。但法兰西银行认为，除解决金融危机外，它还有其他责任，如保证银行券流通的垄断地位等。这一责任使得它在 1848 年放弃拯救地区银行，而将地区银行转变为法兰西银行的附属机构。因此各省对巴黎都十分畏惧，不断主张各地区银行也应具有发行银行券的特权。因为他们担心一旦出现危机，巴黎只会关心自己的需要，却忽视其他地区的状况。如拉·哈韦里（Le Havre）购买了一家银行后，错误地冻结了大量的工业贷款，如船坞信贷等，并在棉花价格下跌时冻结了对棉花进口商的贷款。1848 年哈韦里抵达巴黎游说法兰西银行，但结果却如他所言："收效甚微，法兰西银行毫无同情心。"[23]法兰西银行拒绝对其提供抵押贷款,并宣称:"法律禁止我们这么做,因为你不愿成为我们的一家附属机构。"[24]

即便在撤销地区银行的过程中,法兰西银行仍对这个问题犹豫不定。美国的查瓦莱尔(Chevalier)认为,法兰西银行在 1810 年、1818 年和 1826 年尚能自由兑现——最初两年是由雅克·拉菲特担任行长的,并尽力维护了商业的发展,但在 1831 年到 1832 年的危机中,却缺乏同样的勇气。[25]1830 年法国大革命后,这一任务交由地方政府完成。各地的地区银行虽诚实经营却并不审慎,极大地威胁了本地区的金融稳定。当地的清算官员基于"公众利益高于财政部利益"的考虑,在咨询巴黎后,只对有疑点的票据提供贴现,避免了银行倒闭及由此可能导致的动荡。[26]

在垄断了货币发行权,并将地区银行转变为法兰西银行的附属机构后,法兰西银行开始履行最后贷款人职能。法律规定它只能对三方背书的票据进行贴现,因此其主要任务变成鉴定可接受的背书人。全法国建立了 60 家贴现所(comptoirs d'escompte),各行业的贸易机构则组织了大量的子贴现(sous-comptoirs),囤积大量商品,并以此为抵押发行贴现票据。这样,在商人、子贴现所和贴现所签字的情况下,法兰西银行可以对它们的票据贴现,以此解决流动性危机。比切夫歇姆与古德史密(Bischoffsheim&Goldschmidt)会所的路易斯·拉菲尔·比切夫歇姆(Louis Raphael Bischoffsheim)曾嘲讽法兰西银行对三方签字的要求:"数量不是问题的关键,随随便便就可以弄成十方会签而不仅仅是三方会签。一份有效的背书胜过二十个无效的签字。"[27]危机过后,大量的贴现所被银行家、商人和工业家所收购,转成为一般银行,其中最著名的当数巴黎贴现所,后来成为法国主要银行之一。[28]

1868 年佩雷里的信用流动公司(Crédit Mobilier)未能获得救助。在这次危机中,法兰西银行拒绝对其票据进行贴现。这可以视为对外来人的报复,即曾在佩雷里手下工作过的罗斯柴尔德对佩雷里的报复。这也是对 1860 年意大利将该地区割让给法国后,佩雷里兄弟收购萨维伊(Savoy)银行却不将萨维伊银行的票据发行转让给法兰西银行的惩罚。[29]这还可以视为是法兰西银行拒绝作为最后贷款人拯救破产机构的实例。[30]卡梅伦（Cameron）指责法兰西银行为了罗斯柴尔德与佩雷里之间早在 19 世纪 30 年代的矛盾，而对佩雷里兄弟公司发起了袭击。[31]

1882 年，法兰西银行和巴黎的银行家们再次放弃拯救通用联盟，但随后却挽救了巴黎贴现所。法兰西银行的批评者认为两者的结局存在天壤之别，完全是由于贿赂行为。一种较为理性的观点认为，七年中有两家大银行倒闭可能会彻底摧毁法国的银行体系。基于此种考虑，财政部长鲁维埃（Rouvier）采取了必要措施，对法兰西银行和巴黎的银行施加压力，要求他们对贴现所发放 1.4 亿法郎的贷款。[32]而前章所述的通用联盟事件中，巴黎银行在 1881 年 8 月投机发展到顶峰时撤出，随后在 1 月的危机中，巴黎银行提供了 1810 万法郎的贷款，该款项并不是用于拯救银行，而是让其有序清盘。[33]由罗斯柴尔德和霍廷格牵头，包括贴现所和通用社会（但不包括邦托克斯在里昂的竞争对手——里昂信贷银行）组成的银团代表了当时的银行主流，实在无须区分法兰西银行与主要的私人银行和存款银行。

1763 年，在普鲁士，国王是最后贷款人。1848 年，包括普鲁士银行和普鲁士彩票局在内的普鲁士几大政府机构曾尝试帮助科隆的夏夫豪森银行，结果都以失败而告终，最终夏夫豪森银行被改组成一家股份制银行。在没有中央银行的情况下，1763 年、1799 年和1857 年三次危机时，（汉堡）市政府、商会和银行以及所有主要的机构都加入到了拯救问题银行的行列中。

谁是最后贷款人？它又是怎么知道自己是最后贷款人的？美国的经历有助于回答这些问题。在美国的第一国民银行和第二国民银行制度下，这些问题比较模糊。在每一次危机中，最后贷款人都是临时仓促决定的。在许多情况下，财政部或者通过接受海关的收据（1792 年），或者将政府基金作为特别存款存于问题银行（1801 年、1818 年和 1819 年），或者通过放宽商业银行向国民银行支付硬币的要求等手段来帮助银行。[34]由于 1833 年未能更新第二国民银行的执照，无论是 1845 年的法律通过前还是通过之后，财政部都更忙了。该法律禁止财政部将钱存在银行。但在危机时期，或在农作物收成变化引起银根收紧的时期,财政部往往不顾法律的规定,提前偿还利息及本金,或将钱存放于银行,并接受一般证券作为政府存款的抵押品,或者直接买卖黄金和白银。银行也习惯于在危急时刻向财长求助,以解决其季节性资金紧张问题。1872 年秋,时任美国财长的乔治·鲍特韦尔 (George S. Boutwell) 充当最后贷款人,采取的办法有违法的嫌疑,即重新发行已退出流通的美元。一年后,他的继任者威廉·A. 理查德森 (William A. Richardson) 再次使用了这一办法。[35]

财政部可以吸收存款资金,并用现有资金支付盈余部分,但在金属货币时代,它并不能创造货币。因此它还不是合格的最后贷款人,除非其在此之前已累积了大量的预算盈余。1907 年,财政部囊中羞涩,只能靠发行债券筹资,先后发行了总额为 5000 万美元的巴拿马运河债券 (可以作为国民银行钞票的抵押品) 及总额为 1 亿美元利率为 3% 的财政债券,希望能借此回笼市场上囤积的货币。最后,1 亿多美元的资金从英国流入美国,才解了围。[36]这种手段非常极端。对 1857 年危机的分析说明,联邦政府无法进行有效干预,应该任由公众包括银行在危机的浪潮中自行沉浮。[37]更糟糕的是,有时这种干预还很多,干预的时机也过早。

财政干预的复杂历史引出了一个问题,市场是否应该自我控制?如果是的话,如何进行控制?1910 年,国民银行体系阿尔德里奇 (Aldrich) 委员会的危机历史学家 O. M. W. 斯普拉格认为,银行应该自我监督是否有足够的储备满足各种要求。[38]但哪些银行应该持有储备并不很清楚,也不清楚在法律没有规定的情况下,为什么要由它们来承担责任。是因为它们位高权重?或者是它们所需承担的其他义务?这里引用斯普拉格的几段话来说明为什么纽约的银行不同于全国其他的银行,有义务稳定整个银行体系:

在 1873 年危机之前,50 家纽约银行中的大约 15 家持有纽约所有银行的银行存款,其中 7 家占有存款总额的 70% ~80%。这 7 家就直接承担着维护这个国家信用制度正常运转的责任 (纽约清算所 1873 年 11 月 11 日报告,第 15 页)。

必须记住,在缺少一个像其他国家一样重要的中央机构的情况下，相关银行是国家在金融危机时的最后依靠。国家的繁荣极大地依赖于它们的稳定与健康（第 95 页）。

我们银行体系的基本特点在 1890 年已经表明，任何非正常的现金需求都要求国民银行提供未动用的资产追加储备。现实再一次使城市机构彻底明白，吸收其他银行的储备同样要承担重要责任（第 147 页）。

纽约的银行通常并不持有与其资产地位相当的储备（第 153 页）……外部银行、信托公司及外国的贷款人可能会同时收缩贷款，从而出现一种情况……即使重要的清算银行也没有做到审慎经营，保持大量储备（第 230 页）。

从其他地方我们也能看到，持有国家最后储备的银行承担的责任与其地位并不一致。尽管 1907 年危机爆发的准确时刻不可预测，但反常的贸易变动已有数月，因此虽然一般公众和一般银行尚无此意识，但这些主要银行早就该采取一些预防性措施了（第 236~237 页）。外来银行不会觉得应对本地的市场发展承担责任。在母国需要资金或它们对当地市场的发展有所怀疑时，它们自然会撤走资金。因此当地银行在任何时候都应当承担，至少应当部分承担外来银行的贷款，并为外来银行提供取走资金的权力（第 239 页）。

富有影响力的信用机构要被迫从事一些对自身及公众都有利的事情，这绝对是我们这种中央体制货币市场的缺陷（第 255 页）。

……纽约的银行家有一个共同的观点，认为要求他们将外来银行在纽约货币市场放款的收益及紧急清盘的收益汇出是不合理的……但纽约的银行家应该记住，从特权地位获取的利益是有代价的。伦敦形成了统治地位，因为人们知道那里的放款都是立等可取的。相应地，只要纽约不能满足合法的现金要求，不管这要求是如何不合理，纽约都难以承担作为本国货币中心所应有的责任，更不用说未来承担国际责任了（第 273~274 页）。

显然，斯普拉格认为市场需要一个"稳定器"。他认为即使遇到季节性调节，银行也要求助于财政部。这是它们的不幸，有人应当担起这个责任。但斯普拉格认为这个人不应当是财政部。那应当是谁呢？也许是最大、盈利最多的银行。但如果因此影响了它们的盈利性,那就太糟了。它们应当意识到季节性的货币需求变化,意识到城市银行之外的提款情况及国际收支状况。但不需要所有银行都承担这一义务,只需要对那些城外存款收取利息,或最大的,或与股票交易所关系密切的,或纽约清算所主要成员的银行做到这一点。

但纽约的大银行家得出的结论迥然相异。他们认为由于货币供给缺少弹性,所以才会出现困难,并落入了银行学派所谓的流动性陷阱。这是一种真实票据学派的观点(real - bills doctrine),其根据国内外商品流动情况,认为贸易票据的收缩和扩张不会对货币供给产生影响,而可以通过在银行的贴现和在中央银行的再贴现完成。尤疑"金融界的规则就像物理定律一样确定无疑,尽人皆知。"[39]弗兰克·范登里普、莫伦·T. 亨里克、威廉·巴雷特·里奇利(William Barret Ridgely)、乔治·罗伯斯(George E. Roberts)、依萨克·塞里曼(Isaac N. Seligman)和雅各布·希夫等学者从 1907 年危机中得到的教训是,中央银行应该根据货币需求的增长来提供更多的货币。[40]

但供应货币的责任究竟应落在谁的肩上,还不确定。不过,只要这种不确定性不会使市场迷失方向,也是有好处的,因为它会向市场传递一个不确定的信息,使市场在这个问题上不得不更多地依靠自救。例如在英国,有一个不太清晰的认识,即不应该设立正式条款确定最后贷款人,不过一旦出现危机,还应该有最后贷款人。英国政府的政治家和英格兰银行的银行家都想当然地认为,最好既不把权力全部赋予英格兰银行,也不把权力全部赋予政府,而是保持一种模棱两可的状态。[41]原因在于,无论将权力正式授予英格兰银行还是政府,他们都会受到难以抗拒的公众压力。[42]

如果将责任赋予一个集体,结果就会无人负责。如果仅由单一机构负责,它可能抵制不住政府要求其采取措施的压力。最佳选择应该是由一些志趣相投、相互协调、能够也愿意承担责任的人,形成一种垄断地位,通过施加强大的压力来制止欺骗和"搭便车"的行为。举一个距离现在较近的例子。1975 年和 1976 年,在纽约的市政官员、工会、银行家、州和联邦政府之间利益出现了不一致,在到底谁担当纽约最后贷款人的问题上争执不下。此例足以说明高层对这一问题的认识有分歧，也足以让约克、布法罗、波士顿和费城人不要放松自我纠正的警惕性。当然，最终还是采取了拯救纽约的行动。

2008 年次贷危机爆发之初，美联储向 J. P. 摩根提供了信贷支持，以促成其收购贝尔斯登，导致 290 亿美元的有毒资产流向美联储。这种流动性支持虽然以信贷形式，但当出现大额损失时，也会转为对金融机构的注资。在对更多金融机构进行救助前，美联储主席伯南克一直敦促布什政府，要求其获得国会授权。

从波尼利（Bonelli）对意大利 1907 年危机的描述中也看到了这种混乱。意大利社会银行倒闭，拖累了一批小型金融、商业和工业企业。大银行组织起来成立了一个基金。意大利银行很早就卷入危机之中，而且还陷得很深，几乎无法自拔。财政部在意大利银行行长斯廷格尔（Stringher）的催促下，终于加入了拯救计划，提前偿还国债利息，以减缓流动性危机。波尼利认为这是意大利银行和政府不得不都参与的情形，是经济运行十多年无人负责的必然结果。[43]危机的部分原因还在于图林、杰诺、米兰和罗马之间缺乏足够的凝聚力，危机处理时出现了太多的不确定因素、互相推诿等问题。

有时候，这种不确定性是不可避免的。英国下议院委员会在 1846 年说："应注意到，要实现对经济形势的精确预见几乎是不可能的。"因此，"把政府的责任交与当时应当负责的人，由他们采取最适合的应急措施会更好"。[44]但这又回到了一个基本问题，即罗伯特·皮尔（Robert Peel）伯爵在 1844 年 6 月 4 日的银行提案上的陈述：

> 我坚信我们的法律已采取了所有可采取的审慎措施，防止金融危机的再度爆发，但危机却不会因我们的预防措施而销声匿迹。如果需要有人勇敢地承担责任，我确信一定能找到这个人。[45]

不过历史上有一个人在承担责任后遇上了麻烦，他就是时任纽约联邦储备银行的主席乔治·哈里森（George Harrison）。1929 年股市崩溃时，哈里森大开贴现之窗，甚至逾越了华盛顿的联邦储备委员会的授权，10 月从公开市场上购进了 1600 万美元的政府债券，11 月又买了 2100 万美元。由于本杰明·斯特朗（Benjamin Strong）（1928 年去世）先前在联邦储备体系的高压统治，华盛顿的联邦储备委员会对纽约联邦储备银行大为不满，因此当哈里森试图仿效本杰明的强力领导填补双方真空时，它毫不犹豫地进行了限制。在一个紧密联系的社会里，让是否有一个最后贷款人、应该是谁等问题模糊不清可能是最好的。但在 1929 年的大崩溃中，由于华盛顿和纽约的经验及对经济前景的看法存在差异，这种模糊不清的认识却导致难以推行有效的拯救行动。

1987 年 10 月 19 日危机后，美联储在新任主席格林斯潘的领导下，立即进行扩张性的公开市场操作，四处注入高能货币。为了应对 1997 年的亚洲金融危机、俄罗斯金融危机、1998 年夏长期资本管理公司的倒闭以及 1999 年的"千年虫"问题等，美联储向市场注入了大量的货币，这也导致了 2000 年和 2001 年美国股市的大衰退。

伯南克接任美联储主席后，并未对房价泡沫作出及时反应，泡沫破灭重创美国金融机构，使美国经济深陷危机。2008 年 9 月中旬，雷曼兄弟公司破产使美联储如梦方醒，开始向市场大量投放流动性，甚至不断降低再贴现标准，为各类抵押品及信贷资产提供贴现支持，同时向非银行金融机构开放再贴现业务。最后贷款人职责使其资产负债迅速扩张，资产规模一年间飙升三倍。

为谁提供，以何抵押

巴杰特提出的规则是，只要抵押品充足，只要公众向他们提出了贷款要求，就应该让其得到贷款。[46] 1875 年，在《隆巴德大街》一书出版两年后的一次咨询中，巴杰特反对将最后贷款权授予政府的监督官团体，认为他们会把贷款放给"不适当的人员"。他们会屈服于政治压力，而英格兰银行已退出了政治界，不会屈服于政治压力。[47]

巴杰特认为中央银行能够抵制政治影响的想法是幼稚的。关于抵押品的两难问题在于它充足与否取决于恐慌是否停止。只要恐慌继续扩大，价格就会进一步下跌，证券、票据、商品等抵押品的抵押价值也会快速下挫。在这种情况下，需要对借款人的清偿能力进行重新评估。据说，这正是 J. P. 摩根在放款时特别考虑的因素。

银行家的悖论是只把钱贷给不想借钱的人。通常，中央银行都有其规则，不能被轻易打破。[48]例如 1913 年的《联邦储备法案》规定，只能用黄金和可转让票据，而不许用政府债券作储备来发行美联储票据和扩大活期存款，这就带来了一系列问题。如果轻易地打破规则，也会有问题。财政大臣保函的微妙之处就在于，它在打破规则的同时又维护了规则，不会为后来者开创先例，至少在一定时期内如此。法国的法兰西银行和帝国银行偶尔对三方背书的票据提供贴现，但也可凭借票据不可靠或借款和品质问题为由拒绝提供贴现。最后贷款人获得的这种终身自由处置权，可能难以永远保持客观。我们已提到，不少文献都记载了一些中央银行董事的贿赂诉讼案。1882 年，法兰西银行的新教和犹太教董事公布了通用联盟的基督教支持者，而 1888 年却没有公布票据贴现所的内部人。[49]1772年的危机中，英格兰银行发布了新的管理规定，拒绝对可疑票据贴现，这被视为试图摧毁阿姆斯特丹大量参与投机交易的犹太人贴现所的一种举动。随后，英格兰银行决定拒收苏格兰银行的票据，最后还决定停止所有的相关贴现，这些可能是"故意打击一群荷兰投机商的措施之一"。[50]外部人尤其可能成为受害者。1930 年 12 月，美国银行在一片指责其过于激进的声音中倒闭，但真正让其倒闭的不是美联储而是银行辛迪加贷款。[51]

为每一个人提供优质票据贴现机会的规则在英国缓慢地演变着。"不变的做法"曾是伦敦对仅有两个月到期的票据的总称。但从 1793 年开始，这一称呼出现了新变化，曼彻斯特的贴现要求被拒绝了（同时被拒绝的还有奇切斯特（Chichester），因此导致了一家贴现所的倒闭），而利物浦银行却得到 40000 英镑的贷款。直至1816 年 7 月，英格兰银行才打破陈规，同意在公司没有足够的伦敦票据的情况下，接受"那些毫无疑问信誉良好的国家证券"。[52]

事实上，英格兰银行不仅对两个月期限的票据提供贴现，也开始对其他票据提供贴现。1816 年，它打破了自己不提供抵押贷款的规定，进行了"与正常业务毫无关联的交易"，以缓解斯塔福郡与互立克郡工业区穷人的困难。这一次英格兰银行还坚持沿用旧方式，只对体面人发行的票据提供贴现。但几年后，抵押贷款业务成了它的经常性业务，其理由是贴现的数量，特别是贴现收入已破坏了私人目的，而不是公共目的。[53]有一段时间，英格兰银行甚至向西印度大农场的抵押贷款证券发放贷款。结果，这些贷款最终需要实行保全措施。[54]在 19 世纪 50 年代，它还对英格兰一块未开垦的土地发放贷款，当时苏格兰和爱尔兰还不允许对土地放贷。这块土地未被抵押过，但附属于一位公爵，这说明抵押品与借款人的品性并非毫无联系。[55]

随着铁路业的大发展，英格兰银行也发放了铁路抵押贷款。1842 年，第二次铁路投资高潮出现，英格兰银行对出现财务困难的公司发放了应急贷款，对信誉良好的公司发放了开发贷款。[56]1852 年，法兰西银行开始对铁路提供辛迪加贷款。因此，英格兰银行受到指责，即便铁路投机狂热不是由它引起的，但至少也是由它推动的。[57]巴杰特认为，英格兰银行的错误在于没有向铁路债券放款却对永久债券和印度债券放款，因为铁路比印度国王对意外事件冲击的抵抗力更弱。[58]当然，印度债券是由殖民局担保的，实际上是英国的债务。

财政票据是以货物作为抵押的，就像汉堡的海军票据。克莱泛姆认为英格兰银行 1825 年发放的许多贷款实际上没有货物抵押，只由个人提供了担保。[59]英格兰银行可以自由放贷。[60]1847 年，在短短几个星期时间内，英格兰银行通过各种形式发放了 225 万英镑的贷款，发放贷款的手段既有正常的也有特别的，包括以铜矿公司的股票作为抵押，因此，它很自然地拥有了铜矿。[61]

所谓规则实际上就是没有规则。贷款是不会发放给破产贴现所的，但也有例外，那就是为了避免伦敦市场倒闭而出现的破坏效应(1793 年)，[62]或为了暂时支付新堡镇(这是一个经常爆发银行危机的小镇)的工资。[63]除了雅克·拉菲特外，在美国银行家塞缪尔·韦尔斯 1837 年申请前，法兰西银行向任何人贴现的金额都未超过 400

万法郎，对塞缪尔·韦尔斯的贷款是一个例外[64]（当然对雅克·拉菲特的贷款也是一个例外，但这事实上是一次政治贴现）。法国众议院无法放弃这么重要的一家银行，所以塞缪尔得到了1500万法郎的信贷额度。[65]在1830年的危机中，法兰西银行贴现债券的范围极广，包括皇家和市政债券、海关收据、伐木收据、巴黎市债、彩票局应付的运河债及其他债务等。[66]

有些决定是比较容易做的，如是否对财政票据贴现；有些决定是比较难做的，如是否接受问题银行的问题抵押品。历史记录了无数个因得不到帮助而倒闭的公司，其1英镑债务甚至只能得到20先令偿付。有许多银行在第一次危机时得到了帮助，但在下一次危机中又倒闭了。埃文斯在描述1857年商业危机一书第241页的附录中，记录了英国1849年到1858年破产的法庭记录。总的来说，这是一本令人心酸的读物，但其间也不乏警世故事。例如1848年，G. T. 布莱恩公司因英格兰银行拒绝调解而倒闭，1英镑债务只得到了20先令偿付，不过，最终清算的结果比预期多了一倍。在书中还可以看到英格兰银行因一家破产公司1英镑只能得到12.6先令偿付，其余则无法收回，而要求向该破产公司开出票据的另一家公司——克鲁克斯汉克·梅尔维尔（Cruikshank, Melville）公司不得不破产。[67]

历史的裁决并非都是有益的。较早前，我们曾提到1836年秋，英格兰银行先是拒绝帮助三家名称以W打头的银行（威金斯、威尔逊和威尔茨），又在1837年3月大发慈悲，向它们提供贷款。安德烈亚斯（Andréadès）认为英格兰银行的举动很大胆，不必为此后悔。[68]但克莱泛姆的观点却与此相反，认为英格兰银行在放款时优柔寡断，导致了威金斯银行和威尔逊银行5月的倒闭，威尔茨银行随后也破产了，结果出现了一个长达14年的债务故事。[69]不过马休斯认为，英格兰银行为避免它们停业，在不抱希望的情况下向三家银行提供帮助，是由于判断错误，但它们操作的原则是正确的。[70]

何时提供，提供多少

在谈论中央银行政策行为时，人们经常用到"太少、太迟"

等形容词。但究竟应该何时提供，提供多少呢?

巴杰特的规则是只要愿意承担罚息就可自由放款。当然，自由放款仅指对信誉良好的借款人，并具备优质抵押品而言，必要时也可以有例外。这一规则还意味着，中央银行在危机时期不应仅采用权宜之计。1772年初，英格兰银行曾试图选择性地限制贴现，制止过度交易，结果遭到了批评。[71]1797年，英格兰银行开始按比例贴现，福克斯韦尔(Foxwell)认为英格兰银行在1809年又进行了一次按比例贴现。[72]当中央银行认为承兑过多时，另一个解决方法就是提高抵押品的合格要求，把合格票据的期限从90~95天缩短到60~65天，或者要求增加签名的数量。1783年5月，英格兰银行对自己的客户贴现过多，违背了正常的做法，当年就拒绝对政府债券的认购放款。克莱泛姆评论道，很幸运当年夏天没有出现引起恐慌的公共或私人灾难，因为英格兰银行满足货币需求的能力已受到限制。[73]这应当是担心自己安全的私人银行的行为，不应当是考虑系统安全的公共银行的行为。

假设最后贷款人不是通过再贴现机制，而是采用公开市场操作，它应该增加多少货币供给?1929年10月的1.6亿美元，加上1929年11月的2.1亿美元是否足够?按纽约联邦储备银行的观点是不够。但根据美联储的规定，纽约银行每星期只能买入2500万美元的政府债券，而纽约联邦储备银行却违反了这一规定，仅在10月就买入了1.6亿美元。11月的前两个星期遵照规定，但在11月12日却向委员会建议取消一星期2500万美元的限制，并建议授权公开市场投资委员会购进2亿美元。几经协调后，委员会在11月27日才勉强同意。1929年11月27日至1930年1月1日，美联储共买入1.55亿美元。至此，市场贴现迅速减少，利率急剧下降，对最后贷款人的需求也宣告结束。[74]

弗里德曼和施瓦茨等货币主义者对最后贷款人的态度并不清晰。他们引用了巴杰特不要让恐慌饥渴的话，似乎是同意这一观点。[75]他们认为纽约联邦储备银行1929年10月买进1.6亿美元的举动是及时、有效的，尽管仍较温和地批评了哈里森的观点，即公开市场上的购买使股票交易所能继续开张。[76]但弗里德曼却反对所有贴现行为。[77]有一种超货币主义的观点认为，公开市场操作是造成20世纪20年代恢复信用膨胀的主因。[78]不过，大多数货币主义者认为只要货币供给维持不变，就不需要最后贷款人。而我相信，1929年10月中到11月底的公开市场操作是不足的。它使纽约的银行体系能接过外埠银行抛出的贷款，但却要减少对商品与购买的信贷，从而不仅拉低了股票价格，也拉低了商品、住房和土地的价格，引发了"大萧条"。[79]

格林斯潘领导下的美联储在1987年"黑色星期一"的危机中对时机的掌握是无可挑剔的，同样在1998年9月，其为帮助美国资本市场避免长期资本管理公司崩溃所做的努力也是恰当的。

时机的掌握是一个特殊的问题。当经济发展到顶峰时，必须减慢速度，同时又要不引发危机。当危机出现时，应适当等待破产的公司关闭，但又不能等得过长，让危机扩散，影响到需要流动性的健康企业——诚如克莱泛姆所言："延缓游泳健将的死亡。"[80]1857年12月4日，在一场关于保函辩论会的演讲中，狄斯勒里引用伦巴第大街一家最大贴现所老板的话说："如果他不得已私下得到一些消息，政府在极端压力下，将会进行干预，他当时就会放弃坚持的念头，正是政府的默许支持他继续经营下去。"[81]当然，内部人得到私下消息对外部人而言是否公平是另外一个新问题。这一段评论说明了时机掌握的重要性。但太早、太多是否比太少、太迟更糟糕，是难以确定的。

1857年美国财政部拯救市场的手段就出台得太早，结果造成了经济的进一步膨胀。而在应对1873年危机的反应又太迟了，在上半年竟然未采取任何措施。[82]斯普拉格所说的"清算所不幸延迟"是指当局在1907年危机后干预得太慢，让事情拖得太久。这种情况在美国内战之后再未发生。[83]

如果承认最后贷款人在投机性的繁荣之后存在的必要性，并相信限制性的措施不可能将增长控制在最佳速度内，而又会不引起崩溃，那么最后贷款人就在数量与时机上面临两难处境。这种困难在公开市场操作上比贴现窗上更严重。在贴现窗上，巴杰特提出最佳的处理办法是：通过健康的贴现所及良好的抵押品市场，按惩罚利息发放市场可以接受的数量。而在公开市场上，当局就要自己决定了。不过，巴杰特认为不让市场饥饿的观点无疑是正确的。在系统处于抢夺信用的状况下，多总比少要安全。过多的量之后总能消化掉。

时机的选择是一门艺术。这等于什么也没说，但也什么都说了。

巴杰特及对流动性不足银行的救助

巴杰特规则认为，中央银行应该为流动性不足的银行提供无限的信贷额度，但需要应用惩罚性利率，即比该银行放贷利率高得多的利率水平。巴杰特规则认为，如果中央银行不能提供无限的信贷支持，当放款人面临流动性不足时，就会出售其所持有的证券资产，这将导致证券资产价格的下跌，随着其持有证券资产市值的下跌，很多原本面临流动性不足的银行可能会走向破产。

巴杰特并不主张对破产机构提供信贷支持。如果银行面临破产，法院应变卖其所持有的不动产和证券资产，以获得现金偿付其债权人及储户。与流动性不足的银行变卖资产会导致资产价格下跌一样，这种变卖行为也会导致资产价格的下跌。购买其证券和其他资产的买家并不知道其交易对手是流动性不足的银行，还是破产银行。

巴杰特规则对此进行了严格区分，强调对流动性不足银行提供信贷支持，而不向破产银行提供信贷支持。但这其中有一些技术问题，因为判断一家银行是否将破产，主要应依据其所持有的证券资产的市场价值。在金融危机中，很多投资资金从私人部门证券转移至公共部门证券，因为公共部门不会破产，中央银行有义务购买政府债券。私人部门因此而不得不出售其所持有的国债等资产，因为其价格出现下跌，甚至剧烈下跌。与其未来的利息收入相比，这些证券资产的售价极低。最后贷款人的作用正是阻止该类资产价格的进一步下跌，即便如此，很多谨慎的金融机构仍然会出售其所持有的私人部门证券，因为其不敢百分之百地确信，私人部门证券不比公共部门证券的风险更高。因此，当经济增长放缓时，风险更高的证券资产通常比国债的下跌幅度更大。最后贷款人无法事先确知哪家银行为流动性不足的银行，1月1日出现流动性不足的银行可能在1个月后就因流动性耗尽而成为破产银行。因此，最后贷款人必须在谨慎地释放流动性与宽松政策之间作出选择。因为其无法确知银行未来是否会破产，因此其应谨慎地释放流动性。由于其提供流动性的措施和额度可能无法阻止证券资产价格的进一步下跌，所以其应奉行宽松政策。

巴杰特会如何评价量化宽松政策——第一轮、第二轮、第三轮、第四轮？

2008年12月，美联储开始购买美国财政部的证券资产，其初衷是避免私有部门发行证券资产价格的进一步下跌。从2008年到2014年10月量化宽松政策结束，美联储共释放了4500亿美元的流动性。通过该项措施，美联储大大减少了银行持有的政府部门证券资产的供给，这使美国商业银行只能选择将资金存在美联储的无息账户上，或者购买更多的私人部门证券。美联储为证券资产价格设置了下限，以稳定其银行体系。第一轮量化宽松后紧接着第二轮、第三轮、第四轮。结果导致美联储资产负债表中资产端急剧膨胀，相应地，主要是银行存款的负债端也急剧膨胀。

英格兰银行、欧洲中央银行、日本银行也纷纷步美联储后尘，推出其各自的量化宽松政策。

按照巴杰特规则，中央银行应该以惩罚性利率提供无限的信贷支持，以避免流动性不足危机演化为银行破产危机。如果他认为这些大规模资产购买计划降低了资产价格的进一步下跌，他肯定会同意该计划。但如果他认为通过大规模资产购买计划，提高了证券资产价格，增加了居民财富水平，进而提高了消费开支水平，他可能会对该计划持批评态度。

第十三章 | 国际最后贷款人

随着国际收支状况的变化以及由此带来的货币币值变化，通货紧缩的压力会从一个国家传递到其贸易伙伴国，这也正是国际最后贷款人提出最主要的论据。不管本国货币汇率的主动下调还是受市场影响的被动下挫，都会将通货紧缩传导给其贸易伙伴国。20世纪30年代，很多国家奉行"以邻为壑"的政策，通过主动下调汇率水平，或为其货币设定新的、更低的比价水平，推动国内制造业就业及产业发展。1931年5月，奥地利先令汇率下调，通货紧缩压力很快便传到德国，后来又传至英国。1931年9月，英镑不再与黄金保持平价关系后，通货紧缩压力很快便传至美国、法国、意大利及其他货币仍与黄金保持固定比价关系的国家。1933年3月，美元与黄金间的联系也大大削弱，通货紧缩压力传导至法国及其他仍维持金本位货币制度的国家。

1992年，芬兰马克的贬值就曾传到瑞典，后者是芬兰在制造业、木材销售及其他产业的主要竞争对手。1997年下半年，泰铢、马来西亚林吉特及韩圆等东亚国家货币出现了严重贬值，给美元带来了巨大冲击；相对于进口量，这些国家的出口量剧增，导致美国贸易赤字上升。但从这些流出的资金不断涌入美国市场，导致美国股市不断上涨。股市上涨带来的财富效应大于贸易赤字带来的负面影响，因此，美国居民开支在不断上升。20世纪90年代，日本对外贸易顺差不断增加，使其贸易伙伴国（如美国）的货币面临巨大的贬值压力。2002年以后，中国的贸易盈余也使其贸易伙伴，尤其是美国的贸易赤字不断上升，但并没有对美国就业市场带来明显的负面影响，因为美国房地产市场的繁荣增加了相关行业就业人数。

核心问题是，如果其中某些国家面临暂时国际收支失衡时，可以通过借贷获得外汇弥补逆差，它们是否会限制其本币贬值或维持

其固定兑换比率。在 1997 年东南亚金融危机中，如果危机国能够
更方便地借入外汇，其货币贬值就不会那么严重。同样，在 1994
年底至 1995 年初的墨西哥比索危机中，如果当时的墨西哥政府能
够有更加便利的美元借贷渠道，其货币贬值也不会如此严重。

国际最后贷款人的一个显著问题就是没有国内交易对手。各国
都发行其本国货币，有独立的中央银行，货币汇率的调整不可避
免。有时候，货币汇率的调整是必需的，当一国寻求通过国际贸易
获得更大发展时，必然会伴随着低通货膨胀率。外国货币贬值总要
好过本国货币币值高估而带来的失业率上升。有时候，货币汇率的
变化是由结构性冲击（structural shock）引起的，如科技进步致使其
出口锐减、初级产品价格变动、工业化程度较低国家的劳动生产率
提高等。有时候，汇率的调整并不是必需的，但却实实在在地发生
了，因为这是一种成本相对较低的政策工具，并能实现促进国内就
业，实现经济发展的目的。

国际最后贷款人的管理者必须决定何时向危机国提供信贷支
持，以帮助他们应对暂时性的国际收支赤字；何时拒绝其信贷支持
请求，因为其需要对国际收支不均衡作出调整，通过某种形式控制
或允许其货币汇率贬值。有时候，汇率变化是为应对冲击而不得不
作出的调整，这种调整的代价是高昂的。一国货币"被高估"通常
意味着货币汇率高于长期均衡的汇率水平，这会导致进口较出口增
长更快，对该国对外贸易账户产生负面冲击。与之相反，一国货币
"被低估"意味着该国货币汇率水平低于其长期均衡的汇率水平，
这可能会为其带来物价和国内利率上涨压力。此外，一国汇率水平
的快速贬值导致利率上升、信贷供应量下降，经常会造成该国大量
企业和银行倒闭。

大量历史事件显示，货币高估通常都会导致货币快速贬值。
1994 年前 11 个月，根据墨西哥及其贸易伙伴国的通货膨胀率差异
调整后，墨西哥比索汇率存在严重高估；当时，墨西哥贸易账户赤
字与 GDP 的比率已经高到难以为继的地步，很难继续维持三四年
的时间。1994 年的最后几个月，墨西哥国内政府更迭期间，大量
原本追捧墨西哥国内证券资产的海外投资者的跨境资金流向出现反

转，墨西哥国内投资者也转而开始青睐美元证券资产，墨西哥比索价格快速下跌。随着墨西哥比索的贬值，墨西哥国内企业获得更大的竞争比较优势，墨西哥经济需要作出调整，但墨西哥比索资产利率的提高及国内出现的银行倒闭事件使这种调整格外复杂。为控制货币高估或货币低估而出现的机构创新和政策工具创新原本能够促进全社会经济福利水平的提高。国际最后贷款人显然应该在墨西哥比索大幅贬值时予以介入，但是否应该在墨西哥比索汇率高估时进行介入并不明确。

国内最后贷款人的首要任务是避免流动性不足演变为挤兑，避免银行出现流动性不足时，很多银行及放款人争相变卖证券资产获得现金，而出现全面流动性短缺。证券资产价格将不断下跌，很多流动性不足的企业将面临破产。国内最后贷款人相当于站在跷跷板上找平衡，一端是拯救由于风险投资、经营不善而濒临破产的金融机构；一端是拯救这些金融机构的竞争者，避免它们因为挤兑出现的资产价格下跌而破产。

国际最后贷款人的首要任务是在货币汇率出现突然变化时，提供必要的流动性，避免出现偏离经济基本面较大的价格波动。国际最后贷款人面临的风险是，某个国家可能不断增加信贷投放，延迟其货币贬值的时间，或推迟对国际收支账户失衡的调整。

国际信贷（international credits）至少已经有四百年的历史，借款人包括一国政府（它们可能通过国际信贷筹措资金），也包括私人银行家（他们可能通过国际信贷获得资金以应对大额资金需求）。20世纪20年代，随着第一次世界大战的结束，黄金生产受到了很大影响，各国政府以及私人的黄金需求显著增长，全球第一次出现流动性短缺危机的征兆，或更确切地说，是出现了货币黄金危机的征兆。随着奥匈帝国的覆灭，主要国家的金融当局都担忧新成立的捷克斯洛伐克中央银行、南斯拉夫中央银行等带来更多的货币黄金需求。当时的国际联盟召开了一系列应对国际流动性短缺的峰会，确定各国中央银行将大部分储备资产转变为英镑、美元或其他国家货币标价的债券，而不再单一地持有黄金储备。

20世纪40年代成立的国际货币基金组织对各国政府扩张信贷

应对国际收支失衡及汇率危机作出了一系列协议安排。国际货币基金组织设立的直接原因就是 20 世纪二三十年代各国为应对全球流动性不足而推行的极具破坏力的竞争性政策，导致很多货币急剧贬值，国际贸易规模大大缩水。各国均提高其关税税率，并通过竞争性贬值（所谓"以邻为壑"的政策）促进出口、限制进口，推动国内就业率的提高。国际货币基金组织设立的初衷在于避免各国采取"以邻为壑"的政策行为而导致共损。这一政策组合在满足一国利益的同时，会伤害其他所有国家的利益。

当一国加入了国际货币基金组织后，其只能依照本币的市场价格，在一定范围内调整汇率，在汇率调整达到 10% 前必须征得国际货币基金组织的允许，这就大大减少了各国仅从本国利益出发的随意性行为。各国通过上缴股本成为国际货币基金组织的股东，国际货币基金组织将这些上缴的黄金和外汇作为自己的储备。各成员国在面临支付危机时，可申请向国际货币基金组织借款。

一国货币贬值会提升一国商品的国际竞争力，减少本国对外贸易逆差。但这一过程可能是长期的，因为企业提高其生产能力，制造出更多具备出口优势的产品需要一段调整时间。因此，在短期内，一国货币会因供求结构的变化和贸易逆差的增加而快速贬值，直到达到新的均衡水平。

当货币缺少固定汇率锚时，跨境资本流动必然导致一国货币汇率出现被低估或被高估。当外汇交易商认为"趋势是朋友"而利用这一现象获利时，货币偏离其长期均衡水平的情况就会更加严重。近年来，投机性外汇交易更是屡见不鲜，不同货币间汇率水平的差异难以用通货膨胀率差异来解释。新生代经济学家们用"不稳定的投机行为"来描述这一货币交易行为。

有时候，经济环境会促使货币币值调整；有时候，经济环境并不配合货币币值的调整。由于墨西哥贸易赤字与 GDP 及外债总额难以匹配，1994 年，墨西哥比索快速贬值。墨西哥政府希望通过比索的贬值，使墨西哥经常账户逆差占 GDP 的比重降至 3% ~ 4%。这一必要的、无法避免的比索贬值对墨西哥国内储蓄、政府财政赤字以及 GDP 都产生了深远的影响。当这一冲击出现时，大量资本逃离墨西哥，比索贬值约50%，墨西哥经常项目逆差与GDP的比率一度超过10%，对墨西哥经济造成了沉重的打击。

1997年12月，韩圆汇率贬值接近50%。在亚洲金融危机爆发前，该国经常账户赤字额与GDP比率仅为1%，而在危机爆发后，该国经常账户盈余额与GDP的比率变为3%。该比率4%的变化对该国经济造成严重冲击。印度尼西亚盾等亚洲货币此前也被严重高估，随着危机爆发，又被明显低估。

本币的高估与低估只是国际资本流向及规模变化导致的短期现象，但它们可能对一国经济造成严重冲击，其中部分效应可能是永久性的。分析人士指出，一种货币达到新的平衡之前之所以能够带来如此巨大的影响，一个重要原因就是人们常常忽视本币高估或低估的影响。

当货币价值偏离其长期均衡价值时，国际最后贷款人会出面干预，促使其回归长期均衡水平。历史表明，如果没有国际最后贷款人，就像1873年、1890年和1931年危机时的情形，危机之后的萧条将持续更长、更久。

但引出国际最后贷款人的一个关键问题是确定其法律框架，并制定相应规则（尤其是配置信贷的规则和程序），规范其行为。在并不存在单一世界货币的情况下，国际最后贷款人在只有国际储备和支付账户盈余的情况下，如何满足危机国的需要，向其发放巨额的某种货币贷款。国际最后贷款人提供贷款多是国际储备充足国的货币，或者国际收支盈余国的货币，或者主要经济金融中心所在国的货币。

20世纪30年代，世界仿佛进入了债务——通货紧缩怪圈，四处弥漫着企业破产、银行倒闭、物价下跌的悲凉气氛。当一家企业破产时，它会清理其库存，这将拉低物价水平，并导致同行业企业市场价值的下跌。企业破产导致银行出现大量坏账，银行开始惜贷，由于它们担心借款人未来的资信状况，在贷款到期时拒绝继续发放贷款。即使名义利率很低，商品价格的下跌使得实际利率水平却很高，这大大抑制了投资热情。

20世纪90年代末，日本也陷入了债务——通货紧缩怪圈，其年通货膨胀率为–1%，大量企业破产。亚洲金融危机和香港回归，也使香港进入了为期六年的债务——通货紧缩怪圈，当时亚洲其他国家的货币都出现了大幅贬值，大大削弱了香港企业的出口竞争力。

国际最后贷款人与国内最后贷款人有显著区别，主要在以下两方面：第一，国际最后贷款人所处理的危机一般与汇率变化有关；第二，国际最后贷款人的处理方式更加灵活。国际最后贷款人也存在双重政策目的，一是帮助成员国解决其流动性危机问题，防止汇率变化导致经济基本面恶化；二是促使货币汇率回复长期均衡水平。1999—2000年，阿根廷只能靠国际借贷延缓汇率回归到均衡水平的过程，避免对实体经济造成损害（阿根廷本币贬值后，阿根廷不断疏远其放款人，只愿偿还贷款的四分之一）。即使一国货币汇率必须调整，国际最后贷款人也会尽量减小货币被错误估计的范围，以使其尽快回归长期均衡价格。最终，不得不作出是否对本币进行调整的决定，一国的财政账户赤字状况也会随经济景气周期和大宗商品价格进行调整，可能会出现奇迹，也可能会有幸运出现。

将国内最后贷款人与国际最后贷款人进行类比会很困难。因为当本国货币汇率发生变化而引致危机时，很难找到能与国际最后贷款人类比的国内最后贷款人。通常，国内最后贷款人不会为没有清偿力的机构提供贷款，除非这家机构面临的困难是暂时的，且得到存款保险机构或其他政府组织的担保。很多国际性金融危机都伴随着本币币值的变化，以及某种货币被严重高估等。问题在于确定何时政府应该调整其本币价值，因为在布雷顿森林体系下国际货币基金组织仍然秉持长期均衡汇率水平这一标杆。当一国有能力对其汇率水平进行调整时，国际最后贷款人需要决定何时提供资金给该国，以应对其货币汇率的变化。

20世纪70年代初以来，已经出现超过40起金融危机事件，其中很多都造成产出水平的严重衰退。很多金融危机都伴随着本币严重贬值的货币危机，这将造成以外币计价的一国外债水平的迅速上升。作用发挥得好的国际最后贷款人能够熨平汇率市场波动，降低其对国内证券及房地产市场的影响。

让我们看一下 20 世纪 80 年代初以来发生的几次主要的货币危机事件:

- 1982 年墨西哥、巴西、阿根廷和其他发展中国家发生的金融危机
- 1992 年英镑、意大利里拉及其他欧洲国家的货币危机
- 1994 年和 1995 年墨西哥比索危机
- 1997 年泰铢、马来西亚林吉特及其他亚洲国家的货币危机
- 1998 年俄罗斯卢布危机
- 1999 年巴西雷亚尔危机
- 2001 年阿根廷比索危机
- 2008 年冰岛克朗危机

美国的金融援助方案缓解了 1995 年的墨西哥比索危机。国际货币基金组织也在泰国、韩国、印度尼西亚及菲律宾危机的解决中贡献了力量,作为国际最后贷款人,国际货币基金组织在这些国家本币贬值时为它们提供了大量国际信贷。1998 年春,俄罗斯也接受了国际货币基金组织提供的大量援助,虽然当时卢布危机似乎是无可挽回的。同样,2000 年秋,阿根廷也接受了国际货币基金组织的大量援助,但从当时的情况看,要扭转阿根廷比索兑美元的跌势只能祈祷奇迹发生了(在以上两次危机中,美国及其他成员国都通过国际货币基金组织向危机国提供信贷援助,而未亲身参与)。

从历史角度看国际金融危机

研究者区别了货币的内部流失与外部流失。外部流失可以通过提高利率进行抑制,英格兰银行甚至可以将利率提高 1% 而把“月球上的钱都吸引过来”。但这一措施的推行往往会有时滞,即利率提高与资金流向国内之间会有时间差。如果投资者将提高贴现率看做该国经济虚弱的表现,他们不仅不会买进,甚至会抛售当地货币,此时就需要继续提高利率水平,才能解决货币外部流失的问题。有时,仅仅依靠提高利率并不足以改变经济失衡,可能政策滞后期很长,而政策本身又必须具备一定的时效性。这时可能需要采

用其他一些办法，如通过其他非市场渠道获得信贷支持，以避免货币快速贬值。中央银行可以向其他中央银行借款，或者当地企业卖出境外资产，并将收益汇回。

　　哪种政策是合适的公共政策，能够降低国际金融危机爆发的可能性，并在其爆发时将危害降至最低？在1846—1848年的金融危机中，所有欧洲债券的价格都出现了大幅下跌，一些债券跌幅甚至达到75%。罗斯柴尔德银行在巴黎、维也纳和法兰克福的分支机构都面临破产的威胁，最终，幸亏伦敦的纳桑·罗斯柴尔德获得了其纽约代表贝尔蒙特的私人援助。贝尔蒙特将白银从美国运往伦敦，分给罗斯柴尔德兄弟的公司。中央银行通过维持低利率提供了某种程度上的帮助。在纽约公司的协助下，纳桑作为最后贷款人化解了这次危机。[1]20世纪30年代，纽约的保罗·菲利克斯以同样方式为他们在汉堡的兄弟麦克斯·沃波提供了超过900万美元的私人帮助。[2]

　　最后贷款与借款问题主要集中于中央银行提供现金的能力上。据我所知，第一次中央银行借款发生在"九年战争"期间，1694年，英格兰银行在与荷兰的通洲公司签订了200万吉尼贷款的合约，用于帮助英国财政部汇款到欧洲大陆，支持军队及盟军。但这还称不上真正意义上的最后贷款。[3]

　　此后的几年（1695—1697年），阿姆斯特丹继续帮助英格兰银行购进它在欧洲大陆被拒绝的汇票。为此，荷兰要求10%的利率——巴杰特称之为罚息。但这毕竟还是生意，不是提供公共产品，所以也算不上提供最后贷款。[4]

　　1763年危机时，英格兰银行和伦敦的私人银行家发放的信贷数量超过了繁荣时期，以帮助处境困难的荷兰商业银行。它们在8月运送了5次黄金，9月运送了2次黄金。另外，英格兰银行和其他银行还推迟了票据兑付。威尔逊（Wilson）认为，这些举动并不是纯粹的利他主义。相反，英国人认识到其经济繁荣依赖于荷兰经济，荷兰危机的加重会切断英国的资金来源，因此这是一项务实的政策。[5]

　　1772年危机于1773年1月达到了顶峰，英荷之间的贸易陷入瘫痪。阿姆斯特丹市场一片愁云惨淡。威尔逊说,只有英格兰银行才能挽救这座城市。1 月 10 日,星期天,英格兰银行决定继续营业,允许银行用票据和政府债券兑付硬币。大量金块被装上小艇,据说一位荷兰银行家一次就兑换了 50 万英镑的硬币。同时,英格兰银行拒绝兑付可疑票据,这使许多阿姆斯特丹的犹太人贴现所停业。[6] 同在这次危机中,俄国的加德琳女皇则向她最好的客户——英国商人提供帮助。这是多次危机中,沙皇首次向西欧伸出援助之手。[7]

1828 年危机时,甚至传说法兰西银行准备加重英格兰银行的困难。克莱泛姆坚持认为这是一个谣传。他认为法国是国际金融合作的早期参与者,曾将黄金运往伦敦换取白银,[8] 因为伦敦的黄金价格(15.2:1)高于法国(14.625:1),这样的交换对其有利。[9] 不过,1825 年 12 月 19 日星期一,法国通过罗斯柴尔德贴现所运达 40 万英镑(多数为金币),对英格兰银行的帮助非常及时,因为在经过了星期六的挤兑高峰后,英格兰银行的金库已所剩无几。

1836—1839 年爆发了长时间的危机,英格兰银行数次从法兰西银行和汉堡市得到资金援助。第一次它从法兰西银行提取了 40 万英镑。1838 年它安排了信贷额度,1839 年它通过巴林兄弟公司和其他 10 家巴黎银行作为中介,在此额度内提取了 200 万英镑;在汉堡的另一个类似的信贷额度中,也取到了 90 多万英镑的黄金,当然这个安排也帮助了汉堡,因为汉堡需要白银。[10]1838 年,英格兰银行,而不是一般的黄金交易商,向美国运了共 70 万枚金币。克莱泛姆认为英格兰银行的行为是没有先例的,他鼓励美国银行家在1838—1839 年增发债券,这是有害的。不过他也承认英格兰银行已聪明地意识到,英国与美国之间的利益是紧密的。[11]

根据法国资料记载,法兰西银行曾在 1846 年下半年向英国资本家借了 2500 万法郎。[12]英国资料却记载,这一笔钱是 1847 年向英格兰银行借的。[13]当时,沙皇俄国提出按 3% 的利息购买 5000 万法国法郎,帮助法国(和英国)大量进口急需的小麦。由于法国将这笔钱的一半用于偿还英国的贷款,英国也因此而受益。[14]时任英格兰银行行长的帕尔默(Palmer)在议会选择委员会作证时说,与美国、汉堡、阿姆斯特丹和巴黎的主要银行达成谅解比运送黄金更有利。[15]

但中央银行间的合作得到的并非全是赞誉。瓦伊纳（Viner）说，英格兰银行1836年向法国寻求帮助，无疑是很不情愿的，在两国关系并不特别友好时，这种做法被英国视为耻辱。特别是"据报道，第尔斯（M. Thiers）的追随者们一面吹嘘法国人的大方，一面又建议以后绝不能再这么大度"。[16]托马斯·托克（Thomas Tooke）认为，贷款是"败坏名声的利益"，"近乎国耻"。[17]而在海峡的另一边也不仅仅有自豪。有人批评法兰西银行不负责任，竟然在对方国内求助无门的情况下牟取利润，而不是提供帮助。[18]

19世纪50年代，共同应对危机的国际间合作行为减少了。克莱泛姆说英格兰银行在1857年11月就曾考虑与法兰西银行共同行动，但他却对行动内容只字未提，行动也毫无结果。[19]也许最有意思的行动是12月援助汉堡的西尔伯兹恩（Silberzng）。大家也许记得，汉堡是那场席卷纽约（和俄亥俄）、利物浦，再到欧洲大陆，特别是斯堪的纳维亚的大危机的最后一站。12月4日，汉堡议会决定成立一个总额为1500万马克的基金，包括500万汉堡债券和1000万马克银币，资金来源主要通过海外筹集。接下来的任务就是借款。从伦敦的罗斯柴尔德、巴林和亨姆布罗斯，到巴黎的傅尔德，甚至到阿姆斯特丹、哥本哈根、布鲁塞尔、柏林、德累斯顿和汉诺威等金融机构都收到了借款申请，但却都被拒绝。傅尔德的答复是："你的信息不够清楚。"柏林回答："在金融领域，布鲁克和凯撒都不够强大。"12月8日，正当除海恩之外每家汉堡的贴现所都濒临破产，船长们担心得不到贷款不愿载货时，维也纳传来了消息，它们愿意负责所有的贷款，不久一辆辆载着白银的火车便抵达了。[20]

在早期的记录中，白银从火车上搬下，用白银向主要银行放款，包括梅克（Merck）、高德福里（Godeffory）、贝伦伯格（Berenburg）和高斯勒（Gossler）等公司，再加上五家较小的银行。12月12日，市场得知白银充足，恐慌自然停止。有些公司，如多勒（Donner）初始得到了70万马克的信贷额度，结果由于市场信心恢复，其对这笔钱分文未动。鲍姆（Bohme）详细描述了这次危机，他说许多年后，无论是汉堡人还是非汉堡人，一谈起有关交易，当时的景象还历历在目，一读到有关文章，还会感觉毛骨悚然。[21]英国的外交报告披露了援助行动中的政治考虑。汉堡的英国领事提到，由奥地利援助而不是普鲁士对英国来说是幸运的，因为这样一来汉堡就不会因受压力而加入普鲁士的关税同盟。[22]12月29日从柏林送来了一份报告，附有曼特菲尔（Manteuffel）伯爵对汉堡声明的译本，他解释了柏林无法提供援助的原因。原来实力不足的说辞换成了各种拙劣的解释，这更说明了一点，柏林失去了一个千载难逢的机会。[23]

汉堡恐慌的平息也大大减轻了斯堪的纳维亚半岛的压力。一项明确的国际官方援助，应该是英格兰银行在12月18日对挪威政府本票所发放的一笔贷款。它用于支持英格兰银行持有的挪威贴现所的过期票据。[24]

1861年11月，美国内战爆发，恐慌从巴黎和纽约吸引走了大量金币。法国不愿提高贴现率，市场上的金银比价变大，为此法国用价值200万英镑的白银向英格兰银行兑换了价值200万英镑的黄金，但这不足以扭转严峻的形势。所以法国在1861年以高于输入点的价格从伦敦购进黄金。由于还需要更多的黄金，法兰西银行通过罗斯柴尔德公司和巴林公司在伦敦发行了总额为200万英镑的票据。[25]

1873年的危机中并没有出现国际性行动，却发生了两件很有趣的事，足以说明中央银行交易时的政治敏感性。在1872—1873年的书信中，英格兰银行提到并否认了一个"荒谬的谣言"，即它曾考虑向法兰西银行申请贷款。11月的第二周，普鲁士银行（1875年成立的帝国银行的前身）行长给英格兰银行写信，表示无论是现在还是将来任何时候都愿意提供黄金贷款（克莱泛姆早前评论说，德国当时有点被胜利冲昏头脑，柏林有点像伊索寓言中自我膨胀的青蛙）。英格兰银行很有礼貌、也很明确地拒绝了："英格兰银行现在不需要，也从未需要过此类帮助，以后应该也不会需要，感谢您热情的安排。"克莱泛姆补充说，这种暴发户式的建议对英格兰银行行长来说，不啻为一种侮辱。[26]

1890 年，由于意识到巴林财务状况披露后可能会引发危机，威廉·利德代尔从两方面着手防备。除国内担保外，他安排俄罗斯政府放弃从巴林提取 240 万英镑的存款，并安排法兰西银行和俄罗斯国家银行分别提供 300 万英镑和 150 万英镑的黄金贷款。利德代尔告诉法兰西银行行长，英格兰银行利率的正常变动可以及时吸引黄金，但在突如其来的风暴下，采用非常规措施并不是什么败坏名声的事情。毋庸置疑，利德代尔和伦敦城并不甘愿向法国和俄罗斯寻求帮助，克莱泛姆提出："如果出于某种政治、金融上的理由，他们不同意借钱怎么办？"[27]

第一次世界大战前，国际间援助的这种敏感特点在 1906—1907年的一次危机中表现得最为明显。当时曾出现不少争论，争论的焦点不在法兰西银行是否帮助英格兰银行，因为当然它确实进行了援助，而在于英格兰银行是否提出过援助要求，及如果没有提出此类要求，法兰西银行的举动是否主要出于自身的某种目的。萨伊（Sayer）在描述 1890—1914 年的英格兰银行时，用"大陆对英格兰银行的所谓援助"作为章节名，并认为英格兰银行没有提出要求，说明这个问题是很重要的。在该章节中，他还引用了 1906 年 9 月《经济学家》的文章：

有人说法兰西银行为对付美洲的黄金需求而帮助英格兰银行……但绝不应该因此认为英格兰银行真的是为了让美国投机商能轻易得到黄金，而使自己受辱。

1907 年秋，法兰西银行又向伦敦运送了价值 8000 万法郎的美国金币。法兰西银行 1907 年的报告中提到，两次事件都是其决策的结果。法国杂志还引述了其中的原因：让英格兰银行摆脱提高贴现率的压力，这意味着英格兰银行提出过援助要求。英国的资料却强调英国方面从未有过此类声明，就像 1890 年的情况一样，是法国希望降低英格兰银行的贴现率的结果。《时代》杂志的财经编辑后来写道：

（英格兰银行）显示的决心终于迫使法兰西银行不得不承担部分国际责任，向伦敦运送了价值 300 万法郎的黄金，而不是向美洲，因为它知道伦敦是可以收回黄金的地方。一般人认为这是英格兰银行提出的要求,实际上这是误解。[28]

另一种观点认为,1906 年、1907 年、1909 年和 1910 年在伦敦市场上进行的英镑票据与黄金的交易中,实际上已经出现了法兰西银行的公开市场操作。但巴黎的公开市场操作直到 1938 年才开始。[29]

伦敦与巴黎:国际金融中心

学习经济史的盎格鲁—萨克逊学生通常认为,从 19 世纪初至 1914 年,伦敦一直是世界金融中心,而巴黎、柏林、法兰克福、纽约和米兰等只是区域性金融中心。

德国的一位观察家指出:"英国对资本输出的垄断地位一直延续到 1850 年,然后法国进来了,将资本出口服务于国家政策,并为更大的商业利益及新开拓的市场服务。"[30]考虑到 19 世纪 50 年代的情形,这种观点能够得到一定的支持,巴黎的确在世界货币体系中发挥着举足轻重的作用。范·弗莱克(Van Vleck)在描写 1857 年的危机时,写道:"正如法国是 19 世纪上半叶欧洲的政治神经中枢一样,它也是 1850—1857 年经济周期波动的辐射中心。"[31]

经济周期的中心未必就是金融体系的轴心。更准确的说法应该是,1820—1840 年,巴黎帮助伦敦完成了在波罗的海地区、俄罗斯、中国、拉丁美洲和美国等地区的世界性支付清算体系建设后,于 1850 年至 1870 年成为"欧洲的第一外汇中心"。[32]如果这种观点正确的话,普法战争似乎改变了这种状况。巴杰特说:

可以说自普法战争以来,我们持有了整个欧洲的储备……所有的大团体常常并不需要支付大笔现金,为此要有地方储存现金。从前欧洲有两个地方,一个是法兰西银行,另一个是英格兰银行。但自从法兰西银行停止兑付黄金后,它贮存黄金的作用就终止了。没有人能保证法兰西银行开出的支票一定能兑付成黄金或白银。因此,国际支付的整个责任就落到了英格兰银行身上……所有交易越来越集中于伦敦。从前,巴黎不管怎样都是欧洲的结算所,现在却不是了……因此，伦敦已成为欧洲唯一的大结算所，而不再是以前的两个之一。伦敦有可能保持这种优势，因为这是一种自然的优势……巴黎的优势部分是由于政治力量的分配，但已经被打破，而伦敦的优势是建立在正常的商业过程之上，是非常稳定、难以改变的。[33]

1910 年，这一观点在大西洋彼岸的美国也得到了响应。当时，斯普拉格解释英格兰银行在 1907 年提高利率并不是为抑制黄金流往美国，而是为了保证支付到期的其他国家对美国的债务。由于伦敦是世界的货币市场中心，它不得不提高利率，以免为流向美国的所有支付融资。[34]

但也有不同的观点。在讨论意大利与 1907 年危机的关系时，波尼利断然认为巴黎是控制世界流动性的真正中心。[35]一位研究第一次世界大战前国际金融态势的学生认为："如果短期利率相对最低是实力的表现，本研究认为巴黎在 1914 年之前应是世界最强的金融中心。这种结论似乎与认为伦敦是世界货币中心的一般观点相抵触。摩根士丹利试图将巴黎在资本充裕上的地位与伦敦配置资金的作用相区别，以调和各种观点间的分歧。[36]这种区别似乎很牵强。每个中心都有其主要客户：意大利、俄罗斯是巴黎的，美国和法兰西帝国本身是英国的。而中间国家如比利时、荷兰和德国更大程度上是伦敦而不是巴黎的。此外，尽管伦敦在 1900—1909 年从巴黎吸引了不少资金，但它的放款是全球性的，而并不局限在与它有关系的国家。

第一次世界大战后的国际最后贷款人

1920—1921 年发生的金融危机中没有最后贷款人。经济的复苏部分是靠浮动汇率机制起作用，因为在国际收支不平衡和资本外流引致危机时，很多欧洲国家的货币都出现了贬值。国际产品价格提高，可能缓解将真实库存换成货币引起的价格下跌。但这种激烈的通货膨胀性的刺激也可能引起另一种危机——将货币转成商品，导致恶性通货膨胀。1923 年，在中东欧很多新独立的国家都出现过这一情形,这些国家原本是奥匈帝国的一部分,走上独立道路后,却面临边界争端和税收手段不足等种种问题。[37]保罗·艾德曼(Paul Erdman)的恐怖小说《七九大崩溃》(*The Crash of '79*)就描述了这样的情形:靠印制大量货币及让货币浮动来对付金融危机,结果导致了人们对商品的抢购。[38]

20世纪20年代初期,西欧的多数政府都担心高速通货膨胀,试图稳定货币,试图回归到金属货币制的老路上。为了稳定,它们常常采用稳定贷款(stabilization loans),以应对货币在国际金融市场不断贬值的势头。稳定贷款与最后贷款人多少有些类似,但又不完全相同。1924年,法国法郎受到多重冲击。首先,有许多外国人在1919—1920年贬值时购买了法郎,出现了大量票面损失,但他们仍抱住不放,宣称只有在出现恐慌时才会卖出法郎。但最终,他们还是放弃并卖掉法郎。[39]此外,在阿姆斯特丹、维也纳及柏林(甚至可能有德国政府在内),也有很多职业投机商不断卖出法郎,以希望在未来以更低的价格再将其买回。[40]1923—1924年,德国经历了严重的通货膨胀,很多投机商在德国马克的交易中大赚特赚,并将投机的目光投向了法郎。最后,数以万计的法国人握有大量法郎标价的流动资产,关注着各种信号,如法律对法兰西银行向国家贷款的限额等。

1924年3月4日,恐慌爆发了。法郎汇率从2月17日的98法郎兑1英镑跌到2月28日的104法郎兑1英镑,3月4日进一步下跌到107法郎兑1英镑。法国政府与法兰西银行召开紧急会议。J. P. 摩根公司表示愿意提供帮助,但附带一定的条件:6个月期的循环贷款应该是1亿美元而不是5000万美元。托马斯·W. 拉蒙特代表银行提出5000万美元太少。法兰西银行拒绝用黄金作抵押,但最后还是屈服了,不过找到了一个更体面的办法。接着,英格兰银行的董事,包括罗斯柴尔德和德·文德尔(de Wendel)要求国家提出一个稳妥的财务计划。3月9日星期天计划制订完毕,三天后投机商开始聚集。汇率极为艰难地从123法郎兑1英镑调整到了116法郎兑1英镑。到3月18日,上升到了84法郎兑换1英镑,3月24日又上升到78法郎兑换1英镑。法兰西银行开始干预,防止法郎进一步升值。对投机商的打击获得了成功。[41]拉蒙特事后写道："从未有过令我们如此满意的交易。"[42]

但成功仅仅是暂时的。1926 年，法郎又遭受了新的攻击。汇率在 1926 年 7 月曾低至 240 法郎兑 1 英镑。这次实施了保守的普恩加莱（Poincare）改革计划，旨在增加法国财富持有人的信心，吸引他们将资金调回巴黎。汇率很快恢复到 125 法郎兑 1 英镑。

20 世纪 20 年代，在国际联盟的斡旋下，为奥地利、匈牙利安排了稳定贷款，并与伦敦、巴黎和纽约协商，为东欧国家的中央银行安排了稳定贷款。大家最熟知的也许要数"道斯和杨格"（Dows& Yang）贷款。这个计划是利用德国的战争赔款进行的，它的一个关键作用是刺激了美国的外国债券借款。30 年代，由于英镑、日元和美元连续贬值及对马克和先令的封锁，法郎和整个金本位货币区汇率高估。但略具讽刺意味的是，经常提到的建议是法国需要黄金稳定贷款。有人建议黄金应该装在一个透明的车里，就像一辆玻璃灵车，在法国各村镇的大街小巷招摇过市，才会使民众相信政府拥有充足的黄金，以此劝说民众不必囤积金路易。

1931 年持续的通货紧缩，突出了需要一个无论在规模还是在形式上都不同于以往的国际最后贷款人。我在其他章节中对此已有详述，特别强调了前面已论及的各种形式问题：需要适时的放款，操作中的政治特点及需要某一国家或某些国家承担体系稳定的责任，缺少这种责任承担者，体系的稳定就无法保证。[43]持相似观点的还有乔根·彼德森和霍特里（R. G. Hawtrey）及一些英国的经济学家。当时，他们对政府提出的各种建议都收集在苏珊·豪森（Susan Howson）和唐纳德·文奇（Danald Winch）的《经济顾问委员会：1930—1939 年》一书中。

霍特里对 1931 年的分析极具说服力：

1931 年危机与此前危机的不同之处在于其国际性的特点。此前危机的国际性表现在价格的下降和被迫抛售资产对世界市场产生的影响。但债权人的债权只有少部分到期，而 1931 年危机的显著特点是德国和东欧的债权人担心，即使债务人仍然健康，外汇市场也会崩溃。在饱受恐慌打击的外国人把资金撤出伦敦后，英格兰银行才提高利率,但已经太晚了。这种恐慌引起的撤资,以前从未出现过……问题的根源在于货币的不稳定。工业衰退、企业破产、银行倒闭、预算赤字、违约行为等都是价格水平下降的结果……因此需要国际最后贷款人。也许有一天国际清算银行会具有一定的预见性……但现实是,这一作用只能由某个外国中央银行或一组外国中央银行合作完成。[44]

霍特里并没有完全意识到适当地完成最后贷款人角色的难度,但他对最后贷款人局限性的理论认识还是很有见地的:

一般而言,如果要给一个处境困难的中央银行信用,就应该充分满足它的需要,不应该有限制。若给的量不足,汇率终究会崩溃,已借出的资金会完全浪费……会有赞成无限授权的情况,一旦授让了信用,就不应提走。要么一分不给,要么毫无限制。但这有风险。无限授信会让这个国家保持金本位,拖长那种迅速变得不可忍受的情况……这样的教训是:如果国家能维持原货币本位,而无不当的紧张局面,就可以无限授信;如果维持平价的努力极端困难,那就不要信贷,让货币贬值。[45]

豪森和文奇列举了20世纪30年代英国经济学家写给政府的一系列报告,其中有一份经济学家委员会报告,经济学家中有委员会主席凯恩斯,成员包括亨德森、庇古、罗宾逊和 J. 斯坦普伯爵,海明和卡姆为秘书。报告讨论了中央银行间的广泛合作问题,特别是如何通过国际清算银行来进行短期融资和建立贷款库。其宗旨首先是防止类似战后初期的货币崩溃,其次是恢复"对不受信任国家金融体系的信心"。[46]

1932年7月,英国卖掉了其持有的黄金。当时距1933年世界经济大会还有一段时间,经济信息内阁委员会中,斯坦普为主席,成员有西特林、科尔、凯恩斯、阿尔弗雷德·刘易斯伯爵和弗雷德里克·雷恩—罗斯伯爵,亨德森和海明为秘书,他们发表了一份报告,讨论"国际金融危机"。报告引用了巴杰特的观点,描述了1825年和1847年的危机,讨论了英国无法再扮演最后贷款人的角色,建议由国际清算银行发行称为国际凭证(international certificates)的纸黄金来履行最后贷款人的职能。这个国际凭证类似于

36 年之后的特别提款权。[47]

1931 年 5 月，奥地利国内第一大银行——维也纳信用公司倒闭，这提供了第一个阻止国际脱媒的机会。奥地利中央银行为了阻止资本外流，将利率维持在很高的水平上，但这同时加剧了经济的脆弱性，当资产价格下跌时，也造成了大量的信贷损失。5 月 11 日的公告披露，维也纳信用公司亏损了 1.4 亿先令，这几乎是它总资本金的 75%。奥地利政府向国际联盟求援。国际联盟在十年前就组织过稳定贷款，于是它转而求助于根据处理赔款的杨格计划而新成立的国际清算银行。奥地利政府要求提供 1.5 亿先令（约合 2100 万美元）的援助，国际清算银行通过 11 个国家安排了 1 亿先令。这一过程发生在 5 月 14 日到 31 日。到 6 月 5 日，信贷已用完，奥地利国家银行又提出新的要求。这次是在 6 月 14 日安排的，条件是奥地利只能在两三年才能得到 1.5 亿先令的贷款。法国又提出了一个条件，要求奥地利政府放弃与德国刚刚在 3 月签订的《海牙同盟条约》，但奥地利政府拒绝了。后来，英格兰银行提供了一笔期限为一周的 5000 万先令（约合 700 万美元）贷款。就在这时，奥地利政府宣布停止将其货币与黄金挂钩，先令开始大幅贬值。

挤兑危机传到了德国。德国银行的财务状况因过度投机、大量的证券冲销、欺诈、银行家间的争吵、银行支持自己的股票及流动储备耗尽而不断恶化。这些现象都是传统危机的特征。当时市场的外来人是达纳特银行的雅各布·古德施密特（Jacob Goldschmidt）。达纳特银行由国民银行和达姆斯塔德银行（Darmstradler）合并而成。[48]其他银行家，如德意志银行的奥斯卡·沃思曼（Oskar Wasserman）等[49]对古德施密特和他的激进经营策略深恶痛绝。事情要追溯到 1927 年，当时柏林的一家公司停止了毛织品经营商北德意志诺德沃尔公司（Norddeutsche – Wolkämmerei）的贷款，一家在毛纺织行业很激进的公司，但达纳特银行却接过了这些业务。1931 年 6 月 17 日，诺德沃尔公司倒闭，连累了达纳特银行，但其他银行不愿施以援手，因为它们讨厌古德施密特。除了银行家间的厌恶之外，还有其他复杂的政治原因；德国内部的金融动荡已导致大规模的提款，胡佛的延期偿付也仅有轻微的缓冲作用。6 月 25 日安排的一笔

1 亿美元贷款中,英格兰银行、法兰西银行、纽约联邦储备银行及国际清算银行各出资 2500 万美元,贷款期限到 7 月 16 日。汉斯·卢瑟(Hans Luther)帝国银行总裁希望贷款规模更大一些,要求不要公布贷款的数目,所以公报仅仅提到安排了充足的贴现。但当实际金额不慎泄露出去时,当时帝国银行 6 月 23 日的报表表明储备率只有 40.4%,与 40% 的底线擦边时,就应验了那句谚语:"魔鬼总是在最后出现。"[50]

为此,德国开始寻求新的贷款,但没有进展。德国要求 10 亿美元,法国只愿考虑提供 5 亿美元,且附有政治条件。美国担心会出现 16 亿美元的财政赤字,因此认为国会批准借钱给德国简直是痴心妄想。但它愿意考虑稳定已给予德国的贷款,这也是德国想要的。英国外交大臣阿瑟·亨德森(Arthur Henderson)对贷款的想法很有兴趣,但英格兰银行行长蒙太古·诺曼认为,英格兰银行"已贷出能够贷出的全部金额了"。[51]反对外国贷款的一个理由是,危机是由于国内资金外流而不是由外国的提款引起的。7 月 20 日,大家对放弃贷款的想法已心照不宣。[52]"由于不合实际已被扫在了一边",德国人则依靠内部措施阻止了国内的脱媒现象,并依靠备用协议,要求那些不情愿的外国银行停止资金外流。

继德国之后,英国也于 7 月中旬出现了挤兑。这部分是由欧洲大陆的亏损引起,部分由麦克米兰报告认为会出现大量的国内预算赤字,及预计有大量的外国资金从伦敦撤走等原因而导致的。1927 年以来,法兰西银行一直通过间接手段将英镑换成黄金,在市场卖出英镑,同时买入英镑远期,然后在到期时换成黄金。[53]法兰西银行的这种手法看上去好像没有将旧的余额转换成黄金,而只是兑换新得到的英镑。不过在 1931 年夏,法兰西银行非常合作,1 英镑也没兑换。7 月底,纽约联邦储备银行和法兰西银行分别向英格兰银行提供了 1.25 亿美元贷款。贷款用完后,英国政府则考虑从纽约和巴黎市场筹集 1 年期的贷款。英格兰银行报告说,外国银行家不愿向英国贷款,因为英国为救济失业出现了大量预算赤字。工会反对减少对失业的救济,并撤销对工党政府的支持。8 月 24 日工党下台。4 天后,形成新的"国民政府",麦克唐纳再次当选首相,斯诺登（Snowden）为财政大臣。接着，纽约的摩根财团贷出了 2 亿美元，巴黎的法国财团也贷了 2 亿美元。这样看来，银行家控制了英国政府。但他们自己解释说，这仅仅反映了 20 年代摩根对法国人的声明，以及第二次世界大战后其他最后贷款人的声明，他们并没有施加政治条件，而只考虑经济环境，他们觉得有理由拿自己及储户的钱去冒险。这会要求采取一些足以恢复货币信心的措施。

1931 年 8 月 5 日，应英国首相麦克唐纳的要求，凯恩斯在写给他的信中提出了一系列建议，包括将英镑贬值，并形成一个以黄金为基础、低于旧平价 25% 的固定汇率货币单位，使所有英帝国国家、南美、亚洲、中欧、意大利和西班牙等国家加入的建议。这表明他的观点经常变化。信中他指出，如果不能成功地捍卫英镑，继续借钱将是愚蠢的。[54]

2.5 亿美元再加 4 亿美元仍然不够，9 月 21 日，英镑已失去黄金的支持。夏天，法兰西银行对英国的克制态度并没有同等地用于对待美国。荷兰、瑞士和比利时并没有追随法国对英国的态度，因为它们对体系没有责任，因此只要不引人注目，它们就尽量将英镑换成黄金。法兰西银行和黄金区的其他成员国将 7.5 亿美元换成黄金。储备减少及美元对英镑及相关货币升值产生的通缩压力是损坏美国银行体系的关键。但纽约联邦储备银行没有提出援助要求，甚至也没有要求暂停兑换。中央银行家的准则要求它们咬紧牙关。这有点让人想起沃尔特·米蒂（Walter Mitty）拒绝在行刑队前蒙上眼睛的故事。1929 年，当哈里森问诺曼在纽约银行购买的英镑能否换成黄金时，得到一个很简洁的答复："当然，英镑是可兑付的，现在实行的是金本位。"[55] 1931 年轮到哈里森向莫内特伸出援助之手，他提出愿意把法兰西银行的所有美元换成黄金。[56]

1931 年的危机中有五个方面特别引人注目：（1）英国无力扮演最后贷款人的角色；（2）美国不愿扮演这一角色，仅对英国这个"特殊关系国家"提供了有限的帮助；（3）法国想在奥地利和德国（但没有对英国）达到政治目的；（4）1923 年后德国的妄想狂们绝不提通货膨胀问题；（5）小国不承担责任。

这种分析曾受到多方面的质疑。一位分析家认为第一次世界大战之后需要采取某些手段来恢复世界经济，或者像第二次世界大战后的马歇尔计划（Marshell Plan）之类的措施；[57]另一位分析家认为德国经济在 1931 年不会因最后贷款而得到恢复，因为德国当局出于政策的目的，决定把经济降温，以摆脱《凡尔赛协议》的约束，特别是有关赔偿的条款约束。[58]

布雷顿森林体系与国际货币体系安排

20 世纪 40 年代初期，关于如何设立多边经济机制，以增强第一次世界大战后二十年间世界经济的稳定性，引起了人们的广泛争论。为应对各国可能出现的短期国际收支逆差，一家国际性信贷机构随之建立，这家机构就是国际货币基金组织的前身。此外，为帮助各国战后经济重建，另外一家信贷机构也随之成立，后来发展成为国际复兴开发银行（世界银行）。为解决各国贸易争端，并敦促各国消除贸易壁垒，又成立了国际贸易组织。事实上，国际贸易组织并未如期设立，但其另一个替代组织——关税及贸易总协定，却在解决贸易争端中发挥了重要的作用。50 多年后，关税及贸易总协定才演变为国际贸易组织（WTO）。

关于帮助各国短期收支赤字进行融资的国际货币基金组织（IMF）前身国际信贷机构的争论两方主要是英国和美国，它们对该机构的组织形态和金融资源有着不同的看法。英国的“凯恩斯计划”建议通过自有资本设立具有独立账户的机构。成员国运用该国际机构分配的储蓄余额进行支付，为本国的贸易逆差融资。而按照美国人的观点，即所谓“怀特计划”，赤字国应向盈余国支付美元或其他货币，因此赤字国应使用其本国货币向国际货币基金组织购买美元或其他货币。每一个成员国都根据其贸易额及黄金储备持有额拥有一定的额度。各成员国按照各自的额度上缴黄金或外汇储备作为国际机构的股本。希望对自身国际收支账户赤字进行融资的成员国可以用本币“购买”该国际机构持有的外币，购买额度也是由其所持有的基金份额决定的。每个成员国的贷款额度分为四个档次，每个成员国在 12 个月内提款的额度不得超过一个档次。第一档次的提款往往是自动的。此后，能否获得信贷就取决于 IMF 是否愿意提供了。

最终，美国人的观点占了上风，美国人拥有了全世界的货币。而英国人仅仅迫使美国人同意接受两倍的初始出资额。

《国际货币基金组织协定》对其成员国间的汇率安排进行了一系列规定。每个成员国必须上缴基金一定的头寸，以黄金或美元的形式，这一头寸作为原始的货币储备。各成员国货币汇率只能围绕长期均衡汇率在一个相对窄的区间内浮动，长期均衡汇率变动幅度超过 10%，必须征得国际货币基金组织的同意。

按照国际货币基金组织的设置形式，其对某一成员国的贷款量是有限的，因为它没有自己的货币或记账单位。因此，国际货币基金组织的贷款上限取决于其成员国缴纳的资金和其可向成员国借到的资金。在第二次世界大战结束后的最初几年中，成员国向国际货币基金组织的贷款主要是美元贷款。一国可以保留外汇管制，以限制资本流动维持汇率稳定。各成员国从国际货币基金组织获得的贷款必须归还。

在第二次世界大战结束后的 15 年中，重建融资主要由马歇尔计划提供，国际货币基金组织和世界银行处于附属地位。可以说，直到 1958 年英镑资本账户自由可兑换、工业国家废止跨境资本流动限制等事件发生后，布雷顿森林体系才真正开始运作。

很快，对资金流动关注不足的问题引起了普遍的重视。事实证明，经常账户的可兑换性不可能维持，资本的流动也难以控制，因为大量资本转移会以进出口融资变化的形式出现，即所谓的"提前和滞后"（lead and lag）。例如，要求一个国家对进口支付现金，而不是用 3 个月的信贷，同时要求它将 3 个月的出口信贷延长到 6 个月，这样，这一国家 6 个月的进出口平均值的储备很快就会丧失。这意味着很多国家将倾向于持有更多的国际储备资产，也意味着与国际收支逆差国需要接待的额度相比，国际货币基金组织持有的外汇资产规模不足。

1960 年，国际货币基金组织将一般借款安排（GAB）进行了扩展。根据此安排，十个主要的金融国家，即十国集团，承诺另外增

资 60 亿美元,当出现不利的资本流动,而其外汇储备和国际货币
基金组织的额度不足以应付时,可以动用该笔资金。但实践证明,
新增金额并不足以解决问题。另外,国际货币基金组织政策行为的
时效性也饱受质疑。决策是由董事加权投票决定的,董事代表的是
其本国利益,需要向国内提出建议,并等待政府指示后再作出帮助
危机国家的决定,这个过程可能会长达 3 个星期之久。

20 世纪 50 年代和 60 年代,第二次世界大战后,跨境资本流动
增加,第一个原因是通货膨胀导致的价格上升,所有货币汇率下
降;第二个原因是各国货币币值与国民收入的提高所致,这意味着
可在国与国之间转移的流动性资产更丰富了;第三个原因是各地金
融资产所有者的范围扩大了。理查德·库伯尔(Richard Cooper)
强调了这种趋势:

通过比较数字可以粗略地看出这种变化:在出现大挤兑的 1947
年 8 月,每天对英镑的投机性交易不足 1 亿美元,而在 1969 年 5 月
市场看涨德国马克时,每天的投机性交易额超过了 15 亿美元。
1971 年 5 月,一小时内就有 10 多亿美元流入德国。随着不可知的
障碍进一步减少,有理由相信交易量会从每天 15 亿美元上升到 150
亿美元,甚至 500 亿美元。[59]

到 20 世纪 90 年代末,外汇市场的日交易量已达 1 万亿美元。
新兴市场国家货币的日交易量更是有了爆炸式增长。[60]

国际资金流动规模的不断增加,对汇率稳定构成重要挑战。为
维持其储备头寸,各国中央银行不得不通过卖出远期外汇,以维持
长期均衡汇率水平。当远期合约到期时,再出售新的远期合约,通
过循环融资方式干预外汇市场。有学者认为,远期外汇交易可降低
中央银行须持有的储备规模,降低对外汇储备的依赖。1964—1967
年,英格兰银行就通过远期外汇市场干预汇率,但到 1967 年 11 月
时,到期的远期外汇合约规模已数倍于其实际持有的储备资产总
额,市场不再接受其循环展期,英镑汇率出现暴跌。

20 世纪 60 年代,《巴塞尔协议》成为国际金融领域的重大创
新,中央银行间建立起货币互换机制,通过多边合作,共同克服危
机。在《巴塞尔协议》框架下,美国同多国中央银行达成货币互

换协议，承诺按相应汇率水平提供一定数额的货币，便于危机国及时将本币转换为储备资产，有效应对货币危机。1962 年 3 月，法兰西银行与美联储签订了总额为 5000 万美元的货币互换协议，这是货币互换协议最早付诸实践。1962 年 5 月，纽约联邦储备银行与荷兰和比利时央行签订了额度为 5000 万美元的货币互换协议，还与加拿大中央银行签订了 2.5 亿美元的货币互换协议。7 月，纽约联邦储备银行与瑞士国民银行签订了 2.5 亿美元的货币互换协议。到 1963 年 10 月，各国央行间的货币互换协议总规模已达 20 亿美元。到 1968 年 3 月，进一步增长至 45 亿美元，到 1973 年 7 月，更增加至 180 亿美元。[61]

1961 年英镑受到投机攻击时，主要国家中央银行的代表聚集在瑞士巴塞尔的国际清算银行，筹集了一系列贷款供英国使用，总额达 10 亿美元。美联储时任高级副主席的查尔斯·库姆斯（Charles Coombs）认为，这是第二次世界大战后国际金融领域的一大突破。[62] 10 亿美元的资金足以稳定市场，并促使大部分外流的资本回流，打消投机者炒作英镑的念头。如果资本回流积累的储备尚不足以偿还，不足的部分就由国际货币基金组织对英国提供的信贷额度融资。

在使用完持有的国际储备资产以后，货币互换协议中的额度就成为了一国抗击资本冲击的第一道防线；国际货币基金组织贷款成为第二道防线。它已在很多国家发挥了作用：1962 年 6 月，加拿大筹集了 10 多亿美元；1963 年 3 月，意大利也筹集了 10 亿美元；1964 年秋，英国通过这一协议安排筹集到了 20 亿美元；1968 年 7 月，法国也安排了一揽子总额为 13 亿美元的资金，为了捍卫贬值后的法郎，11 月又将这一额度扩大到 20 亿美元。[63]1965 年法国决定不对英国提供帮助，这被认为是一个“令人震惊的断绝互助关系”的举动。服从俱乐部的压力与外交政策上独树一帜的愿望无疑都很强烈。“但这对我们毫无影响，英国想要的支持都得到了。”[64]

布雷顿森林体系崩溃的根本原因是美联储和德意志联邦银行的行为，它们过于追求货币政策的相对独立性，却忽视了两国间货币市场是通过离岸市场紧密联系在一起的事实。不同的货币政策必然引致纽约和法兰克福间的资本流动加剧。当 1972 年美国总统大选临近时，美联储开始实施长达 8 个月的扩张性政策，而西德总担心通货膨胀，一直保持较高的利率。结果是资金大量流出美国进入西德的欧洲美元市场。

就像 1825 年、1853 年、1871 年和 1885 年一样，低利率的冲击会导致银行放松贷款审核标准。很多总部设在纽约、伦敦、东京及其他金融中心的银行开始随意地向发展中国家放贷。墨西哥、巴西、阿根廷及其他一些发展中国家发现欧洲银行家向它们频频招手，除此之外，苏联及东欧国家也进入了西方信贷体系。

大量资金从美国到了法兰克福及其他金融中心，这使得维持可调整的汇率平价极为困难。美国并没有耗费多少精力去捍卫其币值。《史密森协定》(*Smithsonian Agreement*) 成为了一纸空文。1973 年 2 月，市场美元投机气氛浓厚，其规模之大已使德意志银行和日本银行所无法承受，随着大量资金流向法兰克福，德国马克不得不面临重新估值。德意志银行停止接收美元，德国马克应声升值。欧洲的其他中央银行也跟随德意志银行的脚步。

多数经济学家认为，浮动汇率制会扼杀对利率敏感的资本流动，使不同的国家有可能实行独立的货币政策。对于投机性的资本流动是否继续，多数情况下是否稳定，是否只在偶尔的情况下才会产生严重的不稳定性等问题，分歧很大。但他们普遍认为，资本市场将分割成国与国的市场，对汇率风险的忧虑会使大多数金融资本留在国内。实践证明并非如此。许多银行把浮动汇率看成一种鼓励它们从事外汇投机的替代品。

起初，当货币开始浮动时，对国际最后贷款人并未有明显的需求。如果一国的居民对外国商品及外国证券资产的需求不断提高，该国国际收支账户盈余无法同步增长时，该国货币就会出现贬值。货币汇率的预期变化将促成一定规模的外汇投机，许多银行也加入投机者的大军。德国科隆的赫斯塔特银行和纽约的富兰克林国民银行是其中最大的输家，两者均在 1974 年 6 月关闭。赫斯塔特银行在欧洲关闭时，出了一个大问题。它已经收到了外汇交易中应得到的资金，但还没向它的马克交易对手支付。在一段时期,为它担保债务的财团只偏袒德国国内的债务,而不顾外国人的欠款,后才考虑将外国的债务包括进去,因此在境外没有形成冲击波。美国的联邦存款保险公司担保了富兰克林国民银行的最高限额 4 万美元的存款,美联储作为最后贷款人对余下的债务提供了偿付担保。

这些安排是由国际清算银行作出的,体现在所谓的 1975 年 3 月的《巴塞尔协议》上,它用于解决银行破产时各国的责任问题。这份协议在 1982 年以前已经多少解决了这方面的问题。但在 1982 年,新的问题又出现了。当时米兰的阿姆布罗西亚诺(Ambrosiamo)银行的卢森堡子公司拖欠了 4 亿美元对欧洲银行的债务。意大利银行拒绝赔偿,它依据的法律理由是,卢森堡的机构不是米兰银行的分行,而是一个按照卢森堡法律注册的独立公司,因此其资产与负债并不是总部的一部分。《巴塞尔协议》的有效性因此受到了质疑。

1973 年和 1979 年石油价格两次飙涨,使石油生产国积累了大量美元,结果使多数石油生产国支出大大增加,石油消费国增加了借贷。这些发展中国家的石油出口收入大幅增加,其经济增长率上升。这些国家的信贷也出现增长。很多总部设在发达国家的跨国银行纷纷向墨西哥、巴西、阿根廷等发展中国家的政府和国有企业提供大量贷款。

20 世纪 80 年代早期,北海地区、墨西哥以及其他地区的石油产量大大增加,全球经济萧条拖累了石油需求,使石油价格不断下跌。到 1982 年中,墨西哥及其他几个产油国相继出现了财政困难。

国际最后贷款的方法之一就是国际清算银行 1961 年 3 月设计的货币互换协议,但这一手段仅限于主要的发达国家,新兴市场国家难以通过该手段获得帮助。当新兴市场国家出现金融危机时,它们大多求助于国际货币基金组织。但国际货币基金组织通常会对接受救助的国家提出很多条件,其中很多难以为新兴国家所接受,它们只能试图与外国贷款人重新谈判,期望对债务作出重新安排。但通常,外国贷款人同意继续为新兴市场国家提供新贷款的重要条件,就是需要国际货币基金组织的认可。这会让新兴市场国家进退维谷。

当其面临苛刻的贷款条件时,它会选择通过"过桥贷款"渡过谈判期的难关。1982 年,纽约联邦储备银行就提供了总额为 10 亿美元的此类贷款给墨西哥,美国财政部也向墨西哥预付了 10 亿美元的石油购买款,石油在日后陆续交付给美国的战略储备库。在这次危机中,各方都想通过各种交易度过危机,双方都想避免违约。对债务人来说,违约可能使他们无法再进入国际金融市场(如果可以从历史推论的话),而他们需要外国资本来维持增长。对债权人来说,违约会迫使许多大量从事第三世界贷款的银行冲销呆账,而许多银行对第三世界贷款的规模都超过了银行自身的资本。尽管早期的违约对发达国家的信用体系不是一个大问题,因为影响一般仅限于私人持有的债券,而不会波及银行的贷款,但 20 世纪 80 年代的第三世界债务危机可能会引起整个系统的银行挤兑。

限定性条件

较为普遍的观点认为国际货币基金组织在对新兴经济体发放贷款时,会对其货币政策和财政政策施加诸多限制。很多放款人在国际和国内贷款中都附加了一定的条件。今天,一些法国的分析家谈到 1924 年稳定贷款展期时,仍对 J. P. 摩根提出的贷款条件耿耿于怀,[65]虽然要求贷款人有义务向他们的放款人保证贷款必须得到偿还,这并无不合理之处。其实英国 1931 年向奥地利和德国发放的贷款也是有条件的,是出于政治目的。同年夏天,美国和法国给英国的贷款也被视为是银行家的勒索,因为放款人认为,英国 5 月委员会(British May Committee)平衡预算与减少救济(失业福利)的建议是可以完成的。

并不是所有的贷款都是附加条件的。如在某些货币互换贷款中,虽然要求进行"承兑",但并不附加任何条件。国际清算银行为匈牙利发放过桥贷款时,并未附加任何条件。这部分是由于国际清算银行在一定程度上具有中央银行的心态,也是由于它确信,国际货币基金组织会把它拯救出来。但当七国集团的成员从互换网络进入国际货币基金组织时，它却附加了贷款条件，就像英国1976年的情况一样。[66]

1994—1995 年墨西哥危机

1994—1995 年，许多拉美国家再度陷入困境，最糟的是墨西哥，南部省份农民暴乱、总统候选人被暗杀、地震、高通货膨胀等外部冲击事件接踵而至，导致资本大量外逃，比索急剧贬值。为挽救比索，墨西哥中央银行出手救市，但其外汇储备很快便被消耗殆尽。[67]1994 年 4 月，美国和加拿大首先出手援救，主要依据是三国在 1993 年 11 月签订的《北美自由贸易区协定法案》中的"特殊关系"。两国提供了共 67 亿美元的信用额度，其中美国提供了 60 亿美元，加拿大提供了 7 亿美元。然而危机仍持续发展。1994 年 12 月，比索再次出现危机。部分由于当地的资本外逃，部分由于美国投资者的撤资。1995 年 1 月，美国组织了 500 亿美元的援救基金，其中 200 亿美元来自美国外汇稳定基金，180 亿美元来自国际货币基金组织，国际清算银行牵头从欧洲各中央银行筹集了 100 亿美元，另外的 20 亿美元来自加拿大。[68]这一措施发挥了作用。资本外逃趋势得到缓解，很多资本又返回了墨西哥市场。美国只动用了 125 亿美元。到 1995 年秋，墨西哥开始用私募的钱偿还援助。

关于墨西哥 1994—1995 年的危机拯救行动仍存在一些问题。第一，是道德风险问题，20 世纪 80 年代初的危机解困使该国坚信，在以后出现危机时也可以得到同样的帮助。第二，是否应该采取拯救行动，特别是大量的信贷投放会带来进一步的问题。第三，在阻止墨西哥危机的过程中，金融当局是否将传染源切断，防止危机的扩散，像 1931 年 5 月首先发生于奥地利的危机一样扩散到了阿根廷和巴西？它们希望它们能做到，但遗憾的是，事实表明它们错了。

巴杰特（Bagehot）认为最后贷款人应不受限制地放贷。超过任何可能需要的数量可以视为不受限制。

1997 年东南亚危机

对始于 1997 年 7 月的东亚金融危机进行责任划分是很困难的。到底应归咎于那些来自发达国家的放纵的放款人,因为它们热衷于分散它们的资产组合;还是应怪罪那些期望通过借款实现快速发展的发展中国家,它们在工业化国家的推动下放松对本国的管制,雄心勃勃地扩大投资,希望以此促进经济的进一步发展。当然,还有一些其他因素,如印度尼西亚的权贵资本主义(crony capitalism)、泰国政府的软弱、韩国大量的财团等。更进一步地,这一地区的很多银行贷款最终都成为不良贷款。僵化的日本经济政策使该地区失去了以往的强劲需求,日本对外直接投资对低工资地区的扩张,日本商业银行已经提供的大量贷款,使泰国及其周边国家经常项目逆差不断扩大。这些国家保持了较快的经济增速,1992 年世界银行还推出了《东亚奇迹》一书。很多欧洲的商业银行也在东南亚地区投入了巨量贷款。随着资金不断涌入,多数东南亚国家对外经常收支项目逆差不断扩大,其经济变得十分脆弱,因为任何冲击都可能导致资本流入减少,而面临 1994 年墨西哥危机时的情形。

1997 年 7 月初,泰铢率先贬值,并产生了传染效应,进入东南亚国家的外资锐减,资本项目收支很快转为逆差。马来西亚总理马哈蒂尔博士将问题归罪于外国的投机者,特别是美国的投资大鳄——乔治·索罗斯(George Soros),但索罗斯说他并没有卖空林吉特,当时马来西亚正在建设两座世界最高的大楼,林吉特是由于受投资增速过快而贬值的。马来西亚并没有寻求国际货币基金组织的帮助,而是采取了限制资本外流、控制外资投资利益流出的办法。泰国、印度尼西亚及韩国等国家则求助于国际货币基金组织。各方的援助金额,以及 1994—1995 年对墨西哥援助数额列于表 13.1。[69]

表 13.1　官方承诺贷款额（最终贷款人贷款）

单位：10 亿美元

国家	国际货币基金组织	世界银行	亚洲开发银行	双边货币互换协议	合计
泰国	3.9	1.9	2.2	12.1	20.1
印度尼西亚	10.1	4.5	3.5	22.0[a]	40.0
韩国	21.0	10.0	4.0	22.0	57.0
总计	35.0	16.4	9.7	56.1	107.1
对比项：墨西哥	17.8	1.5	1.3[b]	21.0	41.6

注：a 另动用 50 亿美元国内紧急储备。

　　b 来自泛美开发银行。

　　国际清算银行在其报告中提到，宣布 500 亿美元拯救墨西哥的计划"对阻止外国人信心的滑落产生了有益的心理作用"，并挽救了市场信心。[70]如果危机扩散，就会将大多数拯救未来危机的流动性耗尽。而实际情况确是如此，为此美国国会根据政府的提议，准备扩大国际货币基金组织份额，并于 1998 年底带领其他正等待美国领头的国家完成国际货币基金组织的份额扩充。这样，国际货币基金组织就可以在后来俄罗斯与巴西需要帮助时为其提供信贷支持。

　　一个世界性的中央银行作为最后贷款人应该比国际货币基金组织更加有效，但很多国家都不会同意设立这样的机构。在欧盟之外，多数国家将货币发行与控制视为国家主权，在美国，这一点是被写入宪法的。

美国与美元

　　20 世纪 40 年代至 60 年代，美国领导制定了一系列国际金融新规则——国际货币基金组织、世界银行、借款协议、特别提款权、互换网络及黄金储备中心等都是其杰作。20 世纪 80 年代，在帮助发展中国家解决债务危机及解决 90 年代后期的危机中，美国所领导制定的一系列国际金融新规则都起到了重要的作用。此外，当单一国家出现国际支付问题，如墨西哥、韩国等出现支付危机时，美国也起到了重要的领导作用。

20世纪80年代初，美国出现持续贸易逆差，终结了其长达一百年来贸易顺差的局面；而此前，自从进入20世纪，美国几乎每年都是贸易顺差国。美国的国际金融状况经历了剧烈的变化。1980年，美国是世界上最大的债权国，其债权总额超过其他国家债权的总和。而到了2000年，美国却成为世界上最大的债务国，其债务总额超过世界其他债务国的债务总和。美国的债务额至今仍在不断增加。

美国在20世纪50年代和60年代的贸易收支为顺差，而在80年代以后出现了长期的贸易逆差，两者可以进行类比。美国的贸易逆差不断扩大的主要原因就是作为主要的国际储备货币，其他国家对美元的需求增长远远超过了其他国家所能提供的储备资源的增长。随着其他国家对美元证券和美元资产需求的不断增加，1980年以后美国出现了长期的贸易逆差。

美国贸易逆差的不断增长与美国成为最大的债务国，成为一个因果关系的问题：长期贸易账户逆差到底是由美国政府及居民支出增加导致，还是由海外投资者对美元资产的需求增加导致。在20世纪90年代，美国仍然是经济成功的典范，引用一些经济分析家的说法是低通货膨胀率、低失业率、政府财政盈余、技术进步、经济周期延长与美联储的快速反应驯服了金融危机，因此美国进入了"新时代"。但这些现象并非全部站得住脚，繁荣主要取决于消费者支出，其代价就是资产膨胀与低储蓄率；2002年以后，房地产市场出现了泡沫。信用卡债务与破产家庭数都创下了新高。延迟维护已经使基础设施变得脆弱，通过借贷维持的国际收支逆差，再加上大量的债务，以及外国投资者对美元信心的减弱，都将可能构成大的问题。一位英国经济学家曾对"七个无法持续的过程"提出厉声警告，虽然作者不愿谈及发生的时间，但预测问题会在5~15年内爆发。[71]美国与美元"失去世界经济与国际金融的领导地位"很可能成为现实。[72]但当其他国家拥有主导地位优势时，美国也会丧失其主导地位优势，就像第一次世界大战后，美国取代英国一样。

一些政治学家相信所谓的"制度"，即在领导时期建立起来的合作惯例（又被称为"霸权"）。[73]这种合作在20世纪80年代相当成功，特别是在财政部长詹姆斯·贝克（James Baker）的计划下，他放弃了善意忽视美元价值的政策，在 1985 年 9 月提出了《广场协议》（*Plaza Agreement*），1987 年 1 月提出了《卢浮协议》（*Louvre Agreement*）。但相信七国集团峰会作用的观察家并不多，他们认为这些会议的作用只是一种相片式的仪式与姿态，真正能够制定出有效协议的是由法、德、日、英、美组成的五国集团。

国际货币基金组织和世界银行能否替代日益衰微的美国的领导地位呢？这些在布雷顿森林体系下建立的机构并不是为了帮助美国解决问题的，而是为了帮助解决其他国家问题的。但它们工作进度缓慢，危机时无力解决问题，因为解决危机的决策必须在几小时内作出而不是几星期。此外，这些机构的资金规模太小，无法与今天的市场抗衡，因此，七国集团各国中央银行的相互协作成为必要的补充。特别是当面临困难的货币是美元而不是市场规模较小的欧元、英镑和日元时，这些机构的作用更显得捉襟见肘。

尽管美国存在贸易账户逆差的问题，但美元仍是世界主流的计价单位、交易媒介和价值贮藏手段。在戴高乐总统时代，法国就不断挑战美国的政策和美元的统治地位，但成效不大。现在的法国总统则完全陷入内外交困之中。欧盟可能在经济和财政上逐步强大，最终取代美国的世界经济领导地位。目前世界之所以仍然依靠美国的领导，是因为没有更好的领导。但美国正在后退，对于应付自身的政治问题和经济困难尚且应接不暇，更无暇为提供国际公共品而承担成本。这一制度只在经济稳定时期有效，要在危机中起领导作用还需要更具决定性的因素。未来几年，能避开经济金融危机的可能性仍然微乎其微。

国际货币基金组织作为国际最后贷款人的成绩单

国际货币基金组织已成立了 70 年。最初，在布雷顿森林，有 44 个国家的代表签署了协议。现在，国际货币基金组织成员国数量有了很大增长，2400 多名雇员，其中一半雇员是经济学家。国际货币基金组织成立的初衷是维护其成员国的利益，通过一系列国际贸易及支付安排,避免出现类似20世纪30年代的危机导致国际贸易急剧衰退。

衡量国际货币基金组织的表现,不能脱离世界经济走势。对国际货币基金组织的评分应考虑以下因素:

- 世界贸易增长
- 货币汇率稳定
- 货币保护机制
- 全球经济监测
- 财政救助
- 技术性救助

世界贸易增长十分显著,这部分归功于老牌发达国家和地区接受从新兴工业化国家进口传统制造业商品。先是从日本和中国台湾,然后从韩国和新加坡,后来是从中国、泰国和马来西亚。随着进口总量的不断增加,贸易保护机制逐渐消失。很多国家都开始抱怨美国对工业的保护机制。

在给国际货币基金组织出成绩单时,遇到的一个重要问题就是弄清楚其运作表现,有多少应归功于最初的缔约国及成员国,有多少应归功于其经营层和雇员。显然,作为一个实体机构,国际货币基金组织对其成员国形成了额外的约束,但其成员国,尤其是拥有最多投票权的成员国,可能并不愿意让权力落在其雇员手中。很大概率是,小国更愿意看到一个强大的国际货币基金组织,以作为角力四五个超级大国的制衡力量。

随着世界贸易的快速增长,各国关税及其他商品、服务、证券的跨境限制措施逐渐消失。

20世纪70年代初开始,无论按照名义价格还是实际价格衡量,各国货币的波动率均相当大。货币汇率的市场水平与真实水平偏离较大,货币低估、高估幅度惊人。国际货币基金组织并未建立资金流动与一国经济基本面的联系机制。

国际货币基金组织促进了金融自由化(financial deregulation)。明斯基将金融自由化视作一种冲击,甚为关注金融自由化的步骤及路径,以及跨境资金流动对国内借款人的额新增信贷供给。

很多国家,尤其是很多亚洲国家,一直奉行"以邻为壑"的政策。新加坡就通过维持较低的货币汇率水平,提升其本国就业率,从其经常账户的长期盈余状况以及境外债资产状况中不难看出端倪。但大国难以实现长期、大规模的国际收支盈余。

国际货币基金组织未能有效管理国际货币体系。国际货币基金组织对于大规模跨境资金流动的变化以及其带来的一国经济增速变动的理解也有局限。

第十四章 | 雷曼恐慌——原本可避免的灾难

    2008 年 9 月中旬，曾经位列美国第四大投资银行的雷曼兄弟公司黯然破产，并引发了近 100 年来最严重的金融动荡。长期以来，雷曼兄弟公司是一家积极购买抵押证券的公司。雷曼兄弟公司通过销售本公司短期债券来购买长期抵押债券。每家投资银行的财务杠杆率都比较高，但雷曼兄弟公司的财务杠杆率高得离谱，其公司资产是其资本金的 30 多倍。在特定时期，其公司资产总额甚至为资本金的 40 倍。每个季度末，雷曼兄弟公司都会对其报表进行"窗口粉饰"的工作，以使其对外公告的财务杠杆比率看上去相对较低，低于其过去几个月的实际水平。

    雷曼兄弟公司的经营管理受到了高盛集团的妒忌。高盛集团是盈利能力最强、最有声望的投资银行，虽然其历史不如雷曼兄弟公司悠久。但在美国房价不断上涨的几年里，雷曼兄弟公司通过高杠杆和高风险敞口获得了更为丰厚的利润。雷曼兄弟公司的风险敞口包括借款人违约的信用风险，以及短期利率相对长期利率变动弹性更小的久期风险。

    财务杠杆比率是一柄双刃剑。当经济持续繁荣、房价不断上涨时，财务杠杆比率越高，盈利能力越强。当房地产价格上涨时，居民净财富水平增加，其财务杠杆率下降，这是由于房价的上涨速度快于其负债的增长速度。借款人看上去更加富有，因为其资产增值速度比负债增长速度更快。但当经济由景气走向衰退时，更高的财务杠杆比率意味着财务水平下降速度更快，借款人及银行的财富贬值速度可能比房价下跌速度快三四倍。

    本书讨论的最早的金融危机见于近 400 年前，但在最近的 100

年内，危机爆发之频繁，影响之广泛，远超以往任何时期。2008年的危机为本书第六版的推出提供了"真实素材"。

随着资产价格泡沫的破灭，扩张积极、高杠杆运营的公司面临的处境更容易陷入危机。美国房地产价格于 2006 年末见顶，之后两年开始不断下跌。2008 年第二季度，随着资产价格暴跌，雷曼兄弟公司面临了两轮"冲击"。第一是投资人和对冲基金出售他们的股份，有的在卖出股票，有的在沽空股票，因为他们都预期其股价将不断下跌。第二是雷曼兄弟公司的投资者，包括很多放款银行及商业票据购买人，在借款到期后都不愿向其提供新的借款。以上两组人关心的是，雷曼兄弟公司无法筹集额外资本来应对该公司持有的抵押贷款相关证券的净值下降。雷曼兄弟公司的主席在曼哈顿并不是受欢迎的人，实际上他是最不受欢迎的人之一。但如果银行家都被按受欢迎程度进行分级，肯定有人会因为其态度排名最末。

如果雷曼兄弟公司的领导人是一位受欢迎、勤勉、有魅力的银行家，美国金融历史会改写么？答案几乎是肯定的。但如果杰克·阿姆斯特朗率领雷曼兄弟公司，美国金融历史会出现颠覆性变化么？这就是另外一个问题了。

雷曼兄弟公司破产后，国际信贷市场被深度"冻结"，流动性无觅踪影，国际贸易规模大幅下降。当市场形势不甚明朗时，很多人都会选择变现离场，企业也会积极申请贷款，奉行"现金为王"策略；但拥有大量现金的企业却极其不愿意提供信贷，因为它们想保持自身的流动性；因为它们无法为到期债务进行再融资，流动性短缺也意味着一些企业必须以低于内在价值的价格出售证券。由于存在期限错配，雷曼兄弟等公司深陷危机，无法偿付即将到期的商业票据。与此同时，风险利差上涨到令人咋舌的程度，银行间资金拆借利率较无风险利率升水 30 ~ 40 个基点，循环融资无从实施。2008 年信贷冲击就像传说中的百年血战，众多市场交易者及投资者此前都未曾经历过如此的暴跌。

据此最近的金融风波是发生于 1998 年夏的长期资本管理公司事件，长期资本管理公司是当时美国最大的对冲基金公司，其因巨额损失而濒临破产。长期资本管理公司的财务杠杆率也很好，盈利能力也曾经很好。但在其经行了一笔失败的交易后,不得不在市场上大肆抛售流动性较差的证券资产以换得现金。随着其不断抛售,相关证券的价格也在不断下跌。市场参与者中愿意接盘的人越来越少,因为他们知道,或者说怀疑,随着长期资本管理公司损失冲蚀资本金,其将抛售更多证券资产,导致该类资产价格进一步下降。

长期资本管理公司进入了一个死亡旋涡,因为其迫于压力不得不抛售低流动性资产,以换得现金偿还到期的短期贷款,而借款人在贷款到期后纷纷拒绝为其继续提供贷款额度。证券价格的些许下降都会对应长期资本管理公司的直接损失,随着其资本金不断被冲蚀,其财务杠杆比率不断上升。银行不愿为高杠杆企业继续提供贷款,长期资本管理公司只能不断抛售证券资产。

纽约联邦储备银行最终出面解决了这一难题,它召集 14 家债权银行,将部分债权转换为长期资本管理公司的股权。最终,这些银行拥有了长期资本管理公司 90% 的股份,而该公司业务规模则继续萎缩。

2008 年秋的美国政府也面临类似的政策"两难"问题——积极实施干预,满足市场流动性需要;还是继续袖手旁观,让市场自我调整。如果听任资产价格下跌,会出现大量机构破产,经济持续萧条,市场重归平静时,放款人会更加谨慎,增加未来的避险成本。相反,政府实施主动干预,遏制经济下行,也会带来道德风险,因为放款人及投资者会认定美国政府最终一定会"买单",而导致下次更为严重的危机。

2005 年美国房价泡沫

美国房价大幅上涨是由潜在购房者获得信贷供给的大幅上涨推动的。在通常情况下,信贷供给的过快增长难以持续,因为房地产价格相对于居民收入增长过快。一些投资者为了获得房价预期上涨的收益而购买房屋,其出租房屋的租金收入一般不足以抵补贷款利息支出,因此,他们多通过申请更多抵押贷款来偿还此前贷款本息。当信贷增长放缓时,部分购房者就无法偿还此前贷款利息,只能被迫出售房屋。有时候，他们出售房屋获得的现金不足以偿还此前贷款本息，只得选择贷款违约。

美国房市于2006年底见顶，2002—2006年，美国住宅房地产市值总额由16万亿美元增至23万亿美元，住宅房地产市值总额/GDP指标由110%上升至150%，2006年比2002年高出15%。房价的持续高涨带动地产投资建设热潮。房屋每年增加2100万套，新建房屋数量开始比人口增长所需和由于火灾、风暴、公路建设而需重建的所需房屋数多出40%。

资产证券化导致房地产抵押贷款迅速扩张。这一初创于20世纪70年代的金融创新形式，最初是将同一到期日、相同资质的贷款打包成信托计划（主要是本公司持有的），并以此为基础发行抵押担保证券（CMOs）。2000年以后，资产证券化明显提速。第二轮证券化在传统抵押贷款担保证券基础上，又衍生出次级抵押贷款担保证券，分为四档或五档，所有人按照首先、最后、中间不同的顺序对CMOs利息收入享有优先权。保守投资人可以购买债券担保证券（CDOs），CDOs风险小，投资人享有利息收入的第一所有权。而如果投资人想得到更高的收入，可以购买对利息收入优先权较低的CMOs，当然风险更高。优先抵押贷款担保证券可优先获得收益，而次级抵押担保证券须待优先求偿权实施后，才可提出收益主张。一般而言，风险规避型投资者多选择CDOs，而风险偏好型投资者则选择CMOs。

从表面上看，CDOs比CMOs更先获得利息收入，风险相对较低。因此，在信用评级模型中，CDOs的等级一般高于CMOs。房价下跌，抵押贷款市场崩溃后，人们才发现，评级结论是基于投资银行提供的数据而作出的，投资银行为取悦客户，往往会夸大收益、弱化风险。对免费午餐的需求是无止境的。而傻瓜们也是层出不穷的。

资产证券化使抵押贷款资金增加，因为CMOs和CDOs比单个抵押贷款的流动性更强，因此其利率也更低。投资者对抵押贷款相关证券需求的增加意味着一些信用历史较差的借款人也可以获得贷款。此外，投资银行不断创新，最低首付比例不断降低，利率不断下降，出现了浮动利率抵押贷款，只付利息抵押贷款和负值摊还抵押贷款。有的贷款采用"弹性定价模式"，前几年提供优惠利率，之后再恢复至正常水平。

但在整个信贷扩张周期中，抵押贷款产品更多来自供给端（抵押贷款担保证券）的主动创新，而非其需求端（贷款申请人）的自发要求。

山姆·格温的短期资金生意

山姆·格温是20世纪70年代的银行家，他曾加入克利夫兰信托公司（当地一家大银行），大学毕业后不久，他就进入该公司的国际部。为了与那些总部设在美国纽约、芝加哥、洛杉矶的大银行抗衡，克利夫兰信托公司的海外贷款业务发展迅速。克利夫兰信托公司通过银行同业市场筹集资金，发放贷款。作为国际信贷市场的新进入者，他的问题主要是找到合乎资质的融资客户。格温前往拉丁美洲和菲律宾寻找潜在客户。事实上，美国东西海岸地区及芝加哥的很多银行在此之前就已经寻找过海外客户，因此，格温为克利夫兰信托公司找到的很多客户是此前被其他银行筛选后放弃的。克利夫兰信托公司最终因其对发展中国家及美国加利福尼亚、内华达、佛罗里达等地次级贷款人的高风险贷款组合损失而关闭。

在整个信贷快速扩张时期，都会有大量合乎资质的借款人。但信贷供给的增长比合乎资质借款人数量的增长更快。克利夫兰信托公司面临的选择，要么"音乐不停，跳舞不止"，要么坐等市场份额丢失。

资产证券化的另一个结果是"金融深化"，抵押贷款相关的债券供给增长比抵押贷款供给增长快两倍。例如，每新增加1亿美元抵押贷款，就会产生1亿美元CMOs，从而产生1亿美元的CDOs。设立信托、发行CMOs和CDOs的投资银行非常喜欢由此带来的佣金收入，因为这种收入是没有风险的。在金融深化的过程中，投资银行收购了大量抵押贷款类资产和抵押贷款相关的证券，在销售给投资人的产品和销售备货线上，有些产品的准备时间要长达6个

月。只要这些产品没有销售出去，投资银行就承担与这些抵押品相关的信用风险。

此外，有的证券化产品并未实际出售，而卖给了投资银行的关联机构，风险仍然保留在资产负债表内。

抵押贷款证券化还导致房屋所有者借款人和抵押贷款放款人之间的关系模糊化。在传统模式下，银行提供信贷资金，掌握借款人信息，通过审贷程序后，才发放抵押贷款。在抵押贷款相关的过程中，这种新型关系引入了诈骗。有些诈骗存在于借款人方面，他们为了获得贷款提供有关收入、资产和信用历史的不完整或错误信息。另一些诈骗存在于抵押贷款经纪人方面。他们鼓励房屋所有人接受这些高于他们收入的负债。一些抵押贷款经纪人并不关心借款人偿债问题，因为信用风险已转移到抵押贷款销售线上的其他人。

信用评级机构迫切希望通过对抵押贷款相关证券的风险进行评估，以获得佣金收入，这种愿望蒙蔽了它们的公正性。一种仁慈的说法是信用评级机构有着"歪曲的码尺"，因为如果它们无法提供投资银行所想要的信用评级，它们将会失去市场份额（投资银行要求信用评级机构产生引导投资者购买抵押贷款证券决策的报告，并支付相应费用）。

达到某一阶段后，美国、英国、爱尔兰、西班牙等国的房价上涨一定会结束，房价下跌，新屋开工量也将迅速萎缩，下降速度可能很快，经济萧条随即而至。人们对经济衰退和房屋建设速度放缓对房价的影响看法不一——有的认为上升势头会保持，房价会稳定在较高水平；有的认为房价会下跌。很多放贷机构认为房地产价格不会下跌，理由是"美国从未出现全国性的房价下跌"（这事实上是一个错误的论断。大萧条期间，美国的房地产价格就下跌了）。地产业界人士也认为房价不会出现巨幅下跌。"回归均值"学派（这一类人数较少）认为，美国房地产总市值与GDP的比率应在一定幅度内波动，大幅偏离均值后必然要回归，因此房价有下调要求。还有观点认为，房地产价格会比传统历史水平下降10%～15%，这是因为房地产泡沫累积期，房地产供大于求，经济需求"消化"过多的供给。在那些房地产过度建设最严重的地区，房地产价格下跌到长期水平以下的程度更大。

2006年底，美国房价开始下跌，导致美国GDP增速下降。但2007年至2008年8月，美国经济下降仍相对温和。2006年12月，美国就业率创出新高，此后进入下降通道。2008年上半年，美国经济持续低迷，但并未出现断崖式下降，好像逐渐消化超额房屋供给后，经济也能逐渐走出颓势。

然而，9月15日，雷曼兄弟公司破产引爆了"大萧条"以来最为严峻的银行危机。这对美国居民带来了巨额的成本，失业率提高，超过1000万家庭因为丧失抵押品赎回而失去房屋。

资产价格下跌并不必然导致危机或恐慌，日本即出现过此种情形。20世纪90年代，日本资产价格泡沫比美国严重得多，家庭净资产与GDP之比的增长速度比美国高出10倍，股票价格和房地产价格增长了5~6倍，同期美国仅增长40%。虽然金融机构出现严重资不抵债，且日本缺失存款保险体制却从未有银行发生过挤兑。

日本情况不同，是由于当时日本各界普遍认为，即使金融机构破产，存款者也不会遭受损失。按照日本的传统，很多在美国和其他西方工业化国家原本应由个人承担的损失被"社会化"了。政府或者通过提供追加资本金，或者设立一家新机构承接不良资产，事实上，相当于将其损失转嫁给了全体纳税人。这样一来，日本相当于实际拥有了全覆盖的存款保险体系，其金融机构也"大而不能倒"，遭受损失的只有股票投资者。因此，资产价格泡沫并未导致日本出现金融机构破产潮。

第一批受到美国房地产价格下跌影响的群体为2005—2006年购买房屋的人，通常是信用记录存在斑点、首付较低的人群。如果这些借款人每月的按揭还款出现困难，他们将会出售房屋，偿还债务——只要房屋的价格连续上涨。但一旦房价上涨趋势终止，他们就会陷入财务困境，因为他们的抵押贷款净额高于其房产出售价值。几乎所有的贷款人都无法筹集到足够现金补齐其中的差额。

2003—2004年，美国次级抵押贷款仅占抵押贷款总额的6%，而2005—2006年，这一比例升至20%。起初，次级抵押贷款的首付要求极低。随着房价下跌，很多购房者成了"负翁"，未偿还金额远高于房产重置价值。对他们而言有三种选择，一是要么老老实实按月还款；二是折价出售，就是出售房屋，希望贷款人免除出售房屋和原价的差价；三是索性把钥匙交给贷款人一走了之，让贷款人承担抵押品出售的负担和成本。房价下跌幅度越大，购房者资不抵债的程度越大，抵押贷款转为不良资产的数额越大。

第二批受到影响的是金融中介机构。这些机构购入抵押贷款，再出售给投资银行，在房价下跌中损失惨重。投资银行将相同特性的贷款打包形成资产池，以此为基础发行抵押贷款担保证券化产品。但从金融中介机构购入资产，到投资银行成功售出证券化产品，周期为12~18个月，其间如出现信贷违约，坏账损失只能由金融中介机构承担。2005年，次级抵押贷款违约数量尚不多，到2006年底，金融中介机构出现大量信贷损失，破产数量明显上升。金融中介机构的破产意味着，投资银行从其处购买的数百亿美元贷款成为不良贷款。

投资银行是第三批受到购买者违约的影响受害人，它们不仅受因于近期购入的不良抵押贷款证券，还在其他方面受到影响。一旦房地产价格下降，它们销售抵押贷款证券将更加困难，因为很难确定这些证券的价值。加之，随着抵押贷款违约的增加，投资银行持有的抵押贷款和抵押贷款相关证券遭受巨额损失，包括它们尚未销售出去的CMOs和CDOs。

一旦投资银行变成廉价销售抵押贷款相关证券人，证券价格就迅速下降。"盯市"记账法要求企业根据市值对它们所持有的证券定价。这些证券的市场价值远远低于它们基于当前和预期现金流计价的价值。例如，阿尔法公司急需资金，不得不以远远低于根据未来预期现金流确定的合理水平的价格出售欧米伽债券。而这一交易行为，将导致贝塔公司、伽马公司及其他持有欧米伽债券的公司按照新的价格计量其资产组合中该债券的价值。同样，证券资产的交易价格也可能远低于根据未来预期现金流确定的合理价格水平（这一切都发生在瞬间，因此，完全遵循"盯市"规则对证券资产存量进行计量可能不是个好主意）。

结果，加利福尼亚、乔治亚、伊利诺伊等地的商业银行因购买大量抵押贷款导致损失而倒闭。联邦存款保险公司关闭了那些损失远远超过资本的商业银行。这些银行的存款被卖给那些资本头寸有保障的银行。到 2009 年底,美国有近 200 家银行破产。到 2011 年底,又有 250 家银行破产。联邦存款保险公司利用存款保险费救助问题银行,保障存款人权益,但随着破产银行数量的增加,结余保费规模急剧缩水。

联邦存款保险公司可在美国财政部获得 5000 亿美元的信贷限额,但其很少完全动用此限额。如果这一限额被使用完毕,美国国会几乎一定会考虑向联邦存款保险公司提供更多资金。当预期其损失将会超过保费收入时,联邦存款保险公司希望银行支付保费预付金。商业银行肯定不会满意此做法。

2007 年 3 月,由于旗下对冲基金在抵押贷款产品杠杆投机中损失惨重,贝尔斯登公司面临严重危机。全美金融公司曾是美国最大的抵押贷款放贷机构,为实现快速扩张,主要依靠票据市场满足该公司近三分之一的购买抵押贷款的资金需求。2007 年 8 月中旬,全美金融公司出现巨大的流动性缺口,购买抵押贷款的无法偿还到期商业票据贷款,全美金融公司以前是通过商业银行信用额度偿付的。这些最终被美国银行通过发行优先股收购。就在同期,英国最大的抵押贷款金融机构——北岩银行,也因无法偿还到期票据,向英格兰银行提出救助申请。

巴杰特定理与问题银行救助

第十一章曾提到巴杰特的观点,在他看来,中央银行应实施价格控制,而非数量控制,应在惩罚性利率水平下,敞开提供贷款,以帮助银行获得流动性,避免危机爆发。随着银行争相变卖资产,价格不断下跌,但资产质量较好的银行不会受到严重影响。

从某种意义上说,中央银行发放高利率再贷款相当于对银行股东的"勒索",不接受就会破产,其投资将血本无归。

巴杰特反对对资不抵债的银行提供金融救助。但假设阿尔法银行(如雷曼兄弟公司或苏格兰皇家银行)出现了资不抵债。美国政府是否应对其提供金融救助,以确保其在净价值为负的情况下维持运营，正如美国财政部 2008 年 9 月中对房利美和房地美所做的那样？事实上，在这种情况下，阿尔法银行原有股东的股份会因美国政府对其提供金融救助而不断被稀释，最终政府肯定会成为大股东。

如果阿尔法银行破产，按照法定程序，应将资产清理所得用于偿还存款，但资产清理导致的价格下跌也可能对其他机构带来影响，原本清偿能力较强的银行可能因持有与阿尔法银行同样的证券而出现资产缩水、净值下降。

巴杰特关于为流动性不足机构提供贷款的逻辑，恰好说明政府救助问题银行的必要。关键在于，破产是否会带来系统性影响，以及对其他金融机构的负面影响。

2008 年初，美国第六大投资银行贝尔斯登公司遭受了双重打击。一方面，其投资者信心严重不足，无法实施资本扩张。另一方面，大量到期票据无法偿付，也无法得到贷款支持。最终，美联储接受了贝尔斯登账面上 290 亿美元的"有毒资产"，并主导 J. P. 摩根将其并购。9 月初，美国财政部收购房利美和房地美公司，有人估计，由于其持有的房地产抵押贷款及相关证券资产的价格下跌，两公司当时的净市值均为 –1 亿 ~ –2 亿美元，而美国财政部花费的总成本高达 3 亿 ~4 亿美元。

2008 年 9 月，曾以规模大、扩张快著称的华盛顿共同基金出现财务危机，联邦存款保险公司介入并将其剥离转让给了 J. P. 摩根，华盛顿共同基金的股东则血本无归。

雷曼兄弟公司的情况更为严峻。潜在投资者无法全面评估其资产状况，更无从知晓资本金缺口数额，增资扩股无从实施。美国政府曾考虑由其他金融机构并购雷曼兄弟公司，却不愿承担并购成本（为促成 J. P. 摩根收购贝尔斯登公司，美国财政部为贝尔斯登公司账面上的"有毒资产"提供了 290 亿美元的信贷支持。这也正是 J. P. 摩根完成此项交易的条件，如不然，美国财政部将花费更多成本应对贝尔斯登公司的破产。同样，为确保房利美、房地美公司债券持有人不遭受损失，美国财政部也提供了数额不菲的信贷支持)。

英国巴克莱银行曾申请收购雷曼兄弟公司,但英国政府担心雷曼兄弟公司或有负债数额超乎想象,出于自身利益考虑,驳回了这一申请。即使雷曼兄弟公司在伦敦雇佣了 6000 名职员,英国政府也不愿为美国的银行买单。

雷曼兄弟公司破产 1 天后,美国政府开始救助全球最大的保险企业美国国际集团 (AIG)。此前,美国国际集团出售了数千亿美元的信用违约掉期产品 (CDSs),为债券购买者提供保险,确保其在债券发行方破产时,仍能获得足额偿付。许多 CDSs 由债券持有机构购买。还有一些被第三方投资机构购买,没有直接的可保利益。从这点看,购买 CDSs 的费用要低于借款人违约后可获得的偿付。

如果没有美国政府的救助,美国国际集团是否会破产?这一问题的答案取决于美国政府是否会出面干预,以及是否会通过追加资本金(也许是相当数额的资金),阻止证券资产价格的进一步下跌,这样一来,机构投资者就不必争相抛售证券资产。抛售证券资产导致的投资损失,会降低其资本金规模。他们可能认为,相对于追加资本金而言,抛售证券资产、降低资产规模更符合股东利益。

如果政府出手救助雷曼兄弟公司,至少其债券持有人及交易对手的损失可以避免,但其原有股东的权益可能缩水至原来的 1% ~ 0.5%。原有经营管理层将被扫地出门。即使其资产不断贬值,雷曼兄弟公司及其信贷渠道仍旧运转。

美国政府并没有针对单一大型银行资本金不足而进行救助的政策,这是其放弃救助雷曼兄弟公司这一成本高昂的决策出台的重要原因。在 1984 年,美国政府救助伊利诺伊大陆银行时,所有借款人的利益都得以保全,包括持有银行控股公司债券的投资者。美国政府救助贝尔斯登公司时,为避免 J. P. 摩根遭受有毒资产的损失,美国财政部提供了 290 亿美元的信贷支持,以确保其可以向贝尔斯登公司原股东支付每股 10 美元的对价。美国财政部为保全房利美、房地美公司债券持有人的利益,提供了 3 亿 ~ 4 亿美元的信贷支持。在短短 18 个月中,美国政府救助濒临破产的金融机构的剧情有两个完全不同的版本。虽然贝尔斯登公司的规模不及雷曼兄弟公司，但房利美、房地美公司的规模比雷曼兄弟公司大得多。政府在救助其他机构时充满想象力，而在雷曼兄弟公司出现危机时，想象力却枯竭了。进一步地，J. P. 摩根能够向贝尔斯登公司股东支付每股 10 美元的对价，完成对其的收购，完全有赖于美国财政部提供的 290 亿美元的支持，否则，J. P. 摩根不可能完成此桩交易，贝尔斯登公司也难逃破产命运。在贝尔斯登事件中，政府的介入使得其原有股东的利益得到了保障。而在雷曼兄弟公司事件中，政府借口无权动用纳税人的资源而听任其破产。

导致金融动荡及信贷市场冻结的另一个因素是，政府并不清楚雷曼兄弟公司是商业票据市场的重要参与者。资金富余的企业通过投资该市场的金融工具，将钱贷放给资金不足的企业。雷曼兄弟公司负责撮合商业票据市场买卖双方的交易，其职员理解该信贷渠道的运转机制。而当雷曼兄弟公司倒闭后，很多信息都无从获悉，该市场的运转也停滞了。

假如美国政府成为雷曼兄弟公司的大股东，并维持其继续运转，金融经济史将会改写。虽然同样会出现房价下跌及新建房屋数量的急剧萎缩，但与"大萧条"时期相比，经济衰退的程度要温和得多。

美国政府官员称其未获得授权，无法针对特定机构出台救助措施。但他们的确在处置贝尔斯登公司时提供了大量救助，在确保房利美、房地美公司债券持有人利益时，也提供了大量救助。在其任由雷曼兄弟公司破产仅仅 1 天后，他们又耗费了大量纳税人的钱用于救助美国国际集团。授权或许是必需的，但在此之前至少可以通过临时协议，确保雷曼兄弟公司运转。

小集团、权贵资本主义及私人恩怨

雷曼兄弟公司破产时，时任美国财政部部长是亨利·保尔森。市场传言，保尔森与雷曼兄弟公司主席迪克·福尔德有私人恩怨。

保尔森的一位兄弟在雷曼兄弟公司纽约办公室工作。布什总统的一位亲属也在雷曼兄弟公司一家地区办公室工作。

有人认为，正是因为保尔森部长的谨慎，担心布什政府受到"权贵资本主义"的指责，才放弃救助雷曼兄弟公司。

这些观点能否为美国政府宣称没有得到救助雷曼兄弟公司的授权而听任其破产的事实，提供一个解释呢？

很多政府官员考虑的问题是，如果救助雷曼兄弟公司，将有更多的贝尔斯登公司、雷曼兄弟公司和全美金融公司在 2020 年或 2025 年的下一轮危机中陷入困境。美国金融监管当局希望释放一个强烈的信号，即不认为其有权利"救助雷曼兄弟公司"。但问题是，如果政府对雷曼兄弟公司实施了救助，避免其破产，实质上又是救助了谁？

"大而不倒" 的成本及这一陈词的祸根

随着房价上涨，雷曼兄弟公司、北岩银行等机构实现了快速扩张，而随着房价泡沫的破灭，这些经营激进的机构也纷纷破产。全美金融公司的创立者安吉罗·莫兹罗，也希望其公司成为全国最大的房地产抵押贷款放款人。总部设在西雅图的 WaMu 公司不希望将市场份额拱手让给全美金融公司。这些公司的数百家分支机构的审贷人员为满足管理人员的要求，不断接待各类贷款申请人，满足其信贷需求。

"大而不倒"这一陈词的祸根在于其模糊的超过了揭示的。当一家小银行出现巨额损失时，联邦存款保险公司会接管该银行，并劝说其他银行购买濒临破产银行的存款及大部分信贷资产。通常，联邦存款保险公司需要支付一定的成本以吸引买主，就像 J. P. 摩根并购贝尔斯登公司时那样。但是，假设全美排名前三位或前四大银行中的某一家出现了巨额信贷损失，任何企图收购该问题银行的银行都可能面临消化不良的问题。同样的问题也可能出现在全美排名第五位或第十大银行出现问题时。"大而不倒"通常意味着"大而不关门"，因为如果大银行关闭，与之相关的信贷渠道可能面临崩盘的风险。

大银行在濒临破产时能够维持经营，但在其继续经营并对借款人及放款人提供服务的同时，其股东及经营权可能面临调整。每家银行都有至少六部分的利益相关群体，包括有保险的存款人、无保险的存款人、债券持有人、交易风险对手方、银行控股公司的债券持有人、普通股股东、优先股股东、高级管理人员及董事会。银行总部所在城市也利益攸关。1984 年，当大陆伊利诺伊银行出现经营失败时，有保险的存款人受到联邦存款保险公司保护，而无保险的存款人在联邦存款保险公司接管该银行前就将存款全部取出了。由于该银行并没有中断经营，其债券持有人及交易对手方的利益也得以保全。而普通股股东则损失了所有投资，该银行的高层管理人员也都被扫地出门并受到公众谴责，董事会成员也被清洗，并名声扫地。从操作层面讲，大陆伊利诺伊银行经营失败了，大陆银行并没有因为规模大而不失败。

2008 年，如果美国财政部没有退出针对问题银行的大规模投资措施，大量银行也会因经营失败而破产。花旗银行普通股股价跌到 1 美元，投资者仍然认为其有可能最终一文不名。美国政府购买了价值 450 亿美元的花旗银行新发行股票，最高时占其股份总额的 36%。美国政府也调整了花旗银行的经营管理层。同样地，美洲银行能够维持经营，完全依赖美国政府提供的 250 亿美元资本金。苏格兰皇家银行，这一英国最大的银行，也出现了经营失败。英国政府对其进行资本充足后，持有该银行 90% 的股份。

如果最大的银行都会出现经营失败，其股东都会损失惨重甚至血本无归，关于 2008 年 9 月救助雷曼兄弟公司可能在未来几十年鼓励银行激进的经营行为的道德风险的讨论还有何意义？这种道德风险的讨论是关于个体金融机构的冒险行为，它们会意识到，如果赌赢了，就能获得巨额的投资回报，如果赌输了，政府及纳税人会最终为它们的失误埋单。贝尔斯登公司和雷曼兄弟公司的高层管理人员，都因为持有其所服务公司的股票及股票期权而失去了巨额个人财富，他们原来在家庭的赚钱主力地位也失去了。

传统争论的焦点是，部分观点认为当企业面临财务困难时，政府不应予以干预，当资产价格下跌到足够程度，市场最终会稳定，投资者会购买损失了大量资本的公司。这些人认为对市场的过度干预，可能导致道德风险，贷款人认为他们还会得到救助，在未来会面临更严重的危机，就像政府通过干预阻止贝尔斯登公司破产一样。大陆伊利诺伊银行、房利美、房地美及雷曼兄弟公司的股东，在其公司股价跌到一文不名时都面临惨重的损失。而华盛顿共同基金、全美金融公司的股东则只遭受了部分损失，安吉罗·莫兹罗本人也保全了部分财富。

相反的观点认为，每一次危机均有其特殊性，大量企业出现流动性不足导致的经济动荡后果可能极为严重，易导致失业率上升、经济衰退等。此外，道德风险的考虑忽视了政府出面干预救助单一经营失败企业，与稳定因系统性冲击而出现经营失败的一大批企业间的区别。企业的经营失败是否是在整体经济平稳的背景下，其经营管理层决策失误导致的？在这种情况下，倒闭是有特殊性的，反映了经营问题。但当行业中多家公司同时出现经营困难，可能是由基本经济条件变化或货币政策不当引发系统性危机导致。很多原本认为经营管理水平较高的企业也会出现经营失败。经营失败银行及其他企业的数量增长，可能由于金融环境变化导致，或者说，是由于货币政策当局决策失误导致。

再回到"如果救助雷曼兄弟公司，到底谁将被救助"的问题。政府干预的目的应该是确保既有信贷渠道的运转，其债券持有人及交易对手方则可免予遭受损失。而其股东将可能遭受沉重损失。雷曼兄弟公司的高层管理人员也将失去其职位。董事会成员也将被解职。

对拯救雷曼兄弟公司会鼓励冒险投资行为的考虑基于这样一个假设，即其股东可以保全大部分或相当部分的投资利益。试想一下，2025年银行的高级管理人员大概不会因为当年贝尔斯登公司被并购时仅仅损失了90%，而不是100%，就贸然作出高风险投资的决策。传统意义上对道德风险的争论忽视了对银行的救助与对银行家的救助两者之间的区别。银行可以作为功能性机构被救助，而银行家们——包括股东及高层管理人员——则不应该留任。多数民众都会反对救助银行家，但对于评论家而言，弄清楚救助银行家与救助银行之间的区别是很重要的。

对政府不应利用公共资源稳定金融体系的观点有两种回应。一是担心不救助雷曼兄弟公司或美国国际集团会出现破产企业数量激增，导致失业率上升，并带来公共部门债务上升。二是最终政府会改变自己政策来努力稳定系统，而政府早些进行干预可能成本会更低。政府推迟干预会导致证券价格的进一步下跌，造成更多银行陷入困境。

如果政府决定在房地产价格下降到长期均衡水平之前进行干预以稳定金融系统，政府需要连续注入资金，因为房地产价格下降会导致银行资本规模的不断缩小。相反，如果这种干预被长期被拖延，经济衰退将导致银行贷款大量损失，需要政府在未来干预时注入更多资本。政府需要准确把握进入市场进行干预的时机，尤其在证券价格不断下跌，各方面面临严重压力的情形时。这也提示我们，及早入市干预的风险较小。否则，当局需要对参与交易各方的反应进行提前预判，作出一整套干预方案。

银行的传统经营是借短贷长，由此面临的一种风险是短期利率可能比长期利率上涨的幅度更大，正如 20 世纪 80 年代早期的情形。另一种是流动性风险，存款人可能随时提取他们的存款，而商业票据持有人在贷款到期后可能不愿购买更多商业票据，导致无法实现循环融资。这其中的重要假设是，当银行资产面临风险时，存款人和债权人会遵守银行借贷规则，不会威胁提前取出存款。在 2007 年 8 月，全美金融公司和北岩银行就遵守了它们数年前不断购买房地产抵押贷款时制订的规则，但在房价开始下跌的 8 ~ 10 个月后就出现了经营危机。

出于存款人（尤其小规模居民储蓄存款人）可能因银行经营问题而提前取出存款的考虑，银行发放高风险贷款时十分审慎。从数据来看，只有房地产价格下跌后，这一情景才会出现。1934 年，美国设立联邦存款保险公司，以避免小规模存款人因担心银行倒闭会利益受损，而出现银行挤兑。事实上，他们可以获得美国政府提供的存款兑付担保。美国储蓄存款的保险上限最初设定为 2500 美元，后提高至 5000 美元，1950 年提高至 1 万美元，1969 年提高至 2 万美元，1980 年提高至 10 万美元。事实上，存款人可通过在多个银行分散开立账户，或在同一银行开设多个账户的方式，规避这一限制，获得更高的保险额度。从这个意义上讲，存款保险上限限制并不严格，只需将存款拆分即可轻松规避。

存款保险这一机构创新避免银行收到储户集中提取存款的压力，减少清偿危机出现的频率。从其设计初衷来看，其认为小规模存款人相对单纯，容易盲动，因此为其提供了存款保险机制。规模较大的存款人则更加老练，一般不会引发挤兑危机。

小银行受信贷规模及风险内控能力所限，更容易遭遇挤兑危机，也更需要存款保险制度的保障。而大银行内部风险控制更为完善，出现挤兑危机的概率较低，存款保险制度的作用有限。

回到是否"拯救雷曼"的问题上。如果政府向其提供救助资金，避免破产出现，投资者损失将大大降低。雷曼兄弟公司的规模远大于贝尔斯登公司，且其作为一家投资银行，日常监管主体为美国证券交易委员会，如果其是一家商业银行，则会受美联储监管。

"大而不能倒"的一种解释是，当大银行遭遇危机时，其他机构很难筹集足够资金将其并购，因此，其破产难以成行。正如 J. P. 摩根收购贝尔斯登公司时，政府必须提供足够的支持，才可促成交易，避免市场竞争态势发生重大变化。

"大而不能倒"也可能带来负面影响。这些大银行的股东享有"免费午餐"。大银行受到保护，而小银行倒闭时需承担损失。2008 年之前，最大的银行破产案为 1984 年大陆伊利诺伊银行破产案，该银行当时为美国第七大银行，导致其破产的原因是油价下跌带来的坏账损失。该银行与其他银行的不同之处在于它的国内存款规模较小。1982 年，大陆伊利诺伊银行就曾爆发危机，后来逐渐平息。1984 年，糟糕的盈利状况再次引爆危机。破产首先开始于该银行海外分支机构。最初，大陆伊利诺伊银行向美联储借款，最终，被联邦存款保险公司接管。

大陆伊利诺伊银行的普通股票持有人损失了全部投资，他们持有的股票一文不值。高级管理层丢掉了自己的位子，并损失了投在该银行股票的投资，同时也丢掉了他们的职业声誉。很多管理人员作为银行家的事业提前结束了。该银行董事声名扫地，并遭受了巨额损失。

那么，在大陆伊利诺伊银行破产事件中，到底是谁、在何时受到了"救助"呢？购买了保险的存款人通过联邦存款保险公司，免予遭受损失，但是他们支付了保险金。未购买保险的存款人，在大陆伊利诺伊银行被接管前，已将存款全部提出，也未遭受任何损失。只有其银行控股机构发行的次级金融债券的投资者遭受了损失（人们普遍认为，联邦存款保险公司直接提供资金是个错误，以致持有银行控股公司债券的投资人未受到损失）。

从实际角度看，大陆伊利诺伊银行虽然仍在运转，但其实质已经破产了。唯一保证可使未购买存款保险的存款人的存款打"折扣"的方法，是在银行仍有一定的流动性时让其关闭。

我们可以比较一下"拯救雷曼"和"放弃雷曼"两种策略的成本收益。2008 年 8～9 月，美国财政部曾呼吁其他金融机构出面，并购雷曼兄弟公司或对其注资，但为免受"清道夫"的指责，其并未提出建设性方案。

救助雷曼兄弟公司的办法很多，至少有以下三种可选方案。第一种方法是 J. P. 摩根收购贝尔斯登公司的方式，美联储可直接出资，购买一定数额（400 亿美元、500 亿美元、600 亿美元）的抵押贷款相关证券之后，可由一个买家收购雷曼兄弟公司。这应该是比较有效的方法。这样，雷曼兄弟公司的投资者可能获得 1～2 美元/股的对价，部分管理层也能在新公司谋得一官半职，但多数要失业。商业票据可以按期偿付，部分债务甚至会得到代偿（如房地美和房利美），否则这些投资人的债券将作折价处理。雷曼兄弟公司不再独立存在。美联储救助雷曼兄弟公司的成本可能是购买 500 亿美元、600 亿美元或 700 亿美元的有毒资产，但是这些债券在经济平稳之后还有一定价值。

第二种方法是，参照美国财政部对花旗银行和美国银行的做法——问题资产救助计划（Troubled Asset Relief Program, TARP），美国政府按 1 美元/ 股的价格认购 6000 万 ~ 8000 万股,通过资本注入,维持雷曼兄弟公司的运转。运用这种方式的直接成本是财政部投入的这些资金,大约占雷曼兄弟公司负债总额的 4% ~ 5%。

第三种方法是,可参照美国财政部救助"两房"的模式,直接回购雷曼兄弟公司的股份,将其出资视为对雷曼兄弟公司的贷款,未来可根据情况转为股权。待危机平息后,再将持有股份转让给公众。采用这种方式,财政部出资金额以满足雷曼兄弟公司的资本需要为限。

评估美国政府救助雷曼兄弟公司的成本,应在后危机时代对其持有的抵押贷款及其相关证券进行全面考量(在危机过程中,这些证券的市场价值可能高度不确定,可能远远低于基于现金流计算的内在价值)。在危机时期,证券资产市值变动剧烈,甚至可能低于未来现金流贴现值。在雷曼兄弟公司破产前,其净资产总额为 300 亿美元,杠杆率为 30 倍,总资产为 9000 亿美元,总负债为 8700 亿美元。雷曼兄弟公司出现了 3 倍于其资本金的信贷损失,美国财政部需投入 600 亿美元,才能避免其破产。

当雷曼兄弟公司濒临破产时,其内部分化为两个经营单位。A 单位每年仍能产生 100 亿 ~ 150 亿美元利润,盈利状况良好。B 单位则因抵押贷款及其相关证券价值的下跌,出现严重的资不抵债。救助雷曼兄弟公司的结果是,A 单位的交易和投资业务每年仍能为其带来 100 亿 ~ 150 亿美元稳定的利润回报,B 单位继续持有问题资产。如实施第二种和第三种方法,可用未来的利润逐渐抵补救助支出。

除此之外,救助雷曼兄弟公司还会承担道德风险等"附加成本"。雷曼获救,可能使人们更加肆无忌惮地参与投机,导致更严重的危机。政府如不采取救助措施,雷曼兄弟公司投资者将血本无归,其高管也将被迫离职,个人财富大幅缩水,董事会也会因失职而受到诟病。因此,救助雷曼最大的受益人是三个群体:一是雷曼兄弟公司雇员,部分人的计划内奖金可能也会兑现;二是其债券及其他债务工具的持有人;三是风险交易的对手方。

AIG 是世界最大的保险公司之一,在雷曼兄弟公司倒闭的事件中,也险些破产。AIG 出售了数百亿美元的信用违约掉期产品,在获得保费收入的同时，也累积了巨额的债券信用风险。投资信用违约掉期产品的保费支出远远低于债券违约成本。如债券违约，AIG须承担赔偿责任，而购买信用违约掉期产品的投资者则可免遭损失。随着雷曼兄弟公司债券违约数量的增加，AIG 很快便陷入财务困境。

反过来设想一下，如果 2008 年 9 月雷曼兄弟公司被救助，危机将如何发展。倒闭的可能是其他公司，如美林证券或摩根士丹利等。一种可能是 AIG 将继续被挤兑，可能不那么快。另一种可能是，美国政府救助的雷曼兄弟公司的行为表明，政府会救助其他有流动性问题或缺少资本的公司，这正是美国政府救助 AIG 时的基本政策。"救助"本身就包含了普通股及优先股股东投资血本无归，问题银行的管理层及董事会都被扫地出门。

如果 AIG 没有获得政府救助，那么估计有 99% 的可能会出现投资者争相从其他金融机构提取存款的情况，早动手总是好过真的出现损失。资产价格会出现进一步下降，另一批原本认为经营稳健、管理有效的公司将陆续陷入困境。贷款人对到期贷款的展期将极度谨慎。美国的衰退将进一步加剧，美国经济可能陷入债务——通缩陷阱。

以下段落文字摘自本书第六版：

反过来看，雷曼兄弟公司的救助成本可能达 500 亿 ~1000 亿美元。这笔资金可能由美国财政支出。这笔资金要减去将来可能的回收值，加上随着危机的发展可能增加的成本。且贷款人意识到政府可能被"倒逼"出手，会更加肆无忌惮地从事投机交易。附加成本可能是救助投资过于激进的其他金融机构的成本。

2008 年 9 月的危机过后不久，这些债券就被按面值 10% ~20% 的折价交易，债券持有人遭受了重大损失。

救助美国国际集团（AIG）的成本

观察政府对金融机构的政策效果，很少有机会采用做实验的方式。美国政府对银行的问题资产救助计划可看做一项实验，同样，其救助美国国际集团（AIG）的政策也可看做一项实验。美国政府急于收回其提供给 AIG 的投资，以致后者不得不在市场形势尚不明朗的情况下，就将其部分附属资产出售。如果是在 1~2 年后，市场更加趋向稳定时进行此项交易，AIG 会得到更高的对价。然而，AIG 很可能偿还美国财政部的所有投资，这也是个一箭双雕的结果，既降低了危机恶化的影响，也使美国财政部获得了收益。结果，美国财政部成为了成功的"风险"投资家。而且，其对 AIG 的投资也是提供一种"公共产品"，降低危机影响，避免更多银行破产。如果真的出现大量银行破产，联邦存款保险公司的处置成本就会大大增加。

而通过问题资产救助计划投放的资金还是能够获得利润的（但为美国汽车企业提供的问题资产救助计划资金没有获得利润）。同样，20 世纪 70 年代末，美国财政部对克莱斯勒公司提供的贷款担保也获得了利润。

令人意外的是，雷曼兄弟公司徘徊在破产边缘时，市场已变得风声鹤唳，雷曼兄弟公司持有的很多资产的价格已低于其内在价值。雷曼兄弟公司存在流动性问题，事实上，整个金融体系都存在流动性—偿付力的问题。美联储的入市干预，导致美国财政部相关资产价格上涨，而其他公共及私人部门的资产价格则涨幅有限。

以下段落文字摘自本书第六版：

还需对不救助雷曼兄弟公司的成本作出调整，即包括美国财政部和美联储救助 AIG、花旗银行、美国银行等超过 20 家其他机构的支出。但很难精确评估实施救助的成本，随着危机不断发酵，更多金融机构会因为缺少流动性而破产。美国财政部对其他金融机构注资达 4000 亿美元，数据显示，其投资成本基本全部可以收回。

现在数字出来了。对美国财政部而言，问题资产救助计划获利颇丰，美国政府是成功的风险投资家。如果其补充银行资本金时，购买的是普通股而非优先股，收益率还会更高。

美国财政部成为成功的风险投资家，原因在于其通过补充银行资本的行为，提供了其不会任由银行破产的承诺，非政府部门债券的风险溢价水平随之下降。只有美国政府有能力提供这样的承诺。如果这一承诺早来几个周，2008 年大衰退的程度将大大减轻。

放弃拯救雷曼兄弟公司的直接影响是引发恐慌和危机。不救助雷曼兄弟公司还可能导致失业增加、经济衰退、财政赤字扩大等一系列经济成本和社会成本。2008 年 1 ~ 8 月，美国非农就业总人数平均每月减少 4 万人，而雷曼兄弟公司破产后的半年间，美国非农就业总人数平均每月减少 60 万人。

最突出的风险是风险资产价格迅速上升，LIBOR 与联邦基金利率间的利差飙升。现金储备相对充裕的银行不愿拆借给坏账损失较高的银行，后者只能变卖资产获取现金，并囤积现金。缺少现金头寸的银行只能想其他办法收集现金，进一步缩减资产。

风险价格飙升，及其引致的经济衰退，是放弃拯救雷曼兄弟公司最大的成本。2008 年 8 月，无党派人士组成的国会预算委员会预测，2009 财年美国赤字总额约 4500 亿美元，而仅仅 6 个月后，这一预测就被上修至 1.5 万亿美元，这笔钱足够救助 10 ~ 15 个雷曼兄弟公司。信贷停滞、经济衰退是导致财政赤字飙升的主要原因，财富缩水、失业增加也导致居民及企业部门萎缩，消费开支急剧下降。

"大而不倒" 与道德风险

雷曼兄弟公司破产前后，美国多家金融机构陷入困境，美国政府也先后对贝尔斯登、房利美、房地美等公司实施救助，为何单单放弃了雷曼兄弟公司？

卷入 2008 年金融危机的银行、抵押贷款机构、保险公司及其他金融机构大致可分为以下四类。第一类机构在危机中损失了几乎全部资本金，股东投资血本无归，无法维持经营，印地麦克银行（Indy Mac）、华盛顿共同基金、雷曼兄弟公司都属此类。此次金融危机中，近 300 家抵押贷款机构破产，美国联邦存款保险公司也关闭了约 200 家银行。这些公司的高管层遭遇下课，个人财富大幅缩水，职业生涯提前终结，董事会也因此而饱受诟病。

第二类机构也遭到了巨额损失，但在政府支持下，可以并入资本充足的机构，全美金融公司、美联银行（Wachovia Bank）、贝尔斯登公司和美林证券均属此类。这类机构最终也从市场上消失了，其投资者损失惨重，但并非血本无归。高管层大多被迫离职，职业生涯受到重挫。但少数被并购机构高管仍得以留任，年薪仍高达千万美元。

第三类机构也发生巨额损失，最终美国财政部或美联储出面才未破产，AIG、花旗银行、美洲银行及多家地区性银行均属此类。这类机构股票跌幅一度高达 80%～90%，而在政府宣布注资，破产危机解除后，股价才有所反弹。

第四类机构并未接受政府注资，也未听从财政部的改革安排，自行解决了流动性危机，高盛、摩根大通、摩根士丹利均属此类。作为美国顶尖的投资银行，它们中的一部分通过私人市场增募股份化解了其面临的流动性危机，摩根士丹利则对三菱银行发行了新股。

雷曼兄弟公司的破产为何对信贷市场造成的影响如此严重？一说美国政府在对贝尔斯登公司、房利美、房地美实施救助后，修订了危机处理政策，不再轻易对问题金融机构实施救助。如果两点可以确定一线，美国政府处理贝尔斯登公司、房地美和房利美时相当于确定了这一政策。但是这一"政策"又在处理雷曼兄弟公司问题上反了过来。但在救助 AIG 时表明把反过来的政策又反了过来，市场参与者对美国政府处理方法的不一致感到震惊。

一损俱损?

政府出资救助银行及其他金融机构，最大的获益者是其债券投资者、未购买保险的存款人及其高管。如果所有金融机构都像雷曼兄弟公司一样破产，债券投资者必然要承担损失。根据破产清算情况，损失比例可能高达 30%～50%。金融机构如若破产，其高管层也将黯然离职，未购买存款保险的存款人也将遭受损失。

　　如果机构破产，债券投资者为避免损失，会争抢出售其持有债券，导致债券到期收益率飙升。银行即使正常兑付到期债券，也无法通过发行新债券筹集资金，其资产规模将迅速缩水。同样，债券投资者在到期后，不会继续购买债券。流动性短缺很可能导致银行出现偿付危机。

　　一种情况是，债券工具应设计成当使债券持有人在公司倒闭时承受损失；这样它们将对高层管理人员施加更多限制，以使高管人员在进行风险投资时更加小心谨慎。或许，信用评级机构已经对债券风险进行评估，但是并没有清楚地表明，投资人在购买银行债券时应更加小心，认清债券折价的前景。

　　由于在日常经营中受到诸多限制，很多银行放贷时会畏首畏尾，导致很多项目无法得到融资支持。

　　合理的政策设计应该是，在金融环境稳定的背景下，允许大公司倒闭，其倒闭的原因是一两个公司特有的。而当倒闭是系统性的，且涉及大量公司，政策问题就不同了，这种倒闭会产生严重的外部影响。金融机构整体资本水平下降，这些公司的资本水平相对于负债可能很小。两种方法可以应对这一问题，或降低资产价值直到银行资产与银行负债达到满意水平；或由政府对这些银行注资。问题的关键是银行资本的价值对银行资产价格的变化高度敏感。

　　假如政府不出台任何救助方案，不购买问题资产，也不对问题机构注资，所有借短放长的金融机构都将破产，随着经济形势不断恶化，原本经营稳健的银行也会出现巨额坏账损失。

　　或许在 2020 年、2025 年或者其他时候，又会出现一轮信贷扩张。彼时，各大金融机构的高管们能否吸取 2008 年危机的教训？他们或许会记得政府最终还是出手了，而在日后的经营中更加有恃无恐，主动承担更大的信贷风险。他们或许会牢记本轮危机中股价的暴跌，牢记一批高管黯然下课的尴尬，牢记很多金融业者职业生涯戛然而止的悲剧。

　　这些高管们将会看到金融企业的股价及总市值缩水超过 90%。

他们将会看到大多数金融企业的高管被扫地出门，连公司董事长也黯然下课。他们会看到很多金融企业的经理人员失去了工作。他们将会看到美国的投资银行业出现严重倒退，只剩下一家大公司，其他公司都不得不将其 20% 的股份转让给日本的公司。

"大而不能倒"是一句让人们上当的陈词滥调，这个口号揭示的远远不及其模糊的，所以不能机械地理解，生搬硬套。如在雷曼兄弟公司破产事件中，虽然其规模足够大，但由于政府不愿提供救助，投资人还是承担了惨重的损失，市场经历了 100 年来最为严重的动荡。

军事行动最重要的特点就是必须有应急计划（contingency planing），会根据交战方可能的反应，推演出上千种可能的场景，并制定相应对策。而从美国财政部及美联储的官员们应对房价下跌的政策看，他们的想象力着实令人不敢恭维。美国的纳税人应该发起一项集体诉讼，降低官员们薪酬水平及社会地位。祝好运。

第十五章 | 历史的教训

　　回首过去 400 年，金融危机反复上演，每场危机之后都紧随着信贷增长、投资者情绪波动、资产价格上涨、投机狂热以及更高的经济增长。越来越多的投资者购买证券和资产以获得短期收益。资产价格上涨使得居民财富及消费开支增长显著，其消费开支也水涨船高。企业经营更加激进，更倾向于投资扩张。很多国家外债规模不断增长，甚至远远超过其可持续的水平。与外债规模增长相对应地，在这些国家内部，债务规模也在快速增长，同样超出了正常经济可持续的水平。随着经济的不断增长，投机热情也在不断积聚。过度的信贷投放导致资产及房地产价格上涨，远远偏离其可接受的长期均衡水平。

　　过去 40 年间出现了四轮金融危机，每一轮危机都伴随着信贷过度投放。多国同时出现资产泡沫，背后一定有相同的作用机制。各轮危机都出现大规模资金流入，热钱的加速流入导致债券、股票、房地产价格上涨，同时出现本币持续升值，直到中央银行出手干预，才会限制或阻止本币升值的趋势。

　　已出现的四轮金融危机及其导致的资产及房地产价格的巨幅波动并非是完全独立事件，而是相互联系的。事实上，几轮危机间有系统联系，一轮泡沫破灭后导致的资本流动为下一轮危机埋下了伏笔，资本流动的方向及规模正好指示出了下一轮银行危机。

　　银行是信贷投放过度的罪魁祸首。然而，17 世纪 30 年代，荷兰郁金香花球茎价格持续上涨，正是因为卖家可为买家提供融资便利。随着其价格上涨，理性逐渐泯灭，荷兰出现非理性繁荣。而当其价格崩盘时，荷兰经济也陷入衰退。1720 年，新设立银行信贷投放过度，导致了伦敦的南海泡沫和巴黎的密西西比泡沫。两次危机事件几乎同时发生，也反映了伦敦的金融创新手段被复制到了巴黎。

20 世纪 80 年代中后期，国内信贷供应暴增及对银行房地产贷款限制的取消，导致日本出现资产泡沫，这也是"资产泡沫之母"。当房价的年均涨幅达到 20%~30%，日本的购房需求被大大激发，因为房地产的投资预期回报率远高于其他行业部门。由于银行贷款多以房地产为抵押，房价上涨意味着抵押品价值的上涨，极大地刺激了信贷投放，也满足了购房者日益增长的购房需求。

证券和房地产价格的上涨，是整个日本经济走向调整的一方面，与此同时，日本进口规模不断增加，国际收支经常账户盈余不断减少。20 世纪 80 年代中前期，由于美元资产收益率较高，资本不断流出日本。随着美元资产收益率走低，甚至出现下跌的风险，日本资本流出规模开始萎缩，国际收支资本账户赤字额下降。这一调整也要求日本国际收支经常账户盈余额相应下降。日本国内的调整包括了日元的升值、日元资产价格的上涨以及日本房地产价格的上涨，以上因素共同推动了消费支出的不断增加。

2003 年开始，美国、英国、西班牙、爱尔兰、冰岛等国出现的房价泡沫和货币升值，很大程度上是由于热钱流入推动信贷增长，满足了购房者购买房屋及商业地产的需求而导致的。英镑和冰岛克朗都出现升值。作为欧盟的成员国，爱尔兰和西班牙无法通过调整货币汇率应对热钱流入，导致其资产及房地产价格出现大幅上涨。资产及房地产价格的上涨是经济调整过程的一部分，其确保了各国在出现大规模资金流入时的国际收支经常账户出现相应调整。当热钱流入规模增加时，这一调整将使其经常账户赤字规模增加。当热钱流入规模缩减时，这一调整会使其经常账户赤字规模下降。资产价格及货币汇率的调整（当有必要时，如在历次危机中墨西哥、冰岛等国出现的调整），是对大规模跨境资金流动的反应。随着大规模资金流动，一国净进口及贸易账户差额将会出现相应的变化。资产及房地产价格的上涨，将导致居民财富水平的提高，其对国外商品及国内商品的消费支出也会增加。其中，对国外商品消费开支的增加就对应国际收支贸易账户赤字规模的增加，这正是对大规模资金流入的反应。

历次银行危机的诱因，都是有贷款人认为借款人债务规模较其收入水平增长过快，无法长期持续。或者有贷款人认为一国债务规模增长过快，无法与其 GDP 规模相匹配。在过去数年里，跨境资金流动的规模不断增加，债务国货币不断升值。随着货币不断升值，债务国国际收支贸易账户赤字规模不断增加。一旦贷款人不再继续购买债务国发行的债券或票据，债务国就无法通过新增贷款偿还此前贷款的本息支出，债务危机就会出现。债务国就会开始被动调整。如果其无法完成贷款合同约定的偿还责任，就会出现信贷违约。在 18 世纪和 19 世纪，金融危机常导致商品价格急跌，导致农场主无法按时偿还其购买种子、不动产的贷款利息。后来，金融危机经常由股价下跌引发。一般而言，危机并非寻常事，通常三十多年一遇，美国 1907 年爆发危机后，20 世纪 30 年代才再度爆发危机。但在 19 世纪上半叶，危机每隔 10 年就爆发一次，1980 年后，危机更为频繁，至今已出现四轮危机，每轮危机都会席卷 3 个、4 个乃至更多国家。

1917—1929 年，随着国内经济扩张，美股出现严重泡沫。当时，汽车业蓬勃发展、高速路网建设、电气化革命及电话的普及等，大大提高了美国社会各界对未来的经济预期。1927—1929 年，美联储担心劳动生产率的提高导致通货紧缩，不断放松银根，信贷投放过度导致美股暴涨三倍，美国房价也出现快速上涨，但涨幅不及股市。

1928 年，美元证券利率提高，导致投资者减少购买外国债券，也导致欧洲及拉丁美洲各国中央银行缺乏足够的资金为巨额贸易赤字融资，难以继续维持货币平价。部分国家不得不放弃其货币与黄金间的兑换。20 世纪 30 年代初，多国爆发货币危机，奥地利先令率先遭遇阻击。奥地利央行在 1931 年 5 月宣布放弃维持先令价格，奥地利先令价格的暴跌导致了传染效应，由于投资者担心德国马克与黄金间的兑换也将难以维持，德国马克也被抛售。后来，投资者又瞄准了英镑，英格兰银行在 1931 年 9 月也宣布放弃维持英镑价格。随着英镑价格的暴跌，投资者又开始抛售美元，因为其怀疑 20.67 美元兑换 1 盎司黄金的价格也将难以为继。

1933 年 3 月,美国政府将美元汇率调整为 35 美元兑换 1 盎司黄金。投资者又将目光瞄准其他金本位制国家的货币——法国法郎、瑞士法郎、意大利里拉、荷兰盾,到 1936 年,各国都放弃了货币兑换黄金承诺。到 20 世纪 30 年代末,各国货币汇价水平较 10 年前已经大相径庭。

第二次世界大战后,各国推行固定汇率制度,确定不同货币间的兑换价格,但投资者对各国政府维持货币平价的能力持怀疑态度,这导致了 20 世纪 40 年代末至 70 年代初,出现了严重的货币危机。第二次世界大战期间,各国工厂和基础设施遭到严重破坏,劳动生产率显著下降,国际贸易陷入停滞;美国通胀率明显低于欧洲各国,根据购买力平价理论,汇率水平应进行调整。1949 年 9 月,欧洲各国纷纷调整了货币汇率水平。

1959 年,法国法郎贬值了 10%。1964 年,英镑遭遇冲击,1967 年秋也出现近 20% 的贬值。1969 年,投机导致德国马克升值、法国法郎贬值。之后的 1970 年,投机压力又转向美元。投资者预期,要么其他工业化国家的货币升值,要么黄金的美元价格将上涨。

20 世纪 50 年代和 60 年代,大多数货币危机的前奏是一国货币贬值 10%~20%,而无一危机与银行危机相关,也无一与以外币计价的债务违约相关。相对于通货膨胀率导致的货币汇率波动来说,投机压力并未导致一国货币汇率的过度波动。

20 世纪 80 年代以来,危机呈现出新的特点,几乎所有银行危机都伴随货币危机。而日本 20 世纪 90 年代中前期的危机是个特例,日元并未出现贬值,原因是当时日本国际收支经常账户盈余规模仍然较高。爱尔兰 2008—2009 年及西班牙 2009 年的金融危机也未伴随货币危机,原因是两国当时已加入欧盟。2010 年春,希腊爆发政府债务危机,各界普遍怀疑希腊政府削减其财政赤字的能力及偿债能力,危机迅速蔓延。但这一次,由于投资者担心整个欧洲货币联盟的稳定,欧元出现了贬值。

20 世纪 70 年代以来,各国外部债务增速远超 GDP 增速,形成了流向墨西哥等发展中国家的不可持续的大规模跨境资金。热钱流入减少，会导致货币贬值。外债规模的持续增加，导致资金流入国政府及国有企业债务规模持续增加。当热钱流入规模缩减时，这些国家首先会出现货币贬值，与此同时，政府及国有企业的实际债务规模也随之增加。当热钱流入放缓时，本国投资者可能蜂拥买入外汇及外汇资产，导致本币贬值幅度较大。这样一来，本国借款人会受到新增贷款无法获得与汇兑损失导致存量贷款规模增加的双重打击。

20世纪80年代以来，银行危机与货币危机伴生出现。这表明，货币升值及资产泡沫均因资金流入导致。一旦资金流入放缓，将导致证券资产价格下跌及本币贬值。货币升值将减轻通胀压力，使中央银行得以继续推行扩张政策，导致信贷投放过度。随着资金流入放缓及货币贬值，部分借款人无法获得新贷款，不得不变卖资产，导致资产价格下跌及货币贬值。货币贬值会进一步恶化银行危机，这是因为很多借款人的债务都是以美元计价，可能由于汇兑损失而破产。

随着资金流入规模的下降以及本币汇率的下跌，很多借款人不得不因无法筹集到足够现金偿还此前贷款的本息，而出售其持有的证券资产及房地产。抛售行为会进一步打压证券资产及房地产的价格。此外，资金流入放缓导致利率上升，进一步加速资产价格的下跌。随着本币不断贬值，以硬通货计价的贷款可能导致公司和居民出现巨额汇兑损失，甚至导致其破产。巨额坏账损失及抵押品价值下降，导致银行陷入财务困境，甚至出现破产。

过去一百年间，中央银行发挥最后贷款人职能，在投资信心不足时，能够并愿意为银行提供再贷款以应对证券及房地产投资需求下降导致的资产价格下跌，这也大大降低了国内金融危机爆发的频率。

进入20世纪后，中央银行在应对金融危机时，往往面临稳定币值还是稳定金融市场的抉择，这也是银行危机的一个重要特点。最初，中央银行会加息表明其稳定货币的决心，但较高的利率水平会打压资产价格，并拖累经济增长速度。后来，中央银行可能放弃稳定币值，因为这会造成失业上升及银行危机。20世纪30年代，货币汇率及物价变动引发恐慌情绪，就是由于货币汇率与物价水平之间的错配导致的。现在看来，英格兰银行在 1925 年作出的将英镑黄金平价恢复至 1914 年水平的决策是一个重大错误，因为当时英国的通胀率远高于美国。而法国政府则在 1926 年，将法郎与黄金的兑换价格确定在 1914 年四分之一的水平。法郎明显低估导致英国贸易比较劣势进一步扩大。一系列危机事件反映了投资者看到其贸易伙伴国货币贬值后，对本国中央银行无法维持黄金货币固定比价的担心。在这种情况下，中央银行稳定币值的成本高昂，可能导致企业破产、失业激增。

1997 年的传染效应最初始于 7 月泰铢的剧烈贬值。投资者突然意识到，泰国的周边国家以及其他新兴市场国家的热钱流入规模都将急剧减少，原因是这些国家的中央银行将无法维持其本币汇率及资产价格水平。顷刻之间，投机压力迅速蔓延至其他汇率仍维持在危机前水平的货币上。

20 世纪 30 年代及 90 年代中后期的一系列货币贬值事件引出了这样一个问题：如果存在国际最后贷款人，是否有助于一国维持其货币汇率水平，避免使其坠入"通货紧缩—货币贬值"的恶性循环。国内最后贷款人能够提供充足的信贷，避免货币危机转化为流动性危机。20 世纪 30 年代和 90 年代危机的共同问题是，货币汇率水平难以与物价水平锚定，一旦一国货币出现贬值或升值，投机压力也会转至贸易伙伴国。

当 20 世纪 20 年代初，人们第一次意识到黄金的稀缺性时，国际储备资产是否出现了显著的增长？第一次世界大战期间，各国通胀率差异很大，汇率与通胀率存在明显错配，要求扩大国际储备资产范围，调整货币长期均衡汇率水平。德国在恶性通胀形势稳定后，马克的汇率水平太低了。而英镑的汇率水平则明显偏高。法国在 1916 年底确定固定汇价水平后，法郎也存在明显低估。但在当时，国际储备资产仍局限于黄金，国际最后贷款人机制也未建立，货币汇率调整十分缓慢，导致投机资本的规模和影响力日渐上升。但面对汇率机制调整的需求，既没有扩大国际储备资产的范围，也没有国际最后贷款人的机制设计。如果当时有更充足的储备资产，法国法郎 1924 年、1926 年投机风波的影响将弱很多。

第一次世界大战结束后、第二次世界大战爆发前，各国中央银行纷纷将货币与黄金挂钩，并将汇率调回至第一次世界大战前的水平。而 20 世纪 70 年代初开始，各国中央银行又转而推行浮动汇率制——尽管亚洲部分国家中央银行为防止货币过快升值，而对汇率进行管制。

20 世纪 80 年代开始，资产价格暴涨暴跌，货币汇率波动剧烈，银行危机层出不穷，人们完全忘却了货币汇率巨幅波动的教训，以及对社会经济带来的巨额成本。大规模的跨境资金流动，对一国经济竞争力产生的影响不仅是暂时的，可能滞后 3 年、4 年甚至更长时间。货币汇率偏离长期均衡水平所带来的"货币高估"、"货币低估"问题，使各国中央银行要么调整其汇率定价机制，要么限制货币汇率波动性。有的国家为维持其商品的相对竞争优势，而不惮违反国际协议许可，进行管理干预。"本币被长期低估"成为各国贸易保护的主要手段，也引发了一系列的贸易争端。

从 20 世纪 80 年代初开始算起，之后的 30 年是货币历史上最为动荡的时期，金融危机爆发最频繁、影响规模最大。银行体系的崩溃超乎想象，日本、瑞典、挪威、芬兰、泰国、马来西亚、印度尼西亚、墨西哥（两次危机）、巴西、阿根廷、美国、英国、冰岛、爱尔兰等国银行均损失惨重，资产价格暴跌。在一些国家，保全存款、挽救危机的成本占 GDP 的比例甚至达到 15%～20%。美国银行业坏账损失带来的影响远远超过 20 世纪 30 年代"大萧条"时期。

银行破产有时是个体事件，如纽约的富兰克林国民银行和克隆的赫斯塔特银行，均因汇率变化导致巨额损失而破产。但 20 世纪 80 年代的银行破产多受系统性事件的影响，由国际金融动荡导致的巨额坏账损失引发。有的国家，由于资产价格出现快速、大幅下跌，几乎导致银行业全军覆没。

从墨西哥、阿根廷、泰国、马来西亚和俄罗斯等国的经历，可归纳出危机演进的一般规律。金融危机多同时出现货币危机和银行危机。危机爆发前，热钱不断流入，推动该国货币升值，资产价格上涨。随后，货币的剧烈贬值会同时引发可贸易商品价格上涨的通货膨胀冲击，以及利率上涨的通货紧缩冲击。

20世纪70年代初，美国及其他国家通货膨胀率高企成为主要冲击。投资者纷纷将其持有的货币及证券资产转换为"硬资产"，如黄金、白银、艺术品、收藏品等，或者将美元计价的证券资产转换为其他货币计价的证券资产。1971年8月，美国财政部关闭了黄金兑换窗口，这也意味着美国不再维持低通胀承诺。美元不断贬值，幅度远远大于美国与其贸易伙伴国通货膨胀率差异所能解释的程度，也就是说，美国贸易伙伴国的货币出现了高估。

第二重要的冲击是1979年10月美联储推行的紧缩货币政策。美元资产的市场收益率飙升，真实收益率水平也由负转正。按美元计量的黄金价格在十周前刚刚见顶。在这次冲击事件发生前，投资者预期未来通胀仍将走高，并以此进行投资组合调整，而冲击事件发生后，投资者转而预期未来美国通胀率走低，并以此进行投资组合调整。按美元计量的黄金及硬资产价格不断下跌，美元汇率不断升高。受石油价格暴跌的影响，美国得克萨斯、俄克拉荷马及路易斯安那等州的很多银行破产；几乎同一时期，受谷物价格下跌的影响，美国西北部农业产区的房地产价格暴跌。美国推行紧缩货币政策事件导致短期利率较长期利率提高更多，位于爱荷华、堪萨斯等州数千家储贷机构因此而破产。

受国外投资者不断购买美元资产的影响，美元汇率上涨的趋势一直维持到1985年中，或者说，日元、德国马克及其他货币下跌的趋势一直维持到1985年中。这时，美元的汇率水平被高估了。随着美元资产利率的下降以及美元汇率水平的上涨，资金从其他金融中心流入纽约市场的吸引力在下降。到80年代中期，国外投资者兑美元资产的需求减弱，美元转而贬值。

随着日元的不断升值，对日元股票的需求不断上升。投资者争相买入日元股票，因其可获得股价持续上涨和日元不断升值的双重收益。此时的日元汇率也被高估了。

在20世纪80年代证券及房地产价格飙涨之后，日本在90年代初爆发了银行危机。随着日本国内购买外国证券资产的减少，以及外国投资者购买日本证券资产的增加，日本经济作出了相应调整。随着日本国际收支资本账户赤字规模的下降，市场力量也使日本国际收支经常账户盈余规模不断下降。

20 世纪 90 年代初日元的不断升值，使日本不断加大对泰国及其周边国家的投资，以降低生产成本。投资目的地国的银行通过离岸市场拆入了大量资金。这些国家的证券资产价格不断提高，其货币真实汇率水平也不断上升。此时，这些国家的货币都被高估了。

在亚洲金融危机中，泰国、韩国、印度尼西亚等国大量银行出现破产。货币突然贬值使这些国家国际收支贸易账户由盈余转为赤字。90 年代末，俄罗斯金融危机刚刚结束，美国最大的对冲基金机构——长期资本管理公司就面临崩溃的境地，要不是美联储出面协调其债权人进行债转股，肯定也难逃破产命运。

20 世纪 70 年代以来，货币汇率波动之剧烈，远超过往任何时期。而且，货币的市场价格与长期均衡价格之间的差异之大，也远远高于固定汇率制时期。当流入一国的跨境资金规模增加时，该国货币汇率就可能涨至超过其长期均衡价格的水平，这被描述为汇率超调。当上述资金流入减缓或发生资金流出，币值以汇率调整不足的形式下跌。起初，货币汇率的大幅波动被认为是市场参与者尚不清楚自由浮动汇率制的运作机制导致。之后，人们又认为，与国内外贸易商品相对比价变化相比，商品产能变化明显滞后，故而货币汇率波动会较为剧烈。更合适的解释是，货币汇率的大幅波动是投资者对外国证券资产需求变化的结果。进一步讲，汇率超调及调整不足的幅度超过了以往任何时期。通过相对购买力平价推导出的汇率波动幅度远远不能解释"汇率调整不足"和"汇率超调"的剧烈波动。在 20 世纪 70 年代末，美元汇率贬值剧烈，远远超过了美国与德国、日本等国在通货膨胀率上的差异。而在 80 年代初，虽然美国的通货膨胀率远远超过德国，但美元仍然一直维持升值的趋势。90 年代末，美国与欧洲的通货膨胀水平接近，但 1999 年刚刚诞生的欧元（将德国马克、法国法郎、意大利里拉及多种欧洲国家货币融合在内的欧洲统一货币）还是在短短的三个月间贬值了 30% 以上。

在浮动汇率制下，汇率超调或调整不足是对跨境资本流动的必然调整过程。伴随着资金的大规模跨境流动，商品及服务贸易也在相应变动。资金净流入国的国际收支贸易账户赤字规模会扩大，这是由于货币升值带来的财富效应和比价效应，可能极大地刺激消费和投资而导致的。

流入一国的资金增多相当于其可获得的储蓄增多，势必刺激相关国家居民部门的消费、投资，并导致政府部门赤字规模的扩大。在多数国家，消费占 GDP 的比重为 60% ~ 70%，热钱流入会进一步刺激消费，抑制储蓄。随着他国存款不断以热钱形式流入，该国消费不断提升，国内储蓄将显著收缩，资产价格也将出现大幅上涨。

跨境资金流向的变化导致美元、日元、欧元、瑞士法郎等货币汇率价格的大幅波动。热钱快速流入时，一国货币升值可能达20% ~ 30%，且出现明显高估。当出现外部冲击，资金快速流出时，该国货币又会贬值 40% ~ 50%。

跨境资金流入通常伴随着某项制度变革，尤其是金融管制的放松等。本币升值本身存在预期自我强化，较高的预期回报率使投资者不惮资金流动风险，争相向某国投资，不断助长其资产价格泡沫。但当部分投资者无法兑现投资收益时，资金流入锐减可能导致债务人资金链条断裂，进而引发货币更快地贬值。

因此，跨境资金流动方向的逆转会在银行危机爆发前一年、两年或多年突然加速，并最终导致危机爆发。当资金流入放缓时，借款人无法借新还旧，不得不抛售证券及房地产等资产。20 世纪 80年代，当资金流入剧减时，墨西哥比索、巴西里拉、阿根廷比索以及其他发展中国家的货币汇率价格均出现暴跌，导致这些国家有美元债务的企业因汇率重新计价而出现巨额损失。

新兴市场国家货币的调整幅度远远高于发达国家。1994 年底至 1995 年初，正值墨西哥国内政权更迭时期，墨西哥比索贬值了50%。而在 1997 年下半年，泰铢、马来西亚林吉特、印度尼西亚盾、韩圆等货币的贬值幅度也高达 50% ~ 70%。1998 年 8 月，俄罗斯卢布的贬值幅度也高达 50%。

1980 年至 2010 年的三十年间，金融市场动荡远胜以往，先后出现四轮银行危机。第一轮出现于 20 世纪 70 年代，墨西哥、巴西、阿根廷等发展中国家政府部门及国有企业出现信贷泡沫，其外债总规模从 1250 亿美元攀升至 8000 亿美元，最终积重难返，爆发危机。第二轮出现于 80 年代后半段，日本的股价、房价出现了严重的资产泡沫，居民财富总额骤升，经济也持续繁荣。几乎同一时期，芬兰、挪威、瑞典等国的房地产市场和股票市场也经历了一轮泡沫膨胀。第三轮银行危机是亚洲金融危机，相关国家证券及股票价格经历了超过 5 年的上涨。在多数国家，房地产价格涨幅甚至超过股市涨幅，因为上市公司大多持有很多房地产。90 年代末，美股总市值翻了一番，很多网络公司和信息公司的市值翻了四番。第四轮出现在 2002 年后，美国、英国、爱尔兰、西班牙、冰岛及南非等国房地产市场经历了一轮暴涨。

每轮银行危机都有一个显著特点，即政府、大多数房地产投资者、房屋所有者的负债连续 3~4 年年均增速高达 20%~30%。日本是一个例外，但在危机爆发前，其外债规模也出现了显著增长。外债规模的增长，也增加了这些国家国内的信贷资金供给。源源不断的信贷资金使投资者可以通过借新还旧而大肆投机。在资产价格泡沫不断加剧的过程中，债务增长速度可能远远快于实体经济增速，但当放款人意识到潜在的信贷风险而更加审慎时，看似完美的链条便出现问题。由于大多数泡沫都与跨境资金流动相关，因此，一旦跨境资金规模骤降，本币由升值转为贬值，资产价格泡沫即告破灭。

资产价格暴涨及随后的银行破产与货币汇率水平的高估及低估相关联，均由跨境资本流动的规模和方向的改变所致。由于债务多以美元、瑞士法郎等硬通货计价，本币的大幅贬值，必然导致债务余额的快速攀升。本币贬值通常伴随着利率水平的大幅提升，这将导致房地产及股票价格的暴跌。

很多银行危机是完全可以"预测"到的，因为过度依赖外国贷款以偿还旧债利息必然不可持续，不确定性来自外资流入减少将导致货币价格下降的幅度。70 年代的墨西哥狂热就出现过这样的情形。90 年代的泰国、印度尼西亚和马来西亚也出现了此类情形。虽然无法预测准确时间和细节,但当资产价格上涨到一定程度后,放款人必然会在发放新贷款时更加谨慎。随着新增信贷资金的减少,借款人不得不寻找新的资金来源,以偿还其本息支出。一个濒临危机的国家很可能在其货币尚未开始贬值时就出现流入资金减少的情形,而这正好有利于预测可能到来的冲击事件。同样道理,日本经济到了一定阶段时,房地产价格也停止了上涨的势头,很多依赖借款购入不动产的投资者就面临严重的现金流危机,因为租金收入已经不足以抵补其贷款的利息。

金融动荡的原因

跨国资金流动的方向越来越难以揣摩,流动资金的规模也越来越大,这导致了货币冲击事件和信贷市场冲击事件越来越频繁,而这两类冲击事件正是导致自 20 世纪 70 年代至今金融市场剧烈动荡的原因。有的货币冲击事件会导致对外国证券的投资需求骤增。另有货币冲击事件会导致了货币供给增长率的突然变化,并对预期通货膨胀率和利率水平带来显著的影响。很多冲击事件都是在金融管制放松的背景下出现的,银行信贷投放的增加使特定群体的投资者能够更容易地获得融资,很多原本被严格限制的投资者突然成了银行信贷投放的"香饽饽"。在很多时候,信贷冲击和货币冲击都是同时出现的,并共同作用于对信贷资金的跨国流动造成显著的影响。

一国资金流入量的增加不仅会提高该国货币在外汇市场的汇率水平,而且会推高一国国内资产价格水平,使其价格偏离其长期均衡价值。有的冲击会导致放款人将资金贷放给借款人,而这一过程并不会永远持续下去。当国外流入的资金量减少时,该国货币便会出现贬值,有时候,贬值幅度甚至会达到50% ~ 60%。

20 世纪 60 年代后半段,出现了第一次货币冲击事件,当时美国的年通货膨胀率达到5% ~ 6%的水平,而在此之前的二十多年时间里,美国通货膨胀率一直保持在3%以下,明显低于德国及多数西欧国家。20世纪60年代末，美国国际收支账户出现了持续逆差；美元有着贬值的要求，而德国马克和日元却有升值的潜力。很多投资者和企业纷将其美元资产转换为其他货币标价的资产，以避免承担汇兑损失。由于美国政府不愿接受美元贬值，而法国和日本等国政府也不主动调整其本币的汇率水平，最终导致德国、日本等国的外汇储备快速增长，国际收支不平衡局面日甚一日。到了1971年，美国经济增长明显放缓，通货膨胀率也开始回落，美联储推行更加积极的货币政策。美元利率的降低使资金由美国流入其他国家的行为加速，越来越多的资金从纽约流到其他国家的金融中心。

　　20世纪70年代初，全球的通货膨胀形势进入一个难得的平静期。主要出于以下三个原因：第一，美国增加了货币供给；第二，美国推行更加宽松的货币政策；第三，由于国际收支的巨额顺差，德国、日本及西欧国家都增加了货币供给。投资者将美国财政部关闭美元黄金兑换窗口的政策行为，视做美国不再信守其低通货膨胀承诺的表示。美国通货膨胀率上升更快，意味着美元汇率的重新确定在当时已是不可避免。当时美国的年通货膨胀率比德国高近2个百分点，但仍然没有调整汇率水平，因此，德国马克、日元与其他欧洲货币间的汇率调整也是不可避免的了。

　　随着通胀率的不断提高，美元证券资产的利率不断提高，但受到美联储利率上限的管制，美国本土银行的竞争力受到严重影响。为规避利率上限管制，很多银行不得不到伦敦等金融中心开辟业务，资金也不断从美国市场流向离岸金融市场。20世纪70年代初，美国及其他工业化国家都推行宽松的货币政策，不断增加货币供给，这带来了全球性的经济繁荣，极大地刺激了初级产品市场的需求，也推高了石油和其他大宗商品的交易价格。更多的产品被生产出来，GDP随之增长。1973年10月，中东战争（Yom Kippur War）爆发，石油需求大大增加，沙特阿拉伯的原油运输船不停地穿梭在与美国、荷兰等地的航程上，原油价格也随之大幅飙升。1980年，随着伊拉克入侵科威特的第一次两伊战争爆发，原油供应锐减，对世界经济造成严重的影响。当投资者预期未来通货膨胀

疯狂、惊恐和崩溃——金融危机史(第七版)

率上升时，他们就会增加对黄金及其他贵金属的购买，或者购买不动产或其他"硬资产"，作为通货膨胀的对冲。

第一轮信贷泡沫

20世纪70年代初级产品生产国的经济增长率上升导致了墨西哥、巴西、阿根廷及其他发展中国家政府和国有企业银行贷款年增长率达到了30%，外债规模年均增长20%。伦敦、苏黎世、卢森堡等离岸金融中心有大量的美元资产，很多加拿大、欧洲、日本的银行利用这些离岸美元为拉丁美洲国家的政府和国有企业提供贷款，对传统的美元信贷业务造成了严重的冲击。美国的商业银行为避免其市场份额的丧失，只能积极地加入这一竞争。但是美国对商业银行有着严格的限定，美国本土商业银行和外资商业银行必须绕开这一限制以扩大其国内贷款和资产总额。流向墨西哥、巴西、阿根廷等其他发展中国家的资金增多，这些国家的政府也得以为更大的赤字规模融资。

1979年10月，美联储宣布开始采用新的货币政策工具，这又构成了一次严重的货币冲击，有人将这一事件称为"沃尔克冲击"。传统上，美联储只负责稳定利率水平，信贷投放快慢由市场力量自发决定，而在新的货币政策框架下，美联储开始直接控制信贷投放，而利率水平由市场力量决定。实际上，美联储采用这一货币政策工具是为了抵消20世纪70年代的货币冲击，以及美元通胀率的上升和市场对美元的抛售。美联储新的货币政策实施后的十周里，黄金价格创出新高。通货膨胀预期被遏制，投资支出被大大抑制，全球经济衰退也随之而来，原油及其他大宗商品的交易价格暴跌。

美元资产利率水平的提高、美国预期通货膨胀率的不断下降，这两个因素都刺激投资者购买更多的美元资产，美元开始快速升值，德国马克、日元以及其他货币快速贬值。墨西哥及其他发展中国家的经济遭受了双重的沉重打击，其以美元计价的外债总额大大增加，而出口数量及价格则飞速下跌。美元利率提高及原油价格下跌也对得克萨斯等原油产区造成沉重打击，很多银行随之倒闭。美国储贷协会对其短期存款支付的利率大大增加，甚至出现贷款利率低于存款利率的"利率倒挂"现象，资本金冲蚀严重。

第二轮信贷泡沫

随着20世纪80年代中前期美元的不断升值及美元资产利率水平的下降，投资者购买美元资产的需求逐渐下降。日本外资流入规模降低，日元开始升值。日本中央银行不断购入美元抑制日元升值；日本中央银行持有的美元证券增多，导致货币供应量的急剧上升。日本金融系统原本受到严格管制，其银行须向企业借款人提供利率极低的贷款。政府甚至会直接干涉银行的放贷行为，命令其对关系国计民生的工业部门提供信贷支持。日本政府放松金融管制出于两方面的考虑。首先，日本国内企业对于信贷的需求已不如从前强烈，继续管制已不必要。其次，美国频频施压，要求日本允许美国银行进入其信贷市场和资本市场，获得同等市场机会。

金融管制的放松大大增加了日本商业银行的房产抵押贷款投放。由于房地产长期供不应求，日本的地价、房价均不断上涨，在东京股票交易所上市的房地产企业也十分受益，股价不断上涨。东京股票交易所挂牌公司股价的上涨以及日元汇率水平的不断上涨，也吸引了美国及其他工业化国家的投资者进入日本市场。

随着对日本银行、企业的外资投资管制的放松，日元升值的压力大大减轻。日本各商业银行纷纷抢滩伦敦、纽约、苏黎世等金融中心。日本的资金不断流向美国和欧洲国家，当时东京和纽约有这样一种说法："如果日本人不再购买美国债券，美国财政部将无法为其巨额财政赤字融资。"日本银行新设的海外分支机构利用离岸美元，在东道国大量开展信贷业务，为获得更多的市场份额，通常提供更优惠的信贷利率条件，借此实现信贷规模的快速提升。更有甚者，在其信贷支持下，日本投资者在美国及其他工业化国家大肆购买不动产，很多办公楼、公寓、高尔夫球场、滑雪场都换成了日本东家。

芬兰、挪威、瑞典等国也经历了金融自由化改革，其商业银行也利用离岸美元扩张国内信贷规模。热钱持续流入显著推升了其资产价格水平。

1989 年底，新上任的日本银行行长宣布控制银行房地产信贷规模的增长，这一政策决定刺破了日本的资产价格泡沫；高度负债的借款人无法借得新的贷款来偿还旧的贷款。1990 年，日本的不动产和股价就下跌了 30%，1991 年又下跌了 25%。日本经济增长速度显著放缓。由于日本出口规模相对进口仍维持增长，日元汇率仍维持升值趋势。随着日元的升值，日本企业的利润空间被大大挤压，为维持其利润空间，很多日本企业选择到中国、泰国及其他东南亚国家投资，生产产品供应其本国市场及美国、欧洲等国市场。很多日本商业银行也跟随企业在国外发展，信贷规模大大增加。

第三轮信贷泡沫

1989—1990 年，布雷迪债券（Brady Bonds）应运而生，墨西哥及其他发展中国家可以将其原本不得不宣布违约的短期债券转换为长期债券，并获得美国政府部分担保。通过这种金融创新工具，很多国家走出了金融制裁阴影。墨西哥开始积极努力加入北美自由贸易协定，开始在其国内实施保守的货币政策，抑制通货膨胀，数以千计的国有企业实施私有化改革，放松对国际贸易和商业行为的管制。随着美国、欧洲和日本的企业争相在墨西哥投资，其实际利用外商直接投资额不断增加，墨西哥以比索计价的债券收益率很高，使美国货币市场基金纷纷抢购，美国的退休基金和共同基金也增加了对新兴市场国家证券的购买。墨西哥经常项目赤字占 GDP 的比重骤升至 6%。

同样，巴西、阿根廷、泰国、马来西亚等新兴市场国家（在被称为发展中国家几十年后，它们被重新划归新兴市场国家类别）也经历了热钱流入。这些国家的货币不断升值，贸易逆差及经常项目逆差规模不断增加。

1994 年初，一系列突发政治事件使墨西哥的海外资金流入锐减。该国南部一省份爆发内战，两个月后，执政党推出的总统候选人也遇刺身亡，导致外资流入锐减，墨西哥央行无法为其贸易项下的收支赤字融资，墨西哥比索急剧贬值。1996年底，泰国非银行金融机构发放的消费信贷出现巨额损失，导致进入泰国外资锐减。事实上，这些专门发放贷款的非银行金融机构，实质是银行为规避政策管制而设立的，因此，损失的实际是银行的资本金。1997年7月初，泰国央行的国际储备消耗殆尽，无法维持泰铢汇价，泰铢应声而跌，并引发传染效应，导致很多东南亚国家货币贬值，总额为1500亿美元的贸易赤字无法获得融资支持。

很多外部冲击事件完全出于偶然：1994年初，市场无从预知墨西哥未来将发生的政治风波。但其经常账户巨额赤字暗示其经济发展不可持续，即使不出现突发的政治事件，经济崩溃也在所难免。同理，泰国等东南亚国家1996年的经常账户赤字规模也骇人听闻，一有风吹草动，导致流入外资规模锐减、本币贬值，后果肯定将不堪设想。日本资产价格泡沫及其后泰国、马来西亚的危机都是积重难返的结果，并不是完全的偶发事件，泡沫迟早要破灭的。

第四轮信贷泡沫

第四轮信贷泡沫出现于2002—2007年，美国、英国、西班牙、爱尔兰、冰岛、南非、新西兰等国的房价经历了一轮暴涨，部分地区商品房价格甚至上涨了一倍以上。与其他国家相比，美国整体涨幅并不高，但其房价上涨较快的地区集中于东西海岸及南部地区，部分州的房价早已翻番。

房价上涨多受资金流入推动，多数国家货币也出现明显升值，只有加入欧元区的西班牙和爱尔兰例外。债务的过度、不可持续的累积再一次导致了危机的爆发。当流入美国、英国的资金减少时，房地产信贷投放也明显放缓，房价应声下跌。抵押贷款相关证券的价格也宣告下跌，相关金融机构面临破产境地。爱尔兰此前经历了一场建筑业的繁荣，泡沫破灭后，大量银行倒闭。热钱流入推动冰岛股价连创新高，当资金流入骤停时，冰岛股市大跌，冰岛克朗也出现严重贬值。

2006 年底，美国房价见顶并开始下跌，金融机构出现巨额信贷损失，甚至在美联储提供的支持下，有投资银行因此被商业银行并购，美联储为此花费了接近 300 亿美元。2008 年中，占全美抵押贷款市场半壁江山的房利美和房地美，因信贷损失而被财政部接管。其普通股股东及优先股股东的投资几乎血本无归。但房地产抵押贷款的债券持有人却在美国财政部的支持下"全身而退"，否则他们也将承担数千亿美元的损失。几天后，雷曼兄弟公司，美国第五大投资银行便陷入经营困境，变卖公司的努力也失败了。一系列金融市场恐慌导致风险利差暴涨，国际贸易及银行间拆借几近停滞。几个月后，希腊、葡萄牙两国出现政府公债危机，希腊财政赤字占 GDP 的比率为 12%，债务总额占 GDP 的比率超过 125%。随着外资流入规模的不断降低，其债务状况终于不堪重负。正是由于此前宽松的资金环境，希腊政府才会产生错觉，财政赤字不断扩大，全然不顾及对经济可持续发展的影响。危机爆发后，银行一改其往日的慷慨风格，政府很快便陷入危机。

数据规律

各轮信贷泡沫中，借款人各不相同。在第一轮泡沫中，借款人主要是墨西哥等发展中国家的政府及国有企业。在第二轮泡沫中，日本居民和房地产企业，以及芬兰、挪威、瑞典的银行及购房者成为主要借款人。在第三轮泡沫中，由于国际市场融资成本远低于国内市场，新兴经济体银行成为主要借款人。在第四轮泡沫中，房地产开发商及投资者成为主要借款人。

在各轮信贷泡沫事件中，资金提供者一般是大型银行。在第一轮泡沫中，总部位于美国、加拿大、日本、英国、法国的大型跨国银行损失惨重。在 20 世纪 80 年代日本的房地产泡沫中，信贷资金提供方主要是日本国内的商业银行。在第四轮泡沫中，来自美国、英国、爱尔兰、冰岛、西班牙等国的银行出现了大量信贷损失，其中部分银行在第一轮泡沫中就是受害者。

虽然各轮冲击的借款人、放款人身份有所不同，但在资金流动层面还是存在很多相似之处。各国信贷泡沫的形式各有不同，但大多同时经历了本币升值及经常账户逆差扩大。日本是一个特例，其经常账户一直维持盈余，但随着信贷泡沫不断扩张，日元不断升值，其贸易及经常账户的盈余规模迅速减少。资金不断流入，必然导致该国资产价格上涨。

本币升值及资产价格上涨，均是对资金流入规模增长及国际经济失调的反映，国内消费必须提升，以刺激进口，使其与资金流入相匹配。资产价格上涨刺激国内消费水平增加，带动经济景气提升。虽然很多国家按照量入为出原则，使财政支出增速与财政收入大致匹配，但仍有部分国家（如 20 世纪 90 年代的美国）意识到，维持财政赤字有助于提高消费支出。

资金在借款人与放款人之间的流动模式与"庞氏融资"类似，借款人债务规模增长的速度远远高于利率。在最初的几年内，借款人可利用新增贷款支付此前贷款的利息，毫无财务负担。但这种资金流动的模式显然不可持续，尤其是在放款人对新增贷款项目变得审慎，或希望降低对单一借款人信贷资金过于集中的风险时。跨境资金流动的放缓，将导致该国货币转而贬值，放款人将变得更加谨慎。当新获得贷款的增速低于贷款利率时，借款人的债务偿还负担便真正显现了，为避免违约，借款人只好求助于其他信贷渠道。为应对沉重的贷款偿还负担，政府可能提高税率，降低政府开支，或干脆选择违约。

如果放款人能够对未来有完全理性预期，他们会意识到本币贬值将影响借款人的偿还能力，造成大量信贷损失。但正是由于巨额信贷损失，导致其判断能力出了偏差，完全丧失了理性预期能力，忽略了借款人偿还本息的资金来源问题。

在我们看来，各轮信贷冲击并非完全孤立的个体事件，而是系统联系的整体。20 世纪 80 年代初，第一轮信贷泡沫破灭时，墨西哥比索等发展中国家货币严重贬值，贸易账户盈余不断增加。随着泡沫不断累积，贸易账户盈余不断增加的国家的货币最终将升值，贸易账户也会迅速恶化。

20 世纪 80 年代后半期,日本出现了类似情形,但为了防止贸易账户赤字对企业利润及就业带来负面影响,日本银行主动入市干预,导致日本外汇储备激增,日元流动性供给过剩。随着对国内外商业管制的放开,日元升值的潜力进一步释放,各商业银行大肆发放房地产贷款,导致房价不断上涨。

20 世纪 90 年代初,日本资产价格泡沫破灭后,日元仍维持升值趋势,日本企业纷纷增加对泰国、马来西亚等亚洲国家的投资,以获得低成本优势。几乎同时,各国资金都开始青睐新兴市场国家,投资银行也推出了"新兴市场债券"这一创新投资种类。此外,各国大规模的私有化改制运动,也大大激发了发达国家跨国企业的投资兴趣。

1997 年夏,当泰国等东南亚国家的信贷泡沫破灭后,相关国家货币出现严重贬值,国际贸易收支形势也迅速恶化。而随着债务不断清收,资金开始回流至美国等国家,导致美国贸易账户收支恶化,美股不断上涨。

2000 年春,美股泡沫破灭,美元开始进入下跌通道。而仅仅两年后,资金再度回流美国、英国等国家,其货币转而升值,资产价格也不断上涨。跨境资金流向及规模变化总是导致货币汇率及资产价格的大幅波动,从而催生了信贷及资产价格泡沫。2002 年以来,美国、英国等国的房价泡沫,正是由于投资资金流入导致。国际资金好像一池水,当国际资金价格低于本国市场利率水平时,该国借款人就将水引入其本国市场。但是,这些借款人只关注其利息成本,并未充分考虑资金流动引致的汇率变化风险考虑充分,导致其可能遭受潜在的巨大损失。

货币冲击和信贷冲击的后果

过去四十年来最为显著的特点就是跨国资金剧烈流动。德国马克和日元在 20 世纪 70 年代的大部分时间都在升值,而在 80 年代前期却剧烈贬值。90 年代初,随着大量资金的流入,墨西哥处于经济繁荣时期,比索大幅升值,经通货膨胀调整后,墨西哥对外贸易逆差总额占 GDP 的比重达到 6%。而当墨西哥陷入危机时，很多境外资金不断抽逃，其对外贸易顺差总额占 GDP 的比例达到 4%。这一资金流的变化如此巨大而突然，对墨西哥比索的汇率水平、比索证券的价格以及墨西哥国内不动产的价格都会产生巨大的影响，并造成墨西哥大量企业倒闭、居民个人破产、银行停业。

泰国、挪威、印度尼西亚、冰岛和许多其他国家金融市场遭遇的冲击事件与墨西哥相似。明斯基将信贷供给的变化与跨境资金流动结合起来进行研究。对于国内经济来说，境外资金流入的增加会导致该国本币升值，推高该国资本及贸易品的价格水平，导致投资者更加乐观，并推动国内信贷发放。跨境资金流入的增加导致该国货币升值，证券及其他资产价格上涨。投资者的乐观情绪常常伴随着国内信贷供给的增加，导致经济过度繁荣。

某些信贷冲击和货币冲击会导致流入一国资金的增加，并会导致该国商品、股票、不动产的价格提高，也可能导致一国货币升值。随着本币升值及资产价格的上涨，持有本国债券的投资者的收益率不断提高，人们对未来经济的预期越来越乐观。另一种冲击事件可能导致流入一国资金的减少，结果会导致本币贬值、资产价格下跌，金融危机全面爆发。

这种狂热性（manic-type）的冲击是由于投资者对于投资标的的偏好变化导致的，投资者可能会将其投资兴趣从一种货币标的的投资品种转向另一种货币标的的投资品种。20世纪70年代，很多投资者担心美国通胀率将居高不下，因此，纷纷将其持有的美元投资品种转换成以德国马克、瑞士法郎、英镑等货币标的的投资品种。美元贬值严重，远远超过了购买力平价理论中相对通胀率变化所得出的贬值水平。就在同一时期，黄金价格飙涨，因为很多人坚信"黄金是最好的通货膨胀避险工具"。事实上，70年代中后期黄金价格的涨幅远远超过了美国物价水平的涨幅。从80年代初开始，很多人认为美国的通货膨胀率将会下降，纷纷将其持有的德国马克或其他国家货币标的的证券转换为美元证券，这也使美元升值的速度远远超过预期。

货币政策执行力度的变化似乎是对跨国资金流动在最近三十年

突然加剧情形的一种可能的解释。货币政策的执行力度在最近三十年明显加强，远远超过了在此之前的时期（在那时主要采取盯住的汇率制度，货币政策只需进行被动调整）。而在浮动汇率体制下，一个根本性的变化就是中央银行有了更大的独立性，可以灵活运用各种货币政策工具，可以对其利率水平和货币供应量增速进行灵活调整，实现本国国内政策目标。事实上，承诺本币与某种货币间保持固定汇率水平会大大限制中央银行的货币政策行为，更有甚者，会导致持续扩张的货币政策。在固定汇率体制下，一国的通货膨胀率必须与其所盯住货币国（或其主要贸易伙伴国）的通货膨胀率保持一致。而如果没有固定汇率制的约束，一国中央银行可以更灵活地对其通货膨胀率或未来的预期通胀率水平进行调整，从而导致跨境资金流动的变化。因此，跨境资金流动的更大变化可能由于对中央银行货币政策的变化，或对未来通货膨胀预期的变化更加剧烈所致。

跨境资本流动的增强在一定程度上反映了现在的货币冲击力度远远大于固定汇率制下的冲击力度。货币冲击会改变投资者对某一国通货膨胀率的预期，进而改变未来一段时间的即期汇率水平。美联储在 20 世纪 60 年代末和 70 年代初推行扩张的货币政策，致使很多投资者不得不修正对美国通货膨胀率的预期，并调低其对美元汇率的预期水平，调高对德国马克和日元的预期汇率水平。投资者都将其持有的美元证券出售，不断购买德国马克、瑞士法郎、英镑及其他货币标的资产的行为也导致了这些货币的剧烈升值。

如果一部分投资者提高其资产组合中非美元资产的比重，美国经常账户就会出现更大的顺差（或更小的逆差），这也会导致德国马克（或其继承者欧元）、日元以及其他外国货币的贬值慢于"相对通货膨胀率"的水平。仅仅通过相对通货膨胀率预测美元汇率走势是远远不够的，很多投资者倾向于增加非美元证券的投资比重，因此，美元被高估的程度可能超过理论水平。

同样道理，1979 年初，美联储推行紧缩的货币政策，导致很多投资者调低对通货膨胀率的预期水平，调高美元未来在外汇市场上的汇率水平，而调高对德国马克、日元等货币的预期汇率水平。

投资者购入美元资产的行为导致了马克和日元的贬值。

只要投资者愿意调高（调低）其资产组合中某种货币的投资比例，货币汇率的超调和调节不足就是不可避免的。市场汇率水平与通过相对购买力平价理论计算出的汇率水平可能有着显著的差异，有人称之为"良性循环与恶性循环的结合"（vicious and virtuous cycle），也有人称之为"不稳定投机"（destabilizing speculation），都反映了跨境资金流动带来的汇率突然变化。预期通货膨胀率的变化（或称之为各国预期通货膨胀水平的调整）会导致汇率调节不足或超调，其原因就是汇率的预期水平的变化导致的跨境资本流动。

日本股票和房地产价格泡沫吸引了更多的外国资本，导致日元升值。信贷市场冲击会影响投资者对以不同货币计价的证券的需求，从而对单种货币的汇率水平产生影响。在过去的三十年时间里，信贷市场冲击曾影响墨西哥比索、泰铢等货币汇率水平，但那都是由于其变化导致了该种货币标价的资产数量，而该种货币标价的资产正是投资者所愿意持有的。

当一国采取浮动汇率制度时，一国股价或房地产价格的上涨会吸引更多的投资者购买该国货币标价的资产，这会对一国 GDP 总量造成巨大的短期影响，这也正是解释跨境资本流动剧烈变化原因的重要补充。但一国采取固定汇率制度时，国外储蓄资金的大量涌入只会增加中央银行负债表中资产项下的国际储备资产数额，并相应增加其负债项下货币发行的余额，并不会对实体经济造成影响。当然，随着国外投资者购买该国证券资产意愿的增强，该国的资产价格还是会上涨。

当一国采取浮动汇率制度时，国外投资者对本币标价资产的需求会推动本国货币升值。货币汇率的变化会恶化该国的经常项目，相应抵消外资流入带来的国际收支项目的改善。国外储蓄资金的流入会降低该国资本的边际成本，从而促进国内投资支出，同时也会提高国内居民的财富水平，消费开支也随之提高，这是国外储蓄资金流入的短期效应，市场这一看不见的手开始发挥作用。增加的总支出中绝大部分是居民的消费开支，在多数国家，消费总额是投资总额的 3～4 倍。这一调整过程的最终结果就是国内储蓄不断减少，跨境资金流入国的投资开支不断增加。

看不见的手会导致跨境资金流入国的货币升值，推高这些国家的资产价格。随着资产价格的上升和消费支出的增长，看不见的手会导致一国 GDP 增速的提高。我们可以找到一国贸易顺差（逆差）占 GDP 总量比例这一指标剧烈变化的原因了。首先，储蓄资金的流动触发了汇率的调整，提高了该国资产的边际收益率水平。其次，总财富水平的增加带来了经济的持续繁荣，这也会导致这一指标数值的变化。再次，资金流入提高了该国的投资回报率，投资回报率的提高会吸引更多外部资金的流入，这一反馈机制也会给该指标带来一定的影响。看上去，经济似乎会进入一个持续繁荣的阶段，很多投资者没有意识到外部资金的流入是不会永远持续下去的。有这样一条经验，资本流入一般伴随着经济的繁荣。20 世纪 70 年代的墨西哥和其他发展中国家，90 年代前期的墨西哥、泰国及其他亚洲国家，90 年代中后期的美国，都验证了这条经验规律。以上国家在某段时期都经历了货币升值，经济的稳定增长大大减轻了通货膨胀的压力，进出口价格的相对变化也显著提高了经济增速。有时候，资金流入是不可持续的，如有的国家的资金流入很大一部分用于偿还所欠贷款的利息。经济持续繁荣似乎可以解释借款人（至少是相当数量的借款人）为何会忽视未来一定会有代价不菲的调整出现。

国际最后贷款人能否带来改观

如果早引入国际最后贷款人的制度安排，过去四十年的金融市场能否更为平静？在国内，通常由中央银行承担最后贷款人职能，避免因流动性短缺导致资产抛售，引发偿付危机，满足市场非预期的货币需求。当经济处于扩张阶段时，投资者更偏好风险，较少考虑投资可能带来的损失。在此阶段，放款人也更为激进，专注于其业务拓展和市场份额的提升，为政府部门和企业部门发放大量贷款。

最后贷款人在降低金融危机发生的频率和影响范围方面能否发挥作用？抑或更为积极的国际最后贷款人能否带来实质性改善？这一问题的根源在于，汇率变动导致跨境资金流动规模不断上升，波动也越发剧烈。因此，最后贷款人能否发挥作用，关键在于其能否熨平汇率波动，降低跨境资金波动；使金融机构真正奉行审慎经营原则，合理控制信贷投放。因此，解答这一问题，关键在于国际最后贷款人的责任及金融资源，以及其对由于跨境资本流入减少而出现货币突然大幅贬值国家的中央银行提供信贷支持的意愿。国际最后贷款人是否有足够的权威及意愿提醒中央银行，警惕其跨境资本流入的规模及变化？

但控制汇率剧烈波动的政策，同样可能带来道德风险。投资者清楚国际最后贷款人的目的及调控手段后，可能更肆无忌惮地从事外汇投机交易。此外，国际最后贷款人关于控制跨境资金流动的措施，也很难得到当事国的认同，相关政策的可持续性也有待商榷。一般而言，一国资金匮乏危机压顶时，其可能接受国际最后贷款人的意见建议，以获得其流动性支持。而当一国资金充裕时，其很难认可国际最后贷款人的警示。

20 世纪 80 年代初至今，多数货币危机均与跨境资金流动有关。每轮危机都伴随债务快速累积，热钱的不断流入，以及国际收支形势的难以持续。投机狂热阶段，热钱不断流入导致货币不断升值，汇率高于长期均衡水平，出现明显高估。当预期发生改变后，资金流入规模迅速下降，货币贬值在所难免。

汇率高估或汇率低估均由跨境资金流向、规模变化导致。在部分国家，汇率下跌可能加重国内企业的外债负担，导致债务偿付危机，企业的破产又将加重金融机构的负担，导致系统性危机的爆发。

国内最后贷款人可能针对资产价格暴涨，或经济非理性繁荣等异常情况作出公开警示。中央银行也可能利用窗口指导等手段控制信贷快速投放。而国际最后贷款人更关注一国外债水平的不正常变化，因为当一国过度依赖外债或增长太快难以为继时很容易出现金融危机，给该国带来惨重的损失。投资者及其他市场参与主体只能靠自己判断市场形势。

20世纪40年代设立的国际货币基金组织,本就为发挥国际最后贷款人职能,帮助各成员国偿付国际收支差额,协调各国间的货币政策,熨平外汇市场波动。20世纪二三十年代爆发的一系列金融危机事件使人们意识到,如果存在一个国际最后贷款人,情形会出现很大的改观,这也正是国际货币基金组织最初成立的背景。国际货币基金组织的专家们每年都会与各成员国进行两次磋商,探讨其经济政策,提出相关意见建议。当一国对外过度借贷,导致经常账户赤字过大,可能影响该国经济稳定时(更可能出现"硬着陆",而非"软着陆"),国际货币基金组织却极少作出有效预警。当一国经济出现崩溃时,国际货币基金组织也极少雪中送炭,及时提供贷款避免出现货币大幅贬值。

有部分国家在发生金融危机后,通过国际货币基金组织的帮助,有效遏制了汇率的快速下跌。但也有国家由于担心影响经济增长,而不愿接受国际货币基金组织的援助条件。

1994年底,墨西哥爆发了危机,美国财政部为了维护其自身利益,承担了国际最后贷款人的角色。在当时提供给墨西哥的贷款中,既有来自美国政府的,也有来自国际货币基金组织的。墨西哥政府宣布得到国际援助后,比索贬值压力大大减轻。事后看,如果美国政府更早出手,比索汇率波动会大大降低,对墨西哥经济带来的伤害也会更小。

与设立初衷相比,国际货币基金组织的表现只能算是差强人意。我们会在其他书中将对其职能作用进行更深入的分析。

跋

20世纪80年代初以来，中国经济取得了令人瞩目的增长成就，取得了其他国家无可比拟的经济增长。3亿~4亿人（大约占中国总人口的三分之一）从村镇的简陋居所迁入城市或工厂附近的公寓中，过上了"有洁净饮用水，有污水处理"的中产阶级生活。在近三十年时间里，中国的平均经济增速达到10%。虽然其经济增速有所回落，中国已成为世界第二大经济体，并最终将会超越美国，成为世界最大的经济体。

中国出现了为数不少的亿万富翁，百万富翁更是数以万计。在中国大约有60万~70万名学生赴美国、英国、日本、澳大利亚、德国等国家的大学留学深造。

日本、韩国、新加坡等国家都曾维持过30~40年的高速经济增长。如果一国GDP年平均增长速度能够达到8%~10%，并维持长达20年以上的时间，一定是由一系列因素导致的。该国出口额一定要保持不断增长，其企业能够凭借价格优势从出口东道国企业手中抢夺更多的市场份额。为满足国内外市场产品生产需要，企业投资的融资需求能够得到满足，这也需要该国具有较高的储蓄率。经济持续高增长国家的国内外储蓄率一般均较高，以弥补国外储蓄率的不足，因为在高增长期间，该国外债水平通常较高。持续高增长需要大规模基础设施投资，在电力、供水、公路、铁路、机场、市区交通等领域。其金融体制应有足够的弹性，能够满足企业融资及居民储蓄的多重需要。随着城市的不断扩容，该国应强化食品生产产业，或者增加进口食品供给。较高的经济增长速度需要该国有足够的经理及企业家人才。

与其他实现高速经济增长的国家相比，中国经济发展有两大障碍，由于中国在之前的三十多年一直实行计划经济体制，走了很多弯路,有过"大炼钢铁"和"文化大革命"两段波折时期。在中国,国家拥有所有生产资料,包括农民世代耕种的土地。经济活动由国有企业及国有机构组织进行,包括为其职工提供的住房、医疗、子女教育等服务。市场竞争被严格限制,与其他发展中国家相比,中国产品及多数服务的质量标准较低。

人口是中国另一个短板,中国是世界上人口数量最多的国家,只有印度人口数量在与中国接近。对于大国而言,占领世界市场份额较小国更为困难,因为面对国外竞争对手的替代威胁更大。

中国之所以能够步入现代化国家行列,主要是因为其拥有数量众多的可流动、向往改进生活水平的非技术性工人。在中国,很多居民将收入的相当部分用于储蓄,因为他们需要积累财富以提高未来生活水平或为退休作准备。中国有大量的潜在企业家。中国对知识产权的保护有限。

中国一部分国有企业已经完成了私有化改造。中国经济增长很大程度上依赖外资企业的成功。在20世纪80年代初,中国推出了一项较为明智的措施,邀请外国企业进入中国进行生产加工,其产品可能销往国外,也可能销往国内市场。这些企业在中国可建立其品牌、供应链和销售网络,与日本等排斥或限制外资进入的国家相比,其在中国获得了更好的经营发展环境。通常,这些外资企业需要有中国国有企业作为其投资伙伴。

出口产业的迅猛增长,带动了中国城市建设日新月异的发展。工厂需要建设更近的货场,为便利其生产经营,需要在其周边提供供水、供电及交通等基础设施配套。为便利原材料及产成品的流通,需要建设大量公路、铁路、港口、机场等设施。随着出口额的不断增长,越来越多的人迁往城市。

与农村农业相比,在城市工业的劳动生产率要高得多,至少是前者的3~4倍。劳动力由农业部门向工业部门转移,会自发地推动GDP的快速增长,即使在工业部门劳动生产率增长停滞时,也是如此。在中国的GDP增长中,大约有2~3个百分点来自于劳动力重新分配。而且,重新分配后,过剩劳动力离开农业部门,该部门劳动生产率也会相应增加。

20 世纪 80 年代初，邓小平作出金融改革的决定，仿效日本在第二次世界大战后的金融政策，以拉动经济增长。利率上限是这一政策最为重要的特点，银行为储户提供的存款收益率较低，向企业收取的贷款回报率也较低。由于银行提供的最高存款收益率通常低于通货膨胀率的水平，因此，存款的实际购买力是在不断降低的。其后果就是，居民为了购买住房，不得不将绝大多数收入用于储蓄。但由于房价以 10% 甚至更快的速度增长，居民不得不提高储蓄率，才能确保其财富增长跟得上房价涨幅。

此外，即使按照最高利率，银行的信贷供给也难以满足企业的贷款需求，因此，银行需要建立一套机制，决定哪些企业能够优先获得贷款。日本银行在决定放贷对象时受财政部指导，他们会优先给那些被政府机构认为未来更可能在全球工业竞争中"胜出"的企业提供信贷支持。房地产被当做消费品，因此在房地产开发及购买上投入的信贷支持有限。

东京很快就出现了银行信贷的场外交易市场（curb market）。很多无法获得银行信贷或无法全额满足信贷需求的企业，纷纷进入这一市场解决其融资需求。在该市场，资金的供给方是那些能够从银行获得足额信贷支持的企业，这些企业相当于收到一笔经济租金。他们先从银行获得信贷资金，再将钱借给那些无法获得银行信贷或无法足额获得银行信贷的企业。

由于银行要求的贷款利率通常低于经济增长速度，似乎找到了一部金融领域的"永动机"。事实上，这些企业通过申请新贷款获得资金，来偿还其原有负债的本息支出。

在整个 20 世纪六七十年代，日本房价涨幅远远高于名义 GDP 增速。上市公司中有相当部分是房地产公司。随着房价不断上涨，这些公司的股价也水涨船高。日本企业坚信其资金成本较低，与追求投资回报相比，它们更倾向于保持或增加市场份额。

伴随着房地产市场的繁荣，日本的金融部门也日益兴盛。日本的商业银行持有大量股票和房产，随着股价、房价的上涨，其资本金不断增加，有能力发放更多贷款。日本的商业银行通过评估借款人抵押物的价值，确定发放的信贷额度。随着房价的不断上涨，抵押品价值及银行资本金也在不断上涨。日本仿佛找到了金融领域的"永动机"。

20 世纪 80 年代后半期,日本的经济增速开始下降,财政部也开始放松各种管制,包括对银行提供房地产贷款的限制,企业对外投资及对日元汇率的管制也被取消。

日本的很多房地产投资项目包含了对城市的升级及重建。但日本的土地所有权极其分散,这也使房地产开发商集中土地进行建设的成本非常高昂。

20 世纪 80 年代后半期日本股市和房地产市场的价格上涨,是日本对外投资不断增加、国际收支资本项目赤字规模不断缩减而对应的调整。看不见的手会自发地作用,使日本国际收支经常项目盈余规模缩小。日本的进口商品主要是初级产品,对价格变化较不敏感,因此,只有居民财富水平出现大幅度提高,才可能带来进口规模的显著增长。

日本资产价格的上涨趋势在 1989 年 12 月出现了反转,当月,日本股市达到了峰值,18 个月后,日本的房价也达到了峰值。当时即将上任的日本银行行长要求银行控制新增房地产信贷增速,成为资产价格下跌的诱因。日本很多购房者一直依靠申请新贷款获得资金,偿还此前贷款的本息支出。

随着日本股价、房价的下跌,很多借款人无法按时偿还贷款本息。日本房价暴涨期间,房屋租金上涨幅度有限,远远低于利率水平。人们争相进行房地产投资,是因为房价的涨幅远远高于利率水平。

当房价下跌时,破产不可避免地发生了。日本的银行出现了巨额信贷损失,资本金也被严重冲蚀。很多银行被政府接管。日本的银行不愿或不能为工业企业增加信贷投放,也说明企业已无法按时偿还贷款。

当新增信贷资金下降、经济增速放缓时,日本的工业生产能力较其国内市场需求而言,出现了明显的产能过剩。一种调整方式是企业自身收缩规模,这意味着对厂房设备的投资锐减。日本的增长速度下降。从那时开始,日本的问题转为居民及企业储蓄额远远高于企业投资额。

从 20 世纪 80 年代初开始，中国的房价上涨速度也远远超过居民收入增速，这与日本 80 年代，尤其是 80 年代中后期的情景极为相似。而中国房价上涨的深层次逻辑与日本又不完全相同。日本的房价上涨，是其国际收支实现再平衡调节机制的一部分，而中国的房价上涨，则更多来自于人口迁移及财富贮藏的需求。核心问题是，中国是否会重蹈日本的覆辙，伴随着经济增速下行，出现房地产价格的大幅下跌。

过去的二十年，日本面临的主要问题是，居民及企业的储蓄率远远高于投资率。政府不得不通过巨额财政赤字，以消化额外的储蓄资金。

在过去的二十年，中国的房地产价格经历了显著上涨，虽然其原因仅与东京、大阪等地部分相同。中国房地产价格的上涨始自 20 世纪 90 年代初期，当中国政府关于可参照居民年收入水平确定的合理价格进行房屋买卖的政策颁布之后。由于大量人口从农村迁移到城市，房地产价格一路上涨，很多人将其从原单位分配获得的住房出售给刚刚走出农村、来到城市的新移民，获得收入后用于购买更新、更贵的住房。

起初，购房主要为了满足刚刚迁入城市的新移民的居住需要。随着房价不断上涨，房地产投资成为一种安全的财富贮藏手段，其收益率水平远远高于现金、银行存款、股票等其他投资渠道。首次购买住房者也纷纷希望"挤上列车"，因为随着房价的不断上涨，他们的实际财富在不断缩水，必须通过购买房地产实现财富目标。

但相对于他们的收入水平而言，"挤上列车"的票价涨幅过快。首次购房者能够获得的信贷支持有限，多数都通过现金支付，当然其中有部分钱是跟亲友借的。房价的快速上涨与银行存款实际利率为负的情形并存，这使得居民不得不将其收入大部分用于储蓄，才能满足未来购房的资金需要。由于尽快购房的欲望如此强烈，很多购房者都是穷其毕生财富买房，有的还通过亲友筹借资金，购房的投资甚至超出了财富水平。

房价不断上涨，说明住宅类房地产的供给远远不能满足需求。

到 2013 年底,在北京或其他一线城市,一套两室两卫、面积 90 ~ 100 平方米的公寓,价格高达 60 万美元。按照城市人均 2 万美元的收入水平计算,房价相当于居民年收入水平的 20 ~ 30 倍。或者说,按照新毕业大学生平均收入水平计算,一套普通公寓的价格相当于其 20 年的收入总和。每平方英尺房屋的单位售价为 600 ~ 800 美元,是美国房价的 3 ~ 4 倍。

一套公寓是凝结了劳动力、混凝土、钢材、其他材料及土地的复合产品。中国的建筑行业非技术性劳动力资源十分丰富。房价的涨幅难以用工人工资上涨来解释。同样,房价涨幅也难以用建筑材料价格的上涨来解释,因为这些建筑材料多数都是由工人在当地生产的。限制房地产供给的一个重要因素是建筑用地,必须由地方政府出面,将土地从农民手中征收,但这种征收也面临越来越尖锐的矛盾。地方政府转而将土地拍卖给开发商,或者在其储备土地上开发。

房价上涨的根本原因是,建筑用地的供给难以满足对房屋需求的快速增长。中国是个泱泱大国,城市为数众多。与土地缺乏相比,房价上涨的瓶颈更多来自于地方政府征收农民土地时面临的限制。

在中国同时存在矛盾的现象,一方面是住房缺乏,另一方面是 1000 万 ~ 1500 万套房屋空置。很多人正是看中过去二十年来房价的不断上涨,才投资购买房地产,而非处于居住需要。在中国也出现了这样的说法:"房地产是最好的投资标的,房价永远不会下跌"。

数百万套房屋成为财富贮藏的手段,仅仅用于出租。按照 90% 的自有住房比率计算,房屋总量为 1500 万套的城市中,有 150 万套房屋用于出租。房屋租金的年回报率一般为 1% ~ 1.5%,与居民收入水平相比,过高的房价水平导致过低的出租回报率。一般而言,毛坯房比使用过的房子卖价更高,很多购房者并不愿将其房屋出租,因为租金与未来的房屋买卖差价收益相比微不足道。

2008 年以来,中国每年都会新增 1000 万套房屋供给。购房支出总额占中国 GDP 总额的 10%。从最近几年的情况看,在这 10%

中的 2%~3% 的购房支出都处于空置状态。最近 5 年建成的房屋中，20%~30% 都用于财富贮藏，而非用于居住。

高速的经济增长导致非技术性工人工资水平不断上涨，这很大程度上是由于中国农业可转移劳动力数量已经枯竭或接近枯竭。这也使中国与越南、孟加拉国等国家相比，低工资的优势已不复存在。中国的出口增长明显放缓。这也使人口迁移的趋势明显放缓，住宅需求增长放缓。

随着住宅需求增长的放缓，房地产价格的涨幅也将放缓。一些房地产开发商不得不通过降价或其他手段吸引购房者。有的房地产开发商会破产，它们的存量未售房屋将由其他开发商以其认为较低的价格接盘。

从长期来看，作为财富贮藏的购房需求增长不可能永远比土地供给的增长更快。到了某一阶段，购房需求的增速将远远低于住宅土地供给的增速。

当一个地区出现 8 个、10 个甚至 12 个"鬼城"，通常意味着住宅供需已经出现了拐点。"鬼城"意味着巨量的过剩供给——也意味着住宅价格将出现大幅下降。随着将住宅作为财富贮藏工具的前景变得暗淡，作为财富贮藏的购房需求也将下降。

房地产开发商可能拥有 100 万~200 万套的住宅存货，按照历史规律，可能不用两个月就能销售完。然而，如果开发商们有超过 2000 万套房屋在建，按照此前的假设，至少需要两年的时间才能销售完，这贯穿了项目开工到住宅建成的整个周期。由于开发商开工前需要缴付购地款项，它们必然面临着巨大的价格风险。

当住宅地产的价格下跌时，作为财富贮藏的购房需求也将下降。每百万套住房价格的每个单位下降，都将对应经济增速 2% 的下降。按居民每年购买 300 万套住房用于投资计算，每年房价的下跌就会给经济增速带来 6% 的拖累，这还不包含在 1500 万套投资房产的很多持有人会寻求将房子出售。

按照估算，共有 3000 万套住房建成待售或处于在建状态。也就是说，在 1.5 亿套住房的总量中，有 20% 的供给处于空置或在建状态。

到某一阶段，这 1000 万～1500 万套空置住房的一部分业主可能将选择出售房子、实现收益。同样，很多购房用于投资的业主以及出租房屋获利的业主也会考虑将其一套或几套房屋出售变现。那些持有大量存量房屋的"鬼城"的地方政府，也将寻求解决存量住房问题。

房价的下跌将对新开工项目、GDP 增速、居民财富及消费、银行体系的资本金及偿付能力、政府财政状况产生深远的影响。可以用很多尺度度量房价下跌的程度。上海生产的别克轿车的价格与底特律生产的同款产品相比，价格的偏离度不可能超过 15%～20%。同样，北京建造的公寓价格与华盛顿同类产品相比，价格的偏离度也不应超过 15%～20%。显然，住房并非标准化可贸易商品，其价格受其地段位于市区或郊区等一系列因素影响。一种类比认为房价应下降到高点的 20%～30%。20 世纪 90 年代末，日本房价水平相当于其 80 年代末高点水平的 20%。如果中国房价下跌到业主可获得相对合理回报的程度，房价需要跌到高点价格的三分之一。

随着房价的下跌，每年的住房建设投资也将下滑。美国房价下跌期间，新房开工数从 2006 年的 210 万套下跌到 2008 年的 55 万套。即便如此，从每年新房开工数看，美国房价见顶时的过剩供给也仅仅略多于自然需求。但反观中国，由于农村向城市迁徙的人口数量快速下降，人口增长率不断降低，解决现有过剩住房供给的问题所需的时间难以估计。

考虑以下一系列估算结果。如果出口增速的下滑使城市规模不再扩张。假定待消化的空置房屋总量为 1000 万～1500 万套，每年在建住房由 2000 万套下降为 1000 万套，按照每年 700 万套的销售速度，需要 3 年时间才能将现有空置房屋消化完毕。城市增长率下降对购房需求的影响越大，消化存量房所需的时间越长。而且，在这 3～5 年的时间里，其 GDP 增长将会出现衰退。

房屋价值占居民财富的比例为 70%～80%。随着房价的下跌，居民财富水平将缩水 50%～60%。居民的消费支出将大大下降，尤其是对汽车及其他耐用品的消费。工业产能过剩的问题将进一步显现。企业不得不降价维持销量，其价格甚至无法覆盖固定成本。

银行将陷入进退维谷的境地。在政府干预下，它们不得不增加对企业的信贷投放，尽管它们知道其根本无法按时足额偿还。

按照传统的认识，中国商业银行的经营并不会因房价下跌而受到剧烈影响，因为多数购房者在购房时支付的是现金，而且实际上，中国的商业银行是国有企业。或许吧。中国的房地产商极其依赖银行及影子银行体系，很多贷放给房地产商的资金都可能成为信贷损失。"鬼城"地区的地方政府也会遭受巨额损失，它们此前造城的资金也多是通过银行贷款渠道获得的。

相关的损失数额十分巨大，最终都会体现为政府债务。

中国政府是十分务实的，会想方设法降低购房支出下降对经济增长的负面影响。

在过去二十年间，尤其是过去五年间，作为财富贮藏的房地产投资需求对中国经济增长贡献巨大。房地产投资需求使中国得以延迟解决其总储蓄与总投资不匹配的问题。

美国、日本、爱尔兰、西班牙等很多国家的房地产价格上涨都是由信贷资金推动的。而中国的房价上涨还有另一重原因，银行存款收益极低使很多居民都寻求更加安全、高效的财富贮藏方式，导致房地产投资需求猛增。

中国遇到的问题与日本在20世纪90年代初遇到的问题类似，即居民部门的合意储蓄额远远大于企业部门的合意投资额。解决这一问题需要双管齐下——一方面是放开私人部门投资建设收费公路、高速铁路的限制，另一方面是政府部门加大对环境保护及低成本住房的投资。日本利用其过剩的储蓄资金购买了大量美元证券，才使总储蓄与总投资不匹配的状况得到些许缓解。

注　释

1　FINANCIAL CRISIS: A HARDY PERENNIAL

1 Ezra Vogel, *Japan as Number One: Lessons for America* (Boston: Harvard University Press, 1979).
2 C. P. Kindleberger, *The World in Depression, 1929-1939*, 2nd edn (Berkeley: University of California Press, 1986).
3 See Robert D. Flood and Peter W. Garber, *Speculative Bubbles, Speculative Attacks and Policy Switching* (Cambridge, MA: MIT Press, 1994), who believe in 'fundamentals' as determining economic behavior, unless governments change the rules. One particular change in the last quarter of the twentieth century was deregulation of financial markets.
4 Edward Shaw, *Financial Deepening in Economic Development* (New York: Oxford University Press, 1973); and Roland I. McKinnon, *Money and Capitalism in Economic Development* (Washington, DC: Brookings Institution, 1973). A detailed study of regulation in developing countries is 'A Survey of Financial Liberalization' by John Williamson and Molly Mohar, *Essays in International Finance*, no. 221 (Princeton: International Finance Section, November 1998).
5 *Recent Innovations in International Banking* (Basel: Bank for International Settlements, 1986).
6 See C. P. Kindleberger, 'Panic of 1873', in *Historical Economics* (New York: Harvester Wheatsheaf, 1990), pp. 310-25; idem, 'International Propagation of Financial Crises: the Experience of 1888-93', in idem, *Keynesianism vs. Monetarism and Other Essays in Financial History* (London: Allen & Unwin, 1985), pp. 226-39.; Henrietta M. Larson, *Jay Cooke, Private Banker* (Cambridge, MA: Harvard University Press, 1936); and Matthew Simon, *Cyclical Fluctuations in the International Capital Movements of the United States, 1865-1897* (New York: Arno, 1979).

2　THE ANATOMY OF A TYPICAL CRISIS

1 Joseph A. Schumpeter, *Business Cycles: a Theoretical, Historical and Statistical Analysis of the Capitalist Process* (New York: McGraw-Hill, 1939), vol. 1, chap. 4, esp. pp. 161ff.
2 Hyman P. Minsky, *John Maynard Keynes* (New York: Columbia University Press, 1975); and idem, 'The Financial Instability Hypothesis: Capitalistic Processes and the Behavior of the Economy', in C. P. Kindleberger and J.-P. Laffargue, eds, *Financial Crises: Theory, History and Policy* (Cambridge: Cambridge University Press, 1982), pp. 13-29. For a view of the work of Hyman Minsky in historical context, see Perry Mehrling, 'The Vision of Hyman P. Minsky', *Journal of Economic Behavior and Organization*, vol. 39 (1999), pp. 125-58.
3 See R. C. O. Matthews, 'Public Policy, and Monetary Expenditure', in Thomas Wilson and Andrew S. Skinner, eds, *The Market and the State: Essays in Honour of Adam Smith* (Oxford: Oxford University Press, Clarendon Press, 1976), p. 336.
4 See James B. Stewart, *Den of Thieves* (New York: Touchstone Books [Simon & Schuster], 1991, 1992), p. 97: 'What really fueled the takeover boom [in the 1980s] was the sight of other people making money, big money, by buying and selling companies.'
5 See C. P. Kindleberger, *The World in Depression, 1929-1939*, 2nd edn (Berkeley: University of California Press, 1986), pp. 1-3.
6 Alvin Hansen, *Business Cycles and National Income* (New York: W. W. Norton, 1957), p. 226.

7 Robert D. Flood and Peter W. Garber, *Speculative Bubbles, Speculative Attacks and Policy Switching* (Cambridge, MA: MIT Press, 1964), pp. 73–4, 85, 96, 98, etc.

8 Newspaper accounts state that George Soros's Quantum Fund made a profit of $1 billion going short of the British pound and the Italian lira in 1992–93 and lost $600 million shorting the yen in the spring of 1994.

3 SPECULATIVE MANIAS

1 John F. Muth, 'Rational Expectations and the Theory of Price Movements', *Econometrica*, vol. 29 (July 1961), pp. 313–35.

2 Harry G. Johnson, 'Destabilizing Speculation: a General Equilibrium Approach', *Journal of Political Economy*, vol. 84 (February 1976), p. 101.

3 Milton Friedman, 'The Case for Flexible Exchange Rates', in *Essays in Positive Economics* (Chicago: University of Chicago Press, 1953). On one occasion, Friedman moved to a different position: 'Destabilization speculation is a theoretical possibility, but I know of no empirical evidence that it has occurred even as a special case, let alone as a general rule.' Milton Friedman, 'Discussion' of C. P. Kindleberger, 'The Case for Fixed Exchange Rates, 1969', in Federal Reserve Bank of Boston, *The International Adjustment Mechanism* (Boston: Federal Bank of Boston, 1979), pp. 114–15.

4 See Fernand Braudel, *The Structures of Everyday Life*, vol. 1 of *Civilization and Capitalism: the Limits of the Possible*, trans. Siân Reynolds (New York: Harper and Row, 1981), pp. 220, 221, 281, 315, 318, 335, etc.

5 H. M. Hyndman, *Commercial Crises of the Nineteenth Century* (1892; 2nd edn [1932], reprinted, New York: Augustus M. Kelley, 1967), p. 96.

6 Walter Bagehot, *Lombard Street: a Description of the Money Market* (1873; reprint edn, London: John Murray, 1917), p. 18.

7 Sir John Clapham, *The Bank of England: a History* (Cambridge: Cambridge University Press, 1945), vol. 2, p. 326.

8 Adam Smith, *An Inquiry into the Nature and Causes of the Wealth of Nations* (1776; reprint edn, New York: Modern Library, 1937), pp. 703–4.

9 Alfred Marshall, *Money, Credit and Commerce* (1923; reprint edn, New York: Augustus M. Kelley, 1965), p. 305.

10 More and more economic theorists are moving away from unswerving reliance on the assumption that market participants are uniformly intelligent, informed, and independent in thought, introducing such concepts as asymmetric information (different knowledge available to different participants), cognitive dissonance (unconscious suppression of information that fails to fit a priori views), herd behavior, procrastination that results in failure to act in timely fashion, and so on. Those interested should consult the work especially of George Akerlof and Richard Thaler. For relevant studies, see Frederic S. Miskin, 'Asymmetric Information and Financial Crises: a Historical Perspective', in R. Glenn Hubbard, ed., *Financial Markets and Financial Crises* (Chicago: University of Chicago Press, 1991), pp. 69–108; and Thomas Lux, 'Herd Behavior, Bubbles and Crashes', *Economic Journal*, vol. 105 (July 1995), pp. 881–96.

11 Gustav LeBon, *The Crowd: a Study of the Popular Mind* (London: T. Fisher Unwin, 1922).

12 Charles Mackay, *Memoirs of Extraordinary Delusions and the Madness of Crowds* (1852; reprint edn, Boston: L. C. Page Co., 1932).

13 John Carswell, *The South Sea Bubble* (London: Cresset Press, 1960), p. 161.

14 David Cass and Karl Shell, 'Do Sunspots Matter?' *Journal of Political Economy*, vol. 91, no. 2 (April 1983), pp. 193–227. This concept of a completely extraneous event was included in the first edition more or less randomly. Since 1983, however, 'sunspots' has become a word of art to cover general uncertainty as opposed to the 'fundamentals' that feature in rational expectations.

15 Irving Fisher, *The Purchasing Power of Money: Its Determination and Relation to Credit, Interest and Crises*, 2nd edn (New York: Macmillan, 1911), esp. chap. 1, dealing with crises; Knut Wicksell, *Interest and Prices* (London: Macmillan, 1936) (first published 1898).

16 Henrietta M. Larson, *Jay Cooke, Private Banker* (Cambridge, MA: Harvard University Press, 1934).

17 John Berry McFerrin, *Caldwell and Company: a Southern Financial Empire* (Chapel Hill: University of North Carolina Press, 1939; reprint, Nashville: Vanderbilt Press, 1969).

18 Peter Temin, *Did Monetary Forces Cause the Great Depression?* (New York: W. W. Norton, 1976), pp. 90–3.

19 Joan Edelman Spero, *The Failure of the Franklin National Bank: Challenge to the International Banking System* (New York: Columbia University Press, 1980).

20 Bagehot, *Lombard Street*, pp. 131–2.

21 George W. Van Vleck, *The Panic of 1857: an Analytical Study* (New York: Columbia University Press, 1953), p. 31.

22 R. C. O. Matthews, *A Study in Trade-Cycle History: Economic Fluctuations in Great Britain, 1832–1842* (Cambridge: Cambridge University Press, 1954), pp. 49, 110–11; and M. C. Reed, *Investment in Railways in Britain: a Study in the Development of the Capital Market* (London: Oxford University Press, 1976).

The ladies and clergymen – in American parlance, 'widows and orphans' – may more properly belong to a third stage when the securities have become seasoned in the market. The French call such investments suitable for 'the father of a family'. Charles Wilson, in *Anglo-Dutch Commerce and Finance in the Eighteenth Century* (Cambridge: Cambridge University Press, 1941), produces a number of variations on investor groups: in the Netherlands 'spinsters, widows, retired naval and army officers, magistrates, retired merchants, parsons and orphanages' (p. 118); 'hundreds of other merchants ... as well as thousands of civil servants, magistrates, widows and orphans and charitable institutions' (p. 135); 'widows, parsons, orphanages, magistrates and civil servants' (p. 162); 'country gentry, wealthy burghers and officials of Amsterdam, widows and wealthy spinsters' (p. 181); 'spinsters, theologians, admirals, civil servants, merchants, professional speculators, and the inevitable widows and orphans' (p. 202).

In the quotation from Bagehot that constitutes one of the epigraphs of this book, owners of the blind capital who lacked the wisdom to invest it properly were characterized in the excised portion as 'quiet ladies, rural clergymen and country misers' and again as 'rectors, authors, grandmothers'. See Bagehot, 'Essays on Edward Gibbon', quoted in Theodore E. Burton, *Financial Crises and Periods of Industrial and Commercial Depression* (New York: Appleton, 1902), pp. 321–2.

In his essay on Lord Brougham (1857), Bagehot quotes his subject on the crisis of 1814:

> The frenzy, I can call it nothing less ... descended to persons in the humblest circumstances, and the farthest removed by their pursuits, from commercial cares ... Not only clerks and labourers, but menial servants, engaged the little sums which they had been laying up for a provision against old age and sickness ...

> The great speculators broke; the middling ones lingered out a precarious existence, deprived of all means of continuing their dealings either at home or abroad; the poor dupes of the delusion had lost their little hoards and went on the parish (Norman St John-Stevas, ed., *Bagehot's Historical Essays* [New York: New York University Press, 1966], pp. 118–19).

Another British expression for the naive and innocent who were drawn into the last phases of a bubble is 'greengrocers and servant girls'. The American 1929 categories were 'bootblacks and waiters', whereas a more modern characterization is 'house painters and office girls' (John Brooks, *The Go-Go Years* [New York: Weybright and Talley, 1973, p. 305]). Classes of current well-to-do amateurish and sometimes badly advised investors in the United States include successful doctors and dentists and professional athletes.

23 Max Wirth, *Geschichte der Handelskrisen*, 4th edn (1890; reprint edn, New York: Burt Franklin, 1968), p. 480.

24 Ilse Mintz, *Deterioration in the Quality of Bonds Issued in the United States, 1920–1930* (New York: National Bureau of Economic Research, 1951).

25 Benjamin Stein, 'The Day Los Angeles's Bubble Burst', *New York Times*, 8 December 1984.

26 'For Investors, Condo Craze Ends: Once Hot Market Makes Do Without Speculators', *Boston Globe*, 14 February 1988.

27 Homer Hoyt, *One Hundred Years of Land Values in Chicago* (Chicago: University of Chicago Press, 1933), p. 136.

28 Johnson, 'Destabilizing Speculation', p. 101.

29 Larry T. Wimmer, 'The Gold Crisis of 1869: Stabilizing or Destabilizing Speculation under Floating Exchange Rates', *Explorations in Economic History*, 12 (1975), pp. 105–22.

30 Christina Stead, *House of All Nations* (New York: Knopf, 1938).

31 Carswell, *South Sea Bubble*, pp. 131, 199.

32 Ibid., p. 120.

33 Clapham, *Bank of England*, vol. 2, p. 20. Hyndman, a socialist, sarcastically ascribes this example to the 1820s: 'The most ridiculous blunders were made by the class which was supposed to be carrying on business for the general benefit. Warming-pans were shipped to cities within the tropics, and Sheffield carefully provided skaters with the means of enjoying their favorite pastime where ice had never been seen. The best glass and porcelain were thoughtfully provided for naked savages, who had hitherto found horns and cocoa-nut shells quite hollow enough to hold all the drink they wanted.' (See H. M. Hyndman, *Commercial Crises of the Nineteenth Century* [1892; 2nd edn, 1932, reprinted, New York: Augustus M. Kelley, 1967], p. 39.) Clapham is right and Hyndman wrong. The source for both is J. R. McCullough, *Principles of Political Economy*, 2nd edn (Edinburgh, 1830), which refers to 1810 not 1825.

　　The announcement of the formation of the South Sea Company in May 1711 produced expectations of a strong demand for British goods in Latin America that would provide 'a triumphant solution to the [British] financial problem and need for expansion for the support of our way of life'. Booming markets were anticipated in 'Colchester bays [a type of cloth], silk handkerchiefs, worsted hose, sealing wax, spices, clocks and watches, Cheshire cheese, pickles, scales and weights for gold and silver' (see Carswell. *South Sea Bubble*, p. 55).

34 William Smart, *Economic Annals of the Nineteenth Century* (1911; reprint edn, New York: Augustus M. Kelley, 1964), vol. 2, p. 292.

35 Matthews, *Trade-Cycle History*, p. 25.

36 D. Morier Evans, *The History of the Commercial Crisis, 1857–1858, and the Stock Exchange Panic of 1859* (1859; reprint edn, New York: Augustus M. Kelley, 1969), p. 102.

37 Max Wirth, 'The Crisis of 1890', *Journal of Political Economy*, vol. 1 (March 1893), p. 230.

38 P. L. Cottrell, *Industrial Finance, 1830–1914: the Finance and Organization of English Manufacturing Industry* (London: Methuen, 1980), p. 169. Cottrell notes that the Guinness flotation was for £6 million, was handled by Baring, and was oversubscribed many times.

39 A. C. Pigou, *Aspects of British Economic History, 1918–25* (London: Macmillan, 1948).

40 J. S. Mill, *Principles of Political Economy, with Some of Their Applications to Social Philosophy* (1848; 7th edn, reprint edn, London: Longmans, Green, 1929), p. 709.

41 Maurice Lévy-Leboyer, *Les banques européennes et l'industrialisation internationale dans la première moitié du XIXe siècle* (Paris: Presses universitaires de France, 1964), p. 715.

42 Charles Wilson, *Anglo-Dutch Commerce and Finance in the Eighteenth Century* (Cambridge: Cambridge University Press, 1941), p. 25. For a series from the early seventeenth century, see J. G. van Dillen, 'The Bank of Amsterdam', in *History of the Principal Public Banks* (The Hague: Martinus Nijhoff, 1934), p. 95.

43 For 1822 and 1824, see Smart, *Economic Annals*, vol. 2, pp. 82, 215. For 1888, see W. Jett Lauck, *The Causes of the Panic of 1893* (Boston: Houghton Mifflin, 1907), p. 39.

44 A. Andréadès, *History of the Bank of England* (London: P. S. King, 1909), pp. 404–5, see also p. 249.

45 O. M. W. Sprague, *History of Crises under the National Banking System* (1910; reprint edn, New York: Augustus M. Kelley, 1968), pp. 35–6.

46 Great Britain, *Parliamentary Papers* (*Monetary Policy, Commercial Distress*), 'Report of the Select Committee on the Operation of the Bank Acts and the Causes of the Recent Commercial Distress, 1857–59' (Shannon: Irish University Press, 1969), vol. 4; Consular report from Hamburg, no. 7, 27 January 1858, p. 438.

47 This statement appears in italics in Donald H. Dunn's fictionalized book, *Ponzi, the Boston Swindler* (New York: McGraw-Hill, 1975), p. 98.

48 *The Collected Works of Walter Bagehot*, ed. Norman St John Stevas (London: The Economist, 1978), vol. 11, p. 339.

49 Wirth, *Handelskrisen*, p. 109.

50 Wirth, 'Crisis of 1890', pp. 222–4; Alfred Pose, *La monnaie er ses institutions* (Paris; Presses universitaires de France, 1942), vol. 1, p. 215. Lauck puts the cost of the rescue operation at 25 million francs from the leading banks and 100 million francs from the Bank of France; see *Causes of the Panic of 1893*, p. 57.

51 Ronald I. McKinnon, *Money and Capital in Economic Development* (Washington, DC: Brookings Institution, 1973).

52 Carlos F. Diaz-Alejandro, 'Goodbye Financial Repression, Hello Financial Crash', *Journal of Development Studies*, vol. 18, no. 1 (Sept–Oct 1985), pp. 1–24.

53 Ronald I. McKinnon and Donald J. Mathieson, 'How to Manage a Repressed Economy', *Essays in International Finance*, no. 145 (Princeton: International Finance Section, Princeton University, 1981).

54 Wirth, *Handelskrisen*, p. 519. An apparent parallel can be found in a major exhibition in Melbourne, Australia, to celebrate the hundredth anniversary of European settlement, which boosted the city's economy briefly. See Geoffrey Serle, *The Rush To Be Rich: a History of the Colony of Victoria* (Melbourne: Melbourne University Press, 1971), pp. 285–7.

55 J. W. Beyen, *Money in a Maelstrom* (New York: Macmillan, 1959), p. 45.

56 The expression is that of Gerald Malynes in 1686, quoted in Violet Barbour, *Capitalism in Amsterdam in the 17th Century* (Ann Arbor: University of Michigan Press, 1963), p. 74.

57 William R. Scott, *The Constitution and Finance of English, Scottish and Irish Joint-Stock Companies to 1720*, 3 vols (London, 1922), as summarized by J. A. Schumpeter, *Business Cycles* (New York: McGraw-Hill, 1939), vol. 1, p. 250.

58 Carswell, *South Sea Bubble*, p. 139.

59 Hans Rosenberg, *Die Weltwirtschaftskrise von 1857–59* (Stuttgart-Berlin: W. Kohlhammer, 1934), p. 114.

60 David Divine, *Indictment of Incompetence: Mutiny at Invergordon* (London: Macdonald, 1970).

61 C. P. Kindleberger, 'The Economic Crisis of 1619 to 1623', *Journal of Economic History*, vol. 51, no. 1 (March 1991), pp. 149–75.

62 Wirth, *Handelskrisen*, p. 92.

63 Ibid., p. 458.

64 Bertrand Gille, *La Banque et le crédit en France de 1815 à 1848* (Paris: Presses universitaires de France, 1959), p. 175.

65 Lévy-Leboyer, *Banques européennes*, p. 673.

66 Gille, *Banque et crédit*, p. 304.

67 Honoré de Balzac, *César Birotteau* (Paris: Livre de Poche, 1972), esp. pp. 13–14.

68 Leland H. Jenks, *The Migration of British Capital to 1875* (New York: Knopf, 1927), p. 34.

69 Rosenberg, *Weltwirtschaftskrise*, pp. 50, 100–1. See also Stewart L. Weisman, *Need and Greed: the Story of the Largest Ponzi Scheme in American History* (Syracuse: University of Syracuse Press, 1999).

70 Carswell, *South Sea Bubble*, p. 171.

71 Ibid., pp. 140, 155.

72 Ibid., p. 159.

73 Guy Chaussinand-Nogaret, *Les financiers de Languedoc au XVIIIe siècle* (Paris: S.E.V.P.E.N., 1970), p. 146. This author observed that the financiers were much more realistic than John Law, stimulating the speculation (*agiotage*) but keeping themselves aloof from the fever and ruining the system by converting their notes when they judged the moment to be the most favorable. Ibid., p. 129.

74 Clapham, *Bank of England*, vol. 2, p. 239.

75 T. S. Ashton, *Economic Fluctuations in England, 1700–1800* (Oxford: Oxford University Press, Clarendon Press, 1959), p. 151.

76 Ibid., p. 127.

77 See the review of Johannes van der Voort, *De Westindische Plantage van 1720 tot 1795* (Eindhoven: De Witte, 1973), in *Journal of Economic History*, vol. 36 (June 1976), p. 519.

78 Wilson, *Anglo-Dutch Commerce*, pp. 169–87; Ashton, *Economic Fluctuations*, pp. 127–9; Clapham, *Bank of England*, vol. 1, 242–9; Martin G. Buist, *At Spes non Fracta, Hope & Co., 1770–1815: Merchant Bankers and Diplomats at Work* (The Hague: Martinus Nijhoff, 1974), pp. 21ff.

79 Arthur D. Gayer, W. W. Rostow and Anna J. Schwartz, *The Growth and Fluctuation of the British Economy, 1790–1850* (Oxford: Oxford University Press, Clarendon Press, 1953), vol. 1, p. 92.

80 Ruth Benedict, *Patterns of Culture* (Boston: Houghton Mifflin, 1934).

81 See Herman van der Wee, *The Growth of the Amsterdam Market and the European Economy* (The Hague: Martinus Nijhoff, 1963), vol. 2, p. 202; J. A. van Houtte, 'Anvers', in Amitore Fanfani, ed., *Città Mercanti Dottrine nell' Economia Europea* (Milan: A. Guiffre, 1964), p. 311; Simon Schama, *The Embarrassment of Riches: an Interpretation of Dutch Culture of the Golden Age* (Berkeley:

University of California Press, 1988), pp. 347–50; Ernest Baasch, *Holländische Wirtschaftsgeschichte* (Jena: Gustav Fischer, 1927), p. 240, quoting Büsch.

82　Schama, *The Embarrassment of Riches*, pp. 503, 505.

83　Clement Juglar, *Des crises commerciales et leur retour périodiques en France, en Angleterre et aux Etats-Unis*, 2nd edn (1889; reprint edn, New York: Augustus M. Kelley, 1967).

84　Theodore E. Burton, *Financial Crises and Periods of Industrial and Commercial Depression* (New York: D. Appleton, 1902), pp. 39–41.

85　The real prices of Australian land rose from 100 in 1870 to 450 in 1895, fell to about 360 before 1900, and then took off again to 600 by 1905. See Kevin H. O'Rourke and Jeffrey G. Williamson, *Globalization and History* (Cambridge, MA: MIT Press, 1999), Figure 3.1.

86　Francis W. Hirst, *The Six Panics and Other Essays* (London: Methuen, 1913), p. 2.

87　Michel Chevalier, *Lettres sur l'Amérique du Nord*, 3rd edn (Brussels: Société belge du librairie, 1838), vol. 1, pp. 261–2.

88　Ibid., vol. 2, pp. 151ff.

89　Andréadès, *Bank of England*, p. 404.

90　Louis Wolowski, testimony before Ministère des Finances et al., *Enquête sur les principes et les faits généraux qui régissent la circulation monétaire et fiduciaire* (Paris: Imprimerie imperiale, 1867), vol. 2, p. 398.

91　Wilson, *Anglo-Dutch Commerce*, p. 77, quoting Isaac de Pinto, *Jeu d'Actions* (eighteenth century).

92　Fritz Stern, *Gold and Iron: Bismarck, Bleichröder, and the Building of the German Empire* (London: Allen & Unwin, 1977), p. 500, quoting Constantin Franz in 1872.

93　Oskar Morgenstern, *International Financial Transactions and Business Cycles* (Princeton: Princeton University Press, 1959), p. 550.

94　Robert Bigo, *Les banques françaises au cours du XIXe siècle* (Paris: Sirey, 1947), p. 262.

95　Stead, *House of All Nations*, p. 233.

96　Ibid., p. 244.

4　FUELING THE FLAMES: THE EXPANSION OF CREDIT

1　At least as far as I can tell from limited sources. Typically at the height of the bubble, sellers had no bulbs, and some (many?) buyers made down-payments, if at all, in kind, that is, in personal possessions or commodities, presumably because they lacked cash. The difference between the value of the down-payment and the negotiated price was personal credit. See N. W. Posthumus, 'The Tulip Mania in Holland in the Years 1636 and 1637', *Journal of Economic and Business History*, vol. 1 (1928–29), reprinted in W. C. Scoville and J. C. LaForce, eds, *The Economic Development of Western Europe*, vol. 2, *The Sixteenth and Seventeenth Centuries* (Lexington: D. C. Heath, 1969), p. 142; Simon Schama, *The Embarrassment of Riches: an Interpretation of Dutch Culture in the Golden Age* (Berkeley: University of California Press, 1987), p. 358; Robert P. Flood and Peter M. Garber, *Speculative Bubbles, Speculative Attacks and Policy Switching* (Cambridge, MA: MIT Press, 1994), p. 60.

2　Peter Temin, *The Jacksonian Economy* (New York: W. W. Norton, 1969), pp. 79–82.

3　Jean Bouvier, *Le Krach de l'Union Générale, 1878–1885* (Paris: Presses universitaires de France, 1960), pp. 129–34.

4　'Kuwait's Great $70 Bn Paper Chase', *Financial Times*, 25 September 1982; 'Kuwait Aide Says Speculators Own "Price of Follies"', *International Herald Tribune*, 29 October 1982; 'Kuwaitis Try a New Exchange', *New York Times*, 16 December 1984, sec. D.

5　Milton Friedman, *The Optimum Quantity of Money and Other Essays* (Chicago: Aldine, 1969), pp. 1–50.

6　Jacob Viner, *Studies in the Theory of International Trade* (New York: Harper, 1937), pp. 232–3.

7　J. G. van Dillen, 'The Bank of Amsterdam', in *History of the Principal Public Banks* (The Hague: Martinus Nijhoff, 1934), pp. 79–123.

8　Eli F. Heckscher and J. G. van Dillen, eds, 'The Bank of Sweden in Its Connection with the Bank of Amsterdam', in ibid., p. 169.

9　Walter Bagehot, 'The General Aspect of the Banking Question', no. 1, a letter to the editor of *The Economist*, 7 February 1857, in *The Collected Works of Walter Bagehot*, ed. Norman St John Stevas (London: *The Economist*, 1978), vol. 9, p. 319.

10 Great Britain, Committee on the Working of the Monetary System, *Report* (Radcliffe Report), Cmnd 827 (London: HM Stationery Office, August 1959), pp. 133–4, 391–2.

11 Ibid., pp. 134, 394.

12 James S. Gibbons, *The Banks of New York, Their Dealers, the Clearing House and the Panic of 1857* (New York: D. Appleton, 1859), pp. 376–7.

13 J. S. Mill, in *Westminster Review*, vol. 41 (1844), pp. 590–1, quoted in Jacob Viner, *Studies in International Trade*, p. 246.

14 See Benjamin M. Friedman, 'Portfolio Choice and the Debt-to-Income Relationship', *American Economic Review*, vol. 75, no. 2 (May 1985), pp. 338–43; and idem, 'The Roles of Money and Credit in Macro-economic Analysis', in James Tobin, ed., *Macroeconomics, Prices, and Quantities: Essays in Memory of Arthur Okun* (Washington, DC: Brookings Institution, 1983), pp. 161–89.

15 Samuel L. Clements (Mark Twain) and Charles Dudley Warner, *The Gilded Age: a Tale of Today* (New York: Harper & Brothers, 1873; reprint edn, author's national edn, 10 vols, 1915), vol. 1, p. 263.

16 For an extended discussion see C. P. Kindleberger, 'The Quality of Debt', in D. B. Papadimitriou, ed., *Profits, Deficits and Instability* (Basingstoke: Macmillan, 1992). reprinted in idem, *The World Economy and National Finance in Historical Perspective* (Ann Arbor: University of Michigan Press, 1995), pp. 117–30.

17 See Hyman P. Minsky, 'The Financial-instability Hypothesis: Capitalist Processes and the Behavior of the Economy', in C. P. Kindleberger and J. P. Laffargue, eds, *Financial Crisis: Theory, History and Policy* (Cambridge: Cambridge University Press, 1982), pp. 13–39.

18 See the comments on the Minsky paper by J. S. Flemming, Raymond W. Goldsmith and Jacques Melitz, in ibid., pp. 39–47.

19 'Revco Drugstore Chain in Bankruptcy Filing', *New York Times*, 29 July 1988, sec. D.

20 Henry Kaufman, *Interest Rates, the Markets and the New Financial World* (New York: Times Books, 1986).

21 Alfred Marshall noted that paper money was used in China 2000 years before his writing, and that the apt term *flying money* was given there to bills of exchange 1000 years ago. See Appendix E, 'Notes on the Development of Banking, with Special Reference to English Experience', in *Money, Credit and Commerce* (1923; reprint, New York: Augustus M. Kelley, 1965), p. 305n.

In Europe the bill of exchange was developed by Italian merchants to balance accounts at fairs. Net debtors at the end of trading paid in bills drawn on a fair in a different location or on the next fair at the same place. This 'private money' was needed because there was not enough coin (money of the prince) to square accounts. See Marie-Thérèse Boyer-Xambeu, Ghislain Deleplace, and Lucien Gillard, *Private Money and Public Currencies: the 16th-Century Challenge*, translated from the French (Armonk: M. W. Sharpe, 1984).

22 T. S. Ashton, 'The Bill of Exchange and Private Banks in Lancashire, 1790–1830', in T. S. Ashton and R. S. Sayers, eds, *Papers in English Monetary History* (Oxford: Oxford University Press, Clarendon Press, 1953), pp. 37–8.

23 Francis C. Knowles, *The Monetary Crisis Considered* (1827), referring to the House of Lords Committee on Scottish and Irish Currency of 1826; quoted in J. R. T. Hughes, *Fluctuations in Trade, Industry and Finance: a Study of British Economic Development, 1850–1860* (Oxford: Oxford University Press, Clarendon Press, 1960), p. 267.

24 Ibid., p. 258.

25 Kurt Samuelsson, 'International Payments and Credit Movements by Swedish Merchant Houses, 1730–1815', *Scandinavian Economic History Review*, vol. 3 (1955), p. 188.

26 For an early example of such attitudes, see the hypothetical discussion of the board of directors at a New York bank in the 1850s by James S. Gibbons, *The Banks of New York, Their Dealers, the Clearing House, and the Panic of 1857*, p. 50. A director is pleading the loan application of a Mr Black, 'rich beyond a contingency', who wants to build a new house on Fifth Avenue for $60,000 and to spend $40,000 to furnish it, and proposes expanding his firm's discount line at the bank by the whole amount. Another director objects:

> Mr. President, my notion is, that we have no right to discount any thing at the Board but a *bona fide* commercial note that will be paid when due. And on top of that the indorser must be able to take it up himself, if the drawer should fail or die. Don't you see that we are

discounting this paper to pay for Mr. Black's house and furniture, just for his single enjoyment? This isn't commercial paper, sir! It's accommodation paper in the true sense.

Gibbon's book, with chapters on the various tasks in a bank, is a mid-nineteenth-century precursor to Martin Mayer's *The Bankers* (New York: Ballantine Books, 1974).

27　R. G. Hawtrey, *The Art of Central Banking* (London: Longmans, Green, 1932), pp. 128–9.

28　See Herman E. Krooss, ed., *Documentary History of Banking and Currency in the United States* (New York: Chelsea House, 1969), vol. 1, p. 31.

29　Viner, *Studies in International Trade*, pp. 245ff., esp. pp. 249–50.

30　Adam Smith, *An Inquiry into the Nature and Causes of the Wealth of Nations* (1776; reprint edn, New York: Modern Library, 1937), pp. 293–7.

31　R. G. Hawtrey, *Currency and Credit*, 3rd edn (New York: Longmans, Green 1930), p. 224.

32　Arthur D. Gayer, W. W. Rostow and Anna Jacobson Schwartz, *The Growth and Fluctuation of the British Economy, 1790–1850* (Oxford: Oxford University Press, Clarendon Press, 1953), vol. 1, p. 105.

33　Great Britain, *Parliamentary Papers* (*Monetary Policy, Commercial Distress*), 'Report of the Select Committee on the Operation of the Bank Acts and the Causes of the Recent Commercial Distress, 1857–59' (Shannon: Irish University Press, 1969), vol. 4, p. 113, question 1661, and p. 115, question 1679.

34　Albert E. Fr. Schäffle, 'Die Handleskrise von 1857 in Hamburg, mit besonderer Rucksicht auf das Bankwesen', in Schäffle, *Gesammelte Aufsätze* (Tübingen: H. Haupp'schen, 1885), vol. 2, p. 31.

35　Wirth, *Handelskrisen*, p. 91.

36　See C. P. Kindleberger, *The World in Depression, 1929–1939*, 2nd edn (Berkeley: University of California Press, 1986), p. 133 and note.

37　Bouvier, *Le Krach*, pp. 130–1.

38　After the bank's dissolution, the French prosecutor of Bontoux wrote that there had been grave irregularities in the issuance of the shares and in the increases in capital. Subscriptions to the capital had been made by the bank both in its own name and in the names of fictitious client subscribers. A rival bank, the Banque de Lyon et de la Loire, formed in April 1881 with a capital of 25 million francs (raised to 50 million in November) and with one-quarter of its capital theoretically paid in, was similarly a bubble. Of 50,000 shares originally issued, more than half had not paid amounts due, and the bank had less than half of the 6.5 million francs of capital claimed at the outset.

　　　The Union Générale also bought its own securities in the open market and, as we shall see, loaned money to others to buy them. (Bouvier, *Le krach*, pp. 123, 164–5, 167.)

39　Ibid., p. 131.

40　Ibid. For prices, see tables 7 and 8, pp. 136 and 144; for the shortfall, see p. 144.

41　Ibid., tables 7 and 8, pp. 136, 144, 145.

42　John Carswell, *The South Sea Bubble* (London: Cresset Press, 1960), p. 171.

43　Bouvier, *Le krach*, pp. 112, 113.

44　Federal Reserve System, *Banking and Monetary Statistics* (Washington, DC: Board of Governors of the Federal Reserve System, 1943), p. 494.

45　Alexander Dana Noyes, *The Market Place: Reminiscences of a Financial Editor* (Boston: Little, Brown, 1937), p. 353.

46　Peter H. Lindert, *Key Currencies and Gold, 1900–1913*, Princeton Studies in International Finance, no. 24 (August 1969).

47　Jeffrey G. Williamson, *American Growth and the Balance of Payments, 1830– 1913: a Study of the Long Swing* (Chapel Hill: University of North Carolina Press, 1964).

48　Alvin H. Hansen, *Business Cycles and National Income* (New York: W. W. Norton, 1957), chaps 13, 15.

49　A.C. Pigou, *Industrial Fluctuations* (London: Macmillan, 1927), pt. 1, chap. 7, and p. 274.

50　Milton Friedman and Anna J. Schwartz, *A Monetary History of the United States, 1867–1960* (Princeton: Princeton University Press, 1963). Chapter 10 of the book is published separately as *The Great Contraction, 1929–1933* (Princeton: Princeton University Press, 1965).

51　This assertion was made by Thomas A. Mayer in a seminar on money and the Great Depression, University of California, Berkeley, 11 May 1977.

52 Peter Temin, *Did Monetary Forces Cause the Great Depression?* (New York: W. W. Norton, 1976), passim.

53 Ben S. Bernanke, 'Nonmonetary Effects of the Financial Crisis in the Propagation of the Great Depression', *American Economic Review*, vol. 73, no. 3 (June 1983), pp. 237–76.

54 Frederic S. Miskin, 'Illiquidity, Consumer Durable Expenditure, and Monetary Policy', *American Economic Review*, vol. 66 (September 1976), pp. 642–54.

55 See Minsky's review of Temin, in *Challenge*, vol. 19, no. 1 (September/October 1976), pp. 44–6; and see Milton Friedman, 'The Monetary Theory and Policy of Henry Simons', in Friedman, *Optimum Quantity of Money*, pp. 81–93.

56 Henry Simons, *Economic Policy for a Free Society* (Chicago: University of Chicago Press, 1948).

57 Friedman, 'Henry Simons', p. 83.

58 See Friedrich A. Hayek, 'Choice in Currency: A Way to Stop Inflation', Occasional Paper no. 48 (London: Institute of Economic Affairs, 1982); Roland Vaubel, 'Free Currency Competition', *Weltwirtschaftliches Archiv*, vol. 113 (1977), pp. 435–59; Richard H. Timberlake, 'Legislative Construction of the Monetary Control Act of 1980', *American Economic Review*, vol. 75, no. 2 (May 1985), pp. 97–102; Leland B. Yeager, 'Deregulation and Monetary Reform', *American Economic Review*, vol. 75, no. 2 (May 1985), pp. 103–7: Lawrence H. White, *Free Banking in Britain: Theory, Experience and Debate* (New York: Cambridge University Press, 1984); George Selgin, *The Theory of Free Banking* (Totowa: Rowan and Littlefield, 1989). For a defense of central banking, see Charles Goodhart, *The Evolution of Central Banks* (Cambridge: Cambridge University Press, 1989).

59 'The Post-1990 Surge in World Currency Reserves', *Conjuncture*, 26th year, no. 9 (October 1996), pp. 2–12.

60 Pascal Blanqué, 'US Credit Bubble.com', *Conjuncture*, 29th year, no. 4 (April 1999), pp. 12–21.

61 Graciela L. Kaminsky and Carmen W. Reinhart, 'The Twin Crises: the Causes of Banking and Balance-of-Payments Problems', *American Economic Review* (June 1999), pp. 433–500.

62 Gayer, Rostow, and Schwartz, *Growth and Fluctuation*, vol. 1, p. 300.

63 Hughes, *Fluctuations*, p. 12.

64 Ibid., p. 261.

65 Elmer Wood, *English Theories of Central Banking Control, 1819–1858, with Some Account of Contemporary Procedures* (Cambridge, MA: Harvard University Press, 1939), p. 147.

66 A. Andréadès, *History of the Bank of England* (London: P. S. King, 1909), pp. 356–7.

67 Wirth, *Handelskrisen*, p. 463.

68 Ibid., pp. 515–16.

69 E. Victor Morgan, *The Theory and Practice of Central Banking, 1797–1913* (Cambridge: Cambridge University Press, 1943), pp. 184–5.

70 O. M. W. Sprague, *History of Crises under the National Banking System* (1910; reprint edn, New York: Augustus M. Kelley, 1968), p. 241.

71 Gibbons, *Banks of New York*, p. 375.

5 THE CRITICAL STAGE – WHEN THE BUBBLE IS ABOUT TO POP

1 *The Collected Works of Walter Bagehot*, ed. Norman St John Stevas (London: *The Economist*, 1978), vol. 9, p. 273.

2 Milton Friedman, 'In Defense of Destabilizing Speculation', in *The Optimum Quantity of Money and Other Essays* (Chicago: Aldine, 1969), p. 288.

3 Harry G. Johnson, 'The Case for Flexible Exchange Rates, 1969', in Federal Reserve Bank of St Louis, *Review*, vol. 51 (June 1969), p. 17.

4 John Carswell, *The South Sea Bubble* (London: Cresset Press, 1960), p. 139.

5 W. R. Brock, *Lord Liverpool and Liberal Toryism, 1820–1827* (Cambridge: Cambridge University Press, 1941), p. 209.

6 R. C. O. Matthews, *A Study of Trade-cycle History: Economic Fluctuations in Great Britain, 1832–1842* (Cambridge: Cambridge University Press, 1954), p. 162.

7　Maurice Lévy-Leboyer, *Les banques européennes et l'industrialisation internationale dans la première moitié du XIXe siècle* (Paris: Presses universitaires de France, 1964), pp. 618–20.

8　Ibid., p. 713.

9　Wladimir d'Ormesson, *La grande crise mondiale de 1857: L'histoire recommence, les causes, les remèdes* (Paris-Suresnes: Maurice d'Hartoy, 1933), pp. 110ff.

10　Hans Rosenberg, *Die Weltwirtschaftskrise von 1857–59* (Stuttgart: Verlag von W. Kohlhammer, 1934), p. 210.

11　Max Wirth, *Geschichte der Handelskrisen*, 4th edn (1890; reprint edn, New York: Burt Franklin, 1968), p. 463.

12　Fritz Stern, *Gold and Iron: Bismarck, Bleichröder, and the Building of the German Empire* (London: Allen & Unwin, 1977), p. 242.

13　*The Economist*, 21 April 1888, p. 500. This citation and the following one were brought to the author's attention by Richard C. Marston.

14　Ibid., 5 May 1888, pp. 570–1.

15　M. J. Gordon, 'Toward a Theory of Financial Distress', *Journal of Finance*, vol. 26 (May 1971), p. 348.

16　Carswell, *South Sea Bubble*, p. 170.

17　Sir John Clapham, *The Bank of England: a History* (Cambridge: Cambridge University Press, 1945), vol. 2, p. 257.

18　Edouard Rosenbaum and A. J. Sherman, *M .M. Warburg & Co., 1758–1938: Merchant Bankers of Hamburg* (New York: Holmes & Meier, 1979), p. 129.

19　D. P. O'Brien, ed., *The Correspondence of Lord Overstone* (Cambridge: Cambridge University Press, 1971), vol. 1, p. 368.

20　Michel Chevalier, *Lettres sur l'Amérique du Nord*, 3rd edn (Brussels: Société belge du librairie, 1838), vol. 1, p. 37.

21　Jean Bouvier, *Le krach de l'Union Générale* (Paris: Presses universitaires de France, 1960), pp. 129, 133, 137.

22　Wirth, *Handelskrisen*. p. 508.

23　D. Morier Evans, *The History of the Commercial Crisis, 1857–1858, and the Stock Exchange Panic of 1859* (1859; reprint edn, New York: Augustus M. Kelley, 1969), p. 203.

24　Testimony of Louis Adolphe Thiers, Ministère des Finances et al., *Enquête sur les principes et les faits généraux qui régissent la circulation monétaire et fiduciaire* (Paris: Imprimerie imperiale, 1867), vol. 3, p. 436.

25　Stephen A. Schuker, *The End of French Predominance in Europe, the Financial Crisis of 1924 and the Adoption of the Dawes Plan* (Chapel Hill: University of North Carolina Press, 1976), pp. 87, 104.

26　Arthur D. Gayer, W. W. Rostow, and Anna J. Schwartz, *The Growth and Fluctuation of the British Economy, 1790–1850* (Oxford: Oxford University Press, Clarendon Press, 1953), vol. 1, p. 190.

27　Ibid., p. 312.

28　Bouvier, *Le krach*, pp. 29, 130.

29　James S. Gibbons, *The Banks of New York, Their Dealers, the Clearing House, and the Panic of 1857* (New York: D. Appleton, 1859), p. 94.

30　See Clément Juglar, *Des crises commerciales et leur retour périodique en France, en Angleterre et aux Etats-Unis*, 2nd edn (1889; reprint edn, New York: Augustus M. Kelley, 1967), p. 427.

31　W. T. C. King, *History of the London Discount Market* (London: George Routledge & Sons, 1936), p. 232.

32　O. M. W. Sprague, *History of Crises under the National Banking System* (1910; reprint edn, New York: Augustus M. Kelley, 1968), p. 127.

33　Ibid., p. 33.

34　Ibid., p. 36.

35　Bouvier, *Le krach*, p. 133.

36　Christina Stead may be referring to this episode in *The House of All Nations* (New York: Simon & Schuster, 1938), when she has one of her characters, Stewart, say: '"My first job. By jove we had fun. At one time they had a short position in Union Pacific which exceeded the floating supply. Were they ruined? Not that time. They came to terms with them … they had to, otherwise a world panic would have resulted".'

37　Sprague, *History of Crises*, pp. 237–53.

38　See C. P. Kindleberger, 'Asset Inflation and Monetary Policy', *Banca Nazionale del Lavoro Quarterly Review*, no. 192 (March 1995), pp. 17–35.

39 Carswell, *South Sea Bubble*, pp. 136–7, 158.
40 Evans, *Commercial Crisis*, p. 13.
41 Gayer, Rostow, and Schwartz, *Growth and Fluctuation*, p. 307.
42 W. Jett Lauck, *The Causes of the Panic of 1893* (Boston: Houghton Mifflin, 1907), pp. 59–60.
43 Oskar Morgenstern, *International Financial Transactions and Business Cycles* (Princeton: Princeton University Press, 1959), p. 523.
44 Part of the reason Germany sold Russian bonds was political, as was the basis for German buying of Italian bonds. The French bought Russian bonds and sold Italian bonds. But Germany did float a Mexican loan of £10.5 million in 1888, so one cannot make the case that the domestic boom in Germany required capital that in nonpolitical circumstances would have gone abroad. See Fritz Stern, *Gold and Iron: Bismarck, Bleichröder, and the Building of the German Empire* (London: Allen & Unwin, 1977), pp. 427, 433, 442. Professor Stern has indicated that there is nothing in the Bleichröder correspondence that bears on German selling of Argentine securities.
45 Johan Åkerman, *Structure et cycles économiques* (Paris: Presses universitaires de France, 1955–57), vol. 2, p. 292.
46 E. Ray McCartney, *Crisis of 1873* (Minneapolis: Burgess Publishing Co., 1935), pp. 58, 71.
47 Wirth, *Handelskrisen*, p. 110.
48 George W. Van Vleck, *The Panic of 1857: an Analytical Study* (New York: Columbia University Press, 1943), p. 68.
49 H. S. Foxwell, introduction to Andréadès, *History of the Bank of England*, p. xvii.
50 E. Victor Morgan, *The Theory and Practice of Central Banking, 1797–1913* (Cambridge: Cambridge University Press, 1943), p. 109.
51 Elmer Wood, *English Theories of Central Banking Control, 1819–1858* (Cambridge, MA: Harvard University Press, 1939), p. 183.
52 R. G. Hawtrey, *Currency and Credit*, 3rd edn (New York: Longmans, Green, 1927), p. 28.
53 Clapham, *Bank of England*, vol. 2, p. 153.
54 Leone Levi, *History of British Commerce* (London: John Murray, 1872), p. 233.
55 Joan Edelman Spero, *The Failure of the Franklin National Bank: Challenge to the International Banking System* (New York: Columbia University Press, 1980), pp. 66, 71, 85, 91.
56 Milton Friedman and Anna J. Schwartz, *A Monetary History of the United States, 1867–1960* (Princeton: Princeton University Press, 1963), p. 339.
57 Lauck, *Causes of the Panic of 1893*, chap. 7.
58 Sprague, *History of Crises*, p. 253.
59 Thomas Joplin, *Case for Parliamentary Inquiry into the Circumstances of the Panic, in a Letter to Thomas Gisbourne, Esq. M.P.* (London: F. Ridgeway & Sons, n.d. [after 1832]), pp. 14–15.
60 Robert Baxter, *The Panic of 1866, with its Lessons on the Currency Act* (1866; reprint edn., New York: Burt Franklin, 1969), pp. 4, 26.
61 Clapham, *Bank of England*, vol. 2, p. 101.
62 Ibid., p. 100.
63 Rosenberg, *Weltwirtschaftskrise*, p. 118.
64 Van Vleck, *Panic of 1857*, p. 74.
65 Rosenberg, *Weltwirtschaftskrise*, p. 121.
66 Sprague, *History of Crises*, p. 113.
67 Alvin H. Hansen, *Cycles of Prosperity and Depression in the United States, Great Britain and Germany: a Study of Monthly Data, 1902–1908* (Madison: University of Wisconsin Press, 1921), p. 13.
68 H. S. Foxwell, 'The American Crisis of 1907', in *Papers in Current Finance* (London: Macmillan, 1919), pp. 202–3.

6 EUPHORIA AND PAPER WEALTH

1 Peter M. Garber, 'Tulipmania', in Robert P. Flood and Peter M. Garber, *Speculative Bubbles, Speculative Attacks, and Policy Switching* (Cambridge, MA: MIT Press, 1994), p. 72.
2 N. W. Posthumus, 'The Tulip Mania in Holland in the Years 1636 and 1637', *Journal of Business and Economic History*, vol. 1 (1928–29), reprinted in W. C. Scoville and J. C. LaForce, eds, *The Economic Development of Western Europe*, vol. 2, *The Sixteenth and Seventeenth Centuries* (Lexington: D. C. Heath, 1969), p. 169.

3 Simon Schama, *The Embarrassment of Riches: an Interpretation of Dutch Culture in the Golden Age* (New York: Knopf, 1987), p. 358. Schama's source is Krelage, *Bluemenspekulation*.

4 Jonathan I. Israel, *The Dutch Republic: Its Rise, Greatness and Fall, 1477-1806* (Oxford: Clarendon Press, 1995), p. 533. Jan de Vries and Ad van der Woude state that in the summer of 1636, speculation in commodity derivatives spread far beyond the circle of tulip fanciers, its flame being fanned by severe outbreaks of bubonic plague that released inhibitions (*The First Modern Economy: Success, Failure and Perseverance of the Dutch Economy, 1500-1815* [Cambridge: Cambridge University Press, 1997], pp. 150-1).

5 Jan de Vries, *Barges and Capitalism: Transportation in the Dutch Economy* (Wageningen: A. G. Bidragen, 1978), pp. 52ff.

6 Israel, *The Dutch Republic*, p. 533.

7 Garber, 'Tulipmania', pp. 71-2.

8 Israel, *The Dutch Republic*, chap. 33.

9 Ibid., p. 869.

10 Homer Hoyt, *One Hundred Years of Land Values in Chicago: the Relationship of the Growth of Chicago to the Rise in Land Values, 1830-1933* (Chicago: University of Chicago Press, 1933).

11 Quoted in Hoyt, *Land Values*, p. 165. This suggests that the 'greater fool theory' – a speculator buying an asset he believes is overpriced because he thinks he can sell it to a greater fool, widely quoted today – goes back at least a century.

12 Fritz Stern, *Gold and Iron: Bismarck, Bleichröder, and the Building of the German Empire* (London: Allen & Unwin, 1977), p. 161.

13 Hoyt, *Land Values*, p. 102. One stimulus to the boom was the huge fire of 6 October 1871, which destroyed somewhat more than one-fourth of the 60,000 houses in the city.

14 Hoyt, *Land Values*, p. 401.

15 'How to Ruin a Safe Bet: Did Rockefeller Center Financiers Reach Too Far?', *New York Times*, 5 October 1995, pp. D1, D11.

16 Keizai Koho Center, *Japan 1994: an International Comparison* (Tokyo, 1993), Chart 11-3, 'Increase in Land Prices in Japan', p. 83.

17 Koichi Hamada, 'Bubbles, Busts and Bailouts', in Mitsuaki Okabe, ed., *The Structure of the Japanese Economy* (London: Macmillan, 1995), pp. 263-86.

18 Masahiko Takeda and Philip Turner, 'The Liberalization of Japanese Financial Markets: Some Major Themes', *BIS Economic Papers*, no. 34 (November 1992), graph 8, p. 53.

19 Takeda and Turner, 'Liberalization of Japanese Financial Markets', pp. 99-121.

20 Ibid., Table A-1, pp. 120-1.

21 Ibid., pp. 58-65. Hamada calls the revelations 'scandals' (p. 9).

22 Herman Kahn, *The Emerging Japanese Superstate: Challenge and Response* (Englewood Cliffs: Prentice-Hall, 1970).

23 'Erosion in Japan's Foundation: Real Estate Crash Threatens the Entire Economy', *New York Times*, 4 October 1995.

24 David Asher and Andrew Smithers, 'Japan's Key Challenges for the 21st Century', SAIS (School for Advanced International Studies) Policy Forum Studies, April 1998.

25 Keizai Koho Center, *Japan 1994*, Charts 5-0, p. 52, and 4-19, p. 44.

26 See C. E. B. Borio, N. Kennedy, and S. D. Prowse, 'Exploring Aggregate Price Formation across Countries: Measurement, Determinants and Monetary-Policy Implications', *BIS Economic Papers*, no. 40 (Spring 1994), p. 46: 'It has been widely accepted that the primary goal of monetary policy should be price stability.'

27 See Armen A. Alchian and Benjamin Klein, 'On a Correct Measure of Inflation', *Journal of Money, Credit and Banking*, vol. 5, no. 1 (February 1973), pp. 172-91.

7　BERNIE MADOFF: FRAUDS, SWINDLES, AND THE CREDIT CYCLE

1 See Norman C. Miller, *The Great Salad Oil Swindle* (New York: Coward, McCann, 1965).

2 Hyman P. Minsky, 'Financial Resources in a Fragile Financial Environment', *Challenge*, vol. 18 (July/August 1975), p. 65.

3 Martin F. Hellwig, 'A Model of Borrowing and Lending with Bankruptcy', Princeton University Econometric Research Program, Research Memorandum no. 177 (April 1975), p. 1.

4 Daniel Defoe, *The Anatomy of Change-Alley* (London: E. Smith, 1719), p. 8. See also the title of Jean Carper's book on fraud, *Not with a Gun* (New York: Grossman, 1973).

5 Jacob van Klaveren, 'Die historische Erscheinungen der Korruption', *Vierteljahrschrift für Sozial- und Wirtschaftsgeschichte*, vol. 44 (December 1957), pp. 289–324; vol. 45 (December 1958), pp. 433–69, 469–504; vol. 46 (June 1959), pp. 204–31. See also idem, 'Fiskalismus – Mercantilismus – Korruption: Drei Aspecte der Finanz- und Wirtschaftspolitik während der Ancien Regime', ibid., vol. 47 (September 1960), pp. 333–53.

6 E. Ray McCartney, *The Crisis of 1873* (Minneapolis: Burgess, 1935), p. 15.

7 John Carswell, *The South Sea Bubble* (London: Cresset, 1960), p. 13.

8 Maximillian E. Novak, *Economics and the Fiction of Daniel Defoe* (Berkeley: University of California Press, 1962), p. 103.

9 Bray Hammond, *Banks and Politics in America from the Revolution to the Civil War* (Princeton: Princeton University Press, 1957), p. 268.

10 Carswell, *South Sea Bubble*, pp. 222–4.

11 William G. Shepheard, Wall Street editor of *Business Week*, in the preface to Donald H. Dunn, *Ponzi, the Boston Swindler* (New York: McGraw-Hill, 1975), p. x.

12 Milton Friedman, 'In Defense of Destabilizing Speculation', in *The Optimum Quantity of Money and Other Essays* (Chicago: Aldine, 1969), p. 290.

13 Quoted in Max Winkler, *Foreign Bonds, an Autopsy: a Study of Defaults and Repudiations of Government Obligations* (Philadelphia: Roland Swain, 1933), p. 103.

14 E. Victor Morgan, *The Theory and Practice of Central Banking, 1797-1913* (Cambridge: Cambridge University Press, 1943), p. 177.

15 Honoré de Balzac, *Melmoth réconcilié* (Geneva: Editions de Verbe, 1946), pp. 45–50.

16 Dunn, *Ponzi*, p. 188.

17 Introduction by Robert Tracey to Anthony Trollope, *The Way We Live Now* (1874–75; reprint edn, New York: Bobbs-Merrill, 1974), p. xxv.

18 Sir John Clapham, *The Bank of England: a History* (Cambridge: Cambridge University Press, 1945), vol. 1, p. 229.

19 Charles Wilson, *Anglo-Dutch Commerce and Finance in the Eighteenth Century* (Cambridge: Cambridge University Press, 1941), p. 170.

20 George W. Van Vleck, *The Panic of 1857: an Analytical Study* (New York: Columbia University Press, 1943), p. 65.

21 Earl J. Hamilton, 'The Political Economy of France at the Time of John Law', *History of Political Economy*, vol. 1 (Spring 1969), p. 146.

22 Jacob van Klaveren, 'Rue de Quincampoix und Exchange Alley: Die Spekulationsjähre 1719 und 1720 in Frankreich und England', *Vierteljahrschrift für Sozial- und Wirtschaftsgeschichte*, vol. 48 (October 1961), pp. 329ff.

23 Dunn, *Ponzi*, op. cit.

24 Max Wirth, *Geschichte der Handelskrisen*, 4th edn (1890; reprint edn, New York: Burt Franklin, 1968), p. 510.

25 William Robert Scott, *The Constitution and Finance of English, Scottish and Irish Joint-Stock Companies to 1720* (Cambridge: Cambridge University Press, 1911), vol. 3, pp. 449ff.; and D. Morier Evans, *The Commercial Crisis, 1847-48*, 2nd edn, rev. (1849; reprint edn, New York: Augustus M. Kelley, 1969), pp. 33–4. A separate list for the South Sea Bubble, prepared by a contemporary and less detailed, is set out in Wirth, *Handelskrisen*, pp. 67–79.

26 A. Andréadès, *History of the Bank of England* (London: P. S. King, 1909), p. 133.

27 Carswell, *South Sea Bubble*, p. 142.

28 Scott, *Joint-Stock Companies*, p. 450.

29 Hans Rosenberg, *Die Weltwirtschaftskrise von 1857-59* (Stuttgart: W. Kohlhammer, 1934), p. 103.

30 Wirth, *Handelskrisen*, p. 480.

31 Anthony Trollope, *The Three Clerks* (New York: Harper & Brothers, 1860), p. 346.

32 Carswell, *South Sea Bubble*, p. 177.

33 Fritz Stern, *Gold and Iron: Bismarck, Bleichröder, and the Building of the German Empire* (London: Allen & Unwin, 1977), p. 358.

34 Ibid., pp. 396–7.
35 US Senate, Committee on Finance, 72nd Cong., 1st sess., *Hearings on Sales of Foreign Bonds of Securities*, held 18 December 1931, to 10 February 1932 (Washington, DC: US Government Printing Office, 1932).
36 O. M. W. Sprague, *History of Crises under the National Banking System* (1910; reprint edn, New York: Augustus M. Kelley, 1968), p. 341.
37 Quoted in Wirth, *Handelskrisen*, p. 80.
38 Honoré de Balzac, *La maison Nucingen*, in *Oeuvres complètes* (Paris: Calmann Lévy, 1892), p. 68.
39 Carswell, *South Sea Bubble*, pp. 176, 181.
40 Wirth, *Handelskrisen*, p. 491.
41 Emile Zola, *L'Argent* (Paris: Livre de Poche, n.d.), p. 125.
42 Wirth, *Handelskrisen*, p. 491.
43 Zola, *L'Argent*, p. 161.
44 Jean Bouvier, *Le krach de l'Union Générale* (Paris: Presses universitaires de France, 1960), p. 36.
45 *The Economist*, 21 October 1848, pp. 1186–8, quoted in Arthur D. Gayer, W. W. Rostow and Anna J. Schwartz, *The Growth and Fluctuation of the British Economy, 1790–1850* (Oxford: Oxford University Press, Clarendon Press, 1953), p. 316.
46 Rosenberg, *Weltwirtschaftskrise*, p. 101.
47 Stern, *Gold and Iron*, chap. 10 ('Greed and Intrigue') and p. 364.
48 Novak, *Economics of Defoe*, pp. 14–15 and 160 n.35.
49 Ibid., p. 16, n.50.
50 Maurice Lévy-Leboyer, *Les banques européennes et l'industrialisation internationale dans la première moitié du XIXe siècle* (Paris: Presses universitaires de France, 1964), pp. 632–3.
51 Ibid., p. 503, n.90.
52 Bouvier, *Le krach*, p. 124.
53 Ibid., p. 161, n.50.
54 Stern, *Gold and Iron*, chap. 11.
55 Theodore Dreiser's *Trilogy of Desire* consists of three novels: *The Financier* (1912), *The Titan* (1914) and *The Stoic* (1947). See *The Titan* (New York: World, 1972), pp. 371–2.
56 Ibid., pp. 515–40.
57 Henry Grote Lewin, *The Railway Mania and Its Aftermath, 1845–1852* (1936; reprint edn, rev., New York: Augustus M. Kelley, 1968), pp. 262, 357–64.
58 See Paul W. Gates, *Illinois Central Railroad and Its Colonization Work* (1934; reprint edn, Cambridge, MA: Harvard University Press, 1968), pp. 66, 75–6; John L. Weller, *The New Haven Railroad: the Rise and Fall* (New York: Hastings House, 1969), p. 37n; Van Vleck, *Panic of 1857*, p. 58.
59 See Willard L. Thorp, *Business Annals* (New York: National Bureau of Economic Research, 1926), p. 126.
60 Watson Washburn and Edmund S. Delong, *High and Low Financiers: Some Notorious Swindlers and Their Abuses of our Modern Stock Selling System* (Indianapolis: Bobbs-Merrill, 1932), p. 13.
61 Ibid., pp. 85, 101, 144, 309.
62 Barrie A. Wigmore, *The Crash and Its Aftermath: a History of Security Markets in the United States, 1929–1933* (Westport: Greenwood, 1985), pp. 344–8.
63 Ibid., pp. 358–60.
64 Martin Mayer, *The Bankers* (New York: Ballantine Books, 1989); James S. Gibbons, *The Banks of New York, Their Dealers, the Clearing House, and the Panic of 1857* (New York: D. Appleton, 1859), p. 104.
65 Ibid., p. 277.
66 John Kenneth Galbraith, *The Great Crash, 1929*, 3rd edn (Boston: Houghton Mifflin, 1972), pp. 133–5.
67 David F. Good, *The Economic Rise of the Hapsburg Empire, 1750–1914* (Berkeley: University of California Press, 1984), p. 165.
68 D. Morier Evans, *Facts, Failures and Frauds* (1839; reprint edn, New York: Augustus M. Kelley, 1968), p. 235.
69 See Robert Shaplen, *Kreuger: Genius and Swindler* (New York: Knopf, 1960).
70 Carswell, *South Sea Bubble*, pp. 225, 265–6.

71 Bouvier, *Le krach*, pp. 211, 219.
72 Herbert I. Bloom, *The Economic Activities of the Jews of Amsterdam in the Seventeenth and Nineteenth Centuries* (Williamsport: Bayard Press, 1937), p. 199.
73 Carswell, *South Sea Bubble*, p. 210.
74 Dreiser, *The Titan*, p. 237.
75 Christina Stead, *House of All Nations* (New York: Simon & Schuster, 1938), p. 643.

8 INTERNATIONAL CONTAGION 1618–1930

1 Herbert Hoover, *The Memoirs of Herbert Hoover* (New York: Macmillan, 1952), vol. 3, pp. 61–2.
2 Milton Friedman and Anna J. Schwartz, *A Monetary History of the United States, 1867–1960* (Princeton: Princeton University Press, 1963), pp. 359–60.
3 Quoted in Leone Levi, *History of British Commerce* (London: John Murray, 1872), p. 234.
4 S. Saunders, quoted in D. Morier Evans, *The History of the Commercial Crisis, 1857–1858, and the Stock Exchange Panic of 1859* (1859; reprint edn, New York: Augustus M. Kelley, 1969), p. 13.
5 R. C. O. Matthews, *A Study in Trade-Cycle History: Economic Fluctuations in Great Britain, 1832–1842* (Cambridge: Cambridge University Press, 1954), p. 69.
6 Friedman and Schwartz, *Monetary History*, p. 360.
7 Jørgen Pedersen, 'Some Notes on the Economic Policy of the United States during the Period 1919–1932', in Hugo Hegelund, ed., *Money Growth and Methodology: Papers in Honor of Johan Åkerman* (Lund: Lund Social Science Studies, 1961), reprinted in J. Pedersen, *Essays in Monetary Theory and Related Subjects* (Copenhagen: Samfundsvienskabeligt Forlag, 1975), p. 189.
8 R. T. Naylor, *The History of Canadian Business, 1867–1914*, vol. 1, *The Banks and Finance Capital* (Toronto: James Lorimer & Co., 1975), p. 130.
9 Clément Juglar, *Des crises commerciales et leur retour périodique en France, en Angleterre et aux Etats-Unis*, 2nd edn (1889; reprint edn, New York: Augustus M. Kelley, 1967), pp. xiv, 17, 47, 149, and passim.
10 Wesley C. Mitchell, introduction to Willard L. Thorp, *Business Annals* (New York: National Bureau of Economic Research, 1926), pp. 88–97.
11 Oskar Morgenstern, *International Financial Transactions and Business Cycles* (Princeton: Princeton University Press, 1959), chap. 1. esp. sec. 6; on international stock exchange panics from 1893 to 1931, see table 139, pp. 546–7, and chart 72, p. 548.
12 C. P. Kindleberger, 'The International (and Interregional) Aspects of Financial Crises', in Martin Feldstein, ed., *The Risk of Economic Crisis* (Chicago: University of Chicago Press, 1991), pp. 128–32.
13 Friedman and Schwartz, *Monetary History*, p. 308.
14 See C. E. V. Borio, N. Kennedy, and S. D. Prowse, 'Exploring Aggregate Price Fluctuations across Countries: Measurement, Determinants, and Monetary Policy Implications', *BIS Economic Papers*, no. 40 (April 1994), Graph A.1, p. 74.
15 C. P. Kindleberger, 'The Economic Crisis of 1619 to 1623', *Journal of Economic History*, vol. 51, no. 1 (March 1991), esp. pp. 159–61.
16 Johan Åkerman, *Structure et cycles économiques* (Paris: Presses universitaires de France, 1957), vol. 2. pp. 247, 255.
17 John Carswell, *The South Sea Bubble* (London: Cresset Press, 1960), pp. 84, 94, 100, 101.
18 Ibid., pp. 151, 160–1, 166. There may be some doubt about this; P. G. M. Dickson maintains that the Canton of Berne still held £287,000 of South Sea annuities in 1750 (*The Financial Revolution in England: a Study in the Development of Public Credit, 1688–1756* [New York: St Martin's Press, 1967], p. 90).
19 Charles Wilson, *Anglo-Dutch Commerce and Finance in the Eighteenth Century* (Cambridge: Cambridge University Press, 1941), pp. 103, 124.
20 Carswell, *South Sea Bubble*, p. 167.
21 Ibid., pp. 178, 199. In *The Great Mirror of Folly [Het Groote Tafereel der Dwaasheid], an Economic Bibliographical Study* (Boston: Baker Library, Harvard Graduate School of Business Administration, 1949), Arthur H. Cole observes that Holland had a full-scale bubble between April and October 1720, stimulated by the excitements of Paris and London. Forty new companies were floated in

thirty mostly smaller towns, in the amount of 350 million guilders. Shares of the Dutch East India Company tripled in this period, and those of the West India Company went from 40 to 600 before the bubble burst (pp. 5, 6).

22 T. S. Ashton, *Economic Fluctuations in England, 1700–1800* (Oxford: Oxford University Press, Clarendon Press, 1959), p. 120.

23 George Chalmers, *The Comparative Strength of Great Britain* (London, 1782), p. 141, quoted in Ashton, *Economic Fluctuations*, p. 151.

24 E. E. de Jong-Keesing, *De Economische Crisis van 1763 te Amsterdam* (Amsterdam, 1939), pp. 216–17.

25 Wilson, *Anglo-Dutch Commerce*, p. 168.

26 De Jong-Keesing, *Economische Crisis van 1763*, p. 217.

27 Ernst Baasch, *Hollandische Wirtschaftsgeschichte* (Jena: Gustav Fischer, 1927).

28 Max Wirth, *Geschichte der Handelskrisen*, 4th edn (1890; reprint edn, New York: Burt Franklin, 1968), p. 87.

29 Stephan Skalweit, *Die Berliner Wirtschaftskrise von 1763 und ihre Hintergründe* (Stuttgart/Berlin: Verlag W. Kohlhammer, 1937), p. 50.

30 Wilson, *Anglo-Dutch Commerce*, p. 168; Alice Clare Carter, *Getting, Spending and Investing in Early Modern Times: Essays on Dutch, English and Huguenot Economic History* (Assen: Van Gorcum, 1975), p. 63.

31 William Smart, *Economic Annals of the Nineteenth Century*, vol. 1 (1911; reprint edn, New York: Augustus M. Kelley, 1964), pp. 529–30.

32 Arthur D. Gayer, W. W. Rostow and Anna J. Schwartz, *The Growth and Fluctuation of the British Economy, 1790–1850* (Oxford: Oxford University Press, Clarendon Press, 1953), vol. 1, p. 159.

33 Smart, *Economic Annals*, vol. 1, chap. 31.

34 Murray N. Rothbard, *The Panic of 1819: Reactions and Policies* (New York: Columbia University Press, 1962), p. 11.

35 Bray Hammond, *Banks and Politics in America from the Revolution to the Civil War* (Princeton: Princeton University Press, 1957), chap. 10, esp. pp. 253–62.

36 Maurice Lévy-Leboyer, *Les banques européennes et l'industrialisation internationale dans la première moitié du XIXe siècle* (Paris: Presses universitaires de France, 1964), pp. 464–79.

37 Åkerman, *Structure et cycles économiques*, p. 294.

38 Maurice Lévy-Leboyer, 'Central Banking and Foreign Trade: the Anglo-American Cycle in the 1830s', in C. P. Kindleberger and J.-P. Laffargue, eds, *Financial Crises: Theory, History and Policy* (Cambridge: Cambridge University Press, 1982), pp. 66–110.

39 R. G. Hawtrey, *Currency and Credit*, 3rd edn (New York: Longmans, Green, 1927), p. 177.

40 Lévy-Leboyer, *Banques européennes*, pp. 570–83.

41 Juglar, *Crises Commerciales*, p. 414.

42 D. Morier Evans, *The Commercial Crisis, 1847–48* (1849; reprint edn, New York: Augustus M. Kelley, 1969).

43 Richard Tilly, *Financial Institutions and Industrialization in the Rhineland, 1815–1870* (Madison: University of Wisconsin Press, 1970), p. 112.

44 Alfred Krüger, *Das Kölner Bankiergewerbe vom Ende des 18. Jahrhunderts bis 1875* (Essen: G. D. Baedeker Verlag, 1925), pp. 12–13, 35, 49, 55–6, 202–3. Reference courtesy of Professor Richard Tilly.

45 This is discussed in a Swedish study of the crisis of 1857: P. E. Bergfalk, *Bidrag till de under de sista hundrade aren inträffade handelskrisershistoria* (Uppsala: Edquist, 1859), referred to in Theodore E. Burton, *Financial Crises and Periods of Industrial and Commercial Depression* (New York: Appleton, 1902), pp. 128–9.

46 Sir John Clapham, *The Bank of England: a History* (Cambridge: Cambridge University Press, 1945), vol. 2, p. 226.

47 Hans Rosenberg, *Die Weltwirtschaftskrise von 1857–1859* (Stuttgart: Verlag von W. Kohlhammer, 1934), p. 136.

48 Åkerman, *Structure et cycles économiques*, p. 323.

49 Clapham, *Bank of England* vol. 2, p. 268. R. G. Hawtrey makes the point that the crisis was not isolated but a sequel to the Continental crisis of 1864. See *Currency and Credit*, p. 177.

50 Shepard B. Clough, *The Economic History of Modern Italy* (New York: Columbia University Press, 1964), p. 53.

51 David S. Landes, *Bankers and Pashas: International Finance and Economic Imperialism in Egypt* (Cambridge, Mass.: Harvard University Press, 1958), p. 287.

52 Wirth, *Handelskrisen*, pp. 462–3.

53 Larry T. Wimmer, 'The Gold Crisis of 1869: a Problem in Domestic Economic Policy and International Trade Theory' (PhD diss., University of Chicago, 1968); US Congress, House, *Gold Panic Investigation*, 41st Cong., 2nd sess., H. Rept. 31, 1 March 1870.

54 Wirth, *Handelskrisen*, p. 464.

55 US Congress, House, *Gold Panic Investigation*, p. 132.

56 C. P. Kindleberger, 'The Panic of 1873', paper presented to the NYU-Salomon Brothers Symposium on Financial Panics, reprinted in *Historical Economics: Art or Science?* (New York: Harvester/ Wheatsheaf, 1990), pp. 310–25.

57 Henrietta M. Larson, *Jay Cooke, Private Banker* (Cambridge, MA: Harvard University Press, 1936).

58 Homer Hoyt, *One Hundred Years of Land Values in Chicago: the Relationship of the Growth of Chicago to the Rise in Land Values, 1830–1933* (Chicago: University of Chicago Press, 1933), pp. 101–2, 117.

59 R. Ray McCartney, *Crisis of 1873* (Minneapolis: Burgess, 1935), p. 85.

60 Morgenstern, *International Financial Transactions*, p. 546.

61 Fritz Stern, *Gold and Iron: Bismarck, Bleichröder, and the Building of the German Empire* (London: Allen & Unwin, 1977), p. 189.

62 Morgenstern, *International Financial Transactions*, p. 548.

63 L. S. Pressnell, 'The Sterling System and Financial Crises before 1914', in Kindleberger and Laffargue, eds, *Financial Crises*, pp. 148–64.

64 O. M. W. Sprague, *History of Crises under the National Banking System* (1910; reprint edn, New York: Augustus M. Kelley, 1968), p. 132.

65 C. P. Kindleberger, 'International Propagation of Financial Crises: the Experience of 1888–93', in idem, *Keynesianism vs. Monetarism and Other Essays in Financial History* (London: Allen & Unwin, 1985), pp. 226–39.

66 Franco Bonelli, 'The 1907 Financial Crisis in Italy: A Peculiar Case of the Lender of Last Resort in Action', in Kindleberger and Laffargue, eds, *Financial Crises*, pp. 51–65.

67 Franco Bonelli, *La crisi del 1907: una tappa dello sviluppo industriale in Italia* (Turin: Fondazione Luigi Einaudi, 1971), pp. 31–2.

68 Ibid., p. 34.

69 Ibid., pp. 42–3.

70 Frank Vanderlip, 'The Panic as a World Phenomenon', *Annals of the American Academy of Political and Social Science*, vol. 31 (January–June 1908), p. 303.

11 POLICY RESPONSES: BENIGN NEGLECT, EXHORTATION, AND BANK HOLIDAYS

1 Ian Giddy, 'Regulation of Off-Balance Sheet Banking', in *The Search for Financial Stability: the Past Fifty Years* (San Francisco: Federal Reserve Bank of San Francisco, 1985), pp. 165–77.

2 Edward J. Kane, 'Competitive Financial Reregulation: an International Perspective', in R. Portes and A. Swoboda, eds, *Threats to International Financial Stability* (Cambridge: Cambridge University Press, 1987), pp. 111–45.

3 Stanley Zucker, *Ludwig Bamberger: German Liberal Politician and Social Critic, 1823–1899* (Pittsburgh: University of Pittsburgh Press, 1975), p. 78.

4 Thomas Joplin, *Case for Parliamentary Inquiry into the Circumstances of the Panic, in a Letter to Thomas Gisborne, Esq., M. P.* (London: James Ridgeway & Sons, n.d. [after 1832]), p. 10 (apropos the panic of 1825).

5 Sir John Clapham, *The Bank of England: a History* (Cambridge: Cambridge University Press, 1945), vol. 2, p. 236 (apropos the panic of 1847).

6 E. Victor Morgan, *The Theory and Practice of Central Banking, 1797–1913* (Cambridge: Cambridge University Press, 1943), p. 133.

7 The episode is noted in A. Andréadès, *History of the Bank of England* (London: P. S. King, 1909), p. 334. For an extended discussion, see Rudiger Dornbusch and Jacob Frenkel, 'The Gold Standard and the Bank of England in the Crisis of 1847', in Michael Bordo and Anna J. Schwartz, eds, *A Retrospective on the Classical Gold Standard, 1821–1931* (Chicago: University of Chicago Press, 1984), pp. 233–64.

8 Ministère des Finances et al., *Enquête sur les principes et les faits géneraux qui régissent la circulation monétaire et fiduciare* (Paris: Imprimerie impériale, 1867), vol. 1, p. 456.

9 'The Revulsion of 1857 – Its Causes and Results', *New York Herald*, n.d., quoted in D. Morier Evans, *The History of the Commercial Crisis, 1857–1858, and the Stock Exchange Panic of 1859* (1859; reprint edn, New York: Augustus M. Kelley, 1969), p. 121.

10 Herbert Hoover, *The Memoirs of Herbert Hoover* (New York: Macmillan & Co., 1952), vol. 3, p. 30.

11 Murray N. Rothbard, *America's Great Depression*, 3rd edn (Kansas City: Sheed & Ward, 1975), p. 187.

12 Paul Johnson, *Modern Times: the World from the Twenties to the Eighties* (New York: Harper & Row, 1983), p. 244.

13 Ernst Baasch, *Holländische Wirtschaftsgeschichte* (Jena: Gustav Fischer, 1927), p. 238.

14 Joplin, *Parliamentary Inquiry*, pp. 14–15.

15 Great Britain, *Parliamentary Papers, Monetary Policy, Commercial Distress* (1857; Shannon: Irish University Press, 1969), vol. 1, pp. 427, 431.

16 D. Morier Evans, *The Commercial Crisis, 1847–1848*, 2nd edn (1849; reprint edn, New York: Augustus M. Kelley, 1969), p. 89n.

17 Evans, *Commercial Crisis*, p. 181.

18 Parliamentary Papers, *Commercial Distress*, p. xii.

19 Ibid., vol. 4, appendix 20; *Foreign Communications Relative to the Commercial Crisis of 1857*, Hamburg consular circular no. 76, November 23, 1857, pp. 435, 440, 441.

20 Henrietta M. Larson, *Jay Cooke, Private Banker* (Cambridge, MA: Harvard University Press, 1936), p. 80.

21 W. C. T. King, *History of the London Discount Market* (London: George Routledge & Sons, 1936), p. 243.

22 Theodore Dreiser, *The Financier* (1912), in *Trilogy of Desire* (New York: World Publishing, 1972), p. 491.

23 W. Jett Lauck, *The Causes of the Panic of 1893* (Boston: Houghton, Mifflin, 1907), p. 102.

24 *The Commercial and Financial Chronicle*, 16 May 1884, p. 589, quoted in O. M. W. Sprague, *History of Crises under the National Banking System* (1910; reprint edn, New York: Augustus M. Kelley, 1968), p. 112.

25 W. R. Brock, *Lord Liverpool and Liberal Toryism, 1820–1827* (Cambridge: Cambridge University Press, 1941), pp. 209–10 (cited by Clapham, *Bank of England*, vol. 2, p. 108).

26 Clapham, *Bank of England*, vol. 2, p. 332.

27 Stephan Skalweit, *Die Berliner Wirtschaftskrise von 1763 und ihre Hintergründe* (Stuttgart: Verlag W. Kohlhammer, 1937), pp. 49–73.

28 Arthur D. Gayer, W. W. Rostow, and Anna J. Schwartz, *The Growth and Fluctuation of the British Economy, 1790–1850* (Oxford: Oxford University Press, Clarendon Press, 1953), vol. 1, p. 272.

29 Larry T. Wimmer, 'The Gold Crisis of 1869: a Problem in Domestic Economic Policy and International Trade Theory' (PhD diss., University of Chicago, 1968), p. 79.

30 Andréadès, *Bank of England*, p. 137, citing Henry D. McLeod, *Theory and Practice of Banking*, 3rd edn (London: Longman Green, Reader & Dyer, 1879), p. 428.

31 John Carswell, *The South Sea Bubble* (London: Cresset Press, 1960), p. 184.

32 Andréadès, *Bank of England*, p. 151.

33 Alexander Dana Noyes, *The Market Place: Reminiscences of a Financial Editor* (Boston: Little, Brown, 1938), p. 333.

34 Sprague, *History of Crises*, p. 259.

35 Ibid.

36 Ibid., p. 181.

37 Max Wirth, *Geschichte der Handelskrisen*, 4th edn (1890; reprint edn, New York: Burt Franklin, 1968), p. 521.

38 Maurice Lévy-Leboyer, *Les banques européennes et l'industrialisation internationale dans la première moitié du XIXe siècle* (Paris: Presses universitaires de France, 1964), p. 480, text and note 5.

39 George W. Van Vleck, *The Panic of 1857: An Analytical Study* (New York: Columbia University Press, 1943), p. 80.

40 Sprague, *History of Crises*, pp. 120, 182–3.

41 Ibid., pp. 75, 291–2.

42 Jacob H. Schiff, 'Relation of a Central Bank to the Elasticity of the Currency', *Annals of the American Academy of Political and Social Science*, vol. 31 (January–June 1908), p. 375. For a more contemporary account, see Jean Strouse 'The Brilliant Bailout', *New Yorker* (23 November 1998), pp. 62–77.

43 Myron T. Herrick, 'The Panic of 1907 and Some of Its Lessons', *Annals of the American Academy of Political and Social Science*, vol. 31 (January–June 1908), p. 309.

44 John Kenneth Galbraith, *The Great Crash, 1929*, 3rd edn (Boston: Houghton Mifflin, 1972), pp. 107–8.

45 For a discussion of the rescue committee (*Aufhilfsfonds*) in Vienna, see Eduard März, *Österreich Industrie- und Bankpolitik in der Zeit Franz Josephs I: Am Beispiel der k.k. priv. Österreichischen Credit-Anstalt für Handel und Gewerbe* (Vienna: Europa Verlag, 1968), pp. 177–82. März notes (p. 179) that the best account of the crisis is that of Josef Neuwirth, *Bank und Valuta in Österreich*, vol. 2, *Die Spekulationskrisis van 1873* (no publishing data given).

46 Lévy-Leboyer, *Banques européennes*, pp. 470–1.

47 Bertrand Gille, *La banque en France au XIXe siècle* (Paris: Droz, 1970), p. 93.

48 Parliamentary Papers, *Commercial Distress*, vol. 4, appendix, consular dispatch from Hamburg, no. 75. p. 434.

49 Ibid., p. 435.

50 Hans Rosenberg, *Die Weltwirtschaftskrise von 1857–1859* (Stuttgart/Berlin: Verlag von W. Kohlhammer, 1934), p. 129.

51 Parliamentary Paper, *Commercial Distress*, vol. 4, appendix, consular dispatches from Hamburg, nos. 77, 80, 81, 82, 84, 86, pp. 435–7.

52 Albert E. Fr. Schäffle, 'Die Handelskrise von 1857 in Hamburg, mit besonderer Rücksicht auf das Bankwesen', in *Gesammelte Aufsätze* (Tübingen: H. Raupp'schen, 1885), vol. 2, pp. 44, 45, 52, 53.

53 Clapham, *Bank of England*, vol. 2, p. 156.

54 Ibid., p. 331. For more detailed accounts of the Baring crisis and rescue, see L. S. Pressnell, 'Gold Reserves, Banking Reserves and the Baring Crisis of 1890', in C. R. Whittlesey and J. S. G. Wilson, eds, *Essays in Money and Banking in Honour of R. S. Sayers* (Oxford: Clarendon Press, 1968), pp. 67–228; and idem, 'The Sterling System and Financial Crises before 1914', in C. P. Kindleberger and J.-P. Laffargue, eds, *Financial Crises: Theory, History and Policy* (Cambridge: Cambridge University Press, 1982), pp. 148–64.

55 Diary of John Biddulph Martin, in George Chandler, *Four Centuries of Banking* (London: B. J. Batsford, 1964), vol. 1, p. 330.

56 Ellis T. Powell, *The Evolution of the Money Market (1384–1915): an Historical and Analytical Study of the Rise and Development of Finance as a Central Coordinated Force* (1915: reprint edn, New York: Augustus M. Kelley, 1966), p. 528.

57 Ibid., p. 525.

58 'New York Fed Assists Hedge Fund Bailout', *New York Times*, 24 September 1998, pp. A1, C11.

59 There are some purists or masochists who think that bank runs are an optimal response of depositors, and good for the system, with panic as a form of monitoring. 'If depositors believe that there are some underperforming banks, but cannot decide which ones may become insolvent, they may force out all the undesirable ones by a systemwide panic.' This is from Charles W. Calomoris and Gary Gorton, 'The Origins of Banking Panics: Models, Facts and Bank Regulation', in R. Glenn Hubbard, ed., *Financial Markets and Financial Crises* (Chicago: University of Chicago Press, 1991), pp. 120–1.

60 Hoover, *Memoirs*, vol. 3, pp. 211–12.

61 'Bank Board Doubles Texas Cost Estimate', *New York Times*, 8 July 1988, sec. D.

62 'Treasury Says Savings Aid Should Not Tax the Taxpayer', *New York Times*, 3 August 1988, sec. D.

63 Wirth, *Handelskrisen*, p. 100.

64 Andréadès, *Bank of England*, pp. 187-9; Clapham, *Bank of England*, vol. 1, pp. 263–5.

65 Gayer, Rostow, and Schwartz, *Growth and Fluctuation*, vol. 1, p. 34.
66 William Smart, *Economic Annals of the Nineteenth Century* (1911; reprint edn, New York: Augustus M. Kelley, 1964), vol. 1, pp. 267-8.
67 Ibid., p. 271.
68 Wirth, *Handelskrisen*, pp. 110-11.

12 THE DOMESTIC LENDER OF LAST RESORT

1 François Nicholas Mollien, *Mémoires d'un Ministre du Trésor Public, 1780-1815* (Paris: Fournier, 1845), vol. 2, pp. 298ff.
2 Ministère des Finances et al., *Enquête sur les principes et les faits généraux qui régissent la circulation monétaire et fiduciaire* (Paris: Imprimerie impériale, 1867), vol. 2, pp. 31-2.
3 Murray N. Rothbard, *America's Great Depression*, 3rd edn (Kansas City: Sheed & Ward, 1975), p. 167.
4 Herbert Spencer, from 'State Tampering with Money and Banks', in *Essays: Scientific, Political and Speculative* (London: Williams & Norgate, 1891), vol. 3, p. 354, quoted by Charles Lipson, *Standing Guard: Protecting Foreign Capital in the Nineteenth and Twentieth Centuries* (Berkeley: University of California Press, 1985), p. 45.
5 T. S. Ashton, *Economic Fluctuations in England, 1700-1800* (Oxford: Oxford University Press, Clarendon Press, 1959), p. 112.
6 Ibid., p. 111.
7 E. Victor Morgan, *The Theory and Practice of Central Banking, 1797-1913* (Cambridge: Cambridge University Press, 1943), p. 240.
8 Maurice Lévy-Leboyer, *Les banques européennes et l'industrialisation internationale dans la première moitié du XIXᵉ siècle* (Paris: Presses universitaires de France, 1964), p. 490.
9 See F. A. Hayek's introduction to Henry Thornton, *An Enquiry into the Nature and Effect of the Paper Credit of Great Britain* (1802; London: Allen & Unwin, 1939; reprint, London: Frank Cass, 1962), p. 38.
10 Thornton, *Paper Credit*, pp. 187-8.
11 *The Collected Works of Walter Bagehot*, ed. Norman St John Stevas (London: The Economist, 1978), vol. 11, p. 149.
12 Ibid., vol. 9, p. 267.
13 Thomas Joplin, *Case for Parliamentary Inquiry into the Circumstances of the Panic, in a letter to Thomas Gisborne, Esq., M. P.* (London: James Ridgeway & Sons, n.d. [after 1832]), p. 29.
14 Jacob Viner, *Studies in the Theory of International Trade* (New York: Harper & Bros., 1937), p. 233.
15 D. P. O'Brien, 'Overstone's Thought', in D. P. O'Brien, ed., *The Correspondence of Lord Overstone* (Cambridge: Cambridge University Press, 1971), vol. 1, p. 95. (A bodkin is a dagger, stiletto, ornamental hairpin, or a blunt needle with a large eye.)
16 Milton Friedman and Anna J. Schwartz, *A Monetary History of the United States, 1867-1960* (Princeton: Princeton University Press, 1963), pp. 418-19. The metaphor of an avalanche is also used by Alfred Marshall in stating that prompt action by the Bank of England in regard to the rate of discount often checks unreasonable expansions of credit, 'which might otherwise grow, *after the manner of a fall of snow on a steep mountain side*' and become an avalanche (Marshall's emphasis). See Marshall, *Money, Credit, and Commerce* (1923; reprint edn, New York: Augustus M. Kelley, 1965), pp. 258-9.
17 Walter Bagehot, *Lombard Street: a Description of the Money Market* (1873; reprint edn, London: John Murray, 1917), p. 160.
18 Elmer Wood, *English Theories of Central Banking Control, 1819-1858* (Cambridge, MA: Harvard University Press, 1939), p. 147.
19 J. H. Clapham, *The Bank of England: a History* (Cambridge: Cambridge University Press, 1945), vol. 2, p. 289.
20 Bagehot, *Lombard Street*, pp. 161-2.
21 Clapham, *Bank of England*, vol. 2, p. 108.
22 Marshall, *Money, Credit, and Commerce*, p. 307. In their concluding chapter on the Dutch Republic, Jan de Vries and Ad van der Woude note that in 1780 the Dutch international banking sector lacked

but one critical feature: effective credit-creating institutions to maintain liquidity in time of crisis (*The First Modern Economy* [Cambridge: Cambridge University Press, 1997], p. 683).

23 Bertrand Gille, *La banque en France au XIXᵉ siècle: Recherches historiques* (Geneva: Librairie Droz, 1970), p. 32.

24 Bertrand Gille, *La Banque et le crédit en France de 1815 à 1848* (Paris: Presses universitaires de France, 1959), p. 367.

25 Michel Chevalier, *Lettres sur l'Amérique du Nord*, 3rd edn (Paris: Charles Gosselin, 1838), p. 37, note 1.

26 Ministère des Finances et al., *Enquête*, vol. 3, pp. 411–12.

27 Ibid., vol. 2, pp. 129–30.

28 Jean Bouvier, *Un siècle de banque française* (Paris: Hachette Littérature, 1973), pp. 83–4.

29 See Rondo Cameron, *France and the Economic Development of Europe, 1800–1914* (Princeton: Princeton University Press, 1961), pp. 191ff.

30 Maurice Lévy-Leboyer, *Histoire économique et sociale de la France depuis 1848* (Paris: Les Cours de Droit, Institut d'Etudes Politiques, 1951–52), p. 121.

31 Cameron, *France and Europe*, p. 117.

32 Alfred Pose, *La monnaie et ses insitutions* (Paris: Presses universitaires de France, 1942), p. 215.

33 Jean Bouvier, *Le krach de l'Union Générale, 1878–1885* (Paris: Presses universitaires de France, 1960), pp. 150, 152–53.

34 Esther Rogoff Taus, *Central Banking Functions of the United States Treasury, 1789–1941* (New York: Columbia University Press, 1943), pp. 22, 23, 29.

35 Ibid., pp. 39–131.

36 C. A. E. Goodhart, *The New York Money Market and the Finance of Trade, 1900–1913* (Cambridge, MA: Harvard University Press, 1969), p. 120.

37 George W. Van Vleck, *The Panic of 1857: an Analytical Study* (New York: Columbia University Press, 1943), p. 106.

38 O. M. W. Sprague, *History of Crises under the National Banking System* (1910; reprint edn, New York: Augustus M. Kelley, 1968).

39 Myron T. Herrick, 'The Panic of 1907 and Some of Its Lessons', *Annals of the American Academy of Political and Social Science*, vol. 31 (January–June 1908), p. 324.

40 Ridgely's essay in *Annals* was more narrowly entitled 'An Elastic Credit Currency as a Preventive for Panics', but the papers of the others, except for Seligman, were unqualified in their advocacy of central bank currency elasticity.

41 Note Bagehot's characterization of the character of the then members of the court of the Bank of England: 'A board of plain, sensible prosperous English merchants; and they have both done and left undone what such a board might be expected to do and not to do. Nobody could expect great attainments in economical science from such a board; laborious study is for the most part foreign to the habits of English merchants' (Walter Bagehot, *Lombard Street: a Description of the Money Market* [1873; reprint edn, London: John Murray, 1917], p. 166). Later he is more critical: 'Unluckily ... directors of the Bank of England were neither acquainted with the right principles, nor were they protected by a judicious routine. They could not be expected themselves to discover such principles. The abstract thinking of the world is never to be expected from people in high places ... No doubt when men's own fortunes are at stake, the insight of the trader does somehow anticipate the conclusions of the closet' (p. 169).

42 Wood, *English Central Banking Control*, pp. 169–70.

43 Franco Bonelli, *La crisi del 1907: una tappa dello sviluppo industriale in Italia* (Turin: Fondazione Luigi Einaudi, 1971), passim and esp. p. 165.

44 Leone Levi, *History of British Commerce, 1763–1870*, 2nd edn (London: John Murray, 1872), pp. 311–12.

45 Great Britain, *Parliamentary Papers, Monetary Policy, Commercial Distress* (1857; Shannon: Irish University Press, 1969), vol. 3, p. xxix.

46 *Collected Works of Walter Bagehot*, vol. 9, p. 147.

47 Ibid., vol. 11, pp. 149–50.

48 See C. P. Kindleberger, 'Rules vs. Men: Lessons from a Century of Monetary Policy', in Christoph Buchheim, Michael Hutter, and Harold James, eds, *Zerrissene Zwischenkriegsheit: Wirtschaftshistorische Beiträge: Knut Borchardt zum 65. Geburstag*, reprinted in C. P. Kindleberger,

The World Economy and National Finance in Historical Perspective (Ann Arbor: University of Michigan Press, 1995), pp. 181–200.

49 Bouvier, *Le krach*, chap. 5.

50 Charles Wilson, *Anglo-Dutch Commerce and Finance in the Eighteenth Century* (Cambridge: Cambridge University Press, 1941), pp. 176–7.

51 Friedman and Schwartz, *Monetary History*, p. 309 and esp. pp. 309–10n; Peter Temin, *Did Monetary Forces Cause the Great Depression?* (New York: W. W. Norton, 1976).

52 Clapham, *Bank of England*, vol. 1, p. 261; vol. 2, p. 58.

53 Ibid., vol. 2, pp. 59–60.

54 Ibid., vol. 1, p. 249.

55 Ibid., vol. 2, pp. 82–4.

56 Ibid., p. 145.

57 Alain Plessis, *La Politique de la Banque de France de 1851 à 1870* (Geneva: Droz; 1985), pp. 89, 99, 107. The Banque also loaned on Paris bonds, but not on those of Marseilles or Bordeaux; ibid., pp. 105–6.

58 Bagehot, *Lombard Street*, p. 195.

59 Clapham, *Bank of England*, vol. 2, p. 59.

60 W. C. T. King, *History of the London Discount Market* (London: George Routledge & Sons, 1936), p. 36.

61 Clapham, *Bank of England*, vol. 2, pp. 206–7.

62 Ibid., vol. 1, p. 261.

63 D. Morier Evans, *The History of the Commercial Crisis, 1857–1858, and the Stock Exchange Panic of 1859* (1859; reprint edn, New York: Augustus M. Kelley, 1969), p. 80.

64 Lévy-Leboyer, *Banques européennes*, p. 559.

65 Ibid., p. 647.

66 Ibid., p. 492.

67 Evans, *Commercial Crisis*, pp. i–ii, vi–xviii.

68 A. Andréadès, *History of the Bank of England* (London: P. S. King, 1909), p. 266.

69 Clapham, *Bank of England*, vol. 2, p. 157. He refers to it later as 'the long drawn out W bank affair' (ibid., p. 337).

70 R. C. O. Matthews, *A Study in Trade-Cycle History: Economic Fluctuations in Great Britain, 1832–1842* (Cambridge: Cambridge University Press, 1954), p. 173.

71 Clapham, *Bank of England*, vol. 1, p. 245.

72 H. S. Foxwell, preface to Andréadès, *Bank of England*, p. xvii.

73 Clapham, *Bank of England*, vol. 1, p. 256.

74 See Friedman and Schwartz, *Monetary History*, pp. 339, 363–7.

75 Ibid., p. 395.

76 Ibid., p. 339.

77 See Milton Friedman, 'Rediscounting', in *A Program for Monetary Stability* (New York: Fordham University Press, 1960), pp. 35–6.

78 Paul Johnson, *Modern Times: the World from the Twenties to the Eighties* (New York: Harper & Row, 1983), p. 244.

79 Friedman and Schwartz, *Monetary History*, pp. 334–5.

80 Clapham, *Bank of England*, vol. 2, p. 102.

81 Evans, *Commercial Crisis*, p. 207.

82 Taus, *Central Banking*, pp. 55, 70.

83 Sprague, *History of Crises*, p. 256.

13　THE INTERNATIONAL LENDER OF LAST RESORT

1 Niall Ferguson, *The House of Rothschild: Money's Prophets, 1798–1847* (New York: Viking, 1998), chap. 16, Table 16a on p. 461, shows the course of bond prices in Vienna, Paris, Rome, and London. Ferguson states that 'the London house was not the lender of last resort at all'; but Alphonse, Nathan's grandson, was sent to New York to turn Belmont away from preoccupation with the Mexican indemnity and focus on Europe (pp. 466–70).

2 Ron Chernow, *The Warburgs: the Twentieth-Century Odyssey of a Remarkable Jewish Family* (New York: Random House, 1993), p. 328.

3 R. D. Richards, 'The First Fifty Years of the Bank of England, 1694–1744', in *History of the Principal Public Banks*, compiled by J. G. van Dillen (The Hague: Martinus Nijhoff, 1934), p. 234.

4 Violet Barbour, *Capitalism and Amsterdam in the 17th Century* (1950; reprint edn, Ann Arbor: University of Michigan Press, 1966), p. 125.

5 Charles Wilson, *Anglo-Dutch Commerce and Finance in the Eighteenth Century* (Cambridge: Cambridge University Press, 1941), pp. 168–9.

6 Ibid., p. 176.

7 Sir John Clapham, *The Bank of England: a History* (Cambridge: Cambridge University Press, 1945), vol. 1, p. 249.

8 Alain Plessis, *La Politique de la Banque de France de 1850 à 1870* (Geneva: Droz, 1985), chap. 4, esp. pp. 241–5.

9 Knut Wicksell, *Lectures on Political Economy* (New York: Macmillan, 1935), vol. 2, pp. 37–8.

10 Jacob Viner, *Studies in the Theory of International Trade* (New York: Harper & Bros., 1937), p. 273; Clapham, *Bank of England*, vol. 2, p. 169.

11 Clapham, *Bank of England*, vol. 2, pp. 164–5.

12 Clément Juglar, *Des crises commerciales et leur retour périodiques en France, en Angleterre et aux Etats-Unis*, 2nd edn (1889; reprint edn, New York: Augustus M. Kelley, 1967), p. 417.

13 E. Victor Morgan, *The Theory and Practice of Central Banking, 1797–1913* (Cambridge: Cambridge University Press, 1943), p. 148.

14 Arthur D. Gayer, W. W. Rostow, and Anna J. Schwartz, *The Growth and Fluctuation of the British Economy, 1790–1850* (Oxford: Oxford University Press, Clarendon Press, 1953), vol. 1, p. 333.

15 British Parliamentary Papers, *Causes of Commercial Distress: Monetary Policy* (Shannon: Irish University Press, 1969), vol. 1, p. 153, question 2018.

16 Viner, *Studies in International Trade*, p. 273.

17 Clapham, *Bank of England*, vol. 2, p. 170.

18 Bertrand Gille, *La Banque et le crédit en France de 1818 à 1848* (Paris: Presses universitaires de France, 1959), p. 377.

19 Clapham, *Bank of England*, vol. 2, p. 229.

20 Helmut Böhme, *Frankfurt und Hamburg: Des Deutsches Reiches Silber und Goldloch und die Allerenglishte Stadt des Kontinents* (Frankfurt-am-Main: Europaïsche Verlagsanstalt, 1968), pp. 255–68.

21 Ibid., pp. 267–74.

22 Parliamentary Papers, *Commercial Distress*, vol. 4, appendix 20, consular dispatch no. 7, January 27, 1858, p. 441.

23 Ibid., dispatch no. 393 from Berlin, December 29, 1857, pp. 450–1.

24 Clapham, *Bank of England*, vol. 2, p. 234.

25 Morgan, *Theory and Practice of Central Banking*, p. 176.

26 Clapham, *Bank of England*, vol. 2, pp. 291–4.

27 Ibid., pp. 329–30, 344.

28 Quoted from Hartley Withers, *The Meaning of Money* (1909) in R. S. Sayers, *Bank of England Operations 1890–1914* (London: P. S. King, 1936), p. 111.

29 J.-L. Billoret, 'Système bancaire et dynamique économique dans un pays à monnaie stable: France, 1896–1914', thesis, Faculty of Law and Economic Science, Nancy, 1969, quoted in Jean Bouvier, *Un siècle de banque française* (Paris: Hachette Littérature, 1973), p. 240.

30 Hans Rosenberg, *Die Weltwirtschaftskrise von 1857–1859* (Stuttgart: Verlag von W. Kohlhammer, 1934), p. 38.

31 George W. Van Vleck, *The Panic of 1857: an Analytical Study* (New York: Columbia University Press, 1943), p. 42.

32 Billoret, 'Système bancaire', as quoted in Bouvier, *Un siècle de banque française*, p. 238.

33 Walter Bagehot, *Lombard Street: a Description of the Money Market* (1873; reprint edn, London: John Murray, 1917), pp. 32–4.

34 O. M. W. Sprague, *History of Crises under the National Banking System* (1910; reprint edn, New York: Augustus M. Kelley, 1968), pp. 248–85.

35 Franco Bonelli, *La crisi del 1907: una tappa dello sviluppo industriale in Italia* (Turin: Fondazione Luigi Einaudi, 1971), p. 42.

36 Oskar Morgenstern, *International Financial Transactions and Business Cycles* (Princeton: Princeton University Press, 1959), pp. 128–37.

37 See League of Nations, *The Course and Control of Inflation after World War I* (Princeton: League of Nations, 1945).

38 Paul E. Erdman, *The Crash of '79* (New York: Simon & Schuster, 1976).

39 Stephen A. Schuker, *The End of French Predominance in Europe, the Financial Crisis of 1924 and the Adoption of the Dawes Plan* (Chapel Hill: University of North Carolina Press, 1976), p. 67.

40 J. N. Jeanneney, 'De la Spéculation financière comme arme diplomatique: a propos de la première bataille de franc (november 1923–mars 1924)', *Relations internationales*, no. 13 (Spring 1978), pp. 9–15, is persuaded that the German government organized the bear raid on the franc. Schuker is skeptical: *The End of French Predominance*, p. 56. Jean-Claude Debeir, 'La crise du franc de 1924: Une exemple de la spéculation "internationale"', *Relations Internationales*, no. 13 (Spring 1978), p. 35, lays considerable blame for financing the attacks on American banks but states that the French did most of the speculation.

41 Schuker, *The End of French Predominance*, chap. 4.

42 Ibid., p. 111.

43 C. P. Kindleberger. *The World in Depression, 1929-1939*, 2nd edn (Berkeley: University of California Press, 1986), esp. chaps 7, 14.

44 R. G. Hawtrey, *The Art of Central Banking* (London: Longmans, Green, 1932), pp. 220–4; all italics are in the original. Hawtrey is prescient to a degree. Since the International Monetary Fund takes time to make credit decisions as a lender of last resort, and the Bank for International Settlements can act quickly, the latter has operated in a number of recent financial crises by providing 'bridge loans', that is, short-term finance (though limited in amounts) to countries with immediate needs. These loans would then be repaid with funds from credits from the International Monetary Fund. See Harold James, *International Monetary Cooperation since Bretton Woods* (Washington, DC: International Monetary Fund, 1995; New York and Oxford: Oxford University Press, 1996), pp. 361–2, 389, 557, 562, 592.

45 Hawtrey, *The Art of Central Banking*, pp. 229–32; italics are in the original.

46 Susan Howson and Donald Winch, *The Economic Advisory Council, 1930-1939: a Study in Economic Advice during Depression and Recovery* (Cambridge: Cambridge University Press, 1977), pp. 188–9. The personnel of the various committees are given in ibid., appendix 1, pp. 354–70.

47 Ibid., pp. 272–81.

48 This discussion is largely based on Karl Erich Born, *Die deustsche Bankenkrise, 1931: Finanzen und Politik* (Munich: R. Piper & Co. Verlag, 1967).

49 Ibid., p. 86.

50 Ibid., p. 83.

51 Norman to Harrison, cable, 3 July 1931, in Federal Reserve Bank of New York files.

52 Stephen V. O. Clarke, *Central Bank Cooperation, 1924-31* (New York: Federal Reserve Bank of New York, 1967), p. 44. This was after discussion by both sides, with the British and Americans saying no (Kindleberger, *World in Depression*, p. 153). The Germans for their part were debating a plan of Wilhelm Lautenbach of the Economics Ministry, which called for suspending service on foreign debt and expanding spending (ibid., p. 171, n.5). The Lautenbach plan came up again after the British pound went off gold in September 1931. See Knut Borchardt and Hans Otto Schöltz, eds, *Wirtschaftspolitik in der Krise* (Baden-Baden: Nomos, 1931 [1991]). This is a transcript of the riveting debate in the Reichsbank among German officials and economists.

53 Clarke, *Central Bank Cooperation*, pp. 121, 148.

54 Howson and Winch, *Economic Advisory Council*, pp. 88–9.

55 Ibid., p. 162.

56 Kindleberger, *World in Depression*, pp. 168, 184.

57 D. E. Moggridge, 'Policy in the Crises of 1920 and 1929', in C. P. Kindleberger and J.-P. Laffargue, eds, *Financial Crises: Theory, History and Policy* (Cambridge: Cambridge University Press, 1982), pp. 171–87.

58 Stephen A. Schuker, *American 'Reparations' to Germany, 1919–33: Implications for the Third-World Debt Crisis*, Princeton Studies in International Finance no. 61 (Princeton: International Finance Section, Princeton University Press, 1988).

59 Richard N. Cooper, 'Economic Interdependence and Foreign Policy in the Seventies', *World Politics*, vol. 24 (January 1972), p. 167.

60 See Bank for International Settlements, *Annual Report* no. 63 to 31 March 1993, p. 196; and no. 64 to 31 March 1994. World turnover rose from $10 billion to $20 billion a day in 1973, to $80 billion in 1983, before soaring to over $1 trillion a day in 1995: *The Economist*, vol. 337, no. 7936 (14 October 1995), p. 10. For emerging markets and the European Monetary Union, see Bank for International Settlements, 68th *Annual Report* to 31 March 1998, p. 11, and chart p. 115.

61 Charles A. Coombs, *The Arena of International Finance* (New York: Wiley), pp. 77, 79, 81, 83, 195, 202, 292.

62 Coombs, *Arena*, p. 37.

63 Ibid., pp. 81, 85, 111, 121, 127, 134, 181, 185.

64 Susan Strange, 'International Monetary Relations', in Andrew Schonfield, ed., *International Economic Relations of the Western World, 1959–71* (Oxford: Oxford University Press, for the Royal Institute of International Affairs, 1976), vol. 2, p. 136.

65 See Debeir, 'La crise du franc du 1924'.

66 Kathleen Burk and Alec Cairncross, *'Goodbye Great Britain': the 1976 IMF Crisis* (New Haven: Yale University Press, 1992).

67 For background, see the paper on Mexico by Ernesto Zedillo in Donald R. Lessard and John Williamson, eds, *Capital Flight and Third World Debt* (Washington, DC: Institute for International Economics, 1987), pp. 174–85. The crisis itself is discussed at length in the *New York Times* issues from 21 to 29 December 1994.

68 'President Clinton Sidesteps Congress Using Emergency Authority', *New York Times*, 1 February 1995, p. A1.

69 Bank for International Settlements, *Annual Report*, no. 68, p. 134.

70 Ibid.

71 Wynne Godley, 'Seven Unsustainable Processes', a special report of the Levy Institute, Annandale-on-Hudson, New York, 1999.

72 C. P. Kindleberger, *World Economic Primacy, 1500–1990* (New York: Oxford University Press, 1996), chaps 10, 12.

73 Robert O. Keohane, *After Hegemony: Cooperation and Discord in the World Political Economy* (Princeton: Princeton University Press, 1984).

后　记

罗伯特·斯季多斯基勋爵（Lord Robert Skidelsky）

　　查尔斯·金德尔伯格在经济史与政治学研究领域都有地位［在他众多著述中，有一本为《权力与金钱》（1970 年版）］。在经济研究领域，他最为人称道的是对金融危机史的研究，这也正是这本引人入胜著作的标题。追随着凯恩斯的脚步，他将政府管制视做经济系统的稳定器。但并不存在一个掌管全世界的政府。因此，如何避免全球经济走入危机循环的死结？在其对"大萧条"的研究中（《萧条中的世界，1929—1933》，1973 年版），他提出了霸权稳定理论（The Theory of Hegemonic Stability）——这也是他在政治学领域最为著名的理论。在其看来，"为实现世界经济稳定发展，必须存在一个稳定器，单一的稳定器。"这个霸权的主体，正是缺失的世界政府。

　　金德尔伯格的观点，与曼瑟·奥尔森教授（Mancur Olson）在《集体行动的逻辑：公共产品与集体理论》（1965 年版）的观点有相通之处。在其书中，奥尔森教授提出了在完全自愿状态下（即没有税收及纳贡等强制要求），公共产品的供给机制。

　　正如奥尔森教授指出的，在特定条件下（人数较少且资源分配不公），诸如路灯等公共产品的供给只能由富裕家庭买单。金德尔伯格将这种研究拓展到了自由经济（包括自由贸易、稳健的货币及固定汇率水平）这一更广义的公共产品。居于主导地位的"经济霸主"必须提供这一公共产品——金融与贸易机制，才能拉拢其他国家遵循"游戏规则"。

　　金德尔伯格教授的观点主要来自于其对"大萧条"的研究。由于契约的不确定性，因此，必须有稳定器作为补偿机制，以避免对已有的平衡机制造成严重负面影响。经济霸主（或最后贷款人）

的作用，正是满足全球性的流动性需求，维持大规模投资资金的流动，避免导致危机。

金德尔伯格的一个重要观点是，这种公共产品必须集中提供。"一战"、"二战"之间的数十年间，由于存在多个相互竞争的金融中心，根本无法实现世界经济金融稳定。

在金德尔伯格的模型中，有四点值得我们注意：

（1）这是一个后帝国（post-imperial）模型：其中并不存在世界性的统一政府。

（2）这是一个仁爱模型：其消除了理性行动与一般行动的冲突。

（3）它弥补了传统自由贸易理论的缺陷。传统理论想当然地认为自由贸易有其理论基础。但事实上，一个遵循自由贸易规则的机构（或国家）根本无法通过自由贸易获得足够的补偿。

（4）它揭示了经济机制的流动性可以实现自我循环，因为霸主提供的补偿高于损失。他也为我们观察经济霸主国家的更替提供了理论基础。尤其是伴随着大英帝国的兴衰，在霸主国家缺位的过渡时期。

虽然在金融史中充斥着银行导致崩溃的论调，金德尔伯格还是试图得出一个清晰的结论（正如本书第十三章给出的），如果存在单一的"国际最后贷款人"，经济系统就不会出现毁灭性影响。正是由于国际最后贷款人的缺失，才会导致金融危机以及经济崩溃的出现。1929—1933 年的"大萧条"的影响如此深远，正是由于英国政府不能，而美国政府也不愿"为危机提供流动性"。按照金德尔伯格的说法，20 世纪 70 年代初期美国主导的布雷顿森林体系的破产，正是动荡年代的开始。

在当今的世界经济体制中，流动性这一公共产品并不是集中供给。按照其国际家的观察视角，金德尔伯格肯定会发现美国与中国间存在的全球性不平衡，正是导致美国银行体系 2008 年次贷危机的深层次原因。但与 20 世纪 30 年代的情形截然不同，世界经济并未出现一个新的"霸主"或"最后贷款人"。德国虽然在欧元区充当了这一角色，但其实际上不情不愿。中国距离取代美国经济霸主的地位也相差甚远。

　　因此，我们仍然受困于这两个问题。公共产品是否应由经济霸主统一提供，或通过国际间合作完成？如果公共产品确有必要统一提供，那么正如金德尔伯格所预言的，世界经济分化成多个区域是否将不可避免？[①]

　　[①]　In "Systems of International Economic Organization", in D. P Calleo, ed., *Money and the Coming World Order* (New York：Lehrman Institute/New York University Press, 1976).